Friedrich Zech

Grundkurs Mathematikdidaktik

Theoretische und praktische Anleitungen
für das Lehren und Lernen im Fach Mathematik

Beltz Verlag · Weinheim und Basel

CIP-Kurztitelaufnahme der Deutschen Bibliothek

Zech, Friedrich:
Grundkurs Mathematikdidaktik : theoret. u. prakt.
Anleitungen für d. Lehren u. Lernen im Fach
Mathematik / Friedrich Zech. – 5. Aufl., 20.–21.
Tsd. – Weinheim ; Basel : Beltz, 1986
(Beltz grüne Reihe)
ISBN 3-407-25100-9

1. Auflage 1977
5. Auflage 1986 (20.–21. Tsd.)
9. Aufl. 98 überarb + aktualisiert
Druck nach Typoskript

Umschlaggestaltung: Dieter Vollendorf, München
Printed in Germany

ISBN 3 407 25100 9

Inhaltsverzeichnis

Anmerkung: Schriba steht für "Schriftliches Basismaterial".

Verzeichnis der Schemata

Anmerkung: Die mit + bezeichneten Schemata geben jeweils eine Übersicht über ein ganzes Schriba unter unterrichtspraktischen Gesichtspunkten.

Vorwort zur 3. (i. w. unveränderten) Auflage und kritische Anmerkungen

Im vierten Jahr seit Erscheinen der 1. Auflage des Grundkurses wird nunmehr die 3. Auflage erforderlich. Dies, wie auch eine Reihe freundlicher Rezessionen und Zuschriften aus dem gesamten deutschsprachigen Raum,zeigt, daß das Buch und sein Anliegen in der ersten wie auch in der zweiten Phase der Lehrerausbildung "gut angekommen" ist.
Natürlich hatte sich der Autor auch mit einigen kritischen Anmerkungen und mit der seit der 1. Auflage erschienenen Literatur auseinanderzusetzen. Eine stärkere Revision erscheint im Moment jedoch noch nicht dringlich und soll zugunsten einer weiterhin relativ günstigen Preisgestaltung noch etwas zurückgestellt werden. Stattdessen sollen hier in aller Kürze einige wenige grundsätzliche Fragen und Detailprobleme angesprochen werden.
Zunächst zur grundlegenden Frage, inwieweit angesichts des derzeitigen Stands der Unterrichtsforschung ein Entwurf von Mathematikdidaktik der vorliegenden Art überhaupt zu rechtfertigen ist:

1. Es sei eingeräumt, daß in der Mathematikdidaktik noch erhebliche Forschungsdefizite vorliegen (vgl. ZECH 1978, Kap. 10), die von mir in diesem Buch bisher gelegentlich nicht deutlich genug hervorgehoben wurden. Eine kritische Haltung und gewisse Skepsis von Ausbildern und Unterrichtenden didaktischen Prinzipien gegenüber ist daher generell durchaus angebracht (vgl. DAHLKE in BAUERSFELD/HEYMANN/LORENZ 1981 und ZECH 1981).

2. Es scheint mir jedoch keine angemessene Strategie, auf einen "hinreichenden" Stand der Unterrichtsforschung zu warten, der selbst mittelfristig nicht in Sicht ist.
   Es ist wohl auch wenig sinnvoll, den Lehrer im Sinne selbstevaluierender Handlungsforschung weitgehend allein zu lassen und bisherige Unterrichtsforschung praktisch zu ignorieren (wie das z.B. auch FREUDENTHAL 1978 tut). Es ist bei aller angebrachten Skepsis angesichts des derzeitigen Forschungsstands nicht gerechtfertigt, so zu tun, als wüßte man gar nichts (vgl. neben den von mir zusammengetragenen Wissensbeständen auch HOLE 1973, WITTMANN 1974, van DORMOLEN 1978, CHRISTMANN 1980).

3. Es erscheint mir nach wie vor sinnvoll, das jeweilige Wissen (nicht nur "harte" Forschungsergebnisse, sondern auch begründete Hypothesen und Erfahrungen) nach "anerkanntermaßen" wesentlichen Dimensionen zu ordnen und womöglich in einen

sinnvollen Zusammenhang zu bringen, weil dies m.E. wesentliche Vorteile hat (vgl. auch die Diskussion in BAUERSFELD/HEYMANN/LORENZ 1981, S. 182/183):

a) Die Theorieelemente können in relativ übersichtlicher und kohärenter Form ökonomisch vermittelt werden.
b) Es kann zumindest eine Sensibilisierung für Variablen bewirkt werden, die nach bisheriger Einsicht eine wesentliche Rolle spielen.
c) Man gewinnt einen flexiblen Rahmen für mögliche Rückkoppelungen mit der Praxis sowie für weitere eigenständige mathematikdidaktische Forschung und Entwicklung.
d) Durch systematisch daran anschließende Unterrichtsversuche kann das erworbene "Wissen" versuchsweise angewandt werden und zum Aufbau eines ersten Handlungsrepertoirs beitragen.

4. In den vorgenannten Überlegungen kann man sich durch die in ähnlicher Richtung zu verstehenden kürzlich erschienenen allgemeinen Didaktiken von J. u. M. GRELL (1979) und H. MEYER (1980) bestätigt fühlen.
   Dem Fachdidaktiker bleibt dabei unbestritten die Aufgabe einer stärkeren Reflexion und Konkretisierung fachbezogener Bedingungen. An dieser Stelle sei angemerkt, daß sich der Autor selbst um eine noch stärkere mathematikdidaktische Pointierung und Konkretisierung seiner Anliegen in einer weiteren Schrift (ZECH 1981) bemüht.

5. Es sei noch darauf hingewiesen, daß der "Grundkurs Mathematikdidaktik" nicht etwa im Gegensatz zu neuerdings (m.E. zu Recht) sehr pointiert vorgetragenen Positionen eines schüler- bzw. anwendungs- bzw. projektorientierten Mathematikunterrichts (vgl. z.B. BECKER/HENNING 1979, MÜNZINGER 1977) zu verstehen ist, sondern als ein lehr-lerntheoretischer Fundus, der unabhängig von speziellen Unterrichtskonzeptionen (gelegentlich vielleicht zu deren Überprüfung) seine Bedeutung behält. Dies näher auszuführen, wird u.a. ein Anliegen einer späteren Auflage dieses Buches sein.

Schließlich sei zur Vermeidung eines derzeitigen Neudruckes im Vorhinein auf ein paar änderungs- bzw. ergänzungsbedürftige Einzelstellen hingewiesen:

- Die in Schriba 2 formulierten allgemeinen Zielsetzungen des Mathematikunterichts sind zweifellos nicht als "vollständig" anzusehen. Sie erfassen i.w. einen Kern von Zielen bis zur Sekundarstufe I einschließlich. Die Relevanz von Zielen wie Algorithmisieren, Deduzieren, Axiomatisieren u.a. für den fortgeschrittenen Mathematikunterricht soll nicht bezweifelt werden.

- Hinsichtlich des Schribas 7 sei deutlich hervorgehoben, daß keinesfalls der Eindruck entstehen sollte, als sei das Thema "mathematische Begriffsbildung" damit auch nur einigermaßen erschöpfend behandelt (vgl. dazu auch ZECH 1978, S. 82). Die in Abschnitt 1 des Schribas 7 (S. 216/217) versuchte Abgrenzung der hier zu diskutierenden Begriffsart scheint etwas unglücklich. Man vollzieht sie vielleicht am einfachsten in der von HOLLAND (1979) vorgeschlagenen Weise: I.w. handelt es sich hier um die "Bildung eines Eigenschaftsbegriffs als Unterbegriff eines (mehr oder weniger präzisiert vorliegenden) Oberbegriffs durch Abstraktion spezifischer Merkmale."
  Bei allen anderen Begriffen muß die Relevanz der genannten Lernbedingungen zumindest überprüft werden.

- Der Verfasser ist mit anderen durchaus der Meinung, daß sich der Anfänger durch die etwas kompliziert erscheinenden Prozeßbeschreibungen bzw. Handlungsanweisungen im Abschnitt 7 des Schribas 9 nicht abschrecken lassen sollte, einen (bisher allzu vernachlässigten) problemlösenden Mathematikunterricht zu versuchen, indem er hier lediglich einige Anregungen für inhaltlich orientierte strategische Hilfen sucht.

Göttingen, März 1981

Dr. Friedrich Zech
Fachbereich Erziehungswissenschaften
Universität Göttingen
Waldweg 26
3400 Göttingen

Erwähnte Literatur

BAUERSFELD/HEYMANN/LORENZ (Hrsg.): Forschung in der Mathematikdidaktik. Aulis Verlag Deubner, Köln 1981

BECKER, G./HENNING, J. u.a.: Anwendungsorientierter Mathematikunterricht in der Sekundarstufe I. Verlag Julius Klinkhardt, Bad Heilbrunn 1979

CHRISTMANN, N.: Einführung in die Mathematikdidaktik. Uni-Taschenbücher, Verlag Schöningh, Paderborn 1980

van DORMOLEN, J.: Didaktik der Mathematik. Vieweg Verlag, Braunschweig 1978

FREUDENTHAL, H.: Vorrede zu einer Wissenschaft von Mathematikunterricht. R. Oldenbourg Verlag, München - Wien 1978

GRELL, J. u. M.: Unterrichtsrezepte. Verlag Urban & Schwarzenberg, München - Wien - Baltimore 1979

HOLE, V.: Erfolgreicher Mathematikunterricht. Herder Verlag, Freiburg 1973

HOLLAND, G.: Rezension dieses Buches (Grundkurs Mathematikdidaktik) in ZDM 1979/1, S. 17 - 21

MÜNZINGER, W. (Hrsg.): Projektorientierter Mathematikunterricht. Urban & Schwarzenberg, München - Wien - Baltimore 1977

WITTMANN, E.: Grundfragen des Mathematikunterrichts. Vieweg Verlag, Braunschweig 1974

ZECH, F.: Mathematikunterricht nach lehr-lerntheoretischer Orientierung. Beltz Verlag, Weinheim und Basel 1978

ZECH, F.: Neuerer Tendenzen der Mathematikdidaktik - mit Unterrichtsbeispielen. Agentur Pedersen, Braunschweig 1981

Vorwort und Einführung

Dieses Buch möchte pädagogisch-psychologische Orientierungen für das Lehren und Lernen von Mathematik geben.

Damit verbindet sich ein doppelter Anspruch:

eine stärkere Einbeziehung der Pädagogik und Psychologie (genauer: der "Lehr-Lern-Forschung") in die Mathematikdidaktik und eine unmittelbare Handlungsorientierung für den praktischen Unterricht.

Es wird hierzu versucht, didaktisch wesentliche Dimensionen des Mathematikunterrichts wie Rahmenbedingungen, Ziele, Denkentwicklung, Lernphasen und Lerntypen herauszustellen, in einen Zusammenhang zu bringen und in Planungs- und Beobachtungsvorschläge umzusetzen.

Ein besonderer Akzent der Darstellung liegt auf dem Unterrichten mathematischer Begriffe und Regeln sowie auf dem Problemlösen im Mathematikunterricht.

Hervorzuheben ist, daß das gesamte hier vorliegende Material das Ergebnis einer mehrjährigen theoretischen und praktischen Entwicklungsarbeit ist.

Es ist ursprünglich gedacht als Leitmedium innerhalb eines Theorie und Praxis verbindenden Kurses für künftige Mathematiklehrer.

Dieser Kurs wurde vom Wintersemester 1972/73 bis zum Sommersemester 1976 im Rahmen des Wahlfachpraktikums Mathematik an der Pädagogischen Hochschule Niedersachsen, Abteilung Göttingen, schrittweise aufgebaut und in unterschiedlichen Formen erprobt.

In 7 aufeinanderfolgenden Durchgängen wurde der Kurs mit insgesamt 12 Praktikumsgruppen (von jeweils 6 - 9 Studenten) an mehreren Grund- und Hauptschulen im Göttinger Raum sowohl im Rahmen eines semesterbegleitenden Praktikums als auch eines einmonatigen Blockpraktikums durchgeführt.

Zuletzt wurde der Kurs als zweisemestrige Veranstaltung mit einem zweistündigen Vorbereitungsseminar und einem daran anschließenden Praktikum angeboten.

Die zu diesem Kurs angestellten Vorüberlegungen, Evaluationen und Reflexionen sowie die im Laufe der Kursentwicklung gewonnenen vielfältigen Erfahrungen für Einsatz und Durchführung des Kurses sind ausführlich im Hauptteil meiner Dissertation ("Mathematikunterricht nach lehr-lerntheoretischer Orientierung. Entwicklung eines Theorie und Praxis verbindenden Kurses für Mathematiklehrer") dargelegt. Hier findet sich auch ein eingehender Kommentar bezüglich der Hintergründe des hier vorliegenden schriftlichen Basismaterials.

Das Projekt dieser Kursentwicklung hätte nicht durchgeführt und dieses Buch hätte nicht herausgegeben werden können ohne die Mithilfe vieler, denen ich hier vielmals danken möchte: Herrn Prof.Dr. G. Eigler und Herrn Prof.Dr. K.-H. Flechsig als Betreuern der Dissertation; meinen Kollegen von der Hochschule, Herrn J. Bunzel und Frau R. Nauhardt für ihre Mithilfe als Tutoren innerhalb des Kurses; den Kollegen aus den Schulen, Frau A. Bick, Herrn R. Hoffmann, Frau U. Krummheuer, Herrn F. Lagler, Herrn P. Steines, Frau U. Troe und meiner Frau R. Zech für ihre Mithilfe als Mentoren innerhalb des Kurses; den vielen studentischen Teilnehmern des Kurses für ihre Mithilfe bei der Evaluation des Kurses; Herrn Dr. E. Dahlke für die kritische Durchsicht des Manuskripts; Frau H. Jacobsen, Frau U. Perkaus und Frau I. Schellhaas für geduldige Hilfe bei der Herstellung des Manuskripts.

Für Hinweise zur Weiterentwicklung dieses schriftlichen Basismaterials wie auch des Kurses (vgl. nähere Hinweise in Schriba 0) bin ich jederzeit dankbar.

Göttingen, im Juni 1976

Friedrich Zech

Jakob-Henle-Straße 17
3400 Göttingen

Hinweise zur Verwendung des Buchs

Das in einem bestimmten Handlungskontext für Studenten, Lehrer und Kollegen entwickelte Basismaterial eines Kurses (vgl. Vorwort) wendet sich nunmehr an den großen Kreis all derer, die mit Mathematikunterricht befaßt oder daran interessiert sind, vor allem:

Lehrerstudenten der Mathematik und Mathematiklehrer aller Stufen, Lehrerausbilder an Schulen und Hochschulen, Mathematikdidaktiker, aber auch Pädagogen und Psychologen, Kollegen anderer Fächer und interessierte Eltern.

Es seien kurz einige Verwendungsmöglichkeiten dieses Materials außerhalb des ursprünglichen Handlungskontexts (Vorbereitung eines Fachpraktikums an Grund- und Hauptschulen) angedeutet:

Das Material kann u.a.

- im Selbststudium als Anregungsbasis für Studenten, Lehrer und Ausbilder dienen;
- als Lehrmaterial für Lehrveranstaltungen mit dem Schwerpunkt "Pädagogisch-psychologische Hintergründe des Mathematikunterrichts" verwendet werden: dabei ist sowohl an breit orientierende Einführungsveranstaltungen ("Grundkurse") wie an speziellere Übungen oder Seminare (z.B. über "Lerntypen des Mathematikunterrichts") zu denken;
- ohne weiteres auch als Basismaterial für Fachpraktika an Realschulen und Gymnasien verwendet werden, auch wenn es sich gelegentlich nur um Hospitationspraktika handelt;
- in der Ausbildung von Junglehrern und Referendaren verwendet werden;
- in der Lehrerfortbildung und im Fernstudium eingesetzt werden[1];
- als Basis für speziellere Forschungen von Pädagogen, Psychologen und Mathematikdidaktikern dienen[2];
- eventuell als Muster für ähnliche Materalien in anderen Fächern.

Trotz des erweiterten Adressatenkreises und der Ausdehnung der Verwendungszusammenhänge soll der ursprüngliche Charakter des Basismaterials als Lehrmaterial innerhalb eines Theorie und Praxis verbindenden Kurses im wesentlichen beibehalten werden.

[1,2] Nähere Informationen hierzu vgl. Diss., Kap. 10.

Um seinen Lehrzweck und seine Praktikabilität zu wahren, wurde in diesem Text bewußt auf übertriebene "Wissenschaftlichkeit" verzichtet. Dem Fachmann mag das eine oder andere zu stark vereinfacht, gelegentlich sogar "naiv" erscheinen. Dies nimmt der Verfasser jedoch lieber in Kauf als (eventuell wieder einmal) eine "Theorie" zu schreiben, die die "Praxis" nicht erreicht.

Hinweise zur Lektüre

Wird dieses Material innerhalb eines Kurses verwendet oder u.U. zunächst einfach als Buch gelesen, so ist auf folgende Möglichkeiten besonders hinzuweisen:

1. Jedes Schriba ist weitgehend unabhängig von jedem anderen zu lesen; zumindest ist es im Prinzip möglich, mit jedem Schriba anzufangen.
2. Es empfiehlt sich, zunächst Schriba 0 zu lesen, um eine umfassende Zielorientierung zu haben.
3. Der "kursorientierte" Leser wird die Schribas zweckmäßig in der gegebenen Reihenfolge lesen.
4. Der "theoretisch-systematisch orientierte" Leser wird die Schribas u.U. in der Reihenfolge 1 - 5, 7 - 9 und zum Schluß Schriba 6 lesen.
5. Der eher "praktisch orientierte" Leser wird hingegen u.U. mit Schriba 6 beginnen - und von daher auf die anderen Schribas unsystematisch zurückgreifen.
6. Der besonders an der Konzeption der Unterrichtsversuche Interessierte wird zweckmäßig mit einem der Schribas 7, 8 oder 9 beginnen.
7. Das Schriba 10 wird zweckmäßig jeweils nach Verweis in den vorangegangenen Schribas herangezogen, sowie für Zwecke des Überlernens und der Lernzielkontrolle.

Zeichenerklärung (vgl. Aufgaben zu den Schribas)

0 für Kleingruppendiskussionen besonders geeignet

! im Rahmen dieses Kurses besonders relevant

x zur schriftlichen Bearbeitung empfohlen

SCHRIBA 0

Zielsetzung und Verlaufsplanung des Kurses

Seite

0. Vororientierung zu Inhalt und Zielsetzung des Schribas 0

Dieses Schriba soll zunächst die Zielsetzung des gesamten Kurses verdeutlichen, die Durchführung des Kurses begründen und einige charakteristische Merkmale des Kurses hervorheben.

Es soll die durch das Schribamaterial genauer behandelten Hauptkategorien herausstellen und ihren Zusammenhang andeuten.

Es wird verdeutlichen, welche Art von Zielen auf mehreren Ebenen anzustreben sind, um kompetentes Unterrichten zu ermöglichen.

Es gibt eine Übersicht, mit welchen Mitteln diese Ziele erreicht werden sollen und einige Anhaltspunkte für sinnvolle Voraussetzungen zu Beginn des Kurses.

Schließlich liefert es einen Rahmen für eine mögliche Verlaufsplanung des Kurses.

1. Allgemeine Zielvorstellungen[1]

Der Sinn des Kurses besteht in der Integration von bisher unverbundenen Komponenten der Lehrerausbildung:

a. Pädagogik, Psychologie
b. Fachdidaktik
c. Unterrichtspraxis.

Letztlich geht es um den Versuch, Theorie und Praxis im Bereich der Mathematik besser als bisher in sich und miteinander zu verbinden. "Theorie" heißt dabei in erster Linie pädagogisch-psychologische Grundlagen des Mathematiklernens, "Praxis" die Verwirklichung entsprechender Prinzipien im Unterricht.

Beides ist in ein geeignetes Wechselwirkungsverhältnis zu bringen: einesteils sollte die Theorie auf die Praxis einwirken, andernteils sollte die Praxis zurückwirken auf die Theorie.

Z.Zt. ist man in der Mathematikdidaktik von einem solchen Theorie-Praxis-Verhältnis noch weit entfernt. Weder die vielfach noch praktizierte rein "theoretische" Ausbildung im Rahmen der Fachwissenschaft und ihrer Didaktik, in Pädagogik, Psychologie usw. (wie sie an vielen Hochschulen noch üblich ist), noch eine "praktische" Ausbildung in der Kunst des Unterrichtens (wie sie in vielen Schulen noch üblich ist), werden einem zeitgemäßen Theorie-Praxis-Verhältnis gerecht.

Es besteht somit die Gefahr, daß es zu unerwünschten Ausbildungsergebnissen folgender Art kommt:

- Die didaktische Bedeutung der fachlichen Inhalte wird unzureichend erkannt.
- Wichtige pädagogische und psychologische Einsichten bleiben bei der methodisch-didaktischen Planung des Unterrichts unberücksichtigt.
- Der Unterricht des "fertigen" Lehrers erfolgt mehr nach praktischen Faustregeln als nach theoretischen Erkenntnissen.

---

1 Beachten Sie bitte schon beim Lesen die Diskussionsanregung am Schluß des Schribas.

Hier setzen viele neuere Reformvorschläge an (vgl. z.B. das Bremer oder Oldenburger Modell); sie sind m.W. jedoch inhaltlich noch immer wenig ausgefüllt.

Es kommt hinzu, daß die theoretischen Teile der Lehrerausbildung unter sich meist schon schlecht miteinander verbunden sind. Die Grundwissenschaften (Pädagogik, Psychologie ...) lassen bei einer inhaltsneutralen Betrachtungsweise oft fachwissenschaftliche und fachdidaktische Aspekte außer acht; die Fachdidaktik wiederum bezieht Ergebnisse und Einsichten der Grundwissenschaften zu wenig in ihre Betrachtung ein[1].

Hier setzen viele Reformvorschläge (vgl. wiederum die oben genannten Modelle und auch Göttinger Versuche) zu fächerintegrativem Studium ein; auch sie müssen m.E. inhaltlich noch stärker gefüllt werden. So versucht der Kurs, einen studienreformerischen Impuls in zwei Richtungen zu geben:

Zum einen in Richtung auf eine <u>bessere Verbindung von Fachdidaktik und Pädagogik/Psychologie</u>, zum anderen in Richtung auf eine <u>bessere Verbindung von Theorie und Praxis</u>.

2. Grundgedanken zur Realisation

Die Grundidee des Kurses ist angelehnt an die des "Grundkurses Lehren und Lernen", der von 1970 bis 1973 von Prof. Eigler und Mitarbeitern am Pädagogischen Seminar der Universität Göttingen entwickelt wurde (veröffentlicht im Beltz Verlag, Weinheim 1973). Hier wird der Versuch gemacht, die Kluft zwischen pädagogischer Theorie und Praxis in der Gymnasiallehrerausbildung zu verringern: Ein als Medienverbundsystem konzipierter "Grundkurs Lehren und Lernen" soll die künftigen Lehrer theoretisch und praktisch auf ihre Berufsrolle als "Organisator von Lernprozessen" vorbereiten. "Theoretisch" geschieht dies vor allem durch schriftliches Basismaterial, "praktisch" durch kleine am Basismaterial orientierte Unterrichtsversuche (microteaching) der Studenten untereinander, die anhand von Videoaufnahmen analysiert werden.

Auch bei diesem Kurs soll es sich um ein <u>Medienverbundsystem</u> handeln, dessen wesentliche Teile <u>schriftliches Basismaterial</u> und <u>videokontrollierte</u>

---

1 Für nähere Begründungen sei auf den 1. Teil der Dissertation (insbesondere Kapitel 4) verwiesen.

Microteaching-Versuche sind und das insgesamt auf die Entwicklung eines theoretisch fundierten Lehrerverhaltens in der Praxis ausgerichtet ist.

Dieser Kurs unterscheidet sich vom "Grundkurs Lehren und Lernen" jedoch zumindest in drei wesentlichen Punkten:

a. Beschränkung auf den Rahmen des Fachs Mathematik; dies ermöglicht eine genauere Angabe von Lernbedingungen für diesen Bereich.

b. Betonung anderer theoretischer Grundkategorien: Es geht beispielsweise mehr um Unterrichtsbedingungen für im Mathematikunterricht wesentliche Lerntypen (Begriffslernen, Regellernen, problemlösendes Lernen) als um Bedingungen für allgemeine Lehrverfahren (entdeckenlassendes bzw. darstellendes Lehren).

c. Durchführung von Unterrichtsversuchen mit Schülern; dies ermöglicht eine praktische Erprobung unter realistischeren Bedingungen.

Um eine möglichst effektive Integration der Theorie-Elemente unter sich zu erreichen, wurden schriftliche Basistexte (Schribas) entwickelt, in denen nach und nach ein lehr-lerntheoretisches "Minimalmodell" für die Organisation von Mathematikunterricht aufgebaut wird.

Im Anschluß hieran werden gezielte Unterrichts- und Beobachtungsinstruktionen formuliert, die die Kursteilnehmer zu realisieren suchen.

Die Unterrichtsversuche werden nach den zuvor entwickelten Kategorien anhand von Videobändern analysiert.

3. Das dem Kurs zugrundeliegende lehr-lerntheoretische Modell des Mathematikunterrichts

In den schriftlichen Basistexten wird schrittweise ein Modell entworfen, mit dem die wichtigsten Momente für die Organisation des Mathematikunterrichts erfaßt werden sollen. In den Schribas 1 bis 5 wird zunächst eine allgemeine lehr-lerntheoretische Orientierung für den Mathematikunterricht geschaffen (unter Herausarbeitung der nachfolgend unterstrichenen Hauptkategorien):

Schriba 1: Grundvoraussetzungen des Kurses und Rahmenbedingungen des Mathematikunterrichts

Schriba 2: Ziele des Mathematikunterrichts, ihre Taxonomie und Operationalisierung

Schriba 3: Entwicklung mathematischen Denkens und operative Prinzipien

Schriba 4: Lernphasen, insbesondere Motivation und Transfer mathematischen Lernens

Schriba 5: Lerntypen mathematischen Lernens und ihre Bedingungen

Im folgenden Schriba werden allgemeine Gesichtspunkte zur systematischen Vorbereitung und Beobachtung von Mathematikunterricht zusammengestellt (unter Berücksichtigung der in den Schribas entwickelten Prinzipien):

Schriba 6: Leitlinien zur Vorbereitung, Beobachtung, Durchführung und Besprechung von Mathematikunterricht

In den weiteren Schribas werden die wichtigsten Lerntypen des Mathematikunterrichts und ihre jeweiligen Bedingungen in gezielter Ausrichtung auf die Unterrichtsversuche näher zu Teilmodellen des Mathematikunterrichts ausgestaltet:

Schriba 7: Das Lernen mathematischer Begriffe

Schriba 8: Das Lernen mathematischer Regeln

Schriba 9: Problemlösen im Mathematikunterricht

Wichtigste Zusammenhänge zwischen den Hauptkategorien[1] bringt das folgende Modellschema (SCHEMA 0) zum Ausdruck; es kann zugleich als Übersicht über das Schriftliche Basismaterial und als Lesehilfe dienen.

---

[1] Die Unterrichtsdimensionen und wesentliche Zusammenhänge zwischen diesen werden in Schriba 1, Abschnitt 1.2.2 näher erläutert.

SCHEMA 0:

Modellschema für den Mathematikunterricht

(Zugleich Übersicht über das schriftliche Basismaterial)

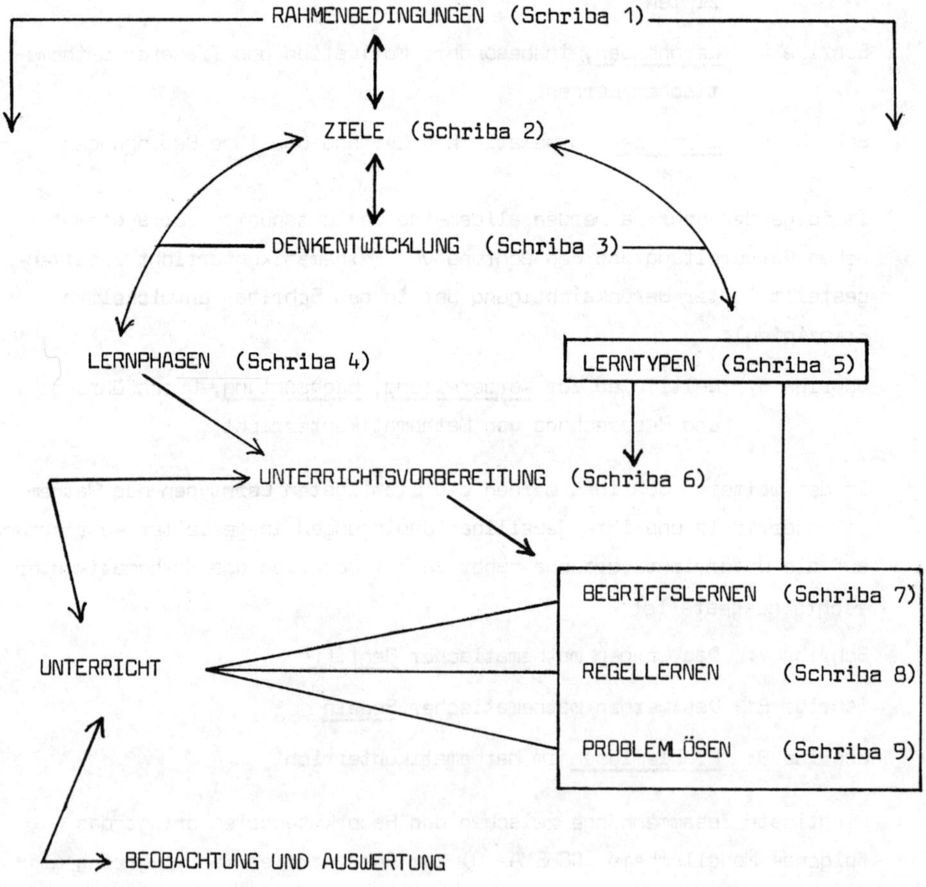

4. Inhaltliche Intentionen

Die Hauptintention des Kurses läßt sich wie folgt umreißen:

Die Kursteilnehmer sollen angeleitet werden, Lernprozesse im Bereich der Mathematik für verschiedene Lerntypen (Begriffslernen, Regellernen, problemlösendes Lernen) unter Beachtung der jeweiligen Lernbedingungen zu planen, zu realisieren und zu evaluieren[1].

Gemäß dieser Hauptintention hat der Kursteilnehmer nacheinander und im Wechsel Ziele auf verschiedenen Lernebenen zu erreichen:

a. auf der kognitiven Ebene des Wissens, Verstehens und Anwendens (und der dementsprechenden affektiven Ebene des "Berücksichtigen-Wollens");

b. auf der Ebene des analysierenden Beobachtens;

c. auf der Ebene des konstruktiven Planens;

d. auf der Ebene des unterrichtlichen Handelns;

e. auf der Ebene des evaluierenden Beobachtens (Beurteilens).

Diese Lernebenen stehen ersichtlich in einer gewissen hierarchischen Beziehung zueinander.

Es ist für kompetenten Unterricht wahrscheinlich sehr wichtig, keine dieser Lernebenen zu vernachlässigen, weil jede die Voraussetzung für die nächste ist, zumindest diese aber fördert.

Dementsprechend lassen sich z.B. Grobziele folgender Art formulieren:

"Die Kursteilnehmer sollen die Verinnerlichungsstufen nach PIAGET/ AEBLI kennen, bei der Beobachtung von Mathematikunterricht identifizieren, bei der Planung und Realisation mathematischer Unterrichtsgegenstände angemessen beachten lernen und in der Rückschau kritisch reflektieren können" (vgl. Schriba 3).

"Die Kursteilnehmer sollen beim Lehren eines mathematischen Begriffs durch Auswahl variierter Beispiele und Gegenbeispiele eine Unter- bzw. Übergeneralisierung des Begriffs verhindern" (vgl. Schriba 7).

(Dieses Ziel soll wieder auf den verschiedenen oben genannten Lernebenen angestrebt werden.)

---

1 evaluieren (lat.): einschätzen

"Die Kursteilnehmer sollen angeleitet werden (vgl. Schriba 9), bei der Organisation problemlösenden Lernens im Mathematikunterricht geeignete, nach Stärke abgestufte Lernhilfen zu geben". (Dies gilt wieder für die verschiedenen Lernebenen.)

DerLeser möge sich hier mit dieser exemplarischen Verdeutlichung der Ziele begnügen. Weitere Grobziele dieser Art kann er leicht selbst aus den Zielangaben und Aufgaben zu den einzelnen Schribas erschließen. Es sei im übrigen verwiesen auf den zusammenfassenden Zielkatalog in Schriba 10.

5. Tragende Teile (Medien und Methoden) des Kurses und ihre Funktion[1]

Den inhaltlichen Intentionen entsprechend sind die Medien und Methoden des Kurses, d.h. die Mittel zur Erreichung dieser Ziele, konzipiert:

a. Schriftliches Basismaterial (zur Orientierung über die wichtigsten lehr-lerntheoretischen Aspekte des Mathematikunterrichts, als Hilfe für Beobachtung und Planung des Unterrichts).

b. Gruppendiskussionen (zur Klärung des schriftlichen Materials und zur Auswertung der Unterrichtsversuche).

c. Hospitationen (zur Beobachtung des Unterrichts nach bestimmten Kategorien; anfangs auch zum Bekanntmachen der Kursteilnehmer mit den ihnen zugeordneten Klassen und Fachlehrern).

d. Unterrichtsversuche (zur Realisierung des aufgrund des schriftlichen Materials und entsprechender Unterrichtsbeobachtungen erarbeiteten Unterrichtskonzepts).

Die Unterrichtsversuche verfolgen ein modifiziertes Microteaching-Konzept mit folgenden Merkmalen:

- halbe Klassen (bei normaler Klassenstärke von ca. 25 - 30 Schülern),
- teilweise verkürzte Unterrichtszeit (auf ca. 30 Minuten),
- eingegrenzte Unterrichtsaufgaben zu jeweils einem bestimmten Lerntyp.

Sie sollen die Komplexität des normalen Unterrichts reduzieren und die gezielte Berücksichtigung theoretischer Lernbedingungen erleichtern.

---

1 Eine genauere Darstellung findet sich im 1. Teil der Dissertation (Kapitel 7). Man vergleiche im übrigen SCHEMA 25, S. 365.

e. Videoaufnahmen (als veranschaulichende Modellbänder und zur objektiveren Kontrolle und Auswertung der Unterrichtsversuche).

f. Berater (Mentor = Fachlehrer der Klasse und Tutor = Vertreter der "Theorie").

Die genauere Funktionsbestimmung und der zweckmäßige Einsatz einzelner Medien und Methoden muß sich aus gemeinsamen Absprachen der beteiligten Personen (Praktikanten, Tutor, Mentor) ergeben. Genauere Vorschläge bzw. Erfahrungen werden an geeigneter Stelle in den folgenden Schribas eingefügt. Es sei insbesondere auf Schriba 6 sowie auf die Diskussions- und Beobachtungsvorschläge im Anschluß an die einzelnen Schribas verwiesen.

6. Wünschenswerte Voraussetzungen der Kursteilnehmer[1]

Der Kurs richtete sich in der Entwicklungszeit vorwiegend an Studenten der Pädagogischen Hochschule mit dem Wahlfach Mathematik im 4. und 5. Semester, mit Schwerpunkt Grundschule oder Hauptschule.

Von der fachlichen Seite wird eine gewisse Vertrautheit mit den mathematischen Inhalten der jeweiligen Schulstufe, zumindest aber etwa mit folgenden Inhalten vorausgesetzt: Elementare "Mengenlehre", Teilbarkeitslehre, Stellenwertsysteme, Einführung von Größen, Bruchrechnung vom Operatorenstandpunkt (samt Anwendung in Prozent- und Zinsrechnung).

Von der fachdidaktischen Seite ist zumindest eine Grundorientierung über allgemeine Ziele und didaktische Prinzipien des Mathematikunterrichts nützlich: insbesondere Grundgedanken zur mathematischen Denkentwicklung und operativen Methode, zu Lernphasen und Lerntypen des Mathematikunterrichts. Wesentliche didaktische Gesichtspunkte werden in den Schribas 1 - 5 aufgegriffen, vertieft, ergänzt, veranschaulicht und diskutiert.

Daneben wären eine ganze Reihe von allgemeinen Grundkenntnissen aus der Pädagogik und der Psychologie wünschenswert, wie z.B. Orientierungen über:

---

1 Die von der Mathematik bzw. Mathematikdidaktik her zu machenden Voraussetzungen werden an der PHN, Abteilung Göttingen, weitgehend im "Grundkurs Mathematik" der beiden ersten Semester vermittelt.

- Grundbegriffe der Didaktik (vgl. FLECHSIG/HALLER 1975)[1]
- pädagogische Grundkategorien der Unterrichtsorganisation (vgl. EIGLER/JUDITH u.a. 1973)
- "Unterrichtstheorie" zur Planung und Analyse von Unterricht (vgl. HEIMANN/OTTO/SCHULZ 1972[6]; Schriba 1)
- Lernziele des Schulunterrichts (VON HENTIG 1971[3])
- Probleme der Curriculumentwicklung (vgl. ROBINSOHN 1970[2]; Schriba 2)
- Taxonomie und Operationalisierung von Lernzielen (vgl. BLOOM 1972 und MAGER 1972; Schriba 2)
- Psychologie der Denkentwicklung (vgl. PIAGET 1972[5], BRUNER 1974, LOMPSCHER 1972; Schriba 3)
- Lernphasen und Unterrichtshilfen (vgl. ROTH 1973[14]; Schriba 4)
- Allgemeine Didaktik (vgl. KLINGBERG 1972; Schriba 4)
- "Grundformen des Lehrens" (vgl. AEBLI 1971[6]; Schriba 4)
- Lerntypen und Bedingungen (vgl. GAGNÉ 1973[3]; Schriba 5)
- Beobachtung und Beurteilung von Schülerverhalten (vgl. WALTER 1973; Schriba 6)
- "Psychologie des Unterrichts" (vgl. AUSUBEL 1974; Schriba 7, 8, 9).

Frühere Befragungen von Studenten ergaben, daß solche Grundkenntnisse aus den Fächern Pädagogik und Psychologie nur in begrenztem Maße vorhanden waren; sie werden also nicht generell vorausgesetzt.

Wichtige Gedanken aus der angegebenen Hintergrundliteratur werden daher in diesem Material selbst (wenn naturgemäß auch in teils vereinfachter und auf Mathematikunterricht zugeschnittener Form) herausgearbeitet.

So mag dieses Material einesteils oft als fachbezogene Einführung (in anderen Fällen als fachbezogene "Wiederholung") dieser Grundlagen dienen.

7. Planung des Kursverlaufs

Es soll hier ein <u>Rahmenplan</u>[2] angegeben werden, der sich bei verschiedenen Kursformen bewährt hat und unterschiedlichen Rahmenbedingungen angepaßt werden kann:

---

[1] Die Literaturnachweise für die beiden ersten Bücher erfolgen im Anschluß an dieses Schriba, die weiteren in den Literaturverzeichnissen zu den jeweils angebenen Schribas.

[2] Ein stärker spezifizierter Planungsvorschlag findet sich im Anhang.

I. Vorbereitendes Literaturstudium

Es empfiehlt sich, dem Kurs eine Literaturphase mit wichtiger Hintergrund- oder Ergänzungsliteratur vorzuschalten. Die Diskussion des vorliegenden, relativ kurz gefaßten Materials wird dadurch fundierter und effektiver.

Nach den bei der Kursentwicklung gemachten Erfahrungen ist dazu etwa folgende Lektüre geeignet:

1. AEBLI, H.: Grundformen des Lehrens. Stuttgart 1971[6].
2. GAGNE, R.M.: Die Bedingungen des menschlichen Lernens. Hannover 1973.
3. HOLE, V.: Erfolgreicher Mathematikunterricht. Freiburg 1973.
4. WITTMANN, E.: Grundfragen des Mathematikunterrichts. Braunschweig 1974.
5. DIENES, Z.P./ GOLDING, E.W.: Methodik der modernen Mathematik. Freiburg 1970.
6. POLYA, G.: Schule des Denkens (Vom Lösen mathematischer Probleme). Bern 1967[2].

Es seien ein paar Bemerkungen hinzugefügt, die den Stellenwert der genannten Bücher ein wenig verdeutlichen.

Es handelt sich durchweg um Bücher, die bereits einen mehr oder weniger starken Bezug zum Mathematikunterricht aufweisen:

Zu 1: Bei AEBLI handelt es sich um eine an PIAGET angelehnte "Psychologische Didaktik": Das Kapitel IV (Das Einführen einer neuen Operation) ist für die operative Methode im Mathematikunterricht besonders grundlegend. Daneben sind aber auch Kapitel VII (Die Lehrerfrage und der fragelose Unterricht), Kapitel VIII (Das Üben) und Kapitel IX (Die Kontrolle des Unterrichtserfolges) für den Kurs relevant.

Zu 2: GAGNÉ gibt den allgemeinen Hintergrund für Unterrichtsversuche zu verschiedenen Lerntypen. Von besonderem Interesse sind Kapitel II (Arten des Lernens), Kapitel V (Multiple Diskrimination und Begriffslernen) und Kapitel VI (Regellernen und Problemlösen). Daneben ist aber auch Kapitel VIII (Motivierung und Lenkung des Lernens; Lernübertragung) besonders relevant.

Zu 3: HOLE gibt eine lernpsychologisch orientierte, mit vielen Unterrichtsbeispielen versehene Darstellung zur Planung, Durchführung und Beurteilung von Mathematikunterricht. Das Buch ist im ganzen eine nützliche Ergänzung zu diesem Material, besonders Kapitel I (Fachwissenschaftliche Analyse) und Kapitel IV (Wahl und Einsatz von Medien).

Zu 4: WITTMANN gibt ebenfalls eine lernpsychologisch orientierte, etwas "theoretischere", vorwiegend auf die Unterrichtsplanung zielende

Einführung in Grundfragen des Mathematikunterrichts. Das Buch stellt ebenfalls eine gute Ergänzung zu diesem Material dar. Es sei besonders das Kapitel VIII (Elemente der Psychologie des Mathematiklernens und didaktische Prinzipien) empfohlen.

Zu 5: DIENES/GOLDING geben eine interessante Einführung in eine an den bekannten Prinzipien von DIENES orientierte Didaktik und Methodik des Mathematikunterrichts. Wichtig ist vor allem Kapitel III (Einige Prinzipien, die als Grundlage für neue Kurse und neue Methoden dienen können).

Zu 6: POLYA gibt eine hervorragende Orientierung über Strategien für das Lösen mathematischer Probleme. Sein Buch ist besonders für Unterrichtsversuche zum Problemlösen relevant.

II. Theorie-Phase (Vorbereitungsseminar)

Die Theorie-Phase hat den Intentionen des gesamten Kurses gemäß (vgl. Abschnitt 1 - 5) den Sinn, das nachfolgende Praktikum anhand der Schribas, illustrierender Videobänder, anhand von Diskussionen und geeigneten Übungsaufgaben vorzubereiten.

Als Vorbereitungsseminar ist umfangmäßig eine mindestens zweistündige Lehrveranstaltung vorzusehen, die sich bei etwa 13 Sitzungen an folgenden Schwerpunkten orientieren kann:

1. Zielsetzung und Verlaufsplanung der Veranstaltung (Schriba 0)
2. Rahmenbedingungen des Mathematikunterrichts (Schriba 1)
3. Ziele des Mathematikunterrichts (Schriba 2, 1. Teil)
4. Taxonomie und Operationalisierung mathematischer Lernziele (Schriba 2, 2. Teil)
5. Kognitive Theorien (Schriba 3)
6. Operative Methode (Schriba 3)
7. Lernphasen des Mathematikunterrichts (Schriba 4)
8. Lerntypen des Mathematikunterrichts (Schriba 5)
9. Vorbereitung, Beobachtung und Besprechung von Mathematikunterricht (Schriba 6)
10. Begriffslernen im Mathematikunterricht (Schriba 7)
11. Regellernen im Mathematikunterricht (Schriba 8)
12. Problemlösen im Mathematikunterricht (Schriba 9, 1. Teil)
13. Problemlösen im Mathematikunterricht (Schriba 9, 2. Teil).

Für die nähere Ausgestaltung eines solchen Seminars sei auf den Anhang und Teile meiner Dissertation (insbesondere Kapitel 9) verwiesen.

Die Schwerpunkte können weitgehend nach den jeweiligen Wünschen der Adressaten gestaltet werden.

III. Inhaltliche Vorbereitung des Praktikums

Am Ende der Theorie-Phase konstituieren sich nach Möglichkeit Praktikumsgruppen aus 6 - 9 Praktikanten, dem Tutor und dem Mentor. Hierbei werden zweckmäßig erste grobe Absprachen bezüglich der Unterrichtsinhalte und diesbezüglicher Lektüre (vgl. Näheres hierzu in Schriba 6, Abschnitt 1.3) getroffen. Die Erarbeitung der Unterrichtsinhalte sollte nach Möglichkeit mit dem Überlernen des Schriftlichen Basismaterials verbunden werden (vgl. Schriba 10).

IV. Das Praktikum

Das nachfolgende Praktikum könnte etwa folgende Struktur haben, die von den Praktikumsgruppen im einzelnen selbst festzulegen ist. (Genauere Vorschläge und Anregungen sowohl für Blockpraktika als auch für semesterbegleitende Praktika finden sich im Kapitel 9 der Dissertation.)

A. Planungs- und Hospitationsphase

1. Lernzielkontrolle zum Schriftlichen Basismaterial in Verbindung mit den verabredeten Unterrichtsinhalten (vgl. Schriba 10).
2. Erstellung eines genaueren Praktikumsplanes.
3. Klärung der Rahmenbedingungen, Ziele und Inhalte (vgl. Schriba 6).
4. Hospitationen bei Mentor und Tutor unter gezielten (an den Schribas 2 - 5 orientierten) Fragestellungen.
5. Genauere gemeinsame Vorbereitung der ersten Stunden.

B. Unterrichtsversuche

Es sollten nach Möglichkeit Unterrichtsversuche zu folgenden typischen Situationen des Mathematikunterrichts durchgeführt werden:

1. Einführung eines Begriffs

2. Operative Übung zur Festigung des Begriffs

3. Einführung einer mathematischen "Regel"

4. Vertiefung der mathematischen Regel

5. Bewußtmachen von heuristischen Regeln zum Aufgabenlösen

6. Problemlösungsunterricht

Es empfiehlt sich u.U., weiterhin in das Praktikum aufzunehmen:

7. Eine "Wiederholungsstunde"

8. Eine schriftliche Lernzielkontrolle (Klassenarbeit)

Es kommt darauf an, möglichst geeignete Inhalte auszuwählen, aber daran zu denken, daß obige Situationen Idealisierungen darstellen, also nicht unbedingt für eine einzelne Stunde jeweils "lupenrein" zu bekommen sind.

Es erscheint aber zweckmäßig, an den "Situationen" prinzipiell festzuhalten, um ein möglichst reichhaltiges Praktikum zu gewährleisten.

Die Stunden werden jeweils auf der Grundlage der Schribas vorbereitet, beobachtet und besprochen.

C. Abschlußphase

1. Rekonstruktion des Praktikumverlaufs
2. Diskussion der gemachten Erfahrungen

8. Arbeits- und Zeitanforderungen des Kurses[1]

Wird der Kurs in allen seinen Teilen durchgeführt, ist er eine arbeitsintensive, aber erfahrungsgemäß "lohnende" Veranstaltung.

Die Lektüre, die Vordiskussion und Aufgabenbearbeitung (z.T. in Kleingruppen) erfordert erfahrungsgemäß beim ersten Durchgang pro Schriba (bei Schriba 2, 3 und 9 pro Schribahälfte) ca. 2 1/2 Stdn.: etwa 1 Std. das Lesen und 1 1/2 Stdn. die Vorarbeit.

Die Diskussion in der Großgruppe erfordert zusätzlich jeweils etwa 1 1/2 Stdn. (bei intensiverer Behandlung und Aufgabenbesprechung vermutlich 3 Stdn.).

Eine Lernzielkontrolle zum Schriftlichen Basismaterial in der in Schriba 10 vorgeschlagenen Form erfordert ca. 5 Stdn. häusliche Arbeit.

Die Klärung der Rahmenbedingungen, Ziele und Inhalte der Unterrichtsreihe (im Sinne von Schriba 6) erfordert ca. 7 Stdn. Kleingruppenarbeit der Praktikumsgruppe.

Eine Hospitation bzw. ein Unterrichtsversuch erfordert ca. 1 Std. Vorbesprechung und ca. 2 Stdn. Nachbesprechung.

Für die Vorbereitung einer Unterrichtsstunde (nach Schriba 6) benötigt ein Praktikant erfahrungsgemäß ca. 7 Stdn.

Die Abschlußphase erfordert ca. 2 Tage (je 6 Stdn.).

Alle genannten Zahlen sind natürlich grobe Durchschnittswerte, für die es im Einzelfall starke Abweichungen geben kann; sie richten sich selbstverständlich insbesondere nach der zur Verfügung stehenden Zeit, nach dem Inhalt und der Intensität der Durchführung.

Diskussionsanregung zu Schriba 0

Was ist bezüglich Zielsetzung oder Verlaufsplanung des Kurses unklar?

Wo haben Sie Bedenken oder Vorschläge?

(Beachten Sie auch die Zielsetzungen des Schribas 0 im Katalog des Schribas 10!)

---

1 Für nähere Angaben sei verwiesen auf die Evaluationen im Rahmen der Dissertation (Kap. 9).

Literaturhinweise zu Schriba 0

ASTA der PHN, Abteilung Göttingen (Hrsg.): Betrifft: Grundkurs Mathematik. Göttingen 1974.

Deutscher Bildungsrat: Strukturplan für das Bildungswesen. Bonn 1970.

\+ EIGLER, G./ JUDITH, H./ KÜNZEL, M./ SCHÖNWÄLDER, A.: Grundkurs Lehren und Lernen. Beltz Verlag, Weinheim und Basel 1973.

\+ FLECHSIG, K.-H./ HALLER, H.-D.: Einführung in didaktisches Handeln. Klett-Verlag, Stuttgart 1975.

Göttinger Kollektiv, Lehrerausbildung durch Projektstudium. Reinbek 1973.

Hessischer Kultusminister (Hrsg.): Bildungspolitische Informationen 1 A/71: Diskussionsentwurf zur Neuordnung der Lehrerausbildung. Wiesbaden 1971 (Göttinger Modell S. 42/43).

Lehrerausbildung an der Universität Bremen:
- Zum Projektstudium an der Universität Bremen
- Organisatorische Strukturen der Lehrerausbildung in Bremen.

In: Betrifft: Erziehung 1971/9, S. 24 - 36.

Zur Neuordnung der Lehrerausbildung an der Universität Oldenburg. In: Erziehung und Wissenschaft/ Ausgabe Niedersachsen 1972/10, S. 5 - 6.

<u>Literaturkommentar</u>

Die angekreuzten Bücher von EIGLER/JUDITH u.a. (1973) und FLECHSIG/HALLER (1975) seien als pädagogisch-didaktische Grundorientierung besonders empfohlen.

SCHRIBA 1

Grundvoraussetzungen des Kurses und Rahmenbedingungen des Mathematikunterrichts

0. Vororientierung zu Inhalt und Zielsetzung des Schribas 1

Die Aufgabe des Schribas 1 besteht zunächst darin, einige Grundvoraussetzungen des Kurses aufzuzeigen:

- Was ist eigentliche gemeint, wenn hier von "Mathematikunterricht" die Rede ist? Welche Vorstellung von der Lehrerrolle steht dahinter?

- Was ist eigentlich gemeint, wenn hier von "Modell des Mathematikunterrichts" die Rede ist? Wie kommt man eigentlich zu einem solchen Modell?

Die Aufgabe des Schribas 1 besteht weiterhin darin, einige Rahmenbedingungen des Mathematikunterrichts zu klären:

- Unter welchen personen- und gesellschaftsbezogenen Bedingungen wird Mathematik unterrichtet?

- Welche Lehrercharakteristika sind für den Unterricht förderlich?

1. Grundvoraussetzungen des Kurses

1.1. Das hier zugrunde gelegte Verständnis von Unterricht

Vorweg sei bemerkt, daß es bei diesem Kurs ausschließlich um "Lehren" und "Lernen" von Mathematik in der Schule geht und um Mathematikunterricht in einem Klassenraum, in dem ein Lehrer einer größeren oder kleineren Gruppe von Schülern mathematische Inhalte vermittelt.

Wenn sich der Kurs damit auf den "normalen" Klassenunterricht in einem Fach beschränkt, soll damit keine grundsätzliche Ablehnung anderer Formen von Mathematikunterricht (z.B. programmierter Unterricht, Teamteaching, projektorientierter, fächerintegrierter Unterricht usw.) verbunden sein, sondern eine Konzentration auf Unterrichtssituationen, die vermutlich noch für absehbare Zeit an unseren Schulen vorherrschend sind: sie sollen nach der hier gegebenen lehr-lerntheoretischen Orientierung sinnvoll und effektiv gestaltet werden. Unter bewußtem Verzicht auf lerntheoretische Erörterungen und eine präzisere Definition (vgl. z.B. HILGARD/BOWER 1973[3], S. 16) seien hier unter "Lehren und Lernen von Mathematik" zielorientierte Bemühungen um mathematische Inhalte im Bedingungsgefüge eines Klassenunterrichts verstanden (vgl. KLINGBERG 1972, S. 81). Dabei bezeichnet Lehren jenen Aspekt des Unterrichtsprozesses, der die Tätigkeit des Lehrers und Lernen jenen, der die"Vorgänge" bei dem Schüler meint.

Dem Lehrer fällt dabei vornehmlich die Aufgabe zu (unter gegebenen Rahmenbedingungen, vgl. Abschnitt 2.1), die Lernziele und -inhalte auszuwählen und für geeignete Lernbedingungen (Lernmaterialien, Lehrverfahren usw.) zu sorgen (vgl. EIGLER/JUDITH u.a. 1973, S. 28): Der Lehrer erscheint dabei insbesondere als "Initiator" und "Organisator" von Lernprozessen. Diese Rolle des Lehrers tritt bei dem hier vorliegenden Modell des Mathematikunterrichts in den Vordergrund.

Demgegenüber soll z.B. die soziale Rolle des Lehrers als "Erzieher" (Berater, Repräsentant der Erwachsenenwelt, Vermittler bewährter kultureller Werte) stärker in den Hintergrund treten. Damit sollen diese Rolle des Lehrers und damit zusammenhängender Dinge wie "Führungsstil" und "Klassenklima" nicht gering geschätzt werden, aber zum einen handelt es sich hier um Fragen, die eher mit Unterricht allgemein als speziell mit dem Mathematikunterricht zu tun haben; auf der anderen Seite ist mit AUSUBEL (1974, S. 500) zu fragen, ob nicht "die wichtigste und charakteristischste Rolle des Lehrers im Klassenzimmer immer noch die eines Leiters von Lernaktivitäten ist" (im Sinne dieses Modells)!

1.2. Das hier zugrunde gelegte Modellverständnis[1]

1.2.1. Welchen Anforderungen soll das Modell genügen?

Im Sinne von POPP (1970, S. 50) sei unter "Modell" eine vereinfachende Darstellung einer komplizierten Feldstruktur mit ihren Funktionszusammenhängen verstanden.

Beim Entwurf eines Modells für den Mathematikunterricht innerhalb dieses Projekts war seine allgemeine Verwendbarkeit für die Planung des Lehrers der leitende Gesichtspunkt.

Dabei sollte vor allem auf folgendes geachtet werden:

1. Es sollten die wesentlichen Dimensionen des Mathematikunterrichts erfaßt werden,
2. Es sollten diese Dimensionen in einen sinnvollen Zusammenhang gebracht werden.
3. Eine Beschränkung vor allem auf die Zusammenhänge, die für alle Schulstufen relevant sind.
4. Eine Beschränkung weitgehend auf solche Zusammenhänge, die weitgehend für alle Kinder einer Klasse in gleicher Weise gelten.(Fragen der "inneren Differenzierung" werden so weit wie möglich ausgeklammert.)

Durch diese einschränkenden Überlegungen sollte sich ein hinreichend einfaches und praktikables Modell ergeben. Bei flexibler Handhabung des Modells ist es wohl ohne weiteres möglich, weitere wesentlich erscheinende Faktoren zu berücksichtigen.

---

[1] Näheres hierzu im 1. Teil der Dissertation, Abschnitt 6.1.

1.2.2. Zur Auswahl der "wesentlichen" Unterrichtsdimensionen

Bei der Auswahl der Grundkategorien des Unterrichtsmodells waren neben den in Schriba 0 dargestellten Leitideen und den im Abschnitt 1.2.1 genannten Kriterien das Studium relevanter fachdidaktischer, pädagogischer und psychologischer Literatur sowie eigene Unterrichtserfahrungen an Schule und Hochschule maßgebend.

Als Schlüsselfrage kann die Frage angesehen werden:
Was muß ich als Lehrer (neben dem Inhalt) bei der Vorbereitung und Erteilung von Mathematikunterricht unbedingt berücksichtigen?

Die Antwort darauf lautet hier aufgrund eingehender Analyse[1]:

a. die Rahmenbedingungen des Unterrichts (anthropogene und soziokulturelle Voraussetzungen);

b. die Lernziele (bestimmt durch Richtlinien, Lehr- und Stoffpläne sowie die Wertentscheidungen von Lehrern und u.U. Schülern);

c. die Denkentwicklung der Schüler (wesentlich bestimmt durch biologische Reifung, soziale Wechselwirkungen und Beachtung operativer Prinzipien im Unterricht);

d. die Lernphasen (verstanden als zeitlich aufeinanderfolgende Phasen des Lernprozesses: Motivation, Schwierigkeiten, Lösung ... und geeignete diesbezügliche Hilfen);

e. die Lerntypen (verstanden als verschiedene Arten mathematischer Lernprozesse, insbesondere Begriffslernen, Regellernen, Problemlösungslernen ... und der durch sie gegebenen verschiedenen Lernbedingungen).

Zwischenfrage: Wo bleiben die u.U. als grundlegend erachteten Medien (Unterrichtsmaterialien), Sozialformen (z.B. Kleingruppenarbeit) und Unterrichtsformen (z.B. fragend entwickelnder Unterricht)?

Die Medien, Sozial- und Unterrichtsformen sind hier als - wenn auch wichtige - Unterkategorien des Modells zu verstehen, die im wesentlichen durch die von den anderen Kategorien her gesetzten Bedingungen determiniert sind.

---

[1] Für diese Analyse sei verwiesen auf den 1. Teil der Dissertation, Abschnitt 6.4.

Bemerkungen zu Medien, Sozial- und Unterrichtsformen finden sich dementsprechend an geeigneter Stelle in den auf die Kategorien a. - e. abgestimmten Schribas, bzw. es wird - soweit es sich um fachübergreifende Gesichtspunkte handelt - auf andere Literatur verwiesen.

Aus ähnlichen Überlegungen heraus wird z.B. auch die Kategorie "Führungsstile" nicht als Grunddimension des Modells herausgestellt (vgl. auch Abschnitt 1.1).

Die hier ausgewählten Unterrichtskategorien sind nur als relativ eigenständig anzusehen; zwischen ihnen besteht ersichtlich eine Fülle von Querverbindungen (HEIMANN/OTTO/SCHULZ 1970[5], S. 45, sprechen vom "Interdependenzprinzip" der Planungsmomente), z.B.: Die Rahmenbedingungen des Unterrichts, z.B. das in einer Schule vorhandene Unterrichtsmaterial, beeinflussen die Ziele und umgekehrt. Das Denkniveau der Schüler (im Grunde auch als eine spezielle "Ramenbedingung" zu verstehen) steht in Wechselwirkung mit den Zielen.

Die Übungsphase des Unterrichts steht in besonderer Beziehung zu den aus der Denkentwicklung abgeleiteten operativen Prinzipien ("operative Übungen"!).

Denkentwicklung und Lernphasen wirken sich in spezifischer Weise auf die Lernbedingungen eines bestimmten Lerntyps (z.B. das Begriffslernen) aus. Problemlösendes Lernen steht im Zusammenhang mit bestimmten Zielen des Unterrichts (z.B. Selbständigkeit der Schüler). Usw.

Einige dieser Zusammenhänge werden in den folgenden Schribas genauer aufgedeckt (sie wurden bereits im Modellschema, Schriba 0, Abschnitt 3, angedeutet).

Ein Schwerpunkt dieses Modells liegt zweifellos auf den für den Mathematikunterricht besonders relevanten Lerntypen (Begriffslernen, Regellernen, problemlösendes Lernen). Die Darstellung verdichtet sich letztlich in der unterrichtlichen Gestaltung verschiedener Lerntypen unter Berücksichtigung der anderen Dimensionen und ganz spezifischer Lernbedingungen der einzelnen Lerntypen.

1.2.3. Zur Auswahl der Autoren

Es handelt sich bei diesem Unterrichtsmodell um ein additives Modell, in dem versucht wurde, Theorieelemente verschiedenster Herkunft unter fachspezifischem Blickwinkel miteinander zu verbinden bzw. in Einklang zu bringen.

Entscheidend war nur ihre vermutliche Relevanz für die Kategorien des Modells und die Bedingung, daß sie sich nicht gegenseitig "stören". So wird wahlweise Bezug genommen einerseits auf Autoren aus der Mathematikdidaktik, andererseits auf Autoren aus den Bezugswissenschaften Pädagogik und Psychologie (und hier zum Teil aus verschiedenen "Schulen").

Die maßgeblichen Bezugsquellen sind in den einzelnen Schribas jeweils hervorgehoben.

2. Rahmenbedingungen des Mathematikunterrichts

2.1. Anthropogene und soziokulturelle Bedingungen[1]

In den letzten Abschnitten sind einige Rahmenbedingungen für den Kurs ersichtlich geworden:

Es wurde etwa davon ausgegangen, daß man auf absehbare Zeit mit "Klassenzimmer-Unterricht" zu rechnen hat; auf der anderen Seite wird von dem Modell z.B. "Praktikabilität" verlangt. Das erstere ist als eine eher gesellschaftsbezogene Bedingung, das letztere als eine eher personenbezogene Bedingung anzusehen. In der Terminologie von HEIMANN/OTTO/SCHULZ (1970[5], S. 23) spricht man auch von "anthropogenen" und "soziokulturellen" Bedingungen. Diese Bedingungen, die auch kurz als "Rahmenbedingungen" bezeichnet werden, spielen beim Hochschulunterricht wie beim Schulunterricht (insbesondere auch beim Mathematikunterricht) eine wichtige Rolle. Bei oberflächlichem Hinsehen ist man geneigt, solche Rahmenbedingungen zu unterschätzen. Speziell beim Mathematikunterricht glaubt man gelegentlich, es komme hauptsächlich darauf an, den ausgewählten Stoff den Schülern möglichst gut zu "erklären":

Es wird nicht daran gedacht, wie viele vorgegebene Faktoren dabei zu beachten sind, die einesteils auf die am Unterricht beteiligten Schüler

---

1 Sind dem Leser diese Bedingungen schon geläufig, gehe er gleich zum nächsten Abschnitt oder zu den "Aufgaben u. Diskussionsanregungen" über.

und Lehrer (anthropogene Voraussetzungen) und andernteils auf die Schulverwaltung und die konkrete Schulsituation (soziokulturelle Voraussetzungen) zurückgehen.

Es seien kurz einige solcher Bedingungen[1] zusammengestellt und kommentiert, wobei klar ist, daß eine Trennung in "anthropogen" und "soziokulturell" nicht immer deutlich zu ziehen ist.

anthropogene Bedingungen	soziokulturelle Bedingungen
- Alter der Schüler (u. Lehrer)	- Schultyp
- Entwicklungsstand der Schüler	- Stadt- oder Landschule
- Geschlecht der Schüler	- Größe der Klasse
- allgemeine Interessen der Schüler und Lehrer (insbes. Hobbies)	- Anzahl der Jungen bzw. Mädchen
- Gruppierungen innerhalb der Klasse	- soziale Herkunft der Schüler
- Arbeitsstil (z.B. mit Kleingruppenarbeit vertraut, keine Hausaufgaben ...)	- Berufe der Eltern
- Führungsstil des Lehrers	- häusliches Milieu
- Lerntempo der Schüler	- Vorgeschichte der Klasse (z.B. Zusammenstellung der Klasse, frühere Lehrer, ausgefallener Unterricht)
- Lernvoraussetzungen und Leistungsstand der Schüler	- Lehr- und Unterrichtspläne
- mathematische Begabung der Schüler	- Organisationsform (z.B. Leistungskurs, Orientierungsstufe)
- Mitarbeit der Schüler	- Besonderheiten personeller und materieller Ausstattung
- Beziehung der Schüler zum Fach	- Stundenplan
- Beziehung zwischen Schüler und Lehrer	
- fachliche und didaktische Kompetenz des Lehrers	

Wer möchte bezweifeln, daß diese Punkte auch ganz entscheidend den Mathematikunterricht beeinflussen? Ansonsten gut vorbereitete Stunden können an einer Vernachlässigung dieser Rahmenbedingungen scheitern.

Der Praktikant bzw. Lehrer sollte diese Bedingungen schon rechtzeitig in seiner Planung berücksichtigen, damit er nicht erst im Unterricht

---

1 Die Zusammenstellung beschränkt sich hier vor allem auf solche Bedingungen, die man als Lehrer relativ leicht feststellen kann. Auf eine übertriebene Systematik (vgl. z.B. PETERSSEN 1973) wird verzichtet.

überrascht wird, wenn sie sich faktisch durchsetzen (HEIMANN/OTTO/SCHULZ, 1970[5], S. 36).

Dies beinhaltet zum Teil sehr praktische Überlegungen, wie wohl an einigen der folgenden Punkte deutlich wird:

a. Alter und Entwicklungsstand der Schüler

Hier sind entwicklungspsychologische Überlegungen (z.T. im Anschluß an PIAGET u.a.; vgl. Schriba 3) angebracht: Welche Entwicklungsstufe liegt vor? Wie weit sind die Schüler dem konkreten Denken verhaftet? Welchen Einfluß hat gegebenenfalls die Pubertät auf die Schüler?

b. Allgemeine und fachliche Interessen der Schüler

Hier sind motivationspsychologische Überlegungen und Erhebungen (vgl. Schriba 4) angebracht: Wo liegen besondere außerschulische Interessen? Handelt es sich evtl. um Schulabgänger mit besonderen berufspraktischen Interessen? (Hier könnte evtl. ein kleiner Fragebogen weiterhelfen!) Welche Möglichkeiten gibt es, bei den Schülern Interessen zu wecken?

c. Gruppierungen innerhalb der Klasse und auffällige Schüler

Wichtig ist es, die gruppendynamischen Beziehungen unter den Schülern zu kennen, z.B. für die Sitzordnung oder Gruppenbildungen. Hilfreich kann ein "Soziogramm" sein, in dem die gegenseitigen Beziehungen graphisch erfaßt sind. (Befragungsbasis: Neben wem würdest du gern sitzen? Mit wem würdest du gern spielen? Usw.) Hieraus ergeben sich dann auch auffällige Schüler ("Stars", Außenseiter usw.).

Auf diese Seite des Unterrichts soll nicht näher eingegangen werden. Literaturhinweis: ELBING (1972[4]).

d. Verhaltensgewohnheiten der Klasse und Arbeitsstil der Schüler

Hier spielt die Vorgeschichte der Klasse eine große Rolle: man sollte sie möglichst gut kennen, um bestimmte Verhaltensweisen der Schüler (z.B. wenn sie vorher einen sehr "autoritären" Lehrer hatten) besser verstehen und steuern zu können.

Wichtig zu wissen ist auch, wie weit die Schüler bestimmte Sozialformen, z.B. Partnerarbeit oder Kleingruppenarbeit gewöhnt sind. (An mangelnder diesbezüglicher Information ist schon manche gut gemeinte Gruppenarbeit gescheitert!) Auf Voraussetzungen von Kleingruppenarbeit wird noch etwas näher in Schriba 9 eingegangen.

e. Lernvoraussetzungen und Leistungsstand der Schüler

Natürlich ist es wichtig, die Lernvoraussetzungen der Schüler zu kennen (möglichst genau zu wissen, was "da" war und was nicht). Es ist klar, daß man nur an Vorhandenes anknüpfen kann. Näheres dazu in Schriba 5!

Auch den Leistungsstand und das Lerntempo der Klasse insgesamt sowie einzelner Schüler sollte man genauer kennen. Grundsätzlich muß man darauf achten, eine Klasse weder zu unter- noch zu überfordern. Danach richtet sich das Unterrichtstempo und die Schwierigkeit der Aufgabenstellungen.

Es ist insbesondere gut, die leistungsstärksten und leistungsschwächsten Schüler zu kennen, damit man weiß, welche Schüler am meisten Hilfe gebrauchen und welche Schüler am ehesten helfen können. Gelegentlich wird von Praktikanten eingewandt, genauere Erkundigungen beim Fachlehrer schaffe Vorurteile; man kommt aber kaum darum herum, wenn man Hilfen optimal ansetzen will. Den erhaltenen Informationen darf man zudem kritisch gegenüberstehen!

f. Beziehung der Schüler zum Fach und zum Lehrer

Man sollte auch die Beziehung der Schüler zum Fach genauer kennen, mögliche Aversionen registrieren und mögliche "Annäherungstendenzen" nutzen (vgl. Schriba 2). Man sollte sich dabei bewußt sein, daß sich die Beziehung der Schüler zum Fach oft mit den Beziehungen zum Lehrer verbessert. Dementsprechend ist es wichtig für den Lehrer, ein gutes Verhältnis zur Klasse zu entwickeln (durchaus gelegentlich unter Hintanstellung fachlicher Inhalte). Auch Verabredungen mit Schülern außerhalb des Unterrichts und Klassenfeste können das "Klassenklima" verbessern, man sollte davon freilich auch keine Wunderdinge erwarten!

Diese sozialpsychologischen Fragen wie auch die spezielle Frage nach einem geeigneten Führungsstil können hier nicht näher behandelt werden. Literaturhinweis: GUSKIN/GUSKIN (1973).

Es soll weiter unten in einem gesonderten Abschnitt nur noch kurz auf Persönlichkeitsmerkmale des Lehrers eingegangen werden, die sich vermutlich günstig auf den Unterrichtserfolg auswirken.

g. Fachliche und didaktische Kompetenz des Lehrers

Es sei erlaubt, an dieser Stelle auf eine grundlegende anthropogene Voraussetzung des Lehrers hinzuweisen: seine fachliche und didaktische Kompetenz. Sie geht ganz wesentlich in den Unterricht ein.

Je größer die Kompetenz des Lehrers, desto größer wird im allgemeinen der Unterrichtserfolg sein. Er sollte sich daher fachlich und didaktisch möglichst gründlich vorbereiten. (Genauere Hinweise in Schriba 6!)

Nachdem bisher mehr auf anthropogene Bedingungen geachtet wurde, sei jetzt noch von einigen eher soziokulturellen Bedingungen die Rede.

h. Größe der Klasse, Anzahl der Jungen bzw. Mädchen

Eine kleinere Klasse erleichtert nach allen Erfahrungen die Arbeitsbedingungen. Dies ist z.B. auch ein Grund, eine Klasse für Unterrichtsversuche gegebenenfalls zu halbieren. Es ist zweckmäßig, die genaue Anzahl der Schüler zu kennen, um zu wissen, z.B. wieviel Arbeitsblätter man von einer Matrize abziehen muß, wieviel Gruppen in welcher Stärke man bilden kann. (Auch die genaue Anzahl der Jungen und Mädchen für sich könnte dabei von Interesse sein.)

i. Häusliches Milieu und Berufe der Eltern

Die soziale Herkunft der Schüler näher zu kennen, kann nützlich sein, damit zusammenhängende Probleme (z.B. Disziplinschwierigkeit, Sprachverhalten) besser zu verstehen, evtl. besser begegnen zu können. Literaturhinweis: HUCH (1972[5]).

j. Lehr- und Unterrichtspläne

Es ist klar, daß der Praktikant bzw. Lehrer die jeweils gültigen Lehrpläne kennen muß, damit er sieht, in welchem Rahmen sich sein Unterricht etwa bewegen muß. (Nähere Angaben dazu in Schriba 2.) Daneben empfiehlt es sich, über mögliche innerschulische Unterrichtspläne von Fachkonferenzen (z.B. für die Orientierungsstufe) Informationen einzuholen.

k. <u>Räumliche und materielle Ausstattung der Schule</u>

Vor der Vorbereitung des Unterrichts sollte man sich nach vorhandenen Medien wie Klettentafel, Modellen, Lichtbildern, Projektoren, Vervielfältigungsgeräten, strukturiertem Material (z.B. logische Blöcke), Zeichengerät, bunter Kreide (!) ... und nach dem jeweiligen Aufbewahrungsort erkundigen (gegebenenfalls sollte man sich bei Herstellung eigenen Unterrichtsmaterials vom Fachlehrer beraten lassen!). Literaturhinweis: ANDERSEN/SÖRENSEN (1972).

2.2. Charakteristika des "guten" Lehrers

Im letzten Abschnitt dieses Schribas seien - in Ergänzung zu den anthropogenen Voraussetzungen des Unterrichts - einige Persönlichkeits- und Tätigkeitsmerkmale des Lehrers zusammengestellt, die sich nach den zitierten Autoren grundsätzlich "positiv" auf den Unterrichtserfolg auszuwirken scheinen. Es soll auf die Problematik dieser Wertung nicht näher eingegangen werden; vielleicht bekommt der Praktikant oder Lehrer aber Anregungen, sich in dieser oder jener Richtung bewußter zu erproben.

KUSMINA (1967, S. 14) nimmt als äußere Kriterien des Lehrerfolges:

- planmäßige und systematische Arbeit,
- Konsequenz,
- gute Lernzielergebnisse bei den Schülern (geprüft durch ein Pädagogenkollektiv),
- Anerkennung durch die Schüler.

Sie untersucht empirisch, worin sich nach diesen Kriterien als "gut" eingeschätzte Lehrer von weniger guten unterscheiden. Sie untersucht dazu die pädagogische Tätigkeit des Lehrers in folgenden Hauptkomponenten:

1. <u>Die konstruktive Tätigkeit</u> (Auswahl und Anordnung des Bildungsgutes, erzieherische Forderungen, Planung des Unterrichts)

2. <u>Die organisatorische Tätigkeit</u> (Organisation der Darbietung, des Verhaltens und der Schülertätigkeit im Unterricht)

3. <u>Die kommunikative Tätigkeit</u> (Interaktion von Lehrern und Schülern)

KUSMINA kommt zu folgenden Ergebnissen:

1. "Der Erfolg der konstruktiven Tätigkeit hängt in erster Linie von den Fachkenntnissen des Lehrers, von seinen pädagogischen und psychologischen Kenntnissen und von seiner Allgemeinbildung ab" (a.a.O., S. 37).

2. Eine gute organisatorische Tätigkeit zeigt sich u.a. in der Fähigkeit, den Einfluß der Klasse auf einzelne Schüler und den Einfluß der Eltern auf die Schüler zu organisieren, vor allem aber in einer geschickten Zeiteinteilung (a.a.O., S. 49).

3. Eine erfolgreiche kommunikative Tätigkeit wird gefördert durch folgende Faktoren:
   - eigene Begeisterung des Lehrers für sein Fach und den Unterricht (a.a.O., S. 54),
   - Klärung der Ursachen für aufgetretene Schwierigkeiten und Verständnis für den Schüler (a.a.O., S. 57),
   - Strenge in Grenzen, Stellen von Forderungen, Gerechtigkeit (a.a.O., S. 58),
   - Humor und Natürlichkeit (a.a.O., S. 59).

Darüber hinaus sind nach anderen Untersuchungen KUSMINAs folgende Komponenten der Lehrertätigkeit für den Erfolg des Unterrichts maßgebend:

- das eigene Beispiel (a.a.O., S. 81),
- die Beobachtungsfähigkeit des Lehrers im Unterricht (z.B. am Gesichtsausdruck der Schüler erkennen, ob sie das Dargebotene erfassen),
- die pädagogische Phantasie ("die Fähigkeit, die Vermittlung der Kenntnisse richtig zu planen und mögliche Schwierigkeiten bei der Aneignung des Unterrichtsstoffes durch die Schüler vorauszusehen") (a.a.O., S. 90),
- Verständlichkeit , logischer Aufbau und Überzeugungskraft der Lehrersprache (a.a.O., S. 94).

Durch diese Auszüge aus den Untersuchungen KUSMINAs, so methodisch anfechtbar sie sein mögen[1], wird zumindest eines deutlich: wie außerordentlich vielfältig und komplex die für den "Unterrichtserfolg" verantwortlichen Lehrertätigkeiten sind.

---

[1] Vgl. den Kommentar zu Schriba 1 im Kap. 8 der Dissertation.

Manche der hier als wesentlich angesehenen Faktoren stehen außerhalb der Möglichkeiten eines Praktikanten (z.B. Organisation des Elterneinflusses auf die Schüler); andere können in einem Praktikum nur am Rande kontrolliert werden (z.B. Beobachtungsfähigkeit des Lehrers, Verständlichkeit der Lehrersprache).

Viele der im vorherigen Abschnitt genannten anthropogenen und soziokulturellen Bedingungen sind kurzfristig wenig beeinflußbar (z.B. allgemeine Lernvoraussetzungen der Schüler, Verhaltensgewohnheiten der Klasse, Organisation von Leistungskursen). Man sollte deshalb die Möglichkeiten innerhalb eines Praktikums, selbst wenn man mit den Lernbedingungen der folgenden Schribas gut ausgerüstet ist, von vornherein nicht überschätzen!

Zudem erscheint außerordentlich wichtig, was AUSUBEL (1974, S.499 - 519) zu den Lehrercharakteristika schreibt. (Diese Seiten seien für eine Lektüre empfohlen!) Viele Ergebnisse KUSMINAs werden von AUSUBEL bestätigt, jedoch etwas relativiert: "Im allgemeinen haben die Persönlichkeitscharakteristika von Lehrern <u>nicht</u> hoch mit Lehrereffektivität korreliert. Die zwei Hauptausnahmen dieser Generalisation sind Wärme und Verständnis auf der einen Seite und die Tendenz, stimulierend und phantasievoll zu sein, auf der anderen" (a.a.O., S. 505)...

"Das vielleicht wichtigste Persönlichkeitscharakteristikum der Lehrer, das ihre Effektivität beeinflußt, ist das Ausmaß ihres persönlichen Einsatzes für die intellektuelle Entwicklung der Schüler."

Wesentliche Rahmenbedingungen des Mathematikunterrichts seien nochmals kurz und übersichtlich in einer Tabelle zusammengefaßt:

SCHEMA 1:
Rahmenbedingungen des Mathematikunterrichts

anthropogene Bedingungen	soziokulturelle Bedingungen
- Alter der Schüler (und Lehrer)	- Schultyp
- Entwicklungsstand der Schüler	- Größe der Klasse
- Geschlecht der Schüler	- Anzahl der Jungen bzw. Mädchen
- Interessen der Schüler (und Lehrer)	- soziale Herkunft d. Schüler
- Gruppierungen in der Klasse	- Berufe der Eltern
- auffällige Schüler	- häusliches Milieu
- Arbeitsstil der Klasse	- Vorgeschichte der Klasse
- Führungsstil des Lehrers	- frühere Lehrer
- Lernvoraussetzungen der Schüler	- Lehr- u. Unterrichtspläne
- Einstellungen der Schüler (zum Fach bzw. Lehrer)	- Organisationsformen der Schulstufe
- Mitarbeit der Schüler	- Sitzordnung, Stundenplan
- Unterrichtskompetenz des Lehrers	- personelle und materielle Ausstattung

<u>Charakteristika des guten Lehrers</u> (nach KUSMINA)

- planmäßige und systematische Arbeit; Konsequenz
- gute Fachkenntnisse, pädagogisch-psychologische Kenntnisse und Allgemeinbildung
- Organisationstalent, geschickte Zeiteinteilung, Zusammenarbeit mit Eltern
- Kontaktfreude, eigene Begeisterung, Humor, Natürlichkeit
- Strenge in Grenzen, Stellen von Forderungen, Gerechtigkeit
- gutes Beispiel geben
- Beobachtungsfähigkeit des Lehrers im Unterricht
- pädagogische Phantasie, Schwierigkeiten voraussehen
- Verständlichkeit, logischer Aufbau und Überzeugungskraft
- emotionale Zuwendung und stimulierende Wirkung (AUSUBEL)
- Ausmaß des persönlichen Einsatzes für das Lernen der Schüler

Aufgaben und Diskussionsanregungen zu Schriba 1

(Die Aufgaben werden zweckmäßig in einer Kleingruppe diskutiert).

0. Orientieren bzw. überprüfen Sie sich bezüglich der Zielsetzungen dieses Schribas anhand des Zielkatalogs in Schriba 10 !

1. Welche Rahmenbedingungen erscheinen für den Mathematikunterricht (im Vergleich zu anderen Fächern) besonders relevant? Versuchen Sie, Ihre Einschätzung näher zu begründen.

2. In welcher Weise könnte sich eine geschlechtsspezifische Rollenvorstellung bezüglich des Mathematiklernens als Rahmenbedingung auf den Mathematikunterricht auswirken?[1]

3. In welcher Weise könnte die Sozialisation (hier speziell die Lebens- und Berufsgeschichte) des Mathematiklehrers bzw. Praktikanten eine wichtige Rahmenbedingung des Mathematikunterrichts darstellen?

4. Welche speziellen Rahmenbedingungen sind u.U. durch ein Fachpraktikum für den Unterricht gegeben?

5. Nennen sie spezielle Rahmenbedingungen des Unterrichts, die durch die obige Aufzählung noch nicht erfaßt sind!

6. Diskutieren Sie die "Charakteristika des guten Lehrers" nach KUSMINA! Welche Lehrereigenschaften erschienen Ihnen besonders erstrebenswert?

---

[1] Vgl. hierzu SCHILDKAMP-KÜNDIGER (1974, S. 103)!

Literaturhinweise zu Schriba 1

ANDERSEN, F./SÖRENSEN, K.K.: Medien im Unterricht. Klett Verlag, Stuttgart 1972.

AUSUBEL, D.P.: Psychologie des Unterrichts, Bd. 2. Beltz Verlag, Weinheim und Basel 1974.

EIGLER, G./JUDITH, H. u.a.: Grundkurs Lehren und Lernen. Beltz Verlag, Weinheim und Basel 1973.

ELBING, E: Das Soziogramm in der Schulklasse. Reinhardt Verlag, München 1972^4.

FREY, K: Intelligenz und mathematische Leistung. Herder Verlag, Freiburg/Brsg. 1973.

GUSKIN, A.E./GUSKIN, S.L.: Sozialpsychologie in Schule und Unterricht. Süddeutsche Verlagsgesellschaft, Ulm 1973.

HEIMANN, P./OTTO, G./SCHULZ, W.: Unterricht. Analyse und Planung. Schroedel Verlag, Hannover 1970^5.

HILGARD, E.R./BOWER, G.H.: Theorien des Lernens I. Klett Verlag, Suttgart 1973^3.

KLINGBERG, L.: Einführung in die Allgemeine Didaktik. Verlag Volk und Wissen, Berlin 1972.

KUSMINA, N.W.: Psychologie der Lehrertätigkeit. Verlag Volk und Wissen, Berlin 1971.

PETERSSEN, W.H.: Zur Erfassung situativer Voraussetzungen für didaktische Entscheidungen. In: Die Deutsche Schule 1973/3, S. 173 - 180.

POPP, W.: Die Funktion von Modellen in der didaktischen Theorie. In: DOHMEN, G./MAURER, F./POPP, W. (Hrsg.): Unterrichtsforschung und didaktische Theorie. Piper Verlag, München 1970.

RADATZ, H.: Individuum und Mathematikunterricht. Schroedel Verlag, Hannover 1976.

SCHILDKAMP-KÜNDIGER, E.: Frauenrolle und Mathematikleistung. Schwann Verlag, Düsseldorf 1974.

<u>Literaturkommentar</u>

Als bezüglich des Themas "Rahmenbedingungen des Mathematikunterrichts" einschlägige, besonders auf das Fach Mathematik bezogene Literatur seien hervorgehoben FREY (1973), RADATZ (1976) und SCHILDKAMP-KÜNDIGER (1974).

Sie wurde, weil für die Zwecke dieses Kurses wenig praktikabel, im Schriba 1 nicht näher berücksichtigt, sei aber zur näheren Orientierung empfohlen.

SCHRIBA 2

Ziele des Mathematikunterrichts; ihre Taxonomie[1] und Operationalisierung[2]

Seite

---

[1] Taxonomie (gr.): Einschätzung, Einteilung, Klassifizierung.

[2] Operationalisierung (lat.): Umsetzung in Handlung bzw. Verhalten.

0. Vororientierung zu Inhalt und Zielsetzung des Schribas 2

Dieses Schriba soll sich mit den Zielen des Mathematikunterrichts auseinandersetzen; denn klare Zielvorstellungen des Lehrers sind offenbar eine unverzichtbare Grundbedingung für das Gelingen des Unterrichts. Das Schriba versucht, dem Praktikanten bzw. Mathematiklehrer in vier Richtungen Hilfestellung zu geben:

1. Es soll eine Übersicht über wesentliche Zielvorstellungen des Mathematikunterrichts und Gesichtspunkte für eine sinnvolle Auswahl der Unterrichtsziele geben.

2. Es soll über Möglichkeiten orientieren, mathematische Ziele ihrer Qualität nach sinnvoll zu ordnen und durch eine solche "Taxonomie" u.a. Anregungen geben, einseitige Zielformulierungen zu vermeiden.

3. Es soll Anregungen für eine angemessene Präzisierung ("Operationalisierung") der Unterrichtsziele geben.

4. Es soll auf der Grundlage von Taxonomie und Operationalisierung der Ziele einige Anregungen für Lernzielkontrollen im Mathematikunterricht geben.

1. Allgemeine Zielvorstellungen des Mathematikunterrichts

1.1. Allgemeine Ziele des Schulunterrichts

Es ist klar, daß sich der Mathematikunterricht in die allgemeinen Ziele der Schule einzuordnen hat. Die Zielsetzungen der Schule gründen sich gewöhnlich auf Entscheidungen von politischen Gremien unter Hinzuziehung von Experten und finden ihren Niederschlag in Richtlinien und Lehrplänen.

In den Zielen der Schule spiegeln sich Optionen (Wünsche) der Gesellschaft wider für eine angemessene Ausstattung der Schüler mit Qualifikationen für ihr zukünftiges Leben in Familie, Beruf und Öffentlichkeit.

H. VON HENTIG (1971[3]) beispielsweise hat sich in einem Gutachten darum bemüht, allgemeine Lernziele zu formulieren, die für Schüler aller Schularten bis zum jeweiligen Abschluß ihrer Schulzeit gelten.

Er geht dabei von bestimmten Grundphänomenen unserer Gesellschaft aus, denen in besonderem Maße Rechnung zu tragen sei:

- der sich beschleunigenden Veränderung,
- der Verwissenschaftlichung,
- der zunehmenden Vergesellschaftung.

Die allgemeinen Lernziele VON HENTIGs seien hier als orientierende Perspektive für den Schulunterricht überhaupt vorausgeschickt, bevor die Ziele des Mathematikunterrichts näher besprochen werden.

Sie seien fast wörtlich, jedoch etwas gekürzt und ohne weitere Erläuterungen[1] wiedergegeben. Vielleicht können sie dazu anregen, den Stellenwert der Mathematik besser einzuschätzen. evtl. sogar ein wenig zu relativieren (vgl. Aufgabe 1):

---

1 Es sei auf die Quelle verwiesen: VON HENTIG (1971[3]).

1. Kenntnis der Veränderungsprozesse der Gegenwart aus ihrer Geschichte/ Bewußtsein von der Veränderbarkeit/ Techniken der Innovation.

2. Fähigkeit, die eigene Spezialtüchtigkeit in ihrem Funktionszusammenhang zu sehen und zu kritisieren/ Kooperation und Kommunikation.

3. Kenntnis und Verstehen der Prinzipien der Wissenschaft, ihrer grundlegenden Verfahren und ihrer Grenzen/ Umgang mit Abstraktionen/ Technik als Entlastung und als rationales System.

4. Allgemeine Berufsvorbildung/ Ansätze zur Berufspraxis/ Bewußtsein von der Gesellschaftlichkeit des Berufs.

5. Die Fähigkeit auszuwählen, Ziele zu setzen, Spielraum zu nutzen/ Toleranz und Kritik der anderen Positionen.

6. Fähigkeit, die Wahrnehmung und Gestaltung der eigenen Umwelt zu genießen, zu kritisieren, zu verändern/ Verständnis der gesellschaftlichen Bedingungen und Wirkungen ästhetischer Phänomene.

7. Die Fähigkeit zur Identifizierung und Wahrnehmung der eigenen Interessen/ Ertragen von Konflikten und Bemühen um Konsens/ Einübung geeigneter sozialer Verhaltensformen.

8. Selbstbestimmung und Fremdbestimmung des eigenen Konsums/ Gebrauch der Massenmedien/ Der Zusammenhang von Produktion, Konsum und gesellschaftlicher Güterverteilung/ Kunstgenuß und Selbstgenuß/ Aufhebung der sexuellen Angst/ Kreativität im Denken, Wahrnehmen und Verhalten.

9. Gegenseitige Ergänzung von magischen, mythischen und religiösen Vorstellungsweisen und rational-kausalen Erklärungen.

10. Systematischer Gebrauch von Nachschlagwerken, Bibliotheken, Statistiken, graphischen Anschauungsmitteln, Rechenapparaten, Vervielfältigungsverfahren/ Maschineschreiben und Autofahren.

11. Ökonomie der Gesundheit in der Stadtkultur/ Kenntnis der Trieblehre und Befreundung mit der eigenen Triebstruktur/ Verstehen der Entwicklung, der Wirkungen, der Veränderbarkeit der eigenen Person.

12. Kenntnis von und bewußte Erfahrungen mit den allgemeinen und tiefenpsychologischen Gesetzen im Leben mit den anderen Generationen/ allgemeine Grundlagen einer pädagogischen Kinder- und Jugendkunde/ praktische Hilfen zur vorschulischen Erziehung der eigenen Kinder.

13. Beherrschung mindestens einer Fremdsprache/ Verfremdung und Relativierung der eigenen Kulturerfahrung ...

1.2. Fachübergreifende und allgemeine Ziele des Mathematikunterrichts

Die in 1.1 wiedergegebenen Ziele VON HENTIGs sind unabhängig von bestimmten Fächern formuliert; sie sind deshalb als "allgemeine Unterrichtsziele" bezeichnet.

Es seien jetzt (schulstufenunabhängige) fächerübergreifende und allgemeine Ziele des Mathematikunterrichts angesprochen:

"Fachübergreifende Ziele des Mathematikunterrichts" sollen solche Ziele heißen, die nicht fachbezogene Fähigkeiten beschreiben, zu denen der Mathematikunterricht aber einen mehr oder weniger wesentlichen Beitrag zu leisten vermag.

"Allgemeine Ziele des Mathematikunterrichts" seien fachtypische Ziele genannt, die stärker fachbezogene Fähigkeiten beschreiben, die sich jedoch nicht auf ein spezielles mathematisches Gebiet beziehen.

Es gibt inzwischen eine ganze Reihe diesbezüglicher Zielkataloge von deutschen Mathematikdidaktikern. Die bekanntesten stammen von LENNÉ (1969), JUNG (1971[3]), WINTER (1972), WITTMANN (1974) und LANGE (1974/4). Diese Zielkataloge können hier nicht im einzelnen besprochen werden[1]. Es soll versucht werden, einige besonders wesentlich erscheinende, meist auch häufiger genannte Ziele hervorzuheben, durch einige m.E. "vernachlässigte" Ziele zu ergänzen, übersichtlich zu gliedern und zu einem neuen Katalog zu verbinden.

Die Ziele des Mathematikunterrichts seien in folgender Weise gegliedert:

A. Fachübergreifende Ziele
- A.a. Fundamentale Denktätigkeiten und -haltungen
- A.b. Geistige Grundtechniken
- A.c. Allgemeine "Erziehungsziele"

B. Allgemeine Ziele des Fachs
- B.a. Auf Einzelinhalte bezogene Fähigkeiten und Haltungen
- B.b. Auf das Fach insgesamt bezogene Einsichten und Einstellungen.

---

[1] Insbesondere ist es in diesem Rahmen nicht möglich, auf die historische Bedingtheit der Lernziele (und -inhalte) näher einzugehen.

ZIELE DES MATHEMATIKUNTERRICHTS

A. Fachübergreifende Ziele

A.a. Fundamentale Denktätigkeiten und -haltungen

A.a.1. Anschauungsvermögen;

im doppelten von LENNÉ (1969, S. 114) herausgearbeiteten Sinne: räumliches Vorstellungsvermögen (Übersetzen von zweidimensiolen Darstellungen in dreidimensionale und umgekehrt) sowie Nutzung von Anschaulichkeit (als heuristische Hilfe durch Übersetzen eines Sachverhaltes in eine geometrische Darstellungsweise). Beispiele für das erste: die räumliche Vorstellung eines Hauses aufgrund seines Grund- und Aufrisses; die Darstellung von räumlichen Grundformen (z.B. Quader, Pyramide, Kegel) auf einem Blatt Papier.

Beispiele für das zweite: Verdeutlichung einer Situation durch eine Skizze, ein Schema, eine Darstellung im Koordinatensystem (vgl. das "Ikonosieren" in Schriba 3!).

A.a.2. Logisches Denken;

wird nach LENNÉ (1969, S. 121) wieder in einem doppelten Aspekt gesehen: innermathematisch (insofern "allgemeines Ziel des Mathematikunterrichts") und außermathematisch (insofern "fachübergreifend").

Zum ersten: die Regeln der formalen Logik (z.B. Verneinungsregeln, Schlußregeln, Beweisverfahren ...) beim mathematischen Argumentieren beachten lernen.

Zum zweiten: logische Prinzipien auf Alltagssprache und außermathematische Situationen anwenden können.

(Daß durch das erste nicht ohne weiteres das zweite gegeben ist, macht LENNÉ eindringlich deutlich; vgl. auch Transferfragen in Schriba 4!)

A.a.3. Kommunikationsfähigkeit und Kooperationsfähigkeit

Dieses Ziel soll zugleich den Willen zu Kommunikation und Kooperation einschließen: die Bereitschaft zum "rationalen Dialog". Dies beinhaltet insbesondere, die Spielregeln der Logik einzuhalten, daneben aber ein ganzes Bündel von Einzelfähigkeiten (vgl. WINTER 1972, S. 71) wie: Aussagen genau aufzunehmen, zu verdeutlichen, Beispiele anzugeben, Gegenbeispiele anzugeben, Aussagen logisch anzuordnen, Aussagen zu prüfen (nachzurechnen, zu kontrollieren), sich an eine Definition zu halten, usw."

A.a.4. Sprachförderung und Kritikfähigkeit

Diese Ziele sind von den vorhergehenden kaum zu trennen. Der Mathematikunterricht kann (in besonderem Maße?) dazu anregen, eigene Handlungen und Gedanken zu verbalisieren, z.B. bei Spielen mit strukturiertem Material in der Grundschule oder bei geometrischen Konstruktionen in der Hauptschule.

Der Mathematikunterricht kann auch beitragen zur Sprachpräzisierung; er regt dazu an, sich genauer (und damit verständlicher) auszudrücken, indem hier immer wieder nach genauem Begriffsinhalt, nach Voraussetzungen und Begründungen gefragt wird. Er leistet damit zugleich einen allgemeinen Beitrag zur Kritikfähigkeit, indem er eine dementsprechende Fragehaltung fördert; abgesehen davon, daß der Mathematikunterricht auch durch bessere mathematische Informiertheit zur Kritikfähigkeit einen speziellen Beitrag liefert (vgl. Zielsetzung B.a.3.).

A.a.5. Förderung von Problemlöseverhalten und Kreativität

In diese Zielvorstellung gehen im Grunde genommen alle vorangehenden Zielsetzungen ein:
"Das Ziel ist eine aktive Haltung gegenüber neuen Problemen; Mut zum Nachdenken, auch wenn kein Lösungsweg in Sicht ist, sich zu helfen wissen, bereit sein zum Formulieren und Prüfen von Vermutungen, zum systematischen Variieren von Lösungsansätzen" (vgl. KIRSCH 1974, S. 164).

Ein Teilaspekt dieser Zielvorstellung ist "kombinatorisches Denken", d.h. systematisches Ausschöpfen von Lösungsmöglichkeiten (Beispiel: Wieviele "verschiedenartige" Würfelnetze gibt es?).

Ein anderer Teilaspekt ist "Kombinationsfähigkeit": die Fähigkeit, durch Kombination von bekannten Begriffen, Sätzen und Regeln zu neuen Aussagen zu kommen.

Schließlich beinhaltet diese Zielvorstellung den Erwerb von Denkstrategien: Methoden, Probleme anzugehen und schrittweise zu lösen. Dazu gehört z.B. das systematische Sammeln von Daten, die"Skizzierung"eines Sachverhaltes, Aufteilung eines Problems in Teilprobleme, die Prüfung der Lösung.

Auf solche Denkstrategien wird ausführlich in Schriba 9 eingegangen.

A.a.6. Selbständigkeit und Selbsttätigkeit

Diese Zielvorstellung steht in einem Wechselverhältnis zu der des Problemlöseverhaltens: Das Lösen von Problemen setzt Selbständigkeit und Selbsttätigkeit voraus, fördert diese aber auch wieder. Die speziellen Möglichkeiten des Mathematikunterrichts, zur Selbständigkeit beizutragen, liegt wohl darin begründet, daß zur Lösung mathematischer Probleme prinzipiell nur eigenes Nachdenken erforderlich ist und die Überprüfung der Lösung prinzipiell selbst (unabhängig vom Lehrer oder anderen Autoritäten) durchgeführt werden kann.

A.b. Geistige Grundtechniken

Bei jedem der vorgenannten Ziele gehen geistige Grundtechniken ein, die hier gesondert herausgestellt werden sollen:

Vergleichen, Ordnen, Abstrahieren, Verallgemeinern, Klassifizieren, Konkretisieren, Formalisieren, Analogisieren.

Diese Denktätigkeiten wurden in ähnlicher Weise einerseits von LOMPSCHER (1972, S. 34/35) als geistige Grundtechniken, andererseits von WINTER (1972, S. 79 ff.) als im Mathematikunterricht "hochstilisierte" Tätigkeiten der alltäglichen Denkpraxis herausgestellt. Wir folgen bei den ersten sechs Denktätigkeiten stärker der psychologisch begründeten Systematik von LOMPSCHER, bei den beiden letzten den mehr mathematisch begründeten Kategorien von WINTER:

A.b.1. Vergleichen:

"Das Erfassen von Unterschieden zwischen Vergleichsobjekten hinsichtlich bestimmter Eigenschaften und das Erfassen von Gemeinsamkeiten zwischen ihnen." Beispiele: Vergleich von Vierecken hinsichtlich von Symmetrien, Vergleich von Merkmalsklötzen hinsichtlich gleicher bzw. unterschiedlicher Merkmale (Unterschiedsspiele von DIENES (1966)).

A.b.2. Ordnen:

"Das Erfassen beziehungsweise Herstellen einer auf- oder absteigenden Reihe von Objekten hinsichtlich eines oder mehrerer Merkmale." Beispiel: Das Ordnen von Brüchen nach ihrer Größe, das Einordnen von Merkmalsklötzen in ein Tabellenschema.

A.b.3. Abstrahieren:

"Das Erfassen der für eine konkrete Ziel- oder Fragestellung wesentlichen Merkmale oder Komponenten und das Vernachlässigen der unwesentlichen". Beispiele: Das Herauslösen der wesentlichen Angaben aus einer Sachaufgabe, das Absehen von unwesentlichen Merkmalen bei einer Begriffsbildung.

A.b.4. Verallgemeinern:

"Das Erfassen der einer Reihe von Gegenständen oder Erscheinungen gemeinsamen und gleichzeitig wesentlichen Merkmale und das Bilden von Klassen." Beispiele: Fortsetzen von Zahlenfolgen: 2, 3, 5 ... ("Wie könnte es weitergehen?"), Vermutung von Zahlengesetzen aufgrund von Einzelbeispielen.

A.b.5. Klassifizieren:

"Das Zuordnen eines Objektes zu einer Klasse oder das In-Beziehung-Setzen von Klassen zueinander." Beispiele: Sortieren von Merkmalsklötzen nach Farben; Entscheiden, ob Quadrate Rauten sind.

A.b.6. Konkretisieren:

"Das Übertragen und Anwenden des Allgemeinen auf das Besondere und Einzelne." Beispiele: Den Satz des Pythagoras auf ein spezielles rechtwinkliges Dreieck anwenden, das Spiegelbild eines bestimmten Punktes konstruieren.

A.b.7. Formalisieren:

"Wir meinen in diesem Zusammenhang nicht in erster Linie die Formalisierung im mathemtaisch strengen Sinne, sondern verstehen hier ganz allgemein darunter die Fertigkeit, Informationen zu codieren, also ein geeignetes Zeichensystem zu verwenden." Beispiele: Erstellung von Flußdiagrammen, Codierung von Zahlen auf Lochkarten.

A.b.8. Analogisieren:

"Der Schüler stellt Entsprechungen zwischen verschiedenen Phänomenbereichen her. Genauer: Der Schüler beurteilt, ob und inwiefern zwei (inhaltlich verschiedene) Phänomenbereiche eine allgemeine Struktur aufweisen." Beispiele: Zuordnung von Zahlen zu Punkten einer Geraden, die Zuordnung Menge - Kardinalzahl.

A.c. Allgemeine "Erziehungsziele" des Mathematikunterrichts

Der Katalog der fachübergreifenden Ziele soll nicht abgeschlossen werden, ohne auf ein Bündel von Zielen hinzuweisen, das gerade von älteren Didaktikern (z.B. FETTWEIS/SCHLECHTWEG 1965[4], S. 167) stärker betont wird und m.E. zu Unrecht etwas in Mißkredit geraten ist:

Gemeint sind allgemeine "Arbeitstugenden" wie Sorgfalt, Genauigkeit, Gewissenhaftigkeit, Klarheit, Ordnung. Sie wirken sich z.B. in folgender Weise aus:

- saubere Konstruktion von geometrischen Figuren;
- genaues Rechnen, soweit sinnvoll und möglich;
- übersichtliches und vollständiges (aber prägnantes) Notieren von Rechnungsgängen, Konstruktionsbeschreibungen und Aufgabenlösungen.

Solange diese Arbeitstugenden nicht zum Selbstzweck werden (wie in der traditionellen Schule vielleicht allzu oft geschehen), besteht kein Grund, sie als "ideologieverdächtig" zu diffamieren (vgl. NEANDER 1974, S. 174) [1].

B. Allgemeine fachbezogene Ziele des Mathematikunterrichts

B.a. Auf Einzelinhalte bezogene Fähigkeiten und Haltungen

B.a.1. Beherrschung sog. "Kulturtechniken";

u.a. mit dem Ziel, eine gewisse Rechenfertigkeit zu erreichen, d.h. eine Sicherheit im Ausführen von Rechenoperationen, die man überall im täglichen Leben braucht (z.B. Kenntnis des Einmaleins, schriftliche Rechenverfahren, Durchführung von Überschlägen, Rechenvorteile erkennen, Anwendung von Formeln zur Flächen- und Volumenberechnung). Dazu würde man heute aber beispielsweise auch das Aufstellen und Lesen von graphischen Darstellungen und Tabellen zählen, den Umgang mit Zirkel und Lineal, vielleicht auch den Umgang mit einem Rechenstab oder vielleicht auch schon den Umgang mit einem elektronischen Rechner.

---

1 Sie werden neuerdings in bemerkenswerter Deutlichkeit von DDR-Didaktikern (vgl. WALSCH/WEBER u.a. 1975) positiv herausgestellt!

B.a.2. <u>Die Fähigkeit, (einfachere) Umweltsituationen zu mathematisieren:</u>

d.h. die Fähigkeit, Rechenoperationen oder andere mathematische Beziehungen in Umweltsituationen wiederzuerkennen und in mathematischer Sprache auszudrücken: insbesondere Rechen<u>fähigkeit</u> im Sinne der traditionellen Mathematikdidaktik (Sachaufgaben aus dem Bereich der Bruchrechnung, Schlußrechnung, Prozentrechnung).

Dazu wäre jedoch sinngemäß auch zu zählen: Erkennen und mathematisches Beschreiben von Symmetrien, Anwendung graphischer Methoden (graphischer Fahrplan, lineares Optimieren).

B.a.3. <u>Die Fähigkeit, Umwelterscheinungen mathematischer Art zu verstehen (und kritisch zu beurteilen)</u>;

z.B. die Arbeitsweise eines Computers (Codierungen, Entcodierungen, Approximationsverfahren), Glücksspiele (z.B. Toto, Lotto) durchschauen.

"Allgemeiner geht es um ein besseres Beurteilungsvermögen von Zahlenangaben aller Art, von statistischen Daten ebenso wie von Abzahlungs- oder Darlehnsbedingungen. Der Schüler soll auch die Aussagekraft einer Graphik beurteilen können ("was kann ich aus einer Fieberkurve ablesen, was nicht?"). Er muß wissen, daß man Graphiken ebenso wie Zahlenangaben in gewissen Grenzen manipulieren kann, und er soll so etwas erkennen " (KIRSCH 1974, S. 164).

B.b. <u>Auf das Fach insgesamt bezogene Einsichten und Einstellungen</u>

B.b.1. <u>Die Fähigkeit, Möglichkeiten und Grenzen der Mathematik zu sehen</u>, z.B.

- Mathematik als Grundlage für Technik und Naturwissenschaften (Beschreibung von Naturgesetzen durch "Formeln");
- die Gefahr der Verwechslung von Genauigkeit und Gerechtigkeit (Beispiel: "Notendurchschnitt" als Eignungsvoraussetzung);
- die Vorspiegelung falscher Absolutheit und Objektivität: Wenn-Dann-Charakter der Mathematik (die Mathematik liefert z.B. Daten unter bestimmten Voraussetzungen, kann aber nicht entscheiden ...)

B.b.2. <u>Die Freude an der aesthetischen und spielerischen Seite der Mathematik:</u>

- an der "Eleganz" logischer Ableitungen für interessante Sätze (z.B. Primzahlsatz des EUKLID, Winkelsummensatz für das Dreieck);

- an der fachlichen Systematik (z.B. "Haus der Vierecke");
- an der "Schönheit" geometrischer Figuren (z.B. Ornamente);
- an Denksportaufgaben, z.B. "Logeleien" (Freizeitwert!).

1.3. Anmerkungen zu Inhalten und Verfahren des Mathematikunterrichts

Es wäre konsequent jetzt weiterzufragen, welche Unterrichtsinhalte und -verfahren im einzelnen zur optimalen Verwirklichung der oben genannten allgemeinen und fachübergreifenden Ziele beitragen. Auf diese Frage kann hier jedoch nicht näher eingegangen werden, zumal sie voller Problematik steckt und sich letztlich auch noch nicht befriedigend beantworten läßt.

Folgende Fragen drängen sich im einzelnen auf:

Welche Ziele sind vorrangig? (Problem der Zielgewichtung)
Welche Teilziele sind aus übergeordneten Zielen abzuleiten? (Deduktionsproblem)[1]
Welche Stoffe tragen in welchem Umfang zu welchem Ziel bei? (Transferproblem)
Mit welchen Verfahren haben sich die Stoffe dabei zweckmäßig zu verbinden? (Methodenproblem)
Welche Zeit ist für die einzelnen Stoffe vorzusehen? (Zeitproblem). -

Die allgemeinen Zielsetzungen geben nur grobe Anhaltspunkte für geeignete Inhalte. Die genannten Beispiele zeigen einige inhaltliche Tendenzen. Hierauf werde die Betrachtung bewußt beschränkt und auch darauf verzichtet, den spezifischen Beitrag der "neuen Mathematik" herauszuarbeiten. (Man vergleiche dazu die ausgezeichneten Aufsätze von KIRSCH (1974) und WINTER (1974)!)

Hervorgehoben sei nur der Grundgedanke, daß es im "neuen Mathematikunterricht" nicht nur um neue Inhalte (z.B. Mengenbegriff, Gruppenbegriff), sondern auch um eine neue Auffassung, d.h. eine neue Gewichtung geht: Es geht beispielsweise eher um richtiges Argumentieren als nur um richtiges Rechnen. (Daß besseres Rechnen und besseres Argumentieren sich nicht ausschließen, sondern sich eher bedingen, zeigt WINTER (1974) sehr eindrucksvoll.)

---

1 Aus aktueller Sicht ist hier auf einen eklatanten Bruch zwischen allgemeinen Zielen und ihren Konkretisierungen im Unterricht hinzuweisen.

Entscheidend jedoch ist, daß es auch um neue Lehrverfahren geht, um neue Sozialformen (z.B. Kleingruppenunterricht) und neues Lehrerverhalten im Sinne eines stärker schülerzentrierten und problemorientierten Unterrichts (vgl. Schriba 9).

1.4. Gewinnung und Auswahl von Lernzielen und -inhalten

Schon auf der Ebene der Lehrplangestalter ist die Gewinnung der Ziele ein großes Problem: Es wurde in früheren Jahren nur noch nicht deutlich genug gesehen, als ein Expertengremium (im allgemeinen bestehend aus Lehrern, Pädagogen, Verwaltungsfachleuten, ...) mehr oder weniger intuitiv in Fortschreibung bereits vorhandener Lehrpläne entschied. In neuerer Zeit bemüht man sich, systematischer vorzugehen, etwa in Anlehnung an das ROBINSOHNsche Modell (RONBINSOHN 1970^2; kurze Zusamenfassung bei WITTMANN 1974, S. 28 - 30)[1].

Für die Auswahl von Bildungsinhalten sind nach ROBINSOHN (1970^2, S. 47) folgende Kriterien zu beachten:

a. Berufs- und studienvorbereitende Bedeutung
b. Allgemein sozialisierende und -bildende Bedeutung
c. Bedeutung im Gefüge der Wissenschaft
d. Leistung für Weltverstehen
e. Funktion in Verwendungssituationen des privaten und öffentlichen Lebens.

Für die Entscheidungsprozedur[2] ist nach ROBINSOHN insbesondere zu beachten, daß auch genauere Analysen der Verwendungssituationen durchgeführt werden. Beispiele aus dem Bereich der Mathematik: RAATZ u.a. (1973), DAMEROW u.a. (1974).

Man steht mit solchen Analysen in der bundesdeutschen Mathematikdidaktik noch ganz am Anfang.

Wir wollen uns nun weiteren möglichen Auswahlkriterien zuwenden, die auch dem Lehrer bei eigener Lernzielauswahl gewisse Anhaltspunkte geben können:

---

1 Zur Einführung in die neuere Curriculumforschung sei etwa HESSE/MANZ (1974^3) empfohlen.

2 Die notwendigen Entscheidungsprozesse bei der Curriculumentwicklung werden sehr deutlich bei FLECHSIG/HALLER (1973) herausgearbeitet.

In neueren Lehrplankommissionen wird öfters auf das Prinzip der Emanzipation als übergreifendes allgemeinstes Auswahlkriterium zurückgegriffen: "Der Wert eines Lernzieles wird letztlich daran gemessen, inwieweit es innerhalb des organisierten Lernprozesses dazu beiträgt, die Fähigkeit des Schülers zur Analyse gesellschaftlicher Zusammenhänge und damit sein Selbstverständnis und seine Handlungsfähigkeit in der jeweiligen historischen Situation zu fördern" (vgl. KLAFKI 1972, S. 30).

Es ist ganz anregend, den Mathematikunterricht mit diesem Prinzip unmittelbar zu konfrontieren (vgl. Aufgabe 2).

Eine konkrete Orientierungshilfe für die Auswahl von mathematischen Lerninhalten gibt WINTER (1972, S. 84):

1. Inwieweit ist der Stoff geeignet, die spezifisch mathematische Denkweise angesichts der vorliegenden Dispositionen der Schüler zu repräsentieren?
   (Ist er von allgemeiner mathematischer Bedeutung und dem Schülerniveau angemessen?)
2. Inwieweit ist der Stoff geeignet, möglichst vielen der allgemeinen Lernziele gerecht zu werden?
3. Inwieweit ist der Stoff speziell bedeutsam für die Anwendbarkeit im Sinne einer allgemeinen Berufsvorbereitung?
4. In welcher Weise wirkt sich die Hereinnahme des Stoffes auf den Gesamtinhalt aus?
5. Inwieweit berührt der Stoff Inhalte anderer Schuldisziplinen?
6. Inwieweit weisen der Stoff und die an ihm zu entfaltenden Tätigkeiten über sich selbst hinaus?
7. Inwieweit erfüllt der Stoff die seitens der "Abnehmer" gehegten Erwartungen?

Für die aktuelle Auswahl eines Unterrichtsinhaltes sollte man ergänzen:

8. Inwieweit kommt der Stoff den Schülerinteressen (!) entgegen?
9. Inwieweit kommt der Stoff den Lehrerinteressen entgegen?
10. Inwieweit ist das eingeführte Schulbuch bei der Behandlung des Stoffes zu benutzen?
11. Inwieweit ist zur Behandlung des Stoffes notwendiges Unterrichtmaterial vorhanden oder leicht beschaffbar? [1]

---

[1] Bei den Punkten 9 - 11 soll nicht einer falschen Lehrbequemlichkeit das Wort geredet werden; sie dürfen aber wegen ihrer großen praktischen Bedeutung auch nicht vernachlässigt werden.

Die genannten Auswahlgesichtspunkte für mathematische Unterrichtsinhalte seien unter Einbeziehung der allgemeinen Lernziele noch einmal kurz in etwas anderer Anordnung in Form einer Checkliste zusammengefaßt (SCHEMA 2):

SCHEMA 2:
Checkliste zur Auswahl mathematischer Unterrichtsinhalte

Ist der Stoff

- dem kognitiven Niveau und den Interessen der Schüler adäquat?
- dem Interesse und den didaktischen Möglichkeiten des Lehrers adäquat?
- von allgemeinerer mathematischer Bedeutung?
- in das fachliche Curriculum sinnvoll einzuordnen?

Ist der Stoff gerechtfertigt

- als "Kulturtechnik"?
- durch eine umweltbezogene Sachsituation?
- als urteilsbildende Information?
- als mathematische Grundlage für technisches oder naturwissenschaftliches Verständnis?
- durch seine kulturhistorische Bedeutung?
- zur Besinnung auf Möglichkeiten und Grenzen der Mathematik?
- durch seinen aesthetischen Wert?

Ist der Stoff geeignet als Beitrag

- zum Anschauungsvermögen?
- zum logischen Denken?
- zu Kommunikations- bzw. Kooperationsfähigkeit?
- zur Sprachförderung?
- zur Kritikfähigkeit?
- zum Problemlöseverhalten?
- zur Selbständigkeit?
- zur Förderung geistiger Grundtechniken (vergleichen, ordnen, abstrahieren, verallgemeinern, klassifizieren, konkretisieren, analogisieren)?
- zur Förderung von "Arbeitstugenden" (Sorgfalt, Genauigkeit, Gewissenhaftigkeit, Klarheit, Ordnung)?
- zur allgemeinen oder speziellen Berufsvorbereitung?

2. Taxonomie mathematischer Lernziele

2.1. Ziele des Mathematikunterrichts in den Richtlinien

Verbindliche Ziele des bundesdeutschen Mathematikunterrichts sind in den Richtlinien der Länder formuliert, so z.B. für die Volksschulen des Landes Niedersachsen[1] (Hannover 1964):

Vorangestellt ist eine allgemeine Formulierung der "Bildungsaufgabe". Dort heißt es u.a.: "Der Rechenunterricht führt die Schüler in das Verständnis und den sinnvollen Gebrauch der Zahlen und ihrer Beziehungen ein .... " "Der Raumlehreunterricht bildet die räumliche Anschauung .... " "Im Rechenunterricht und in der Raumlehre sollen die Schüler an folgerichtiges Denken gewöhnt werden."

Nach psychologischen Vorbemerkungen über die einzelnen "Bildungsstufen" folgt eine Stoffverteilung auf die einzelnen Klassen. Wir lesen z.B. Angaben wie:

4. Schuljahr: Verstärkte Berücksichtigung von Sachaufgaben;
9. Schuljahr: Der Satz des Pythagoras ......

Neben den alten Richtlinien des Landes sind die KMK-Richtlinien von 1968 zur Modernisierung des Mathematikunterrichts maßgebend: "An dem zu lernenden Stoff muß stärker als bisher die Fähigkeit entwickelt werden, mathematisch zu denken und mathematische Wege selbständig zu beschreiten..."

Es folgt ein Themenkatalog, geordnet nach Themenkreisen wie:

"Mengen und ihre Verknüpfungen";
"Größen";
"Menge der natürlichen Zahlen und ihre Verknüpfungen";
"Geometrische Grundbegriffe"; ......

Die KMK-Richtlinien umfassen die Klassen 1 bis 13. Nicht für alle Schulformen verbindliche Themen sind besonders gekennzeichnet. Für die Abschlußklasse der Hauptschule (9. Klasse) werden noch keine Themenkreise angegeben.

Für die Grundschule und die Orientierungsstufe in Niedersachsen liegen mehr oder weniger ausführliche, an den KMK-Richtlinien orientierte

---

1 Leser anderer Bundesländer oder Schultypen mögen hiermit die bei ihnen gültigen Richtlinien vergleichen.

Handreichungen des Niedersächsischen Kultusministers vor (Hannover 1973 und 1974).

Für die Hauptschule liegen in Niedersachsen bisher keine Handreichungen für einen"neueren"Mathematikunterricht vor.

Man kann sich hier z.B. an den neueren Richtlinien für die Hauptschule des Landes Nordrhein-Westfalen (Wuppertal 1968) orientieren.[1] Dort findet sich zugleich eine ausführliche Information über neue Stoffe der Hauptschule.

All die genannten Richtlinien und Kommentare geben wichtige Hinweise für die im Unterricht anzustrebenden Lernziele, nehmen dem Unterrichtenden aber genauere Formulierungen nicht ab. Ein Mangel der herkömmlichen Richtlinien besteht darin, daß auf der einen Seite recht globale Zielsetzungen vorangestellt sind (z.B. "Verständnis und sinnvoller Gebrauch der Zahlen ...") und auf der anderen Seite nur mehr oder weniger präzise Stoffangaben gemacht werden, die noch keine genaue Zielsetzung erkennen lassen.

Was heißt z.B. die Stoffangabe "Satz des Pythagoras"?

a. Soll der Schüler den Inhalt des Satzes von Pythagoras in eigenen Worten wiedergeben können?

b. Soll er einen Beweis des Satzes von Pythagoras reproduzieren können?

c. Soll er den Satz des Pythagoras in Sachaufgaben anwenden können?

Es ist für den Lehrer offensichtlich wichtig, genauer zu klären, welche Ziele er im Unterricht eigentlich erreichen will.

2.2. Die Taxonomie der Lernziele nach BLOOM u.a.

Ein erstes Mittel, sich größere Klarheit über die eigenen Lernziele zu verschaffen, ist ein allgemeines, inhaltlich orientiertes Klassifikationsschema von Lernzielen, das eine Übersicht über die Vielzahl möglicher Zielsetzungen gibt. Als ein solches Klassifikationsschema ist z.B. der allgemeine Zielkatalog im ersten Abschnitt des Schribas zu verstehen. Er genügt jedoch noch nicht, einen genaueren Einblick in den Charakter

---

[1] Es sei z.B. auch auf die Rahmenrichtlinien von Hessen für die Sekundarstufe I (Frankfurt 1972/74) hingewiesen.

und Komplexitätsgrad der anzustrebenden Lernziele zu bekommen, wie man ihn z.B. für die Formulierung der Lernziele einer bestimmten Unterrichtsstunde braucht.

Ein mögliches Klassifikationsschema für diese Zwecke ist eine "Lernzieltaxonomie" nach BLOOM (1972) u.a. Hierunter ist ein Schema zu verstehen, das die Lernziele zunächst nach verschiedenen Verhaltensdimensionen (Lernzielbereiche) ordnet und innerhalb dieser Lernzielbereiche jeweils nach Komplexitätsgrad hierarchisch genauer einordnet.

BLOOM (1972) unterscheidet drei Lernzielbereiche:

a. der kognitive[1] Bereich:
b. der affektive[2] Bereich:
c. der psychomotorische[3] Bereich.

Der kognitive Bereich umfaßt die Lernziele, die es mit Wissen und Denken zu tun haben.

Der affektive Bereich umfaßt die Lernziele, die es mit Einstellungen, Interessen und Wertschätzungen zu tun haben.

Der psychomotorische Bereich umfaßt die Lernziele, die es mit manuellen und motorischen Fertigkeiten zu tun haben.

Beispiele aus der Mathematik:

Ein kognitives Ziel: Der Schüler soll wissen, was ein Quadrat ist.

Ein affektives Ziel: Der Schüler soll bereit sein, Aufgabenlösungen durch eine Probe zu kontrollieren.

Ein psychomotorisches Ziel: Der Schüler soll mit einem Zirkel sachgerecht umgehen können.

Man hat es im Mathematikunterricht offenbar vorwiegend mit kognitiven und affektiven Zielen zu tun. Deshalb sollen besonders diese beiden Lernzielbereiche näher besprochen werden.

---

1 kognitiv (lat.): das Erkennen betreffend
2 affektiv (lat.): das Gefühl betreffend
3 psychomotorisch (lat.): vom Gehirn gesteuerte Bewegungen betreffend

2.3. Eine Taxonomie kognitiver Ziele der Schulmathematik

Innerhalb des kognitiven Bereichs unterscheidet BLOOM sechs Kategorien:

1. Wissen
2. Verstehen
3. Anwendung
4. Analyse
5. Synthese
6. Bewertung

Vergegenwärtigen wir uns kurz und grob, was BLOOM mit diesen Kategorien meint:

1. "Wissen"(knowledge) heißt die Kenntnis (vor allem im psychologischen Sinne des Erinnernkönnens) von irgendwelchen Fakten oder Verfahren.
2. "Verstehen"(comprehension) heißt die Fähigkeit, eine mitgeteilte Information sachgerecht aufzunehmen, in eine andere Form zu übertragen, zu interpretieren oder zu verallgemeinern.
3. "Anwenden" (application) heißt die Fähigkeit, von allgemeinen Regeln und Verfahren in speziellen Situationen Gebrauch zu machen.
4. "Analyse" (analysis) heißt die Fähigkeit, eine Information in Teile zu zerlegen, so daß ihre Beziehungen zueinander bzw. ihre Organisation deutlich wird.
5. "Synthese" (synthesis) heißt die Fähigkeit, Teile zu einem neuen Ganzen zusammenzusetzen.
6. "Bewertung" (evaluation) heißt die Fähigkeit, Urteile über den Wert von Materialien und Methoden abgeben zu können.

Das Klassifikationsschema ist hierarchisch aufgebaut in der Weise, daß jede folgende Kategorie die vorhergehende i.a. voraussetzt. Es verläuft also von einfacheren Verhaltensformen zu komplexeren Verhaltensformen.

Betrachten wir uns diesen Aufbau am Beispiel des Satzes von Pythagoras. Man kann diesbezügliche Ziele auf jeder Ebene formulieren:

1. Kenntnis des Satzes von Pythagoras hieße z.B.: den Inhalt des Satzes in eigenen Worten wiedergeben zu können.

2. Verstehen des Satzes von Pythagoras hieße z.B.: den Gedankengang eines Beweises des Satzes wiedergeben zu können.

3. Anwenden des Satzes von Pythagoras hieße z.B.: in einer Sachaufgabe von ihm Gebrauch machen zu können.

4. Analyse hieße z.B.: einen vorgelegten Beweis des Satzes auf seine logische Stichhaltigkeit untersuchen zu können.

5. Synthese hieße z.B.:einen Beweis des Satzes selber finden zu können.

6. Bewertung hieße z.B.: verschiedene Beweise des Satzes bezüglich der benutzten Beweismittel vergleichen zu können.

Statt die BLOOMsche Unterteilung der Kategorien in wiederum nach Komplexität geordneten Unterkategorien im einzelnen wiederzugeben und zu interpretieren, wenden wir uns im folgenden gleich einer dem mathematischen Schulunterricht angepaßten Klassifikation zu.

Eine Modifikation der fachunabhängigen Taxonomie von BLOOM für das Fach Mathematik ist schon mehrfach - und für verschiedene Zwecke - versucht worden, so z.B. von WOOD (1968), AVITAL/SHETTLEWORTH (1968), WILSON (1971). (Diese Taxonomien wurden u.a. von STEIN (1972) und WITTMANN (1974) diskutiert.)

Alle genannten Taxonomien sind nicht ganz zufriedenstellend, wenn man folgende Ansprüche in etwa berücksichtigt sehen will:

a. Die wesentlichen Denkprozesse des Mathematikunterrichts sollen zum Ausdruck kommen.

b. Der besondere Charakter zuordnungsbarer mathematischer Inhalte sollte zum Ausdruck kommen.

c. Die zugrunde liegenden psychologischen Prozesse sollten sich innerhalb der Hauptkategorien etwa entsprechen.

d. Die Taxonomie sollte - nur soweit sinnvoll möglich - nach zunehmendem kognitiven Anspruch bei den Hauptkategorien ausgerichtet sein.

e. Innerhalb einer Hauptkategorie sollte (nur soweit möglich und sinnvoll) nach aufsteigender Schwierigkeit unterteilt werden.

f. Die Taxonomie sollte eine breite Anregungsbasis zur Lernzielfindung und genaueren Lernzielformulierung sein.

In diesem Rahmen können die vorhandenen Taxonomien nicht näher nach diesen Kriterien analysiert werden. Generell werden wohl die Punkte a, b, d, f noch zu wenig beachtet. Bei der häufig genannten Taxonomie von WILSON sieht man zusätzlich den Punkt c nicht erfüllt und die Hauptkategorien unglücklich bezeichnet.

Es sei eine "didaktische Taxonomie" vorgeschlagen, die einerseits wichtig erscheinende Gedanken anderer Taxonomien (insbesondere von WILSON) aufgreift und andererseits versucht, sich stärker an den Gesichtspunkten a - f zu orientieren. (Der Vorsatz "didaktisch" soll zum Ausdruck bringen, daß die Funktion der Taxonomie für Planung und Analyse von Schulunterricht als vorrangig anzusehen ist.)

EINE DIDAKTISCHE TAXONOMIE KOGNITIVER ZIELE DES MATHEMATIKUNTERRICHTS

1. <u>Verständnis von Begriffen, Sätzen und Verfahren</u>

- Verständnis von Begriffen (z.B. Beispiele von Nichtbeispielen unterscheiden können, eigene Beispiele angeben können, definieren können, ...)
- Verständnis von Sätzen (z.B. der mathematischen Argumentation folgen können, in eigenen Worten wiedergeben können, in eine graphische oder symbolische Form übertragen können, an einem Spezialfall demonstrieren können, ...)
- Verständnis von Verfahren (z.B. die einzelnen Schritte an einem Beispiel erläutern können, ...)

Hierbei sind in wechselndem Maße alle geistigen Grundtechniken wie Vergleichen, Ordnen, ..., angesprochen.

2. <u>Kenntnis von Sachverhalten</u>

- Kenntnis von Bezeichnungen und Symbolen (z.B. $\mathbb{N}$, π, ...)
- Kenntnis von Fachausdrücken und Vereinbarungen (z.B. "ausklammern", "Punktrechnung geht vor Strichrechnung", ...)
- Kenntnis von Fakten (z.B. der Quadratzahlen bis 20^2, des kleinen Einmaleins)
- Kenntnis von Definitionen, Sätzen, Gesetzen und Formeln (z.B. eine Raute ist ..., Winkelsummensatz für das Dreieck, Kommutativgesetz ..., binomische Formel, ...)

3. Beherrschung von inhaltlichen und formalen Verfahren

- Rechenverfahren
  (z.B. schriftliches Rechnen, Stabrechnen, ...)
- algebraische Verfahren
  (z.B. Lösung von Gleichungen, ...)
- geometrische Verfahren
  (z.B. Grundkonstruktionen mit Zirkel und Lineal, ...)
- logische Grundregeln
  (z.B. Verneinungsregeln)
- heuristische Regeln allgemeiner Art
  (z.B. Situationsskizzen anlegen, Spezialfälle untersuchen, ...)
- heuristische Regeln inhaltlicher Art
  (z.B. Rechenvorteile, zweckmäßige Hauptnennerberechnung, ...)
- Beweisverfahren
  (z.B. indirekter Beweis, Widerlegen durch Gegenbeispiel, ...)

4. Analyse und einfache Anwendung

- Die Fähigkeit, mathematische Daten aus einem Kontext herauszulösen: "formalisieren" (z.B. bei einer Textaufgabe zu bestimmen, was gegeben bzw. gesucht ist; zusammengehörige Größen, eine bestimmte Rechenoperation zu identifizieren, ...)
- die Fähigkeit, Entsprechungen in verschiedenen Situationen festzustellen: "analogisieren" (z.B. Entsprechungen der Teilmengenbeziehung und der Kleinerbeziehung für natürliche Zahlen)
- die Fähigkeit, Aufgaben eines bekannten Typs zu lösen (Routineprobleme und -beweise)
- die Fähigkeit, Strukturen aus einfachen Modellen zu abstrahieren, darzustellen und wiederzufinden (z.B. bei der Einführung der ganzen Zahlen)
- die Fähigkeit, logische Beziehungen zwischen vorgegebenen Sachverhalten festzustellen (z.B. Systematisieren der Vierecke, ...)
- die Fähigkeit, Fehler zu finden (z.B. Rechenfehler, stillschweigende Voraussetzungen, Beweislücken, Beweisfehler)
- die Fähigkeit, vorgelegte Lösungen zu vergleichen

5. Synthese und eigentliches Problemlösen

- die Fähigkeit, Daten in neuer Weise zu kombinieren (z.B. verschiedene Möglichkeiten finden lassen, 27 und 28 zu addieren)
- die Fähigkeit, elementare Lösungsprogramme ("gehabte Aufgaben") und heuristische Regeln zu kombinieren: Entwickeln eines Lösungsplanes
- die Fähigkeit, aus Bekanntem logische Schlüsse zu ziehen (deduzieren, folgern, beweisen, begründen)
- die Fähigkeit, eine Aufgabenlösung oder einen Beweis zu formulieren
- die Fähigkeit, selbständig Alternativen zu entwickeln (z.B. zu variieren, verallgemeinern).

Bei all diesen Fähigkeiten sind vorwiegend synthetisierende (d.h. zusammensetzende) geistige Fähigkeiten angesprochen, die beim Lösen eigentlicher (d.h. Nicht-Routine-) Probleme die Hauptrolle spielen.

Das vorstehende Ordnungsschema bedarf noch einiger Erläuterungen:

1. Das Ordnungsschema stellt einen ersten, noch wenig erprobten Versuch in der angesprochenen Richtung dar. Es ist sicherlich noch unvollständig und unvollkommen bezüglich des eigenen Anspruchs.
2. Das Schema ist gegenüber BLOOM anfangs auf den Kopf gestellt - aus "didaktischem Grund": Es wurde davon ausgegangen, daß am Anfang aller mathematischen Lernprozesse möglichst "Verständnis" stehen sollte. Nur auf der Basis des mathematischen Verständnisses haben meist mathematische"Kenntnisse"Sinn[1].
3. "Beherrschung von Verfahren" ist gegenüber BLOOM eine neue Kategorie; sie schließt neben Verständnis und Wissen eine gewisse Geläufigkeit bei der Durchführung (durch angemessene "Übung") ein.
4. Bei der Bildung der Kategorien 4 und 5 wurde unterstellt, daß sie die vorhergehenden (zumindest teilweise) voraussetzen.
5. Im Anschluß an LOMPSCHER (1972, S. 34) werden Analyse und Synthese (in den Kategorien 4 und 5) als geistige Grundprozesse besonders

1 Alle Taxonomien, die mit dem kognitiv anspruchslosen "Wissen" beginnen, sind immer wieder pädagogischen Mißverständnissen ausgesetzt von der Art, daß "Verstehen" einer Sache ihr Wissen voraussetzt.

herausgestellt. Analyse und Synthese konstituieren nach LOMPSCHER alle Denkoperationen, wobei mal die Analyse, mal die Synthese im Vordergrund steht. Auch die in Abschnitt 1 genannten geistigen Grundtechniken haben analytischen und synthetischen Charakter (mit verschiedenen Schwerpunkten).

Insofern spielen einfachere, oft unbewußtere Formen der Analyse und Synthese schon bei der Kategorie 1 (Verstehen) eine Rolle. Bei Kategorie 4 stehen bewußtere und anspruchsvollere Prozesse der Analyse im Vordergrund. Bei Kategorie 5 stehen bewußtere und anspruchsvollere Prozesse der Synthese im Vordergrund.

6. Prozesse der Analyse sind gegenüber Prozessen der Synthese im allgemeinen als einfachere anzusehen. Dies hat sich z.B. bei Untersuchungen von LOMPSCHER/STAHL (1962) gezeigt: Beim Lösen von mathematischen Sachaufgaben fiel es den Kindern leichter, Komponenten der Problemsituation auszugliedern, als Beziehungen zwischen ihnen herzustellen.

2.4. Sozial-affektive Ziele des Mathematikunterrichts

WEINERT (1974, S. 50/51): "Lernen in der Schule darf nicht reduziert werden auf die Vermittlung von Kenntnissen und Fertigkeiten, sondern muß die Veränderung von Einstellungen, Motiven, Werthaltungen und sozialen Verhaltensweisen einschließen."

2.4.1. Eine Taxonomie affektiver Ziele nach KRATWOHL-BLOOM-MASIA

Die kognitiven Ziele des Mathematikunterrichts treten häufig so in den Vordergrund, daß man sich in der Diskussion mehr oder weniger auf diese beschränkt (vgl. z.B. bei WITTMANN 1974). Deshalb sei an dieser Stelle einmal näher auf die sozial-affektiven Ziele des Mathematikunterrichts eingegangen. (Durch den Vorsatz "sozial" wird zum Ausdruck gebracht, daß die affektiven Ziele des Mathematikunterrichts in den "sozialen" Bereichen der Kommunikation und Kooperation einen besonderen Schwerpunkt haben bzw. zumindest haben könnten.)

Zunächst ist grundsätzlich festzustellen, daß in jedem Falle affektive Ziele untrennbar mit kognitiven Zielen verbunden sind, insofern für jeden kognitiven Lerninhalt eine gewisse affektive Zuwendung (Motivation, Lernbereitschaft) erforderlich scheint, wenn es zu effektiven Lernergebnissen kommen soll.

Umgekehrt kann man wohl auch sagen, daß jede affektive Zielsetzung eine ihr entsprechende "Einsicht", d.h. eine kognitive Komponente beinhaltet.

Darüber hinaus ist davon auszugehen, daß - je anspruchsvoller die kognitive Zielsetzung ist, desto stärker im allgemeinen die affektive Zuwendung sein muß.

KRATWOHL/BLOOM/MASIA (1975; engl. 1964) haben, der kognitiven Taxonomie von BLOOM entsprechend, eine Taxonomie affektiver Ziele nach dem Grad der inneren Zuwendung aufgestellt. Die Hauptkategorien seien etwas grob in freier Übersetzung wiedergegeben:

1. Beachtung (receiving)
2. aktive Zuwendung (responding)
3. punktuelle Wertschätzung (valuing)
4. allgemeines Interesse (organization)
5. Überzeugung (characterisation)

LEWY (1966, S. 234) hat versucht, diese allgemeine Taxonomie auf die Mathematik zu übertragen:

AFFEKTIVE ZIELE DES MATHEMATIKUNTERRICHTS

1. Der Lernende soll die Bedeutung der Mathematik in unserer Gesellschaft erkennen.
2. Der Lernende soll die Mathematik als eine Disziplin schätzen, die logisches Denken und Nachdenken in besonderer Weise fördert.

LEWY unterteilt (2) nach den obigen Kategorien 1 - 4 und gibt entsprechende Verhaltensbeispiele:

1. "receiving" : Daran interessiert sein, Logarithmenrechnung als vereinfachendes Rechenverfahren kennenzulernen.
2. "responding" : Häufigeres Verwenden von Diagrammen zur Darstellung eigener Gedanken.
3. "valuing" : Viel Zeit für die Lösung eines mathematischen Problems verwenden.
4. "organization" : Nachdenken über die Schönheit der Mathematik.

Man kann aus dieser Taxonomie wohl nicht sehr viel mehr entnehmen als den groben Hinweis, wie sich mathematisches Interesse vertiefen und in welchen Verhaltensweisen des Lernenden es sich niederschlagen könnte. Nähere Hinweise für die Gestaltung des Unterrichts bekommt man hier kaum.

2.4.2. Ein anderer Ansatz

Es ist vermutlich fruchtbarer, zunächst von der Taxonomie kognitiver Ziele des Mathematikunterrichts auszugehen und jeweils zu fragen: Welche affektive Bereitschaft ist für die Entwicklung einer bestimmten kognitiven Fähigkeit erforderlich bzw. wünschenswert?

Man bekommt dadurch affektive Ziele wachsenden Anspruchs, wie aus der folgenden Zusammenstellung (SCHEMA 3) hervorgeht.

Soll ein bestimmtes kognitives Ziel erreicht werden, so müssen i.a. die durch das Schema zugeordneten affektiven Ziele und die im Schema darüberstehenden erreicht sein bzw. werden.

SCHEMA 3:
Zuordnung zwischen kognitiven und affektiven Zielsetzungen

Kognitive Ziele (Fähigkeiten)	Affektive Ziele (Bereitschaften)
Verständnis von Begriffen, Sätzen und Verfahren	Bereitschaft zum genauen Hinhören und -sehen, - zum Mit- und Nachdenken, - zum Begründen
Kenntnisse	Bereitschaft zum Behalten, Merken, Auswendiglernen
Beherrschung von Verfahren	Bereitschaft zum genauen Beachten - zum häufigen Ausführen
Analyse und einfache Anwendung	Bereitschaft zum "Durchdringen" eines mathematischen Sachverhaltes, - zu Kritik und Kontrolle (insbesondere in Bezug auf logische Richtigkeit)
Synthese und eigentliches Problemlösen	Problemlösebereitschaft (Bereitschaft zum Suchen, Umstrukturieren, Prüfen, Verwerfen, Kombinieren), Durchhaltebereitschaft (Frustrationstoleranz), Bereitschaft zur Selbständigkeit - zur Zusammenarbeit mit anderen, - zu rationaler Argumentation

Solch eine Aufstellung scheint banal, macht gegebenenfalls dem Lehrer aber bewußt, wo er beim Vermitteln kognitiver Inhalte im affektiven Bereich anzusetzen bzw. Schwerpunkte zu setzen hat.

Mit dieser Aufstellung von Bereitschaften sind die affektiven Ziele des Mathematikunterrichts natürlich nur teilweise erfaßt. Es sollte damit auch nur angeregt werden, bei den kognitiven Zielen stärker nach den affektiven Bedingungen zu fragen.

Eine Fülle affektiver Ziele steckt (ausgesprochen oder unausgesprochen) im vorangestellten allgemeinen Zielkatalog (Abschnitt 1) in Form von "Werthaltungen":

Es geht z.B. nicht nur darum, "Kulturtechniken" zu beherrschen, sondern auch ihren "Wert" einzusehen. Es geht nicht nur um eine Mathematisierung irgendwelcher Umweltsituationen, sondern auch um die Erfahrung ihrer Sinnhaftigkeit und Nützlichkeit ...

Es geht letztlich für den Lehrer darum, die "Werte" der Mathematik (und sei es der Freizeitwert) und damit den Wert der Mathematik überhaupt herauszustellen.

Im Mathematikunterricht geht es auf der affektiven Seite aber nicht nur um "Bereitschaften" und "Werthaltungen", um fachliche (insbesondere kognitive) Ziele besser erreichen zu können:
Es geht auch darum, zu fächerübergreifenden Zielen, die nicht in der Mathematik allein begründet sind, um ihrer selbst willen beizutragen. Man kann einen möglichen Beitrag des Mathematikunterrichts vor allem im Bereich des "sozialen Lernens" sehen, insbesondere zur "rationalen Argumentation".

2.4.3 Beitrag des Mathematikunterrichts zum sozialen Lernen

Es sei zunächst etwas genauer umschrieben, was mit "sozialem Lernen" gemeint ist. SCHREINER (1973 und 1974) formuliert zwei Hauptziele, die er wie folgt weiter untergliedert:

1. Ziel: Lernen, mit anderen zusammen effizient zu arbeiten

    a) Einstellung und Fähigkeit, Mehr-Wissen und individuell erarbeitete Problemlösungen, Hypothesen, Einfälle, Sichtweisen etc. anderen vorbehaltslos und verständlich mitzuteilen

b) Relative Selbständigkeit bei der Lösung von Problemen; nicht einfach nachmachen, was ein anderer macht; bereit sein, auf den anderen einzugehen

c) Gedankliche Disziplin (Konzentration auf das gemeinsame Ziel)

2. Ziel: Lernen, Emotionen bei sich selbst und anderen wahrzunehmen, zu verstehen und mit ihnen umzugehen

a) Fähigkeit, anderen zuzuhören

b) Fähigkeit, Gefühle, d.h. Vermutungen (Intuitionen) zu artikulieren

c) Fähigkeit, Kritik zu vertragen

d) Frustrationstoleranz

Mit Absicht sollte hier ein Sozialpsychologe (und Nichtmathematiker) zu Wort kommen, um die besonderen Möglichkeiten der Mathematik in Bezug auf soziales Lernen von einem unabhängigeren Standpunkt aus vielleicht etwas besser einschätzen zu können. Die Möglichkeit der Mathematik, hier einen Beitrag zu leisten, besteht wohl vor allem darin, daß mathematische Kooperation und Kommunikation sich auf einer relativ emotionslosen Basis abspielen, da es hier meist nicht um "existentielle" Probleme geht:

- Relative Selbständigkeit ist in der Mathematik eher denkbar, da Mathematik letztlich nur auf Selbstkontrolle angewiesen ist.
- Gedankliche Disziplin erscheint in der Mathematik eher möglich, da der Kontext meist stärker begrenzt ist als in anderen Fächern.
- Man kann besser einander zuhören, wenn man selbst weniger betroffen ist.
- Man kann eher Kritik vertragen, wenn sie stärker von der "Sache" kommt.

Es könnte sein, daß die Mathematik aus den genannten Gründen eine geeignete "Spielwiese" sozialer Verhaltensweisen ist, von der aus man sich dann eher auf andere Gebiete "wagen" kann. Es wäre wohl wert, dieser Hypothese einmal näher nachzugehen.

2.4.4. Der Beitrag des Mathematikunterrichts zur rationalen Argumentation

Sowohl bei WINTER (1972, S. 71) als auch bei WITTMANN (1974, S. 21) ist diese Zielsetzung besonders herausgehoben (vgl. auch den Katalog in Abschnitt 1).

Die Merkmale für rationale Argumentation möge wieder ein Nichtmathematiker (der Philosoph GATZEMAIER (1974)) bereitstellen:

1) Alle für das Verstehen der Argumentation wichtigen Worte müssen verständlich erläutert werden.
2) Alle Behauptungen müssen begründet werden (Begründungspflicht).
3) Kein von irgendeinem Gesprächspartner vorgebrachtes Argument darf von vornherein, d.h. ohne nähere Prüfung und Begründung ausgeschlossen werden.
4) Die Argumentation muß unvoreingenommen sein; es muß die stete Bereitschaft da sein, eine Aussage zu revidieren.
5) Das Geben oder Verweigern der Zustimmung darf nur von der logischen Einsicht abhängen.

Wo ließe sich rationale Argumentation in diesem Sinne wohl besser üben als im Mathematikunterricht?

Die Begründungen liegen angesichts der fachlichen Eigenart der Mathematik auf der Hand. Die in der Frage zum Ausdruck gebracht Hypothese müßte jedoch, besonders im Hinblick auf die Übertragbarkeit rationaler Argumentation auf nichtmathematische Situationen, genauer überprüft werden.

2.4.5. Weitere Perspektiven affektiver Zielsetzungen im Mathematikunterricht

Die affektive Seite wäre noch sehr unvollständig beleuchtet, wenn nicht die Rede gewesen wäre von besonderen "Freuden und Ängsten", die durch den Mathematikunterricht vermittelt werden. Schriba 4 geht näher auf "natürliche" Motivationen (Neugier, Spieltrieb) ein, an die der Mathematikunterricht unmittelbar anknüpfen und für sich durch Schaffen positiver Zuwendung nutzbar machen kann.

Es seien hier nur noch mehr grundsätzliche Überlegungen von MAGER (1970 und 1973) angesprochen:

Wenn wir ein Fach (hier Mathematik) unterrichten, dann geht es letztlich um eine positive Gesamteinstellung der Schüler diesem Fach gegenüber, und noch weiter: um eine positive Einstellung zum Lernen überhaupt. MAGER (1973, S. 115) formuliert das etwa so:

> Am Ende einer Unterrichtsperiode soll der Prozentsatz der positiven Reaktionen der Schüler gegenüber dem Unterricht mindestens genauso hoch sein, wie zu Beginn des Unterrichts.

Positive Tendenzen sucht MAGER durch Herstellung positiver Bedingungen und Vermeidung negativer Bedingungen im Unterricht herauszustellen (1970, S. 63).

Zu den positiven Bedingungen rechnet er (1970, S. 75/76):

- Schülerantworten, ob richtig oder falsch, als Lernversuche akzeptieren
- genügend viele Orientierungshilfen geben, damit der Schüler immer weiß, wo er steht und wohin er gehen soll ...
- sicherstellen, daß der Schüler ihm gesteckte Ziele gut erreichen kann ...
- ehrliche Freude ausdrücken über Erfolge des Schülers
- in Klassenarbeiten nur solche Fragen stellen, die sich auf die Lernziele beziehen.

Folgende aversive Bedingungen sollten vermieden werden (vgl. MAGER 1970, S. 67 - 72):

Furcht und Angst:
- dem Schüler sagen: "Du wirst das zwar nicht begreifen, aber ...."
- Versagen androhen, indem man dem Schüler sagt: "Wenn du kein Interesse hast, bist du hier fehl am Platz".

Frustration:
- Schüler gibt sich große Mühe, aber seine Anstrengungen finden keine Beachtung

Langeweile:
- Information in so kleinen Häppchen anbieten, daß sie keinerlei Herausforderung darstellt oder Anstrengung fordert.

Gerade durch die letzten Beispiele dürfte deutlich geworden sein, daß der Mathematikunterricht (wie jeder andere Unterricht auch) affektive Wirkungen hervorruft, selbst wenn sie in keiner Weise beabsichtigt sind.

Auf mögliche affektive Wirkungen ideologischer Art weist DAMEROW u.a. (1974, S. 146) am Beispiel des traditionellen Sachrechnens hin:

Es könne der "Anpassung an fremdbestimmte Situationen und deren Hinnahme" förderlich sein (Sachzwangideologie).

Im Rahmen dieses Kurses kann nicht näher darauf eingegangen werden.

2.4.6. Zusammenfassung zu den sozial-affektiven Zielsetzungen des Mathematikunterrichts

Die Ausführungen zu den sehr heterogenen (verschiedenartigen) sozialen und affektiven Zielsetzungen seien in einigen für den Mathematikunterricht wesentlichen Aspekten in Form von Thesen zusammengefaßt:

1. Man sollte nicht vergessen, daß die Ausbildung von kognitiven mathematischen Fähigkeiten i.a. entsprechende affektive Lernbereitschaften voraussetzt.
2. Je anspruchsvoller die kognitiven Zielsetzungen sind, desto anspruchsvoller sind die entsprechenden affektiven Voraussetzungen bzw. Ziele (vgl. SCHEMA 3).
3. Im Mathematikunterricht geht es nicht nur um die Vermittlung bestimmter Fähigkeiten, sondern auch bestimmter Werthaltungen, die mit den Fähigkeiten verbunden sind.
4. Affektive Zielsetzungen sollten im Mathematikunterricht nicht nur als Vehikel für kognitive Zielsetzungen eingesetzt werden.
5. Der Mathematikunterricht kann aufgrund seiner fachlichen Eigenart vermutlich einen eigenständigen Beitrag zu sozialen Verhaltensbereitschaften leisten (insbesondere zu Kooperations- und Kommunikationsbereitschaft).
6. Der Mathematikunterricht kann viele Motivationen aufgreifen, schaffen und fördern (vgl. Schriba 4).
7. Der Mathematikunterricht sollte unter angenehmen affektiven Bedingungen erteilt werden.
8. Man sollte daran denken, daß der Mathematikunterricht affektive Wirkungen hervorruft, selbst wenn sie nicht beabsichtigt sind.
9. Zu beachten sind auch affektive Nebenwirkungen ideologischer Art.

Rückblickend ist festzustellen: Mathematikunterricht ist längst nicht nur eine kognitive Angelegenheit, sondern spielt stark in den sozial-affektiven Bereich hinein.

2.5. Eine Taxonomie psychomotorischer Lernziele

Die psychomotorischen, auf Bewegungsabläufe gerichteten Lernziele spielen im Mathematikunterricht eine relativ untergeordnete Rolle. Sie sind jedoch gelegentlich nicht zu unterschätzen. Immerhin handelt es sich für die Grundschule um Ziele wie "geordnetes Schreibenkönnen von Zahlen", was insbesondere für die schriftlichen Rechenverfahren von großer Bedeutung ist: Das Kind muß den Schreibablauf so koordinieren können, daß Ziffern, die untereinander gehören, auch wirklich untereinander zu stehen kommen und nicht etwa so:

```
    3 7 3 5
+     4 27 1
  ---------
```

Für spätere Schuljahre wäre etwa das koordinierte Aufschreiben von Bruchgleichungen als wünschenswertes psychomotorisches Ziel zu nennen, damit es nicht so aussieht:

$$\frac{3}{4} + \frac{1}{2} =$$

Neben "Schreibenlernen" steht der Umgang mit Zeichen- und Meßgeräten (insbesondere Zirkel, Geodreieck und Winkelmesser) auf dem Programm. Schließlich wäre noch der "geläufige Umgang" mit dem Rechenschieber zu nennen.

Es versteht sich wohl von selbst, daß auch die psychomotorischen Ziele (ähnlich wie die kognitiven Ziele) nicht von affektiven Zielen zu trennen sind, ebenso wenig wie von kognitiven Zielen.

Hier spielen besonders Wille zu Genauigkeit, Sauberkeit und Ordnung eine Rolle, aber auch kognitive Komponenten wie das Wissen um die richtige Schreibweise oder den rechten Gebrauch eines Geräts. Es lohnt kaum, für diese wenigen psychomotorischen Ziele des Mathematikunterrichts eine Taxonomie aufzustellen. Vielleicht ist es aber anregend, eine allgemeine Taxonomie von DAVE (1968) in ihren Hauptkategorien mit heranzuziehen, um sich Rechenschaft darüber abzulegen, welche "Perfektion" man jeweils erreichen will. DAVE unterscheidet nach dem Grad der Koordination des Bewegungsablaufes (frei übersetzt) etwa folgende Hauptstufen:

1. Bewältigung
2. Festigung
3. Präzision
4. Harmonisierung
5. Automatisierung

Auf der ersten Stufe käme es darauf an, daß der Lernende den Bewegungsablauf überhaupt schafft (i.a. aufgrund von Nachahmung).

Auf der zweiten Stufe wäre dann davon zu sprechen, daß der Lernende den Bewegungsablauf sicher (aber noch bewußt kontrolliert) ausführen kann.

Auf der dritten Stufe wird die Handlung schon mit einer gewissen Genauigkeit beherrscht.

Auf der vierten Stufe sollte es möglicherweise zu einer reibungslosen Koordination mit anderen Handlungsabläufen (z.B. mit anderen Zeichengeräten) kommen.

Auf der fünften Stufe ist der Bewegungsablauf automatisiert: ohne Mühe, bei raschem Ablauf, unbewußt.

2.6. Anmerkungen zum Gebrauch von Taxonomien

1) Gegen die Aufteilung der Lernziele in kognitive, affektive und psychomotorische ist immer wieder eingewandt worden, sie sei pädagogisch nicht sinnvoll, da die Lernziele im Unterricht nicht voneinander getrennt werden können (vgl. z.B. MESSNER 1970, S. 234).

   Man sollte den Gesichtspunkt der faktischen und didaktischen Untrennbarkeit der Lernziele betonen; für Zwecke der Unterrichtsvorbereitung kann es jedoch sinnvoll und wünschenswert sein, die Komponenten zunächst zu trennen, um damit den "Gehalt" eines komplexeren Lernzieles genauer zu erfassen.

2) Der Hauptwert der Taxonomie ist für Unterrichtszwecke wohl darin zu sehen, daß sie das ganze Spektrum möglicher Lernziele in ihren unterschiedlichen Charakter deutlich machen, die Formulierung eigener Lernziele erleichtern, zu vielfältigen Aufgabenstellungen anregen und Einseitigkeiten in der eigenen Zielsetzung verhindern. Insbesondere kann die Dimensionierung der Lernziele verhindern, daß die affektiven Ziele zu geringe Beachtung finden (MEYER 1974, S. 89).

3) Zur taxonometrischen Einordnung von Lernzielen wird von verschiedener Seite darauf hingewiesen (vgl. z.B. MERZ/RAATZ 1972, S.48; FREUDENTHAL 1974/5, S. 227), daß hierfür der vorausgegangene Unterricht sehr maßgebend ist: Was heute ein eigentliches Problem (d.h. anspruchsvollere Analyse und Synthese) für jemanden ist, kann morgen eine simple Anwendung sein.

   Dies beeinträchtigt jedoch nicht die Einsetzbarkeit der Taxonomie in der konkreten Unterrichtssituation.(Die diesbezügliche Polemik von FREUDENTHAL scheint etwas übertrieben[1].)

4) Für Zwecke der Unterrichtsvorbereitung dürfte es bezüglich der Lernzielfindung angebracht sein, in pragmatischer Weise etwa folgende Strategie einzuschlagen:

a. Man konfrontiere die ins Auge gefaßte Thematik mit dem allgemeinen Lernzielkatalog in Abschnitt 1 und erfasse dadurch die mit der Thematik möglicherweise zu verbindenden allgemeinen Zielsetzungen.

b. Man beachte zugleich die Auswahlkriterien in Abschnitt 1 und versuche mit Hilfe dieser eine Begründung der Zielvorstellungen.

(Für a. und b. vgl. SCHEMA 2).

c. Man analysiere aufgrund der Anregungen der Taxonomien in Abschnitt 2 den genaueren kognitiven, affektiv-sozialen und psychomotorischen Gehalt der Lernziele.

d. Man formuliere dann zunächst die allgemeinen kognitiven und psychomotorischen Ziele und versuche, an passender Stelle die affektiv-sozialen Ziele einzufügen.

Genauere Hinweise zur Lernzielformulierung gibt der nächste Abschnitt.

3. Operationalisierung mathematischer Lernziele

3.1. Die Operationalisierung der Lernziele nach MAGER

Wir können gemäß der didaktischen Taxonomie kognitive Lernziele des Mathematikunterrichts (vgl. Abschnitt 2.3) etwa folgendes Lernziel aus der Kategorie "Beherrschen von Verfahren" formulieren:

"Die Schüler sollen die Lösung von quadratischen Gleichungen beherrschen."

Das beinhaltet nach den bisherigen Ausführungen, daß sie das (bzw. ein) Lösungsverfahren verstehen und in Beispielen geläufig anwenden können. Damit ist die "Qualität" des Lernziels so deutlich erfaßt, daß man sich etwa vorstellen kann, was gemeint ist.

Will man jedoch wissen, wann das Lernziel als erreicht gelten kann, braucht man genauere Angaben. Dazu gehört nach MAGER (1972) eine Präzisierung des Lernziels in folgender Richtung:

---

1 Vgl. hierzu DAHLKE (1975).

1. Die Beschreibung des Lernziels als Endverhalten des Lernenden;
2. die eindeutige Beschreibung des Endverhaltens;
3. die genaue Angabe der Voraussetzungen und Bedingungen des Endverhaltens;
4. die Angabe eines Beurteilungsmaßstabes für die Güte des Endverhaltens.

Eine derartige Präzisierung eines Lernziels als kontrollierbare Verhaltensweise des Lernenden wird als "Lernzieloperationalisierung" bezeichnet. (Man spricht gelegentlich von einer "Lernzieloperationalsierung im engeren Sinne", wenn alle vier Bedingungen von MAGER erfüllt sind und von einer "Lernzieloperationalisierung im weiteren Sinne", wenn nur die ersten beiden Bedingungen erfüllt sind - vgl. MEYER 1974, S. 57 -).

Zu den vier Bedingungen sei folgendes angemerkt:

Zu 1. Die Beschreibung des Lernziels als Verhalten am Ende des Lernprozesses ist offenbar die Grundbedingung der Kontrollierbarkeit; nur als solches ist es beobachtbar bzw. feststellbar!

Zu 2. Die Formulierung des Endverhaltens muß so erfolgen, daß es bezüglich der Art des Endverhaltens keine Mißverständnisse geben kann. Hierzu ist vor allem der Gebrauch von Verben wichtig, die nicht nur die Qualität des Endverhaltens umschreiben (wie wissen, verstehen, beherrschen, anwenden), sondern eine konkrete Tätigkeit ausdrücken (wie z.B. benennen, beschreiben, unterscheiden, lösen, berechnen, illustrieren ...).

Zu 3. Zugelassene und nicht zugelassene Hilfen sollen so genau angegeben sein, daß ein Außenstehender diesbezüglich keine Unklarheiten haben kann.

Zu 4. Aus der Angabe soll gegebenenfalls hervorgehen, wieviel Zeit dem Lernenden zur Verfügung gestellt wird und wieviel richtige Antworten für das Erreichen des Lernziels erforderlich sind.

Die Operationalisierung von Lernzielen nach MAGER sei am obigen Beispiel "Quadratische Gleichungen" verdeutlicht.

Dabei mag es genügen, den Teilaspekt der bloßen Fertigkeit weiter zu operationalisieren.

Die Bedingungen 1 und 2 wären dann etwa durch folgende Formulierung erfüllt:

Die Schüler sollen quadratische Gleichungen auf die Normalform $x^2 + px + q = 0$ bringen und mit Hilfe der Lösungsformel $x_{1/2} = -\frac{p}{2} \pm \sqrt{\frac{p^2}{4} - q}$ lösen können.

Die Bedingung 3 wäre halbwegs durch Zusätze folgender Art zu erfüllen: "ohne Benutzung der Formelsammlung", quadratische Gleichungen mit "einfachen" Brüchen als Koeffizienten. (Hier könnte man natürlich weiter operationalisieren!)

Der Bedingung 4 wäre etwa durch folgende Bemerkung Genüge getan: Das Lernziel gilt als erreicht, wenn die Schüler 6 von 8 Aufgaben der beschriebenen Art in einer halben Stunde lösen können.

Sicher ist es für Unterrichtszwecke meist nicht erforderlich, die Lernzieloperationalisierung so weit zu treiben. Jedoch sollten möglichst die Bedingungen 1 und 2 beachtet werden.

Die genaueren Voraussetzungen und Bedingungen (Punkt 3) brauchen nur angegeben zu werden, wenn es erforderlich erscheint.

Punkt 4 ist im allgemeinen weniger, bei Klassenarbeiten oder lernzielorientierten Tests aber besonders zu berücksichtigen.

Bei der Unterrichtsvorbereitung für eine Stunde ist es im allgemeinen sinnvoll, Ziele verschiedenen Allgemeinheitsgrades zu formulieren: Zunächst "Grobziele"; gemeint sind damit Ziele eines mittleren Allgemeinheitsgrades, wie sie etwa aus der Taxonomie hervorgehen. Diese sollten (soweit möglich) einesteils durch noch allgemeinere Ziele und Auswahlkriterien begründet werden, andernteils zu spezielleren Teillernzielen ("Feinzielen") der Stunde operationalisiert werden.

Im allgemeinen wird man nur die kognitiven (u.U. auch die psychomotorischen) Ziele genauer operationalisieren können. Bei den affektiven Zielen wird man meist auf der Grobzielebene stehenbleiben müssen.

In diesem Zusammenhang wird oft der Einwand erhoben, daß die Forderung nach Lernzieloperationalisierung dazu führen könnte, daß womöglich anspruchsvollere affektive Ziele gar nicht mehr angestrebt werden, weil sie nicht als Endverhalten nach Beendigung des Lernprozesses durch entsprechende Kontrollen nachzuweisen sind und sich der Unterricht auf die Erreichung anspruchsloserer kognitiver Ziele konzentriert (vgl. MESSNER 1970, S. 239/242; MEYER 1974, S. 30). Dieser Gefahr sich deutlich bewußt sein, heißt jedoch schon fast, sie zu vermeiden.

Affektive Ziele sollte man stets nicht nur als Grobziele in der Unterrichtsvorbereitung stehen haben, sondern während des Unterrichts stets "im Auge" haben, so daß man - womöglich außerhalb der Planung - passende Unterrichtssituationen abwartet.

Eine vernünftige Operationalisierung von Lernzielen hat sicher gewichtige Vorteile:

- Die Operationalisierung von Lernzielen verschafft dem Lehrer mehr Klarheit über seine Zielsetzungen.
- Sie macht die Zielsetzungen besser mitteilbar für die Schüler.
- Viele Ziele werden dadurch besser überprüfbar: Erst die Operationalisierung von Lernzielen ermöglicht angemessene Lernzielkontrollen.

3.2. Kontrolle mathematischer Lernziele

Lernzieloperationalisierung und Lernzielkontrolle hängen eng zusammen: Wird die Lernzieloperationalisierung zu Ende geführt, hat man unmittelbar Angaben darüber, an welchem Schülerverhalten unter welchen gegebenen Bedingungen das Lernziel als erreicht gelten kann. Der letzte Schritt zur Lernzielkontrolle besteht jetzt "nur" noch darin, diese Angaben in lernzielorientierte Testaufgaben ("Items") umzusetzen.

Hierzu seien abschließend nur einige grundsätzliche Hinweise gegeben. Es geht dabei nicht nur um schriftliche Lernzielkontrollen am Schluß einer Stunde oder gar Klassenarbeiten, sondern auch um bescheidenere Formen von Zielüberprüfung während einer Stunde.

Auf nähere Angaben zur sogenannten "Testkonstruktion" muß in diesem Rahmen verzichtet werden[1].

Der erste Gesichtspunkt, auf den bei der Formulierung von lernzielorientierten Aufgaben geachtet werden muß, ist der, daß die Aufgaben wirklich nur das Lernziel abfragen ("Inhaltsvaliditát").

Die wichtigsten Aufgabentypen, die bei lernzielorientierten Tests verwendet werden, sind (und dies vor allem aus Gründen der leichten Auswertbarkeit):

---

1 Für Schulzwecke sei z.B. auf WENDELER (1974[6]) hingewiesen.

Mehrfachauswahlaufgaben (multiple-choice-Aufgaben), Zuordnungsaufgaben, Ergänzungsaufgaben (vgl. MERTEN 1972, S. 7).

Sie sollen in Anlehnung an MERTEN kurz besprochen werden:

1. Mehrfachauswahlaufgaben

   Zu einer Aufgabe werden mehrere fertige Lösungen vorgegeben, von denen der Schüler die richtigen ankreuzen soll.

   Man überlegt sich, welche typischen Fehler man bei einer Aufgabe machen kann und bietet diese Fehler neben der richtigen Lösung an.

2. Zuordnungsaufgaben

   Dabei werden eine Reihe von Aufgaben und eine Reihe von Lösungen angeboten. Der Schüler soll dann die Lösungen den entsprechenden Aufgaben zuordnen.

3. Ergänzungsaufgaben

   Ein vorgegebener Satz weist an bestimmten Stellen Lücken auf, die vom Schüler zu ergänzen sind.

Solche Testformen sind jedoch für normale Unterrichtszwecke nur beschränkt zu verwerten, da sie oft ein zu wenig differenziertes Bild des Lernergebnisses, insbesondere der vorhandenen Schwierigkeiten ergeben (vgl. WITTMANN 1974, S. 19). Man sollte sie durch "offene" Aufgaben ergänzen, auch wenn die Auswertung schwieriger ist.

Auf spezifischere Vorschläge zur Kontrolle von Lernzielen wird in den Schribas 7 - 9 (Lerntypen des Mathematikunterrichts) eingegangen. Einige Hinweise ergeben sich bereits unmittelbar aus dem Katalog kognitiver Ziele (Aufgabe 10).

Von grundsätzlicher Bedeutung ist es, die Überprüfung der Schülerleistungen nicht als besondere Phase des Unterrichtsprozesses aufzufassen:

"Jede Schülerantwort, noch mehr die Fragen der Schüler, die Art und Weise ihrer Mitarbeit, ihr Umgang mit den Unterrichtsmitteln usw. sind für den Lehrer wichtige Anhaltspunkte für das Wissen, Können und Verhalten seiner Klasse. So gesehen kontrolliert der Lehrer ständig, und damit erfolgt auch eine ständige Selbstprüfung" (KLINGBERG 1972, S. 384).

Hervorzuheben ist dabei der implizite Hinweis, daß durch Beobachtung der Schüler auch sozial-affektive Ziele laufend "überprüft" werden können.

MAGER (1970 und 1973) macht geistreiche Beobachtungensvorschläge zur Überprüfung von affektiven Zielvorstellungen: Eine Möglichkeit besteht z.B. in der Registrierung von "Annäherungs- bzw. Entfernungstendenzen" innerhalb der Klasse.

Möchte man z.B. die Einstellung der Schüler zum Fach Mathematik messen, kann man ihnen einen Fragebogen vorlegen mit Fragen folgender Art (MAGER 1970, S. 91):

1. Wenn du alle Schulfächer frei wählen könntest, würdest du Mathematik weiter haben wollen?

   a) ja b) nein c) ich weiß nicht

2. Wie stark bist du daran interessiert, mehr über Mathematik zu lernen?

   a) sehr interessiert b) etwas interessiert ....

3. Falls jemand vorschlüge, du solltest einen Beruf ergreifen, der mit Mathematik zu tun hat, was würdest du antworten? ......

MAGER (1973) beschreibt auch, wie man durch "Zielanalyse" von vagen (insbesondere affektiven) Zielen zu meßbaren Zielen kommt.

Das Verfahren umfaßt 5 Schritte, deren wesentlicher Grundgedanke darin besteht, ausgehend von einem zunächst vage formulierten Ziel alle Verhaltensweisen möglichst präzise aufzuschreiben, die jemanden veranlassen würden anzunehmen, daß das Ziel (z.B. rationale Argumentation) erreicht ist. Man kann dann diese Liste zu verschiedenen Zeitpunkten als Kriterienkatalog für die Einschätzung der Schüler benutzen und auf diese Weise Lernfortschritte feststellen.

Dies ist vielleicht insofern erwähnenswert, weil immer wieder das Vorurteil geäußert wird, affektive Lernziele ließen sich nicht überprüfen.

Es ist vielleicht manchmal etwas mühsamer und auch nicht so exakt; Aber wie sagt MAGER (1970, S. 100) treffend?

> "Es war noch nie ein Fehler, grobe Maßstäbe anzulegen, wohl aber, untätig auf die perfekte Methode zu warten."

Die Hauptgesichtspunkte zur Taxonomie und Operationalisierung mathematischer Lernziele werden (mit entsprechenden Rückverweisen) noch einmal in der folgenden Liste (SCHEMA 4) kurz zusammengefaßt:

SCHEMA 4:
Taxonomie und Operationalisierung mathematischer Lernziele

Lernzielbereiche nach BLOOM (S. 61, 62)

1. kognitiver Bereich
2. affektiver Bereich
3. psychomotorischer Bereich

Taxonomie kognitiver Ziele des Mathematikunterrichts (S. 65-67)

1. Verständnis von Begriffen, Sätzen und Verfahren
2. Kenntnis von Sachverhalten
3. Beherrschung von inhaltlichen und formalen Verfahren
4. Analyse und einfache Anwendung
5. Synthese und eigentliches Problemlösen

Thesen zu affektiven und sozialen Zielsetzungen des Mathematikuntterichts

1. Kognitive Ziele des Mathematikunterrichts sind untrennbar mit affektiven Zielsetzungen verbunden (Schaffung von Motivationen!).
2. Je anspruchsvoller die kognitiven Ziele, desto anspruchsvoller sind i.a. die affektiven Ziele (S. 70).
3. Der Mathematikunterricht kann einen besonderen Beitrag zu sozialen Zielen wie Kooperations- und Kommunikationsbereitschaft (rationale Argumentation!) leisten.

Psychomotorische Lernziele des Mathematikunterrichts

Hierzu gehören u.a.:

- geordnetes Schreibenkönnen von Zahlen, mathematischen Zeichen und Texten;
- geläufiger Umgang mit Zeichen- und Meßgeräten;
- sicherer Umgang mit Rechenschieber und elektronischen Rechnern.

! (Man beachte die Anmerkungen zum praktischen Gebrauch von Taxonomien S. 78 und 79)

Operationalisierung mathematischer Lernziele

Nach MAGER gehört dazu (vgl. S. 80):

1. die Beschreibung der Lernziele als Endverhalten des Lernenden
2. die eindeutige Beschreibung des Endverhaltens
3. die genaue Angabe der Voraussetzungen und Bedingungen des Endverhaltens
4. die Angabe eines Beurteilungsmaßstabes für die Güte des Endverhaltens

! (Man beachte die Anmerkungen zur Durchführung der Operationalisierung S. 80)

Aufgaben und Diskussionsanregungen zu Schriba 2

Diskutieren Sie nach Möglichkeit die folgenden Aufgaben in einer Kleingruppe!

0. Orientieren bzw. überprüfen Sie sich bezüglich der Zielsetzungen des Schribas 2 anhand des Zielkatalogs in Schriba 10!

□ 1. Versuchen Sie, aus dem allgemeinen Lernzielkatalog von HENTIGs Ziele des Mathematikunterrichts "abzuleiten".

□ 2. Konfrontieren Sie bitte den Zielkatalog des Abschnittes 1.2. mit dem Prinzip der Emanzipation (S. 58) und versuchen Sie - soweit möglich - die Ziele als Beiträge zur "Emanzipation" zu begründen.

! 3. Suchen Sie nach (weiteren) inhaltsbezogenen Beispielen für die Ziele des mathematischen Lernzielkatalogs in Abschnitt 1.2.

□ ! 4. Welche Ziele des Abschnitts 1.2. sind Ihres Erachtens in der Teilbarkeitslehre besonders anzusprechen und in welcher Weise?

! 5. Geben Sie zu jeder Kategorie der Taxonomie kognitiver mathematischer Lernziele (Abschnitt 2.3) ein eigenes Beispiel aus einem inhaltlich vertrauten Bereich. Mit welchen affektiven Zielen würden Sie diese kognitiven Ziele verbinden?

! 6. Welcher Kategorie und Unterkategorie der Taxonomie in Abschnitt 2.3 ist folgendes Lernziel einzuordnen:
"Die Schüler sollen das Transitivitätsgesetz für die Teilerrelation in einem Pfeildiagramm erläutern können."

x □ ! 7. Formulieren Sie je eine Aufgabe zum Begriff "kleinstes gemeinsames Vielfaches", die
a. auf einfache Anwendung
b. auf eigentliches Problemlösen
zielt. Geben Sie die angenommenen Lernvoraussetzungen an!

x ! 8. Formulieren Sie ein im strengen(MAGERschen) Sinne operationalisiertes Lernziel zur Addition von natürlichen Zahlen.

x □ ! 9. Wie soll eine schriftliche Lernzielkontrolle zu dem in Aufgabe 8 formulierten Lernziel aussehen? (Bitte Aufgaben formulieren!)

x 10. Welche Möglichkeiten haben Sie etwa, das Verständnis der Teilbarkeitsrelation "... ist ein Teiler von ..." bei den Schülern zu überprüfen (vgl. Taxonomie!)?

o 11. Diskutieren Sie die Vorzüge und Gefahren der Taxonomie und Operationalisierung von Lernzielen.

Setzen Sie sich vor allem mit folgenden Einwänden auseinander (nach SCHULZ 1972, S. XI-XV):

Einwand	Antwort
1. Präzisierte Lehrziele schränken die Lehrfreiheit des Unterrichtenden in unzumutbarer Weise ein.	(Fixieren Sie bitte mit einigen Stichworten Ihr Diskussionsergebnis!)
2. Ein energisch zielbestimmter Unterricht beraubt die Lernenden der Möglichkeit, das Geschehen mitzubestimmen.	
3. Vor der Orientierung an prüfbarem Verhalten ist zu warnen, weil das leicht Prüfbare auch oft das weniger wichtige Wissen und Können ist.	
4. (Formulieren Sie weitere mögliche Einwände!)	
•	
•	
•	

o 12. Führen Sie eine Zielanalyse im Sinne von MAGER (Abschnitt 3.2) für das sozial-affektive Lernziel "rationale Argumentation" (Abschnitt 2.4.4) durch.

Literaturhinweise zu Schriba 2

AVITAL, S.M./SHETTLEWORTH, S.J.: Objectives for Mathematics Learning. Some Ideas for the Teacher. Ontario Institute for Studies in Education, Bulletin no. 3. Toronto 1968.

\+ BLOOM, B.S. (Hrsg.): Taxonomie von Lernzielen im kognitiven Bereich. Beltz Verlag, Weinheim und Basel 1972 (engl. 1956).

BLOOM, B.S./HASTINGS, J.T./MADAUS, G.F.: Handbook on Formative and Summative Evaluation of Student Learning. New York 1971.

DAHLKE, E.: Schwierigkeiten mit der Lernzielfindung im Mathematikunterricht. In: Zschr. f. Päd. 1975/1.

DAMEROW, P./ELLWITZ, U./KEITEL, C./ZIMMER, J.: Elementarmathematik: Lernen für die Praxis? Klett Verlag, Stuttgart 1974.

DAVE, R.H.: Eine Taxonomie pädagogischer Ziele und ihre Beziehung zur Leistungsmessung. In: INGENKAMP, K./MARSOLEK, T.: Möglichkeiten und Grenzen der Testanwendung in der Schule. Weinheim 1968, S. 225 - 237.

DIENES, Z.P.: Mathematisches Denken und logische Spiele. Herder Verlag, Freiburg 1966.

\+ EIGLER,G./JUDITH, H./KÜNZEL, M./SCHÖNWÄLDER, A.: Grundkurs Lehren und Lernen. Beltz Verlag, Weinheim und Basel 1973, S. 28 - 34, 45 - 49.

Empfehlungen und Richtlinien der Modernisierung des Mathematikunterrichts an den allgemeinbildenden Schulen. (Beschluß der KMK vom 3.10.1968).

FETTWEIS, E./SCHLECHTWEG, H.: Didaktik und Methodik des Rechenunterrichts. Schöningh Verlag, Paderborn 1965[4].

FLECHSIG, K.-H./HALLER, H.-D.: Entscheidungsprozesse in der Curriculumentwicklung. Klett Verlag, Stuttgart 1973.

FREUDENTHAL, H.: Lernzielfindung im Mathematikunterricht. In: Zeitschrift für Pädagogik 1974/5.

GATZEMEIER, M.: Grundsätzliche Überlegungen zur rationalen Argumentation. In: Schweizer Schule 1974/5, S. 217 - 221.

Grundsätze, Richtlinien, Lehrpläne für die Hauptschule in Nordrhein-Westfalen. Henn Verlag, Wuppertal 1968.

Handreichungen für den Mathematikunterricht in der Grundschule. (Hrsg.: Der Niedersächsische Kultusminister). O.J.

v. HENTIG, H.: Allgemeine Lernziele der Gesamtschule. In: Lernziele der Gesamtschule, Deutscher Bildungsrat. Gutachten und Studien der Bildungskommission 12. Stuttgart 1971[3] (1969).

\+ HESSE, H.A./MANZ, W.: Einführung in die Curriculumforschung. Verlag Kohlhammer, Stuttgart 1974[3].

HIRSCHMANN, G.: Lernzielorientierte Unterrichtsvorbereitung in der Weiterbildung. In: LU 1972/1/2.

\+ HOLE, V.: Erfolgreicher Mathematikunterricht. Herder Verlag, Freiburg 1973.

+ JUNG, W.: Unterrichtsziele im Mathematikunterricht in der differenzierten Gesamtschule. In: Lernziele der Gesamtschule ....., s.v. HENTIG!

+ KIRSCH, A.: Über Ziele der "neuen Mathematik" in der Schule. In: WPB 1974/3, S. 155 - 164.

KLAFKI, W.: Probleme der Curriculumentwicklung. Entwürfe und Reflexionen. Frankfurt/M. 1972.

KLINGBERG, L.: Einführung in die allgemeine Didaktik. Verlag Volk und Wissen, Berlin 1972.

KRATHWOHL, D.R./BLOOM, B.S./MASIA, B.B.: Taxonomie von Lernzielen im affektiven Bereich. Beltz Verlag, Weinheim und Basel 1975 (engl. 1964).

+ LANGE, O.: Allgemeine Lernziele für Mathematik-Erläuterungen zu einem Lernzielkatalog. In: LU 1974/4.

+ LENNÉ, H.: Analyse der Mathematikdidaktik in Deutschland. Klett Verlag, Stuttgart 1969.

LEWY (1966) in: BLOOM/HASTINGS/MADAUS, s.o.

LOMPSCHER, J. u.a.: Theoretische und experimentelle Untersuchungen zur Entwicklung geistiger Fähigkeiten. Verlag Volk und Wissen, Berlin 1972.

+ MAGER, R.F.: Lernziele und programmierter Unterricht. Beltz Verlag, Weinheim 1972.

+ MAGER, R.F.: Motivation und Lernerfolg. Beltz Verlag, Weinheim 1970.

+ MAGER, R.F.: Zielanalyse. Beltz Verlag, Weinheim und Basel 1973.

MERTEN, R.: Die Entwicklung lernzielorientierter Testaufgaben ... In: LU 1972/3.

MERZ, W./RAATZ, U.: Zur taxonometrischen Beschreibung lernzielorientierter Testaufgaben. In: LU 1972/1/2.

MESSNER, R.: Funktionen der Taxonomie für die Planung von Unterricht. In: BLOOM: Taxonomie ..., s.o.

+ MEYER, H.L.: Trainingsprogramm zur Lernzielanalyse. Athenäum Fischer Taschenbuch, Frankfurt/M. 1974.

+ MÖLLER, CH.: Technik der Lehrplanung. Beltz Verlag, Weinheim und Basel 1973[4].

MÖLLER, CH.: Praxis der Lernplanung. Beltz Verlag, Weinheim und Basel 1974.

NEANDER, J.: Curriculare Perspektiven für den Mathematikunterricht. In: ROLFF, H.-G. u.a.: Strategisches Lernen in der Gesamtschule. rororo, Hamburg 1974.

RAATZ, E./FORTH, H./PRIEMER, W.: Welche mathematischen Kenntnisse sind im Beruf erforderlich? Eine empirische Untersuchung. In: LU 1973/2.

Rahmenrichtlinien Sekundarstufe I Mathematik (Hrsg. Der Hessische Kultusminister)Diesterweg, Frankfurt/M. 1972/74.

Richtlinien für die Volksschulen des Landes Niedersachsen. Schroedel Verlag, Hannover 1964.

ROBINSOHN, S.B.: Bildungsreform als Revision des Curriculum. Luchterhand Verlag, Neuwied 1970².

ROTH, H./BLUMENTHAL, A. (Hrsg.): Zum Problem der Lernziele. Schroedel Verlag, Hannover 1973.

SCHREINER, G.: Soziales Lernen in der Schule. In: Westermanns Pädagogische Beiträge 1973/8, S. 415 - 421.

SCHREINER, G.: Soziales und politisches Lernen. In: Deutsche Schule 1974/1, S. 22 - 34; 1974/2, S. 83 - 95.

SCHULZ, W.: Drei Argumente gegen die Formulierung von "Lernzielen" und ihre Widerlegung. In: MAGER (1972).

STEIN, G.: Lernzielproblematik im Mathematikunterricht. In: LU 1973/4.

WEINERT, F.E.: Einführung in das Problemgebiet der Pädagogischen Psychologie. In: WEINERT, F.E./GRAUMANN, C.F. u.a.: Pädagogische Psychologie 1, Funkkolleg, Fischer Taschenbuch, Frankfurt/M. 1974.

WILSON, J.W.: Evaluation of Learning Secondary School Mathematics. In: BLOOM/HASTINGS/MADAUS 1971, s.o.

\+ WINTER, H.: Vorstellungen zur Entwicklung von Curricula für den Mathematikunterricht in der Gesamtschule. In: Beiträge zum Lernzielproblem. Henn Verlag, Ratingen 1972.

\+ WINTER, H.: Steigerung arithmetischer Fähigkeiten. In: Die Grundschule 1974/8 S. 415 - 427; 1974/9 S. 470 - 477.

\+ WITTMANN, E.: Grundfragen des Mathematikunterrichts. Vieweg Verlag, Braunschweig 1974.

WALSCH, W./WEBER, K. u.a.: Methodik Mathematikunterricht. Verlag Volk und Wissen, Berlin 1975 (Kapitel 1.1. Ziele des Mathematikunterrichts).

WENDELER, J.: Standardarbeiten - Verfahren zur Objektivierung der Notengebung. Beltz Verlag, Weinheim und Basel 1974⁶.

WOOD, R.: Objectives in the Teaching of Mathematics. In: Educational Research 10, 1968, pp. 83 - 98.

Literaturkommentar

Als allgemeine Einführung in die Lernzielproblematik seien EIGLER u.a. (1973), MEYER (1974), MÖLLER (1973⁴) und ROTH u.a. (1973) empfohlen. Zur Vertiefung sind BLOOM (1972/75) und MAGER (alle) geeignet.

Wichtige mathematischer Lernzielkataloge stellen dar: JUNG (1971³), LANGE (1974) und WINTER (1972).

Zur Vertiefung ist LENNÉ (1969) zu empfehlen.

Schöne Beispiele findet man bei KIRSCH (1974) und WINTER (1974). Eine kurze allgemeine Orientierung geben WITTMANN (1974), HOLE (1973).

SCHRIBA 3

Entwicklung mathematischen Denkens und operative Prinzipien

Seite

0. Vororientierung zu Inhalt und Zielsetzung des Schribas 3

Die Aufgabe dieses Schribas ist es, einige grundlegende Theorieelemente zur Denkentwicklung zusammenzustellen, soweit sie für das Mathematiklernen besondere Bedeutung zu haben scheinen.

Es wird in knappen, naturgemäß sehr vereinfachten Zügen dargestellt,

- wie sich nach PIAGETs Stadientheorie (insbesondere mathematische) Denkprozesse bei Kindern und Jugendlichen entwickeln;
- wie diese Theorie durch AEBLI, BRUNER, GALPERIN-LOMPSCHER modifiziert wird;
- welche didaktischen Konsequenzen sich hieraus unter Einbeziehung von Mathematikdidaktikern wie DIENES, FRICKE, OEHL für den Mathematikunterricht ergeben könnten.

1. Theorien der Denkentwicklung

1.1. Die Stadientheorie PIAGETs

Die langjährigen Versuche PIAGETs zur Denkentwicklung und seine darauf basierende Theorie sind von grundlegender Bedeutung für die heutige Denkpsychologie.

PIAGET hat seine Theorie erstmals dargestellt in seiner "Psychologie der Intelligenz" (1947, dt. 1972^5). Er geht davon aus, daß sich die Denkentwicklung in mehreren Stadien vollzieht, die durch spezifische, im Laufe der Entwicklung immer höhere Denkleistungen gekennzeichnet sind. Im Rahmen dieses Kurses interessieren die drei Hauptstadien, die für ein Kind vom Vorschulalter bis zum Ende der Schulzeit charakteristisch sind:

1.1.1. Das präoperatorische Stadium

Das erste Stadium ist vor allem für das Vorschulkind (ca. 2 - 6 Jahre) charakteristisch; PIAGET nennt es das Stadium der anschaulichen bzw. präoperatorischen Intelligenz.

Das Denken des Kindes ist stark an konkrete Handlungen und unmittelbare Anschauung gebunden.

So ist das Kind beispielsweise in der Lage, drei verschieden große Puppen aufgrund eines unmittelbaren Vergleichs je zweier Puppen der Größe nach zu ordnen. Es ist jedoch meist nicht in der Lage, allein aus der Vorstellung heraus z.B. folgende Streifen der Länge nach zu ordnen (vgl. PIAGET 1972^5, S. 6):

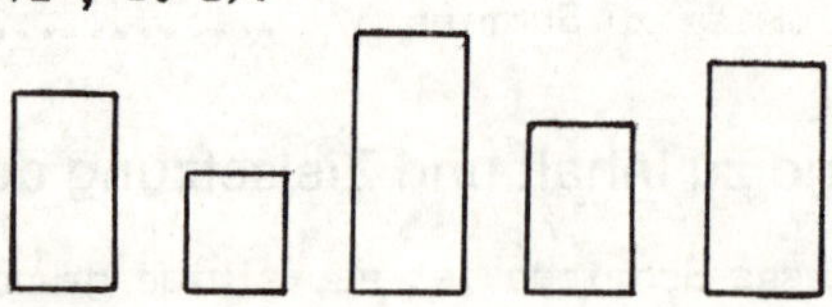

Das Kind ist offenbar noch nicht in der Lage, die nötigen Vergleichsoperationen gedanklich zusammenzufügen. Andererseits ist es auch noch nicht in der Lage, eine einmal vollzogene Handlung in Gedanken umzukehren. Das zeigt folgender Versuch (PIAGET/INHELDER 1969):

Eine Plastikkugel wird zu einer Wurst geformt:

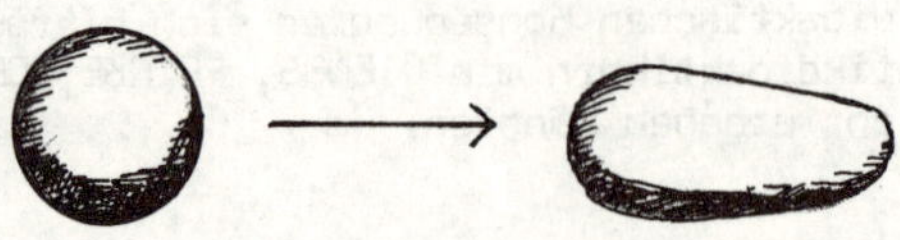

Das Kind glaubt, der Klumpen sein nun "mehr" geworden, da er länger aussieht. Zugleich wird deutlich, daß das Kind auf eine Dimension (die "Länge") fixiert ist und die andere (die "Dicke") vernachlässigt.

1.1.2. Das Stadium der konkreten Operationen

Dieses zweite Stadium ist vor allem für das Grundschulkind (ca. 7 - 11 Jahre) charakteristisch. Das Denken ist zwar immer noch an konkrete Vorstellungen (d.h. die unmittelbare Anschauung oder kurz zuvor gemachte Erfahrung) gebunden, aber es ist jetzt durch eine größere Beweglichkeit gekennzeichnet. Die Denkhandlungen werden "kompositionsfähig" (zusammensetzbar) und "reversibel" (umkehrbar). PIAGET nennt derart gekennzeichnete Denkhandlungen (und nur solche) "Operationen".

Der Fortschritt des Stadiums der konkreten Operationen gegenüber dem vorangehenden ist daran zu erkennen, daß das Kind nun in der Lage ist, die "Reihung" bei der Streifenaufgabe vorzunehmen und die "Mengeninvarianz" bei dem Plastilinversuch zu erkennen.

Wie in 1.1.1 schon angedeutet, beruht die Reihung auf der Kompositionsfähigkeit und das Erkennen der Mengeninvarianz auf der Reversibilität der Denkhandlungen.

Auf der Basis konkreter Operationen ist der Schüler in der Lage, grundlegende mathematische Begriffe aufzubauen: Menge, Zahl, Länge, Addition, Kleinerbeziehung, usw.

Es ist vielleicht wichtig, hier mit AUSUBEL (1963, S. 117)[1] auf ein möglichen Mißverständnis bezüglich der Einführung mathematischer Begriffe in diesem Stadium einzugehen:

> "Zwar müssen solchen Begriffen stets adäquate direkte, nicht verbale Erfahrungen mit empirischen Gegebenheiten vorausgehen, von denen sie abstrahiert werden. Aber wenn ihre Bedeutung einmal auf diesem Erfahrungshintergrund fest verankert ist, kann sie das Kind verständnisvoll benützen, ohne sich ständig auf konkrete Gegebenheiten stützen zu müssen."

Bezeichnend sind nun die Grenzen dieses Denkstadiums. Die Kinder sind noch nicht in der Lage, Aufgaben folgender Art ohne anschauliche Hilfsmittel zu lösen (vgl. PIAGET 1972[5], S. 168):

"Hans ist größer als Heinz, Hans ist kleiner als Horst. Wer ist der kleinste?"

Diese Frage wird erst im Alter von ungefähr 12 Jahren richtig beantwortet.

---

1 Übersetzung von WITTMANN (1974 , S. 57)

Der Grund ist nach PIAGET darin zu sehen, daß die Voraussetzungen nur als sprachlich formulierte Hypothesen gegeben sind und daß die Schlußfolgerung auf formalem Wege (d.h. ohne Abstützung auf konkrete Operationen) gefunden werden muß.

Interessanterweise wird die obige Aufgabe mit konkretem Material schon von Siebenjährigen gelöst.

1.1.3. Das Stadium der formalen Operationen

Dieses dritte Stadium wird nach PIAGET ab ca. 11 - 12 Jahren (Sekundarstufe) erreicht.

Die Kinder stehen hier am Anfang eines hypothetisch-deduktiven Denkens: "Wenn das und das gilt...., gilt das ..."

Der Jugendliche wird allmählich befähigt, rein formal aufgrund von Annahmen zu schließen, ohne notwendigerweise auf Anschauung oder Erfahrung Bezug zu nehmen. Dies ist zugleich eine für die fortgeschrittene Mathematik typische Situation. Es wird formal geschlossen:

Wenn $a < b$ und $b < c$, dann $a < c$.

Es wird hypothetisch entwickelt (ohne Rücksicht auf Realisierungsmöglichkeiten):

Für 72 Pf bekommt man 3 Eier.
Für 1 Pf bekäme man $\frac{3}{72}$ Eier.
Für 3 DM bekommt man $\frac{3}{72} \cdot 300$ Eier ....

Es kann etwa am gleichschenklig-rechtwinkligen Dreieck deduktiv erschlossen werden:

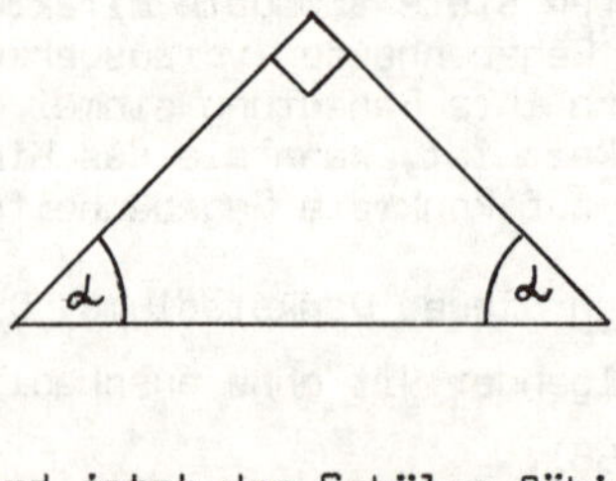

$$2\alpha + 90^\circ = 180^\circ$$
$$2\alpha = 90^\circ$$
$$\alpha = 45^\circ$$

Allgemein wird jetzt der Schüler fähig, Beweise und algebraische Umformungen zu verstehen und selber durchzuführen.

1.1.4. Zusammenfassendes Schema

SCHEMA 5:
Die Stadien der Denkentwicklung nach PIAGET

ungefähres Alter	Stadium	Denkleistung
2 - 6 Jahre	präoperatorisch	an konkrete Handlung u. unmittelbare Anschauung gebunden; nicht kompositionsfähig, nicht reversibel
7 - 11 Jahre	konkrete Operationen	an konkrete Vorstellungen gebunden; kompositionsfähig, reversibel
ab 12 Jahren	formale Operationen	nicht mehr an konkrete Vorstellungen gebunden; formal-abstrakt, deduktiv, hypothetisch

Die Altersangaben sind als grobe Durchschnittswerte zu verstehen!

1.2. AEBLIs operative Methode

1.2.1. Modifizierung der PIAGETschen Theorie durch AEBLI

Die im vorigen Abschnitt dargestellte Denkentwicklung wird nach PIAGET/INHELDER (dt. 1972, S. 153 ff.) hauptsächlich durch vier Faktoren bestimmt:

1. Das organische Wachstum (Reifung)
2. Übung und Erfahrung
3. Soziale Interaktionen[1] und Übermittlungen
4. Aktive Kompensation[2] von Unzulänglichkeiten der Intelligenz.

Innerhalb einer Kultur erachtet PIAGET die Gesamtwirksamkeit dieser Faktoren als weitgehend konstant. Das Entwicklungsstadium des Denkens wird nach PIAGET weitgehend durch das Alter bestimmt. Die Entwicklung vollzieht sich mehr oder weniger "spontan" (d.h. im wesentlichen ohne von außen geleitete Instruktion) in Auseinandersetzung mit der natürlichen und sozialen Umwelt (vgl. MONTADA 1970, S. 27).

Gerade hier setzt AEBLI (1968), ein Schüler PIAGETs, an:

Er hat gegenüber PIAGET die Abhängigkeit von Erziehungsbedingungen, die beschleunigend oder verzögernd wirken können, wesentlich stärker betont.

Im einzelnen hat AEBLI (1963 b, S. 72) folgende Bedingungsvariablen (z.T. empirisch) nachgewiesen:

- Komplexität und Anschaulichkeit des Gegenstandes;
- Lernprozeß während des Versuchs (aufgrund unterschiedlicher Zeitdauer und Wiederholungen);
- die Motivation der Versuchspersonen.

Die PIAGETschen Stadien betrachtet AEBLI (1963 b, S. 46) zwar als eine notwendige Aufeinanderfolge von Schritten in der Denkentwicklung, jedoch weitgehend unabhängig vom Lebensalter.

Wenn gewisse Faktoren (wie Anschaulichkeit, handelndes Lernen) für Kinder größere Bedeutung haben als für Erwachsene, hält das AEBLI (1963 a, S. 14) für rein graduelle Unterschiede.

---

1 Interaktionen (lat.): Wechselwirkungen
2 Kompensation (lat.) : Ausgleich

Insgesamt erscheint der pädagogische Spielraum bei AEBLI wesentlich größer als bei PIAGET, indem die Denkentwicklung stärker zur Sache eines Lernprozesses wird (vgl. EIGLER 1967, S. 234). Für AEBLI geht es dementsprechend vor allem um die didaktische Frage, wie eine Denkoperation im Geiste des Schülers aufgebaut, gefördert und gefestigt werden kann.

1.2.2. Denkoperationen als Gegenstand der operativen Methode; ein Beispiel aus der Mathematik

Denkoperationen im PIAGETschen Sinne sind - wie in Abschnitt 1.1.2 bereits hervorgehoben - durch eine besondere innere Beweglichkeit gekennzeichnet: nämlich die Fähigkeit, diese Operationen in verschiedener Weise gedanklich zusammenzusetzen und umzukehren ("Kompositionsfähigkeit" und "Reversibilität").

Der Aufbau solcher Denkoperationen im Unterricht ist Anliegen von AEBLIs "operativer Methode". Worauf es dabei ankommt, sei an einem Beispiel aus der Mathematik erläutert:

Die Addition natürlicher Zahlen ist nach PIAGET - AEBLI als Denkoperation erworben, wenn ihre Kompositionsfähigkeit (sprich: Kommutativität und Assoziativität) sowie ihre Reversibilität (sprich: Umkehrbarkeit durch die Subtraktion) erfaßt ist und beweglich angewandt werden kann. Das kommt in der Fähigkeit des Schülers zum Ausdruck, den Lösungsweg einer Additionsaufgabe zu variieren und kontrollieren.

Z.B. $4 + 3 + 6 = 6 + 4 + 3$;
$11 + 4 = 15$, Probe: $15 - 4 = 11$

1.2.3. Verinnerlichung der Operation und operative Durcharbeitung

Zum wirkungsvollen Aufbau einer Operation im Unterricht ist nach AEBLI (1961, S. 98 und 101) eine "Verinnerlichung" der Operation und eine "operative Durcharbeitung" erforderlich.

Die Verinnerlichung einer Operation vollzieht sich nach AEBLI (1961, S. 102) in drei Hauptstufen:

> "Am Anfang steht der effektive Vollzug am konkreten Gegenstand. Auf der zweiten Stufe wird der Gegenstand bildlich dargestellt, und der Schüler stellt sich die Operation aufgrund dieser Gege-

benheit vor. Auf der dritten Stufe bedient sich der Schüler bei ihrem Vollzug ausschließlich der Zeichen, welche Gegenstand und Operation vertreten."

Das hieße also für die Einführung der Addition:

Konkrete Stufe. Zunächst arbeiten die Schüler mit konkretem Material (z.B. Cuisenaire-Stäben).

Figurale Stufe. Zeichnerische Darstellung durch Streifen.

Symbolische Stufe. Darstellung durch Ziffern und Operationszeichen.

Didaktischer Hinweis: Bei auftretenden Schwierigkeiten kehrt der Lehrer zweckmäßig auf eine frühere Stufe zurück.

Die Verinnerlichung wird durch vorwegnehmende und nachträgliche Verbalisierung der Handlungen auf der konkreten und figuralen Stufe unterstützt (vgl. AEBLI 1961, S. 73/74).

Die Verinnerlichung der Operation wird auf allen Stufen begleitet durch ein operatives Durcharbeiten.

Damit bezeichnet AEBLI (1961, S. 99) ein variables, sinnbezogenes Üben, dessen Ziel "nicht ein Automatismus, sondern die klarer aufgefaßte, bewegliche Operation ist".

Er setzt dieses operative Üben also ausdrücklich ab gegenüber einem starren, sinnlosen Auswendiglernen.

Für das Beispiel "Addition" hieße das etwa, nicht einfach "päckchenweise" Aufgaben zu geben von der Art

$2 + 5 = ?$ $3 + 4 = ?$ .....,

sondern Aufgaben, die ein wiederholtes Durchdenken und Umkehren der Operation erfordern, wie z.B.:

$3 + 4 = 2 + \square$ $5 - 3 = 6 - \triangle$ .....

Weitere Beispiele aus dem Schulunterricht und didaktische Vertiefungen zur operativen Methode folgen im nächsten Abschnitt.

1.3. Didaktische Ergänzungen zur operativen Methode

1.3.1. Beispiele für mathematische Denkoperationen

Hier zunächst einige Beispiele für Denkoperationen, die im Mathematikunterricht aufzubauen sind:

a) Mengenoperationen (z.B. Vereinigungs- und Schnittmengenbildung)
b) Zahlenoperationen (z.B. Addition, Multiplikation)
c) Messungen von Größen (z.B. Längen- und Flächenmessung).

1.3.2. Zur operativen Behandlung des Einmaleins

"Operative Behandlung" heißt vor allem Schaffung beweglicher Operationen.

Wie bereits in Abschnitt 1.2.3 deutlich wurde, ist dies das genaue Gegenteil der Schaffung stereotyper Reaktionen (fester Assoziationen, Automatismen).

Während stereotype Reaktionen starre und verhältnismäßig isolierte Verhaltensweisen sind, bilden Operationen bewegliche Gesamtsysteme, innerhalb derer die Operationen in vielfältiger Beziehung zueinander stehen. Solche Operationen nennt PIAGET (dt. 1972[5], S. 43) "Gruppierungen". Ein schönes Beispiel ist die Gruppierung der Grundrechenarten.

Zunächst hat man vielleicht eine Gruppierung der additiven und multiplikativen Operationen für sich, wie sie für die multiplikativen Operationen in folgendem Diagramm angedeutet ist:

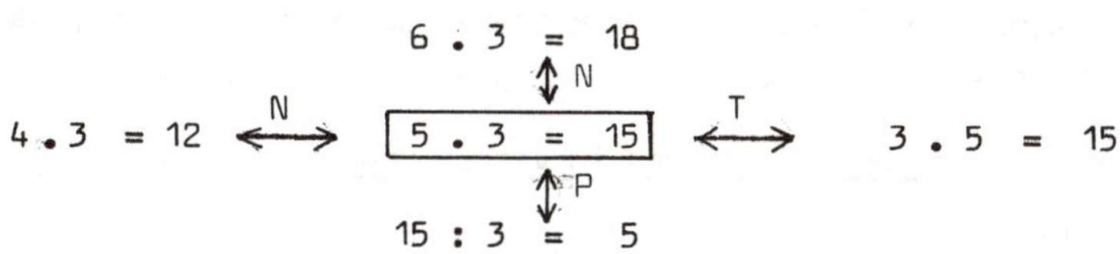

Hierbei bedeutet N: Übergang zu einer sogenannten "Nachbaraufgabe",
T: Übergang zu einer sogenannten "Tauschaufgabe",
P: Übergang zu einer sogenannten "Probeaufgabe".

Es ließen sich weitere "Verwandtschaften" mit einbeziehen. (Vgl. etwa FRICKE in FRICKE/BESUDEN 1970, S. 85).

Die vier Grundrechenarten sind unter sich durch vielfältige weitere Beziehungen und Gesetze untereinander verbunden in einer Gruppierung.

Dies wird durch folgende Gleichungskette angedeutet:

9·6 = 6·9 = 5·9 + 1·9 = 9 + 9 + 9 + 9 + 9 + 9

10·6 - 1·6 = ... = ...

Lernt der Schüler das Einmaleins in dieser Weise als System von Operationen, so wird er eher eine Beweglichkeit im Rechnen bekommen, die es ihm ermöglicht, unter mehreren verschiedenen Wegen einen günstigen auszusuchen (vgl. AEBLI 1963, S. 71).

1.3.3. Zur operativen Behandlung der Flächenmessung

Es soll an diesem Beispiel zunächst das schrittweise Verinnerlichen verdeutlicht werden, wie es OEHL (1965, S. 45 - 47) im Anschluß an AEBLI stärker für den Unterricht ausdifferenziert. Er schlägt vor, etwa in folgenden Teilschritten vorzugehen:

1) Zunächst wird die Operation als tatsächliche Handlung entwickelt und aufgebaut:

   a) Die Operation wird von jedem Schüler selbständig vollzogen. Am Beispiel: Die Schüler führen die Flächenmessung durch Abtragen eines Maßes (z.B. eines Dezimeterquadrates) auf der zu messenden Fläche (z.B. auf einem Tisch) konkret handelnd durch.

   b) Die Operation wird nur mehr mitgedacht, wenn der Lehrer oder ein Schüler demonstriert.
   Bemerkung: Aus Gründen der Praktikabilität muß man wohl gelegentlich auf Teilschritt a) verzichten und sich mit b) begnügen.

2) Das konkret-handelnde Operieren in Verbindung mit dem vorstellenden Operieren:

   a) Nach tatsächlich vollzogener Operation werden die einzelnen Teilschritte aus der Vorstellung heraus wiederholt (Unterstützung der Operation durch den sprachlichen Ausdruck!).

   b) Bei weiteren Operationsbeispielen werden einzelne Operationsschritte in der Vorstellung vorausgedacht und dann erst durchgeführt.

3) Die Stufe der zeichnerischen Darstellung:

   a) Die konkrete Handlung wird bildlich nachgeahmt.

Die obige Flächenmessung wäre etwa durch folgendes Bild wiederzugeben:

1. Streifen
2. Streifen
3. Streifen

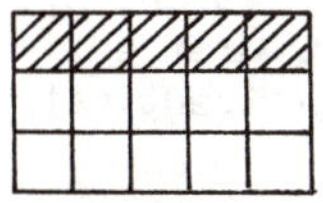

$F = 3 \,.\, (5\ cm^2)$

b) Die zeichnerische Darstellung wird ergänzt durch die mathematische Zeichensprache (s.o.).

4) Die Umkehrung der zeichnerischen Stufe:
Es werden Aufgaben in der mathematischen Zeichensprache gegeben; hierzu ist die zeichnerische Darstellung zu geben.

5) Die Stufe des rein vorstellenden Operierens:
Es werden Aufgaben ohne zeichnerische Hilfe aus der bloßen Vorstellung heraus gelöst.

Die Beweglichkeit der Operation ist nicht schon nach der ersten Einführung gesichert. Die Operation muß noch "durchgearbeitet" werden, d.h. nach allen Möglichkeiten hin durchdacht und durchlaufen werden (vgl. AEBLI 1961, S. 99).

AEBLI (1961, S. 99/100) hat solch ein operatives Durcharbeiten am Beispiel "Flächenmessung" ausführlich verdeutlicht:

"Nachdem die Schüler die Flächenberechnung des Rechtecks kennengelernt hatten, wurde diese Operation auf folgende Weise durchgearbeitet: jeder Schüler hatte ein kariertes Blatt vor sich, auf dem er selber ein Netz von Quadratzentimetern eingezeichnet hatte. Zudem verfügte er über eine Schablone aus festem, dunklem Papier von der Form eines großen L:

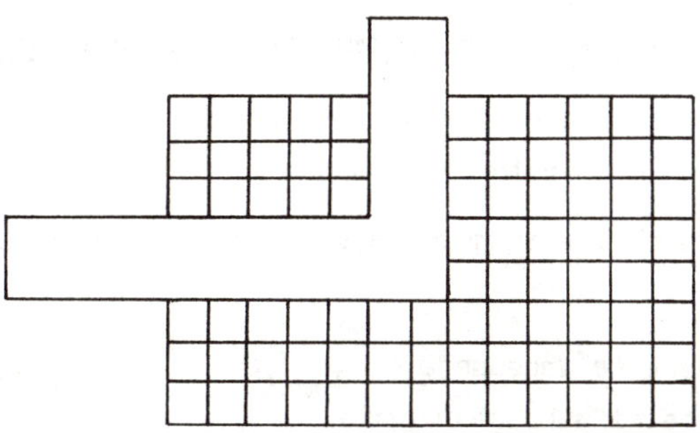

Mit dieser Winkelschablone konnte er nun auf dem in Quadratzentimeter eingeteilten Blatt alle möglichen Teile abdecken, so daß die unbedeckte

Fläche Rechtecke jeder gewollten Größe darstellte."

Nun konnte der Lehrer die Schüler auffordern:

"Zeigt ein Rechteck, das aus 7 Streifen zu 3 Quadratzentimetern besteht! Zeigt ein Rechteck, dessen Fläche 24 Quadratzentimeter beträgt und dessen Streifen je 6 Quadratzentimeter enthalten! Zeigt ein Rechteck, dessen Fläche 35 Quadratzentimeter mißt und aus 5 Streifen zusammengesetzt ist!" ...

"Dabei kann die Idee der Zusammensetzung der Gesamtfläche aus Streifen und der Streifen aus Maßquadraten nach allen Richtungen hin beleuchtet werden. An die direkte Operation ($a \cdot b\ cm^2 = F\ cm^2$) kann sofort auch die umgekehrte Operation angeschlossen werden ($F\ cm^2 = b\ cm^2$ a mal, = a Streifen) usw. Auf diese Weise wird die Operation recht eigentlich durchgeturnt, und sie erwirbt die Beweglichkeit, welche sie von der Gewohnheit und der bedingten Reaktion unterscheidet."

1.3.4. Weitere Beispiele zur operativen Methode

Für weitere Beispiele muß vor allem auf die Literatur verwiesen werden, insbesondere auf die Aufsätze von FRICKE in FRICKE/BESUDEN (1970) mit den Titeln

"Operatives Denken im Rechenunterricht als Anwendung der Psychologie von PIAGET" sowie

"Operative Lernprinzipien" und

FRICKE in MEYER (1969): "Lernprozeß und operative Methode im elementaren mathematischen Unterricht".

Weiterhin sei etwa hingewiesen auf OEHL (1965, S. 294 - 296)

"Durcharbeitung des Prozentbegriffes mit Hilfe des Prozentblatts".

Schließlich sei auf einige grundsätzliche Möglichkeiten für das operative Durcharbeiten in verschiedenen Stoffgebieten hingewiesen, die sich gerade im "modernen Mathematikunterricht" ergeben.

Man hat es hier immer wieder mit folgenden beiden Aufgabentypen zu tun:

a) Operator - Operator - Operator,

b) Zustand - Operator - Zustand.

(Zwei Angaben liegen jeweils vor, gesucht ist die dritte.)

Beispiele für Typ a)

Gegeben ist der Verdoppelungsoperator $\boxed{\cdot 2}$;

gegeben ist der Verdreifachungsoperator $\boxed{\cdot 3}$;

gesucht der Operator, der für die Hintereinanderausführung beider

Operatoren stehen kann (Grundschuleinkleidung: Gegeben zwei Maschinen ...; wie heißt die Ersatzmaschine?).

Die Operatoren können auch additiver Art sein, Bruchoperatoren, Deckabbildungen einer Figur oder Permutationen.

Sind nun f, g, h drei Operatoren, so ist ein operatives Durcharbeiten der Operatorverkettung durch Aufgaben folgenden Typs denkbar:

$$f \circ g = \square\,; \quad \square \circ g = h; \quad f \circ \square = h$$

($\square$ bezeichnet dabei jeweils den gesuchten Operator.)

Beispiele für Typ b)

Hier handelt es sich um Aufgaben, die in der Grundschule etwa folgendermaßen dargestellt werden:

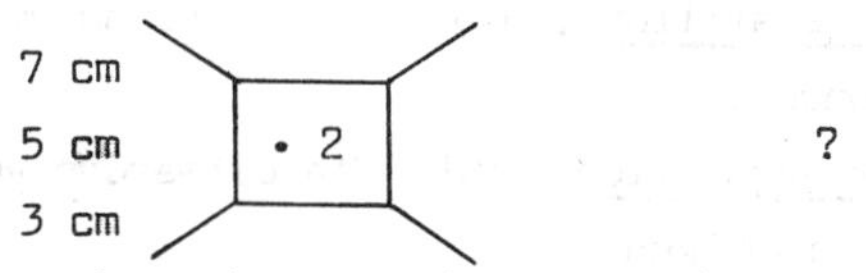

(Anfangszustände) (Operator) (Endzustände)

Beim operativen Durcharbeiten hätte man insgesamt folgende Typen zu berücksichtigen:

Zustand - Operator - ?
Zustand - ? - Zustand
? - Operator - Zustand

Die "Zustände" können beispielsweise irgendwelche Größen, die Operatoren könnten Bruchoperatoren sein. Die Zustände könnten auch bestimmte Decklagen einer Figur, die Operatoren Deckabbildungen sein.

Die genannten Aufgabentypen sind zugleich die Grundtypen von vielen Sachaufgaben und geben damit Hinweise auf geeignete operative Übungen in diesem Bereich:

1. Sachaufgaben zur Bruchrechnung (vgl. GRIESEL 1973, S. 121 - 126),
2. Sachaufgaben zur Prozentrechnung (vgl. GRIESEL 1973, S. 196),
3. Sachaufgaben zur Zinsrechnung (vgl. GRIESEL 1973, S. 200/201).

Auch die Aufgaben zur Schlußrechnung sind letztlich hier einzuordnen. Man vergleiche hierzu die operativen Übungen bei GRIESEL (1973, S.222/223).

Bemerkung: Die zuletzt genannten Aufgabentypen werden bei GRIESEL im Sinne der "Operatormethode" behandelt. Sie geben Anlaß, darauf hinzuweisen, daß man "operative Methode" nicht mit der "Operatormethode" verwechseln sollte. Bei letzterer geht es nur um eine bestimmte Auffassung von mathematischen Sachverhalten im Sinne des Leitbegriffs Abbildung, die freilich systematischen operativen Übungen entgegenkommt. Um Verwirrung zu vermeiden, sollte man grundsätzlich von "Operatorauffassung" und andererseits von "operativer Übung" (statt operatorischer Übung) sprechen.

1.4. Die Theorie der Darstellungsebenen nach BRUNER

1.4.1. Die Darstellungsebenen

BRUNERs Theorie der Denkentwicklung ist als die bisher radikalste Modifikation der PIAGETschen Theorie anzusehen. Die Denkentwicklung vollzieht sich nach BRUNER (dt. 1974) nicht auf zeitlich abgestuften Denkniveaus, sondern gleichzeitig auf verschiedenen "Darstellungsebenen", die in starker Wechselbeziehung zueinander stehen.

BRUNER (a.a.O., S. 16, 17, 49) unterscheidet drei solcher Darstellungsebenen (Repräsentationen)[1], auf denen sich dem Menschen die Umwelt erschließen kann:

- die enaktive Darstellung, d.h. die Erfassung von Sachverhalten durch eigene Handlungen;
- die ikonische Darstellung, d.h. die Erfassung von Sachverhalten durch Bilder[2] oder Graphiken;
- die symbolische Darstellung, d.h. die Erfassung von Sachverhalten durch verbale Mitteilung oder im Zeichensystem (z.B. das mathematische).

Im Laufe der Entwicklung ergeben sich Akzentverschiebungen zwischen diesen Darstellungsebenen.

Zunächst dominiert die enaktive, dann die ikonische und schließlich die symbolische Darstellung:

> "Zuerst kennt das Kind seine Umwelt hauptsächlich durch die gewohnheitsmäßigen Handlungen, die es braucht, um sich mit ihr auseinanderzusetzen.
> Mit der Zeit kommt dazu eine Methode der Darstellung in Bildern, die relativ unabhängig vom Handeln ist. Allmählich kommt dann eine neue und wirksame Methode hinzu, die sowohl Handlung wie Bild in die Sprache übersetzt .... " (BRUNER dt. 1971, S. 21).

Der Sprache weist BRUNER eine Leitfunktion innerhalb der intellektuellen Entwicklung für Handlung, Wahrnehmung und Denken zu.

---

1 Gelegentlich findet man hierfür auch den Terminus "Medien"; dies deutet ein mögliches tieferes Verständnis der Medien im üblichen Sinne (Mittler eines Lernprozesses) an!

2 Mitgemeint sind hier auch "innere Bilder" (anschauliche Vorstellungen).

Der Gebrauch der Sprache verändert sich in einer für die gesamte Entwicklung typischen Weise:

> "Das sehr junge Kind gebraucht die Sprache fast nur wie eine Weiterführung des Hinzeigens. ... Es kommt nur ganz allmählich dazu, daß Wörter verwendet werden, die sich auf nichtgegenwärtige Sachen beziehen sollen ...
>
> Und noch später gelangt man dahin, daß Wörter das Vehikel für Äußerungen in den Kategorien des Möglichen werden ..." (BRUNER dt. 1974, S. 20).

Die Denkentwicklung ist nach BRUNER als eine immer bessere Koordination zwischen den verschiedenen Darstellungsebenen (unter wesentlicher Beteiligung der Sprache) zu verstehen:

Der intellektuell Erwachsene zeichnet sich durch die Fähigkeit aus, - den Erfordernissen entsprechend - flexibel zwischen den verschiedenen Darstellungsebenen zu wechseln (BRUNER dt. 1971, S. 21). Koordinationsmängel, d.h. insbesondere Diskrepanzen zwischen den verschiedenen Darstellungsebenen, können geradezu als Auslöser der Denkentwicklung angesehen werden. BRUNER (a.a.O., S. 223 ff.) berichtet über Versuche, die dies eindrucksvoll belegen:

Es handelt sich dabei um Versuche zur Invarianz von Flüssigkeiten, in Abwandlung ähnlicher Versuche von PIAGET, mit 5 - 6jährigen Kindern. Grob gesagt, ergab sich folgendes:

Beim Umfüllen von Wasser aus einem schmalen Glas in ein breites Glas

sagen die meisten Kinder dieses voroperatorischen Alters, daß es weniger Wasser wird (vgl. Plastilinversuch!). Schirmt man jedoch das breite Gefäß gegen die irritierende Wahrnehmung eines niedrigeren Flüssigkeitsspiegels ab, so zeigte sich, daß die meisten Kinder Invarianz annehmen, und viele bleiben dabei und begründen richtig (!), wenn in einem weiteren Versuch die Wahrnehmung wieder freigegeben wird.

Diesen Lerneffekt erklärt BRUNER damit, daß durch den Abschirmversuch eine sprachlich-symbolische Repräsentation der Situation im Sinne der Invarianz "erzwungen" wird. Diese symbolische Repräsentation gerät beim abschließenden Versuch (ohne Abschirmung) mit der ikonischen Repräsentation (dem "Augenschein") in Konflikt. Dieser Konflikt führt bei vielen Kindern zu einer intellektuellen Fortentwicklung.

Dem Versuch von BRUNER ist zugleich der didaktische Hinweis zu entnehmen, daß die Anschauung gelegentlich dem Lernen im Wege stehen kann. Nähere Hinweise auf verwandte Erscheinungen und schulische Beispiele zur Abschirmtechnik findet man bei HOLE (1973, S. 53 - 59).

1.4.2. Wechsel zwischen den Darstellungsebenen

Entscheidende Bedeutung kommt nach BRUNER der wechselseitigen Beziehung und damit letztlich der wechselseitigen Stützung der Darstellungsweisen zu.

Es ist nützlich, sich zunächst (ähnlich wie es HOLE (1973, S. 73) vorschlägt), eine Übersicht zu verschaffen über alle wesentlichen Übergänge zwischen den Darstellungsebenen. Dabei scheint es für die Mathematik zweckmäßig, auf der symbolischen Ebene zwischen sprachlicher Formulierung und der Darstellung in mathematischen Zeichen zu unterscheiden[1]. Es ergibt sich damit folgendes Schema:

SCHEMA 6:
Mögliche Übergänge zwischen den Darstellungsebenen

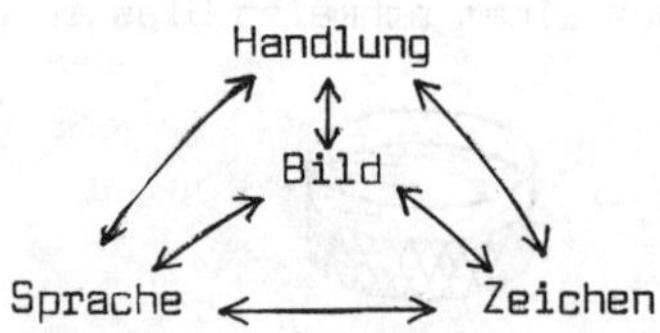

Die Übergänge zur Handlung bezeichnet man als "Enaktivierung", die zum Bild als "Ikonisierung", die zur Sprache als "Verbalisierung" und die zum Zeichen als "Formalisierung".

Im Sinne von BRUNER kommt es darauf an, alle durch die Pfeile angedeuteten Übergänge zwischen den Darstellungsebenen zu pflegen, - und zwar nicht nur die "Abstraktionen" (angedeutet durch die Pfeile von oben nach unten), sondern auch die "Konkretisierungen" (angedeutet durch die Pfeile von unten nach oben).

1 Entsprechend könnte man auf der ikonischen Ebene zwischen "Bild" und "Schema" unterscheiden, worauf hier aber verzichtet werden kann.

Als Beispiel diene die Einführung der Begriffe ganze Drehung, halbe Drehung, Vierteldrehung nach links, Vierteldrehung nach rechts in der Grundschule (vgl. HOLE 1973, S. 74):

1) Auf sprachliche Instruktionen hin Handlungen ausführen lassen ("Macht eine halbe Drehung", "Macht eine Vierteldrehung nach links",..)

2) Eine Handlung verbalisieren lassen (ein Kind führt eine Drehung aus, ein anderes sagt, um welche Drehung es sich gehandelt hat).

3) Eine Handlung ikonisieren lassen. Z.B. wird die halbe Drehung eines Quadrates dargestellt durch

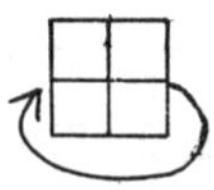

4) Eine ikonische Darstellung enaktivieren.("Führt die durch dargestellte Drehung aus!")

5) Auf eine sprachliche Instruktion hin formalisieren lassen ("Schlagt ein Zeichen für eine Vierteldrehung nach rechts vor!").

6) Ein Zeichen verbalisieren lassen. (Z.B. "Was bedeutet V_1?")

Diese Andeutungen werden wohl genügen.

Insgesamt gibt es 12 mögliche Übergänge zwischen den einzelnen Darstellungsweisen. Natürlich braucht man nicht bei jeder Gelegenheit alle Übergänge durchzuspielen. Das Interaktionsschema könnte jedoch vielfältige Anregungen für intellektuell förderrnde Aufgabenstellungen des Enaktivierens, Ikonisierens, Verbalisierens und Formalisierens geben.

1.4.3. Zur Nützlichkeit des Ikonisierens

Es liegt nahe, an dieser Stelle nach der spezifischen Möglichkeit einzelner Übergänge zu fragen, vor allem, wenn sie von einer abstrakteren Ebene zu einer konkreteren verlaufen.

Hier soll nur noch das Ikonisieren[1] näher besprochen werden, dem gerade in der neueren Mathematikdidaktik besondere Beachtung geschenkt wird.

---

[1] An anderer Stelle (insbesondere in den Schribas 7 und 8) wird näher auf das Verbalisieren eingegangen.

Unter Ikonisierung ist jedes bildhafte (bzw. geometrische) Darstellen oder Vorstellen zu verstehen, das wesentliche Eigenschaften eines mathematischen Sachverhalts zum Ausdruck bringt.

Z.B. ist der Zahlenstrahl eine ikonische Darstellung der natürlichen Zahlen (Übergang Zeichen ⟶ Bild).

Diese Darstellung ermöglicht eine bessere Einsicht in die Ordnungsstruktur der natürlichen Zahlen, weil sie hier in die uns vertraute räumliche Ordnung übersetzt wird.

Eine ikonische Darstellung ist besonders nützlich zur simultanen Erfassung verschiedener Alternativen, die auf der Handlungsebene nur nacheinander ausführbar sind. Beispiele dafür sind die Darstellungen von Produktmengen im "Strichdiagramm" oder die Darstellung von Ereignismengen im "Baumdiagramm" (Übergang Handlung ⟶ Bild).

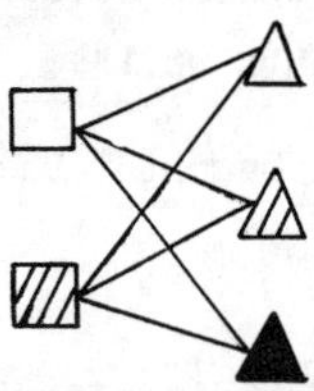

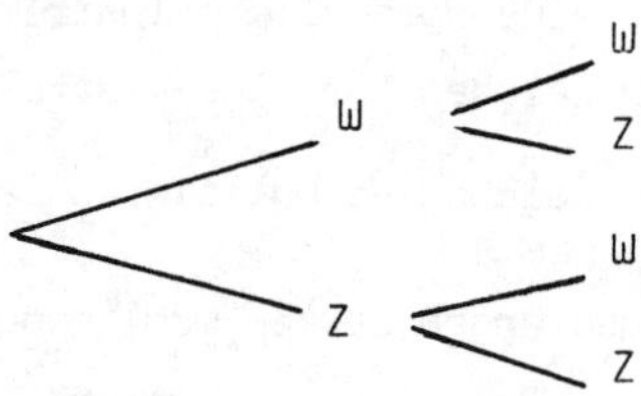

Eine ikonische Darstellung kann u.U. auch eine verbale Definition in ihren wesentlichen Aspekten, sozusagen "auf einen Blick", gut verdeutlichen. Beispiel: Darstellung des größten gemeinsamen Teilers in einem Venndiagramm (Übergang Sprache ⟶ Bild).

Eine besondere Bedeutung hat die ikonische Darstellung als Situationsskizze. Hier geht es meist darum, eine Handlung oder einen Text in "übersichtlicher Form" darzustellen.

Die Situationsskizze kann allgemein als Problemlösungshilfe verstanden werden.

Ein einfaches Beispiel aus der Grundschule:
"Hans hat 12 Kastanien gefunden. 5 verschenkt er an einen Freund. Wieviel hat er noch? (Vgl. GRIESEL 1971, S. 154.)

Situationsskizze:

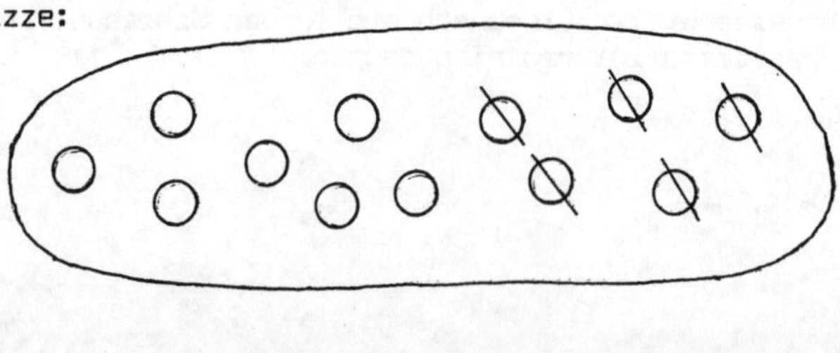

Größen werden in Situationsskizzen gern als Flächen dargestellt.

Ein Beispiel:

> "Eine Zementfabrik stellt täglich 570 t her. Der Zement wird in Säcke von je 50 kg verpackt. Wieviel Sack Zement sind das?"
> (Vgl. GRIESEL 1971, S. 73.)

Situationsskizze:

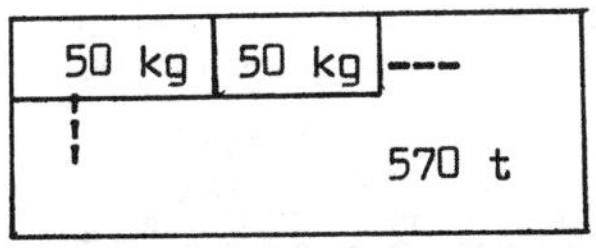

Ein typisches Beispiel für eine "Textaufgabe":

> "Herr Bartels fährt mit seinem Kleinwagen von Hannover nach Hamburg (160 km) mit einer Durchschnittsgeschwindigkeit von 40 km/Stunde. Er bricht um 9.15 Uhr auf. In Uelzen besucht er einen Freund. Dadurch hat er eine halbe Stunde Aufenthalt. Wann kommt er in Hamburg an?"
> (Vgl. BREIDENBACH 1969, S. 186.)

Situationsskizze

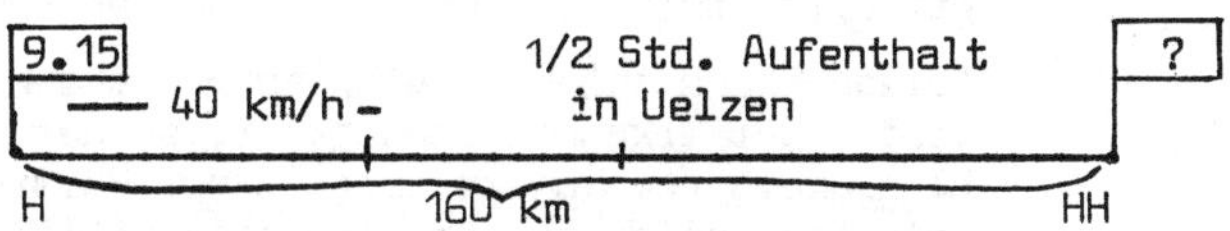

Eine Reihe weiterer Beispiele für ikonische Darstellungen gibt HOLE (1973, S. 47 - 53).

1.5. Die Theorie der etappenweisen Ausbildung geistiger Handlungen nach GALPERIN-LOMPSCHER

1.5.1. Ebenen der Erkenntnistätigkeit

Einen interessanten Beitrag zur kognitiven Psychologie, der letztlich auch auf PIAGET zurückgeht, leisten GALPERIN (UdSSR) und LOMPSCHER (DDR).

Ausgehend von der These PIAGETs, daß die geistige Tätigkeit eine Verinnerlichung der realen Tätigkeit mit Gegenständen darstellt, möchten sie deren Ausbildung - noch stärker als AEBLI oder BRUNER - zu einer Sache gesteuerter Einwirkung genauer Planung und Lenkung machen.

LOMPSCHER (1972 b, S. 9) führt im Anschluß an GALPERIN aus:

> "Die geistigen Handlungen entstehen im Prozeß ihrer etappenweisen Ausbildung. Die Entwicklung ist ihrem Wesen nach ein Lernprozeß. Es kommt darauf an, die Bedingungen aufzudecken, die berücksichtigt bzw. geschaffen werden müssen, um diesen Lernprozeß optimal zu gestalten."

LOMPSCHER (1972 a, S. 51/52) geht - ähnlich wie BRUNER - davon aus, daß geistige Operationen auf verschiedenen Ebenen stattfinden, die durch vielfältige Beziehungen miteinander verbunden sind:

1. Die Ebene der praktisch-gegenständlichen Handlung

   "Die praktisch-gegenständliche Handlung liefert in gewissem Sinne die Stütze für das geistige Durchdringen des jeweiligen Erkenntnisobjekts."

2. Die Ebene der unmittelbaren Anschauung

   Damit ist nicht die bloße Wahrnehmung, sondern die gedankliche Durchdringung eines unmittelbar wahrnehmbaren Erkenntnisobjekts (z.B. einer Handlung oder einer Zeichnung) gemeint.

3. Die Ebene der mittelbaren Anschauung

   Hier erfolgt die geistige Tätigkeit an der Vorstellung eines bereits früher wahrgenommenen Erkenntnisobjekts. Die Rolle der Sprache (die natürlich auch auf den vorangehenden Ebenen beteiligt ist) nimmt zu.

   "Diese Ebene zeichnet sich aber nicht nur durch ein Entfallen einer Stütze der Erkenntnistätigkeit, sondern auch durch eine größere Unabhängigkeit vom Objekt aus: In der Vorstellung ist es normalerweise leichter, sich von der Wirkung auffälliger, aber unwichtiger Merkmale zu befreien, als in der Wahrnehmung."

4. Die Ebene der sprachlich-begrifflichen Erkenntnis

   Die geistige Tätigkeit vollzieht sich hier vor allem im Begrifflichen, also anhand von abstrakt-unanschaulichen Gebilden.

Die Bezüge zwischen GALPERIN-LOMPSCHER zu PIAGET-AEBLI-BRUNER liegen auf der Hand:

Die Ebene der praktisch-gegenständlichen Handlung entspricht der konkreten Stufe bei AEBLI bzw. der enaktiven Darstellung bei BRUNER.

Die Ebenen der unmittelbaren bzw. mittelbaren Anschauung entsprechen offenbar der zeichnerischen Stufe bei AEBLI bzw. der ikonischen Darstellung bei BRUNER.

LOMPSCHER legt offenbar besonderen Wert auf die Unterscheidung zwischen einem sichtbaren Veranschaulichungsmittel und einer anschaulichen Vorstellung (ohne Anwesenheit des Veranschaulichungsmittels). Er plädiert für eine allmähliche "Abschirmung" (vgl. BRUNER in Abschnitt 1.4.2).

1.5.2. Die wechselnden Beziehungen zwischen den Erkenntnisebenen

LOMPSCHER (1972 a, S. 52) weist besonders auf die unterschiedliche Rolle der Sprache auf den verschiedenen Ebenen der Erkenntnistätigkeit hin:

"Auf der Ebene der sprachlich-begrifflichen Erkenntnis, aber auch bei der mittelbaren Anschauung ist sie Träger der geistigen Handlungen; auf den Ebenen der praktisch-gegenständlichen Handlung und der unmittelbaren Anschauung ist sie in gewissem Sinne zusätzliches (allerdings notwendiges) Element, sie steuert die Handlung (Instruktion), faßt Ergebnisse der Handlung zusammen (Wissen), usw."

Die Ebenen der Erkenntnistätigkeit und ihre Übergänge lassen sich nach LOMPSCHER (1972 a, S. 52) in folgender Weise schematisch darstellen:

SCHEMA 7:
Ebenen der Erkenntnistätigkeit nach LOMPSCHER

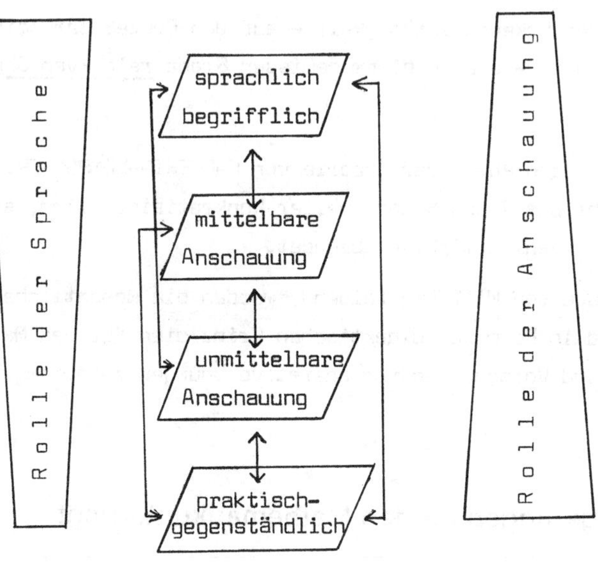

LOMPSCHER (1972 a, S. 53) bemerkt dazu:

"Die vier Ebenen mit ihren Übergängen stellen einesteils eine genetische Folge dar - die jeweils höhere entwickelt sich aus der niedrigeren und auf ihrer Grundlage. Andererseits hören die niedrigeren Ebenen nicht auf zu existieren, sondern alle einmal entstandenen Ebenen bestehen weiter; und die neueren Ebenen wirken auf die anderen zurück, verändern ihren Charakter. Zwischen den vier Ebenen bestehen also Wechselbeziehungen, die sich im Verlauf der Entwicklung ständig verändern."

Letzteres wird bei der Betrachtung konkreter Untersuchungen von GULLASCH (1967) noch deutlicher (vgl. Bericht von LOMPSCHER 1972 a, S. 53):

GULLASCH (1967) legte den Schülern des 7. Schuljahres beispielsweise die jeweils gleichen mathematischen Sachaufgaben auf drei verschiedenen Ebenen der Erkenntnistätigkeit vor: auf der Ebene der sprachlich-begrifflichen Erkenntnis (Angaben im Text in Form von Variablen), der Ebene der mittelbaren Anschauung (Angaben in Form natürlicher Zahlen, die den Schülern konkretes Vorstellen ermöglichten) und der Ebene der unmittelbaren Anschauung (graphisch-schematische Veranschaulichung der in der Aufgabe genannten Sachverhalte und Beziehungen). Für die Versuchspersonen waren die Variablen im Text der Sachaufgaben so abstrakte Gebilde, daß damit an ihr begriffliches Denken sehr hohe Anforderungen gestellt wurde. Bei jüngeren Schulkindern wurde diese Ebene bei entsprechenden Untersuchungen von LOMPSCHER u.a. durch natürliche Zahlen repräsentiert, die an das sprachlich-begriffliche Denken dieser Kinder etwa ebensolche Anforderungen stellten wie die Variablen an das der älteren Schüler. Demgegenüber waren die Schüler der 7. Klasse bereits so vertraut mit natürlichen Zahlen, daß diese die Ebene der mittelbaren Anschauung repräsentieren konnten.

So kommt LOMPSCHER (1972 a, S. 53) zu dem bemerkenswerten Schluß, daß die Ebenen der Erkenntnistätigkeit - auf den Prozeß der geistigen Entwicklung bezogen - bis zu einem gewissen Grade relativen Charakter haben.

Mit diesem kurzen Abriß der Theorie von GALPERIN-LOMPSCHER, die in den späteren Schribas 7 und 9 noch weiter konkretisiert wird, seien die Ausführungen zur Denkentwicklung beendet.

Einer Anregung von WITTMANN folgend, werden die wesentlichen Resultate abschließend in Form von didaktischen Prinzipien für den Mathematikunterricht und Vorschlägen für operative Übungen zusammengefaßt.

2. Praktische Folgerungen für den Mathematikunterricht

2.1. Didaktische Prinzipien

Im vorangehenden Text wurden bereits immer wieder mögliche didaktische Folgerungen aus der Psychologie der Denkentwicklung für den Mathematikunterricht angedeutet. Wenn sie hier in einigen didaktischen Prinzipien verdichtet werden, soll damit nicht einer unkritischen Rezeptologie gehuldigt werden. Im Gegenteil: Es dürfte aus den vorangegangenen Ausführungen deutlich geworden sein, daß die "Theorie" selbst im Fluß ist. Die folgenden Prinzipien sollten daher als vorläufige Anhaltspunkte verstanden werden, die laufend an der Unterrichtspraxis zu überprüfen sind.

2.1.1. Das Prinzip der Stufengemäßheit nach PIAGET

Wenn auch die Stadientheorie PIAGETs in ihren Altersangaben umstritten ist, so behält sie - in Übereinstimmung mit den anderen dargestellten Theorien - als Beschreibung einer Entwicklungstendenz von mehr konkret-handelndem Denken zu mehr formal-abstraktem Denken ihre unbestrittene Gültigkeit. Eine erste Folgerung heißt dementsprechend:

Jüngere Kinder sollten Gelegenheit bekommen, mathematische Konzepte konkret-handelnd aufzubauen (Aufbauprinzip von DIENES)[1]. Man sollte ihnen mit Hilfe von "strukturiertem" Material eine geeignete "mathematische Umgebung" verschaffen, in der sie spielend-konstruktiv durch eigene Aktivität und Erfahrung lernen (Dynamisches Prinzip von DIENES)[2].

Ein Musterbeispiel für Aufbauprinzip und Dynamisches Prinzip ist der "spielende" Aufbau der Stellenwertsysteme mit Hilfe der Mehrsystemblöcke nach DIENES (dt. 1967 b).

Als weitere direkte Folge aus der PIAGETschen Theorie ergibt sich:
An hypothetisch-deduktives Denken sollte man die Schüler - zumindest in der Grundschule - erst allmählich heranführen (Prinzip der Realitätsnähe, Prinzip des eher induktiven Vorgehens).

2.1.2. Operative Prinzipien nach AEBLI u.a.

Wenn auch die operative Methode im Sinne von FRICKE, OEHL, BRUNER und LOMPSCHER noch sinnvoll weiterzuentwickeln ist, so geben die didaktischen Prinzipien von AEBLI immer noch eine gute Grundorientierung:

Mathematische Operationen sollten schrittweise - von einer konkreten Stufe über eine figurale Stufe zu einer symbolischen Stufe verinnerlicht werden (Prinzip der Verinnerlichung).

Dies sollte auch bei älteren Kindern beachtet werden, wenn sie erstmals mit einem Stoffgebiet konfrontiert werden. Oft wird man allerdings von der figuralen Stufe ausgehen können.

Die eingeführten mathematischen Operationen sollten zugleich durch Einbeziehung der Umkehroperationen und vielfältiges Zusammensetzen operativ durchgearbeitet werden (Prinzip der operativen Durcharbeitung).

---

1 und 2 Zu den didaktischen Prinzipien von DIENES vgl. DIENES (dt. 1967a, S. 15 - 36), DIENES (dt. 1969[3], S. 31 - 49) und DIENES/GOLDING (1970, Kapitel 3).

Hierbei sollte zugleich versucht werden, möglichst viele Bezüge zu bereits eingeführten Operationen herzustellen, um damit zu immer umfassenderen "Gruppierungen" zu kommen (Integrationsprinzip).

2.1.3. Verfeinerung der operativen Prinzipien

Bezüglich des Verinnerlichungsprinzips sollte beachtet werden, daß die Schüler nicht gleich schnell "verinnerlichen". Dies bedingt, daß der Lehrer bei Schwierigkeiten eine Stufe zurückschaltet (Rückschaltprinzip).

Die Verinnerlichung wird wohl erleichtert, wenn "Zwischenstufen" eingeschaltet werden, wie sie etwa von OEHL in Abschnitt 1.3.3 angedeutet werden.

Statt eigener konkreter Handlung bzw. Zeichnung - Demonstration der Handlung bzw. Zeichnung (Mitdenken), vorherige begleitende und nachträgliche Verbalisierung der Handlung bzw. Zeichnung (Voraus-denken, Durch-denken und Nach-denken). Man könnte dies vielleicht als Zwischenschaltprinzip bezeichnen.

Es sind hier bemerkenswerte Übereinstimmungen mit BRUNER und LOMPSCHER festzustellen. Einenteils wird bereits einiges bezüglich der Interaktion zwischen den Darstellungsebenen im Sinne von BRUNER getan; andernteils werden hier bereits die "unmittelbare" und "mittelbare" Anschauung im Sinne von LOMPSCHER als geistige Tätigkeiten deutlicher eingeplant.

2.1.4. Operative[1] Prinzipien nach BRUNER

Am Anschluß an BRUNER ließe sich vor allem ein vielfältiger Wechsel zwischen der enaktiven, ikonischen und symbolischen Darstellungsebene im Sinne des SCHEMAS 6 in Abschnitt 1.4.2 propagieren (Prinzip der Variation der Darstellungsebenen)[2].

---

1 Der Terminus "operativ", meist für didaktische Prinzipien verwandt, die von PIAGET/AEBLI abzuleiten sind, wird im folgenden sinngemäß auf BRUNER und GALPERIN/LOMPSCHER erweitert.

2 Dieses Prinzip wird von WITTMANN (1974, S. 73) als Prinzip der Förderung des "intermodalen Transfers" bezeichnet. Es wird hier der Terminus von HOLE (1973, S. 71) bevorzugt.

Hier ist besonders auch den "konkretisierenden" Übergängen Rechnung zu tragen.

Daneben sind die nach BRUNER/KENNEY (1965) von DIENES immer wieder propagierten Variationsprinzipien[1] zu nennen:

Ein mathematischer Unterrichtsgegenstand sollte, soweit möglich, auf mehrere Weisen verkörpert bzw. veranschaulicht werden (das Prinzip der Variation der Veranschaulichungsmittel).

Hierdurch kann die Bindung an ein bestimmtes Material oder eine bestimmte Veranschaulichung verhindert bzw. gelöst werden.

Beispiel: Die Mengenoperationen sollten nicht nur mit logischen Blöcken durchgeführt werden, sondern z.B. auch mit den Kindern selbst. Sie sollten auch nicht nur durch Venndiagramme, sondern z.B. auch durch Torspiele u.a. veranschaulicht werden (vgl. GRIESEL 1971, Kap. 4).

Ein weiteres Variationsprinzip von DIENES, das hier genannt werden muß, ist das sogenannte Prinzip der mathematischen Variation:

Mathematische Variable, die für einen Begriff nebensächlich sind, sollten vielfach variiert werden.

Auch hierdurch kann, ähnlich wie durch die Variation der Veranschaulichungsmittel, das mathematisch Wesentliche hervortreten.

Beispiel: Will man den Begriff "Parallelogramm" verdeutlichen, variiert man die Lage, die Winkel, die Seiten.

Will man das Stellenwertprinzip verdeutlichen, variiert man die Basis...

Schließlich sollte man die BRUNERsche "Abschirmtechnik" (vgl. Abschnitt 1.4.1) im Unterricht erproben:

Die Denkentwicklung kann durch Abschirmung der "unmittelbaren Anschauung" von auffälligen, aber unwesentlichen Merkmalen gefördert werden (Prinzip der Abschirmung).

HOLE (1973, S. 54) gibt dafür das schöne Beispiel, daß Schüler die Anzahl der Kanten einer Schachtel "im Kopf" gegebenenfalls besser feststellen können als am Gegenstand selbst.

---

[1] Vgl. Anmerkung 1 und 2, S. 113.

2.1.5. Operative Prinzipien nach GALPERIN-LOMPSCHER

Es wurde bereits in Abschnitt 1.5.1 auf Parallelen zwischen GALPERIN-LOMPSCHER einerseits und PIAGET-AEBLI-BRUNER andererseits hingewiesen.

Dies macht es an dieser Stelle schwer, noch zusätzliche, eigenständige Lernprinzipien von GALPERIN-LOMPSCHER abzuleiten.

Im Grunde hätte man ihnen einen Großteil der bereits formulierten Prinzipien zuordnen können: z.B. das Prinzip der Verinnerlichung, das Rückschaltprinzip, das Zwischenschaltprinzip, das Prinzip der Variation der Darstellungsebenen und auch das Prinzip der Abschirmung.

Der besondere "Wert" der im Westen bisher allzu wenig beachteten Theorie von GALPERIN-LOMPSCHER ist darin zu sehen, daß sie die "westlichen" Theorien recht umfassend integriert und damit einen in sich geschlossenen Hintergrund für eine Didaktik der Denkentwicklung (jedenfalls bezüglich des Mathematikunterrichts) liefern könnte.

Auf spezifische Beiträge dieser Theorie gehen die Schribas 7 und 9 ein.

2.2. Vorschläge für operative Übungen

Jeder in der Praxis stehende Lehrer weiß, daß es nicht damit getan ist, einen mathematischen Unterrichtsgegenstand in einer Stunde "einzuführen". Er muß auch sinnvoll "geübt" werden. Es geht dabei weniger um das "Einschleifen" bestimmter Fertigkeiten (darauf ist in anderem Zusammenhang in Schriba 5 zurückzukommen), sondern um sogenannte "operative Übungen", wie sie durch die in diesem Schriba dargestellte Psychologie der Denkentwicklung nahegelegt wird. Es soll hier kurz zusammengefaßt werden, was dabei besonders beachtenswert erscheint und welche grundsätzlichen Möglichkeiten sich ergeben. (Es wird sich dabei von selbst zeigen, daß solche Übungen nicht langweilig zu sein brauchen!)
Man orientiere sich an den im vorigen Abschnitt herausgestellten didaktischen Prinzipien.

2.2.1. Beachtung des dynamischen Prinzips nach DIENES

Schüler können in eine Spielsituation gestellt werden, in der sie Gelegenheit bekommen, einen neu eingeführten Unterrichtsgegenstand (noch einmal) aktiv durchzuspielen.

DIENES selbst gibt reichhaltige Anregungen für didaktische Spiele:
z.B. logische Spiele (vgl. DIENES/GOLDING, dt. 1969),
Drehungs- und Wendespiele (vgl. DIENES/GOLDING, dt. 1967).

2.2.2. Beachtung weiterer operativer Prinzipien nach AEBLI, BRUNER, DIENES u.a.

Im Sinne des Verinnerlichungsprinzips (AEBLI) könnte der eingeführte Unterrichtsgegenstand auf die nächste Stufe "gehoben" werden: z.B. von der konkret-handelnden Stufe auf die figurale Stufe.

Je nach Leistungsfähigkeit der Schüler könnte der Lehrer eine allmähliche Verinnerlichung im Sinne des Zwischen- und Rückschaltprinzips anstreben.

Dabei könnte auch eine systematische Variation der Darstellungsebenen (BRUNER) sowie der Veranschaulichungsmittel und der mathematischen Variablen (DIENES) sehr nützlich sein.

Für die Beweglichkeit der Denkoperationen ist die operative Durcharbeitung (AEBLI) von besonderer Bedeutung. Es sei dazu an die Beispiele aus Abschnitt 1.3 erinnert.

2.3. Zusammenfassende Übersicht zu Schriba 3

Abschließend seien die wichtigsten Termini und Gesichtspunkte dieses Schribas mit entsprechenden Rückverweisen (um ein schnelles Auffinden der wichtigsten Informationen zu ermöglichen) in folgender Übersicht (SCHEMA 8) zusammengestellt:

SCHEMA 8:
Kognitive Niveaus[1] und operative Prinzipien

Stadien der Denkentwicklung nach PIAGET (S. 95):

präoperatorisch - konkrete Operationen - formale Operationen

Verinnerlichungsstufen nach AEBLI (S. 97/98):

konkrete Stufe - figurale Stufe - symbolische Stufe

Operatives Durcharbeiten nach AEBLI (S. 98):

variables sinnbezogenes Üben unter Einbeziehung von "Umkehraufgaben"

Beispiele zur operativen Methode: S. 99-103

Darstellungsebenen nach BRUNER (S. 104):

enaktive Ebene - ikonische Ebene - symbolische Ebene
(Handlung) (Bild) (Sprache, Zeichen)

Wechsel zwischen den Darstellungsebenen: SCHEMA 6 (S. 106)

Ebenen der Erkenntnistätigkeit nach LOMPSCHER (S. 111):

praktisch - gegenständlich	unmittelbare Anschauung	mittelbare Anschauung	sprachlich - begrifflich

Didaktische Prinzipien (S. 112-116):

- Prinzip der Stufengemäßheit (nach PIAGET)
- Aufbauprinzip und Dynamisches Prinzip (nach DIENES)
- Prinzip der Realitätsnähe und des eher induktiven Vorgehens
- Prinzipien der Verinnerlichung und des operativen Durcharbeitens (nach AEBLI)
- Integrationsprinzip, Rückschaltprinzip, Zwischenschaltprinzip
- Prinzip der Variation der Darstellungsebenen (nach BRUNER)
- Prinzip der Variation der Veranschaulichungsmittel (nach DIENES)
- Prinzip der mathematischen Variation (nach DIENES)
- Prinzip der Abschirmung (nach BRUNER)

1 Der Terminus "kognitives Niveau" sei eine allgemeine Bezeichnung einesteils für die Stadien der Denkentwicklung nach PIAGET, andernteils für die Verinnerlichungsstufen nach AEBLI, die Darstellungsebenen nach BRUNER und die Ebenen der Erkenntnistätigkeit nach LOMPSCHER.

Aufgaben und Diskussionsanregungen zu Schriba 3

0. Orientieren bzw. überprüfen Sie sich bezüglich der Zielsetzungen des Schribas 3 anhand des Zielkatalogs in Schriba 10.

o 1. PIAGETscher Plättchenversuch zur "Mengeninvarianz":
Einem Kind werden zwei Reihen von Plättchen, eine Reihe von roten Plättchen und eine Reihe von blauen Plättchen, in folgender Anordnung vorgelegt:

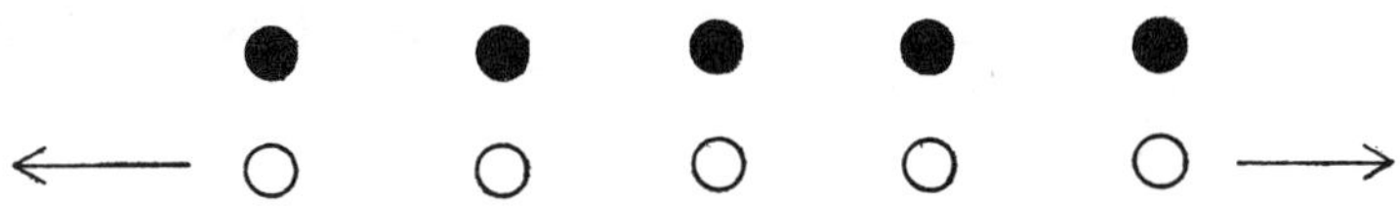

Wir ziehen nun eine der beiden Reihen vor den Augen des Kindes ein wenig auseinander und betonen dabei zugleich, daß nichts weggenommen wird.

Wie reagiert das Kind nach PIAGET im präoperatorischen Stadium, wie im Stadium der konkreten Operationen? Versuchen Sie, das Ergebnis im Sinne der PIAGETschen Theorie zu begründen!

! o 2. Erklären Sie den Unterschied zwischen PIAGETs Stadium der konkreten Operationen und AEBLIs konkreter Stufe im didaktischen Verinnerlichungsprozeß an einem Beispiel.

! o 3. Diskutieren Sie folgendes Unterrichtsbeispiel:

Der Lehrer behandelt das Kommutativgesetz für die Vereinigung von Mengen auf der konkreten und figuralen Stufe (wie könnten diese Stufen aussehen?). Er faßt die Erkenntnisse zusammen durch die Gleichung $A \cup B = B \cup A$.

Muß er nach PIAGET mit solch einer Schreibweise warten, bis die Schüler die Stufe der formalen Operationen erreicht haben? Begründen Sie!

x ! o 4. Stellen Sie eine kleine operative Übung für das kleine Einmaleins im Sinne von Abschnitt 1.3.2 zusammen.

x ! o 5. Stellen Sie eine kleine operative Übung zur Multiplikation von Brüchen zusammen (vgl. Abschnitt 1.3.4).

o 6. Verdeutlichen Sie den Unterschied zwischen der figuralen Stufe im Sinne AEBLIs und der ikonischen Darstellung im Sinne BRUNERs am Beispiel der Produktmenge (vgl. Abschnitt 1.4.3).

o 7. Diskutieren Sie die Abschirmmethode BRUNERs am Beispiel der Aufgabe 1.

x ! o 8. Konkretisieren Sie den Wechsel der Darstellungsebenen im Sinne von BRUNER (vgl. Abschnitt 1.4.2) am Beispiel einer Übung zur Konstruktion von Spiegelbildern. (Was ist hier enaktive und was ikonische Darstellung?)

! o 9. Verdeutlichen Sie sich den Unterschied zwischen unmittelbarer und mittelbarer Anschauung im Sinne von GALPERIN-LOMPSCHER an einem Beispiel.

Literaturhinweise zu Schriba 3[1]

+ AEBLI, H. (1961): Grundformen des Lehrens. Klett Verlag, Stuttgart 1961 (1968[5]).

AEBLI, H. (dt. 1963 a): Psychologische Didaktik. Klett Verlag, Stuttgart 1963 (franz. 1951).

AEBLI, H. (1963 b): Über die geistige Entwicklung des Kindes. Klett Verlag, Stuttgart 1963 (1971[3]).

AEBLI, H. (1968): Die geistige Entwicklung als Funktion von Anlage, Reife, Umwelt und Erziehungsbedingungen. In: ROTH, H. (Hrsg.): Begabung und Lernen. Klett Verlag, Stuttgart 1968.

AUSUBEL, D.P. (1963): The Psychology of Meaningful Verbal Learning. New York 1963.

+ AUSUBEL, D.P. (dt. 1974 I): Psychologie des Unterrichts, Bd. 1, (Kap. 5: Kognitive Entwicklung und Lernreife). Beltz Verlag, Weinheim 1974 (engl. 1968).

BREIDENBACH, W. (1969): Methodik des Mathematikunterrichts. Schroedel Verlag, Hannover 1969.

+ BRUNER , J.S. (dt. 1974): Entwurf einer Unterrichtstheorie. Berlin Verlag, Berlin 1974 (engl. 1966).

BRUNER, J.S. u.a. (dt. 1971): Studien zur kognitiven Entwicklung. Klett Verlag, Stuttgart 1971 (engl. 1966).

BRUNER, J.S./KENNEY, H.J. (1965): Representation and Mathematics Learning. Soc.Res. Child Develop., 30, 1965, Nr. 1, S. 50 - 59.

DIENES, Z.P. (dt. 1967 a): Schulmathematik als Bildungsfach. Herder Verlag, Freiburg/Brsg. 1967 (engl. 1964).

DIENES, Z.P. (dt. 1969[3]): Aufbau der Mathematik. Herder Verlag, Freiburg/Brsg. 1969, 3. erweiterte und neubearbeitete Ausgabe (engl. 1960).

DIENES, Z.P. (dt. 1967 b): Die Arithmetik der natürlichen Zahlen. Herder Verlag, Freiburg/Brsg. 1967 (1971[3]; engl. 1965).

DIENES, Z.P./GOLDING, E.W. (dt. 1967): Die Entdeckung des Raumes. Herder Verlag, Freiburg/Brsg. 1969[2] (engl. 1966).

DIENES, Z.P./GOLDING, E.W. (dt. 1969): Mathematisches Denken und logische Spiele. Herder Verlag, Freiburg/Brsg. 1969 (engl. 1966).

+ DIENES, Z.P./GOLDING, E.W. (dt. 1970): Methodik der modernen Mathematik. Herder Verlag, Freiburg/Brsg. 1970 (engl.1967) (Kap. 3: Einige Prinzipien ...).

1 In diesem Literaturverzeichnis wird ausnahmsweise - weil hier von größerem Interesse - auch das Erscheinungsjahr der fremdsprachigen Originalausgabe angegeben.

EIGLER, G. (1967): Bildsamkeit und Lernen. Beltz Verlag, Weinheim 1967.

+ FRICKE, A./BESUDEN, H. (1970): Mathematik, Elemente einer Didaktik und Methodik. Klett Verlag, Stuttgart 1970.

GALPERIN, P.J./LEONTJEW, A.N. u.a. (1970): Probleme der Lerntheorie. Verlag Volk und Wissen, Berlin 1972.

GRIESEL, H. (1971): Die neue Mathematik für Lehrer und Studenten, Bd. 1. Schroedel Verlag, Hannover 1971.

GRIESEL, H. (1973): Die neue Mathematik für Lehrer und Studenten, Bd. 2. Schroedel Verlag, Hannover 1973.

GULLASCH, R. (1967): Denkpsychologische Analyse mathematischer Fähigkeiten. Verlag Volk und Wissen, Berlin 1973 (Diss. 1967).

+ HOLE, V. (1973): Erfolgreicher Mathematikunterricht. Herder Verlag, Freiburg/Brsg. 1973.

+ LOMPSCHER, J. u.a. (1972 a): Theoretische und experimentelle Untersuchungen zur Entwicklung geistiger Fähigkeiten. Verlag Volk und Wissen, Berlin 1972.

LOMPSCHER, J. (Hrsg.) (1972 b): Probleme der Ausbildung geistiger Handlungen. Verlag Volk und Wissen, Berlin 1972.

MEYER, E. (Hrsg.) (1969): Mathematik in der Hauptschule I. Klett Verlag, Stuttgart 1969.

MONTADA, L. (1970): Die Lernpsychologie Jean Piagets. Klett Verlag, Stuttgart 1970.

OEHL, W. (1969): Der Rechenunterricht in der Hauptschule. Schroedel Verlag, Hannover 1965 (1969^3).

+ PIAGET, J. (dt. 1972^5): Psychologie der Intelligenz. Walter Verlag, Olten 1972^5 (franz. 1947).

PIAGET, J./INHELDER, B. (dt. 1969): Die Entwicklung der physikalischen Mengenbegriffe beim Kinde. Klett Verlag, Stuttgart 1969 (franz. 1941).

PIAGET, J./INHELDER, B. (dt. 1972): Die Psychologie des Kindes. Walter Verlag, Olten 1972 (franz. 1969).

STEINER, G. (1973): Mathematik als Denkerziehung. Klett Verlag, Stuttgart 1973.

+ WITTMANN, E. (1974): Grundfragen des Mathematikunterrichts. Vieweg Verlag, Braunschweig 1974. (Kap. 8: Elemente der Psychologie des Mathematiklernens und didaktische Prinzipien).

Literaturkommentar

Empfohlen sei (+):

- AUSUBEL (dt. 1974 I, Kap. 4) als allgemeine Einführung in die Psychologie der Denkentwicklung;

- PIAGET (dt. 1972[5]) als Einführung in die PIAGETsche Theorie;

- AEBLI (1961, Kap. IV) als allgemeine Einführung in die "operative Methode";

- FRICKE/BESUDEN als Einführung in die "operative Methode" im Mathematikunterricht;

- BRUNER (dt. 1974) als Einführung in die BRUNERsche Theorie;

- DIENES/GOLDING (dt. 1970, Kap. 3) als Orientierung über die didaktischen Prinzipien von DIENES;

- LOMPSCHER (1972 a)(Kap. 2.4) als Einführung in die Theorie von GALPERIN und LOMPSCHER;

- HOLE (1973, Kap. 3.1) und WITTMANN (1974, Kap. 8) als erste mathematikbezogene Zugänge zu PIAGET und BRUNER.

SCHRIBA 4

Lernphasen, insbesondere Motivation und Transfer mathematischen Lernens

Seite

0. Vororientierung zum Inhalt des Schribas 4

Lernvorgänge (auch mathematische) können außerordentlich verschieden aussehen: Dem muß man durch Beachtung unterschiedlicher Bedingungen Rechnung tragen (vgl. Schriba 5). Dessen ungeachtet stimmen sie aber in wesentlichen Phasen ihres zeitlichen Verlaufs überein: den "Lernphasen". Jeder bewußte Lernprozeß muß mehr oder weniger angestoßen werden und Schwierigkeiten überwinden; das Gelernte muß gefestigt und angewendet werden, um zum "Besitz" des Lernenden (d.h. einsatzfähig in späteren Situationen) zu werden.

Es ist klar, daß sich dies auf die Gliederung (Artikulation) des Unterrichts auswirken wird.

Im ersten Abschnitt soll ein allgemeines Lernphasenschema erarbeitet werden, das zur Gliederung des Unterrichts dienlich sein kann.

Die weiteren Abschnitte beschäftigen sich besonders mit der Anfangsphase (Motivation) und der Endphase (Transfer) mathematischer Lernprozesse:

Wir fragen nach Motivationsmöglichkeiten im Mathematikunterricht, d.h. wie man Mathematikunterricht interessant machen kann, und nach günstigen Transferbedingungen, d.h. unter welchen Umständen das im Mathematikunterricht Gelernte auf neue Situationen übertrag- und anwendbar ist.

1. Lernphasen[1]

> "Didaktisch-methodische Arbeit am neuen Stoff ist nicht auf ein bloßes "Durchnehmen" oder "Behandeln" des Stoffes zu reduzieren... Vielmehr ist die Arbeit am neuen Stoff erst abgeschlossen, wenn das Wissen und Können der Schüler fest und dauerhaft angeeignet, verfügbar und anwendbar ist."
>
> (KLINGBERG 1972, S. 373)

Es soll zunächst eine Übersicht über den "normalen" zeitlichen Verlauf von Lernprozessen, verdeutlicht durch Beispiele, gegeben werden. Die pädagogisch-psychologische Argumentation schließt sich etwa der von H. ROTH (1965[8]) an.

Im folgenden ist an bewußte und beabsichtigt Lernprozesse des Schülers im Unterricht gedacht; von Formen latenten (unbeabsichtigten) Lernens (vgl. AUSUBEL 1974, S. 402) wird abgesehen.

1.1. Die Phase der Motivation[2]

Jeder Lernprozeß der gerade gekennzeichneten Art bedarf eines Anstoßes, oft durch den Lehrer. Dieser Lernanstoß, komme er nun von "innen" oder "außen", wird "Motivation" genannt.(Genauere Begriffsklärungen folgen in Abschnitt 2.1.)

Um z.B. die Schüler für die schriftliche Addition zu motivieren, versucht man, ihnen die Nützlichkeit dieses Rechnens zu verdeutlichen.

1.2. Die Phase der Schwierigkeiten

Ist der Lernprozeß angestoßen, so sieht sich der Lernende im allgemeinen mit gewissen Schwierigkeiten konfrontiert, die je Lernprozeß sehr verschieden aussehen können:

Der Schüler hat im obigen Beispiel z.B. Schwierigkeiten, die Ziffern richtig untereinander zu schreiben, oder er hat Schwierigkeiten beim "Zehnerübergang".

1.3. Die Überwindung der Schwierigkeiten (Lösungsphase)

Der Lernende sucht u.U. unter Hilfestellung des Lehrers oder von Mitschülern, mit den Schwierigkeiten fertig zu werden. Eine Hilfe des

---

1 Der über "Lernphasen" orientierte Leser möge die folgenden Seiten als auf den Mathematikunterricht zugeschnittene Wiederholung ansehen.

2 Motiv (lat.): Beweggrund

Lehrers könnte z.B. darin bestehen, daß er die Schüler zunächst ein "Abakusschema" benutzen läßt.

Mit der (ersten) Überwindung der Schwierigkeiten ist es meist jedoch nicht getan, wenn das Gelernte für die Zukunft "parat" sein soll.

Dazu ist erforderlich, daß das Gelernte gesichert, geübt und angewendet wird.

1.4. (Erste) Sicherung des Gelernten

Das neu Gelernte wird - evtl. nach Korrektur - nochmals ausgeführt und verbessert, das Lernergebnis wird evtl. fixiert und auf Verständnis kontrolliert.

Das könnte in dem genannten Beispiel etwa so aussehen, daß der Schüler sich ein Musterbeispiel ins Heft notiert (unter Hervorhebung des Wesentlichen) sowie das Verfahren erläutert und begründet.

1.5. Die Phase der Anwendung und Übung[1]

Das neu Gelernte wird in neuen Beispielen angewendet und geübt, zunächst vielleicht mehr im Sinne einer operativen Übung (vgl. Schriba 3), später vielleicht mehr im Sinne eines "Einschleifens". Das könnte für unser Beispiel etwa heißen:
Neue Beispiele, evtl. aus Sachzusammenhängen (unter Variation der Stellenzahl), Rückübersetzen in ein Abakusschema, Normierung der Sprechweise, Erhöhung der Geschwindigkeitsanforderung, dauernde Lernkontrolle und Rückmeldung.

1.6. Transfer[2] des Gelernten

Erst, wenn der"Transfer" (die Anwendung des Gelernten in späteren Schul- oder Lebenssituationen[3]) gelingt, kann der Lernprozeß als sinnvoll durchgeführt gelten.

Eine derartige"Ernstsituation" kann als Bewährung und zugleich als letzte Phase des Lernprozesses angesehen werden.

---

1 Nähere Ausführungen zur "Übung im Mathematikunterricht" findet man bei DAHLKE (1976).

2 Transfer (lat.): Übertragung

3 genauere Begriffserklärung in Abschnitt 3.1

Solch eine Situation wäre in dem obigen Beispiel etwa bei der Behandlung der schriftlichen Multiplikation oder beim (schriftlichen) Kontrollieren einer Wirtshausrechnung gegeben.

1.7. Ein Lernphasenschema

Zusammenfassend ergibt sich folgende Aufstellung:

SCHEMA 9: Lernphasen

1. Motivation
2. Schwierigkeiten
3. Überwindung der Schwierigkeiten
4. Sicherung
5. Anwendung und Übung
6. Transfer

In ähnlicher Form sind die Lernphasen u.a. von H. ROTH (1965[8], S. 122 ff.) als "Stufen" gekennzeichnet worden:

1. Stufe der Motivation
2. Stufe der Schwierigkeiten
3. Stufe der Lösung
4. Stufe des Tuns und Ausführens
5. Stufe des Behaltens und Einübens
6. Stufe des Bereitstellens, der Übertragung und Integration des Gelernten.

Die pädagogische Bedeutung eines Lernphasenschemas liegt wohl darin, daß es den Lehrer zu einer entsprechenden Gliederung des Unterrichts anregt und dazu anhält, Lernprozesse im Sinne der angegebenen Phasen möglichst vollständig zu durchlaufen. Das SCHEMA 9 ist so allgemein, daß es weitgehend unabhängig von verschiedenen Lerntheorien (d.h. speziellen Vorstellungen über den Lernprozeß) ist.

Zur Vermeidung von verbreiteten Mißverständnissen seien noch einige Anmerkungen zum Lernphasenschema hinzugefügt:

1. Das Lernphasenschema darf nicht als Schema für eine Unterrichtsstunde mißverstanden werden.

   Die Lernphasen gelten für jeden Lernakt in einer Unterrichtsstunde, wie auch für größere Lerneinheiten, die u.U. mehrere Stunden umfassen. Sie können verschieden schnell durchlaufen werden.

2. Die Lernphasen können in verschiedenen Unterrichtsstunden außerordentlich verschieden akzentuiert sein. Eine sogenannte "Einführungsstunde" beschränkt sich oft auf die ersten drei oder vier Phasen. Eine "Übungsstunde" beschränkt sich schwerpunktmäßig auf die fünfte oder sechste Phase.

3. Die Lernphasen sind, da auf verschieden große Lerneinheiten zu beziehen, vielfältig miteinander verflochten. So muß z.B. jede Lernphase innerhalb einer größeren Lerneinheit motiviert werden; bei Anwendungen sind oft (neue) Schwierigkeiten zu überwinden ...

4. Die Lernphasen können oft unterbrochen werden. Einzelne Lernphasen können (besonders bei auftretenden Schwierigkeiten) neu aufgenommen werden oder zu einem späteren Zeitpunkt fortgeführt werden.

5. Bescheidenere Formen des "Transfers" finden auch schon in früheren Phasen des Lernprozesses statt.

1.8. Andere Vorschläge zur Artikulation des Unterrichts

Es gibt eine ganze Reihe von Vorschlägen für die Artikulation des Unterrichts. Die Tradition reicht bis zu HERBART (1776 - 1841) und seinen Schülern ZILLER und REIN zurück, die mit ihren "Formalstufen" lange die deutsche Unterrichtslehre bestimmt haben. In der Formulierung von REIN heißen sie (zitiert nach VOGEL 1973, S. 33):

Vorbereitung - Darbietung - Verknüpfung - Zusammenfassung - Anwendung. Diese Bezeichnungen wirken auch in neueren Vorschlägen noch nach, wobei mal dieser, mal jener Teilaspekt einer Lernphase stärker betont wird.

Gelegentlich werden die Stufen auch anders zusammengefaßt und/oder bezeichnet. Man kann jedoch relativ leicht eine Nomenklatur[1] in die andere übersetzen.

---

1 Zusammenstellung von Fachausdrücken

Als Beispiel sei ein Artikulationsvorschlag von DREFENSTEDT/NEUNER (1970^2) angeführt.(Die Zuordnung zu den Lernphasen des SCHEMAS 9 bleibe als Übungsaufgabe !)

1. Einführung in die Arbeit am neuen Stoff; Zielorientierung
2. Arbeit am neuen Stoff; Mobilisierung von Vorkenntnissen
3. Festigen und Anwenden; Konzentration auf das Wesentliche beim Üben, Eingreifen, Wiederholen
4. Systematisieren: Herstellung von größeren Zusammenhängen
5. Wiederholen: a) als durchgängige Funktion bei 1 - 4
   b) als spezielle Funktion der langfristigen Sicherung von Wissen und Können
6. Kontrolle und Bewertung: als durchgängige Funktion bei 1 - 5, zur Rückmeldung des Lern- und Leistungsstands für Lehrer und Schüler.

Eine Übersicht über weitere Artikulationsmöglichkeiten gibt VOGEL (1973).

1.9. Bezug zu Lern- und Spielphasen nach PIAGET-DIENES

PIAGET und (in seiner Gefolgschaft) DIENES vertreten ein etwas gröberes, jedoch analoges Drei-Phasenschema.

Das spontane Lernen beim Kinde vollzieht sich nach PIAGET in folgenden Phasen (vgl. DIENES 1969^3, S. 36):

1. (weitgehend) unbewußtes Spiel
2. allmähliches Erkennen von Gesetzmäßigkeiten
3. Einübung des Erkannten

Beispiel "Sprechen lernen":

1. Das Baby "spielt" mit Lauten und Silben.
2. Es lernt, mit bestimmten Lauten Personen zu verbinden.
3. Es übt das gelernte Wort durch ständiges Wiederholen.

Entsprechend unterscheidet DIENES (1969^3, S. 40) bei mathematischen Spielen:

1. freies Spiel
2. strukturiertes Spiel
3. Übungsspiele

Beispiel "Mehrsystemblöcke"

1. Die Kinder spielen mit den Blöcken ohne Anleitung und sammeln dabei erste Erfahrungen mit dem Material.
2. Die Kinder spielen nach bestimmten Regeln (z.B. "Umtausch" von Klotzmengen gemäß Basis des Systems).
3. Die Kinder üben in neuen Spielen mit anderer Basis und anderen Materialien (z.B. bunten Plättchen).

Später unterscheidet DIENES (1971) für den gesamten mathematischen Lernprozeß sechs Stufen, die sich in etwa ebenfalls dem Lernphasenschema zuordnen lassen:

1. freies Spiel: Anpassen an eine mathematische Umgebung
2. strukturiertes Spiel: Einschränkung der Situation durch Spielregeln
3. Entdecken der Entsprechungen in isomorphen[1] Spielen
4. Darstellung der gemeinsamen Struktur
5. Untersuchung der dargestellten Struktur
6. Axiomatisieren der Struktur.

Das mathematische Lernen, das DIENES hier im Auge hat, bezieht sich allerdings nicht auf einen einzelnen Unterrichtsgegenstand, sondern zielt gleich auf eine ganze mathematische "Struktur" hin. d.h. eine Menge mit einer oder mehreren Verknüpfungen, für die bestimmte Regeln (Axiome) gelten.

Es würde weit über den Rahmen dieses Kurses hinausgehen, dies näher auszuführen.

Der interessierte Leser sei etwa auf das Beispiel "Isometrien[2] des gleichseitigen Dreiecks" bei DIENES (1971, S. 39 - 59) verwiesen.

2. Motivation mathematischen Lernens

Lehren, so könnte man etwas überspitzt sagen, ist die Kunst, das Lernen adäquat zu motivieren (ROTH 1965[8], S. 244).

Wenn es dem Lehrer nicht gelingt, die Schüler für den Unterricht zu motivieren, sind seine Bemühungen weitgehend umsonst.

Dieser Abschnitt will einige Anregungen geben für angemessene Motivationen im Mathematikunterricht.

---

1 isomorph (gr.): gleichgestaltet
2 Isometrien (gr.): längentreue Abbildungen; gemeint sind hier: Deckabbildungen.

2.1. Begriffsklärung: Motive und Motivationen

Es ist zweckmäßig, nach HECKHAUSEN (1974, S. 142/143) zwischen "Motiv" und "Motivation" zu unterscheiden:

"Motive" sind "hochgeneralisierte Wertungsdispositionen[1] für einzelne 'Grundsituationen', die letztlich in der menschlichen Existenzweise, in den Notwendigkeiten der Daseinsfristung und Daseinsvorsorge unter den gegebenen Lebensbedingungen, begründet sind."

Motive (manchmal auch "Triebe" genannt) sind also Dispositionen, die sich in solchen wiederkehrenden Grundsituationen im Laufe der Entwicklung allmählich herausbilden.

"Demgegenüber ist Motivation situationsabhängig und ein kurzfristiges Geschehen. Man bezeichnet damit alle aktuellen Faktoren und Prozesse, die unter gegebenen situativen Anregungsbedingungen zu Handlungen führen und diese bis zu ihrem Abschluß in Gang halten. In der Motivation treten Situationsfaktoren und Motivfaktoren miteinander in Wechselwirkung."

Es ist für die Zwecke dieses Kurses im wesentlichen zwischen folgenden Motiven bzw. Trieben zu unterscheiden:

a) kognitiver Trieb (der Wunsch nach Wissen als Selbstzweck)
b) Lebenszweckmotiv (der Wunsch nach Fähigkeiten zur besseren Lebensbewältigung)
c) Leistungsmotiv (Wunsch nach Steigerung, mindestens Bewahrung des eigenen Leistungsniveaus)
d) Machtmotiv (Wunsch, über andere zu dominieren)
e) Anschlußmotiv (Sozialtrieb: Geselligkeitsbedürfnis, Hilfsbereitschaft, Identifikation mit anderen, Geltungsbedürfnis).

Bei a) ist besonders zu verweisen auf AUSUBEL (1974),
bei b) besonders auf ROSENFELD (1973[8]) (ohne daß dieser Terminus dort gebraucht wird),
bei c) besonders auf HECKHAUSEN (1974),
bei d) und e) gleichermaßen auf AUSUBEL (1974) und HECKHAUSEN (1974).

Auf diese Motive gründen sich weitgehend die Motivationen im Mathematikunterricht. Dabei verquicken sich die Motive auf vielfältigste Weise mit situativen Bedingungen, wie die folgende Graphik andeutet:

---

1 etwas vereinfacht: "Einstellungen"

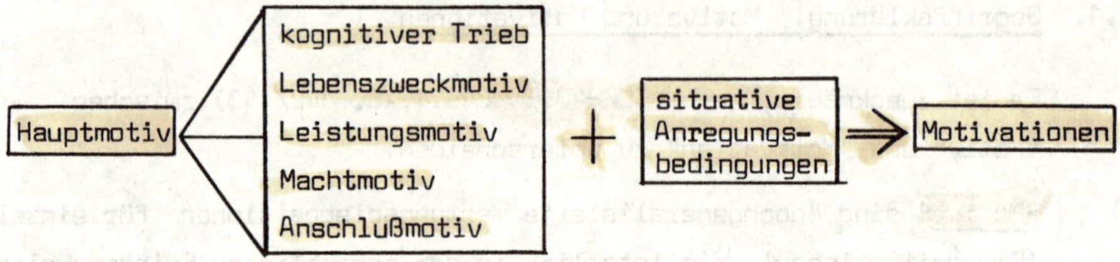

Einigen Motivationsmöglichkeiten wird im folgenden näher nachgegangen, ohne eine strengere Systematik anzustreben oder genauere Trennungen vorzunehmen, die allenfalls "theoretisch" möglich sind.

2.2. Schaffung einer positiven Wertschätzung für Mathematik

DIENES (1970, S. 28) sieht einen Grundzug der modernen Mathematikdidaktik darin, daß sie sich um die "Schaffung einer positiven Einstellung gegenüber oder gar einer gefühlsmäßigen Zuneigung zu mathematischer Aktivität als Grundlage der Motivation zum Erlernen von Mathematik bemüht."

Über einige Grundbedingungen einer positiven Einstellung der Schüler zur Mathematik wurde bereits in Schriba 2 (S. 74/75) im Zusammenhang mit affektiven Zielsetzungen des Mathematikunterrichts gesprochen. Dies ist jetzt weiter zu vertiefen.

DIENES (1970, S. 134) betont besonders die Bedeutung sogenannter "struktureller Motivation": ein Zusammenspiel von ursprünglicher Neugier, Phantasie und Interesse an Ordnung.

Sie wird z.B. durch strukturierte Spiele mit logischen Blöcken, beim Aufstellen von Relationsdiagrammen, Verknüpfungstafeln u.ä. geweckt.

Hier wird insbesondere der oben bezeichnete "kognitive Trieb" wirksam.

AUSUBEL (1974, S. 403) sieht darin das "potentiell" (vielleicht) wichtigste Motiv für schulisches Lernen: ein Lernen, das oft nicht durch unmittelbaren Nutzen o.ä. begründet werden kann.

Daher dürfte es von Interesse sein, etwas mehr über die Bedingungen zu erfahren, wie sich ursprüngliche ("zweckfreie") Motivationen wecken lassen. Hier muß vor allem vom sogenannten "Inkongruenzprinzip[1]" gesprochen werden (vgl. HECKHAUSEN 1974, S. 125): Das Prinzip , vom

---

1 Inkongruenz (lat.): Unverträglichkeit

bereits Vertrauten in dosiertem Maße abzuweichen, um motivierende "Diskrepanzerlebnisse" hervorzurufen.

HECKHAUSEN unterscheidet dabei vier Fälle von Diskrepanzen:

1. Zwischen aufeinanderfolgenden Wahrnehmungen; d.h. Neuigkeit oder Wechsel.
2. Zwischen Erwartungen und gegenwärtigen Wahrnehmungen; das führt zur Überraschung.
3. Zwischen verschiedenen Teilen des gegenwärtigen Erlebnisfeldes; das bedeutet unterschiedliche Komplexität.
4. Zwischen verschiedenen Erwartungen oder Tendenzen; das ist Ungewißheit und Konflikt.

Zur Verdeutlichung mögen Beispiele aus dem (Mathematik-) Unterricht dienen:

Zu 1:

- Attraktives Lernmaterial (z.B. logische Blöcke, Bilder);
- aktuelles Material (z.B. Zahlenmaterial oder Darstellungen aus Zeitungen);
- Wechsel der Medien (z.B. Übergang von der Arbeit am Buch zur Arbeit an der Tafel);
- Wechsel der Themen oder Deutlichmachen neuer Schritte;
- Wechsel der Arbeitsformen (z.B. erst Klassenunterricht, dann Kleingruppenarbeit).

Zu 2:

Das experimentelle Feststellen, daß die Winkelsumme bei beliebigen Dreiecksformen 180^0 beträgt; daß sich die Winkelhalbierenden bei beliebigen Dreiecksformen in einem Punkt schneiden.

Zu 3:

Die allmähliche Steigerung des Schwierigkeitsgrades bei Aufgaben durch Hinzunahme neuer Komponenten.

Zu 4:

Die Frage nach der Symmetrieachse in einem Parallelogramm ("gibt es eine, gibt es keine?").

HECKHAUSEN (1974, S. 130/148) subsumiert hier auch die "vielen Formen spielerischer Tätigkeiten, Funktionslust, mit der noch nicht voll gemeisterte Tätigkeiten immer wieder durchprobiert werden" (schaff ich's jetzt, schaff ich's nicht?).

Man denke etwa an Situationen im Mathematikunterricht, wo die Schüler geradezu von selbst nach Aufgaben fragen, um sich zu erproben (Beispiele: Übersetzung von im Zehnersystem dargestellten Zahlen in ein anderes Stellenwertsystem; Multiplizieren von Zahlen mit dem Rechenschieber ...).

Jede Motivation durch Problematisierung, Aufweisen von Lücken und Fehlern, durch Kontrastierung, durch Provokation oder durch phantasievolle Verfremdung schöpft ihre Kraft aus solchen Diskrepanzen.

Natürlich lassen sich Schüler nicht allein aus solchen ursprünglichen geistigen Interessen bzw. Diskrepanzerlebnissen heraus motivieren.

Auch AUSUBEL (1974, S. 406) meint durchaus, daß der Lehrer auf alle nur möglichen Weisen versuchen sollte, eine positive Wertschätzung für sein Fach zu erreichen.

Die positive Einstellung zur Mathematik ist aus einer ganzen Reihe möglicher Wertschätzungen abzuleiten (vgl. etwa STRUNZ 1968, S. 278). Sie liegt z.B. begründet:

- im Staunen über arithmetische oder geometrische Gesetzmäßigkeiten (kognitiver Wert);
- in der Freude an Gedankenführungen und Systematik (mathematische "Eleganz");
- in der Freude an "schönen" Figuren und Zeichnungen (aesthetisches Erleben);
- im Nützlichkeitswert der Mathematik (evtl. Bedeutung für späteren Beruf);
- im Wahrheitswert der Mathematik (unbezweifelbare Tatsachen!).

ROSENFELD (1973[8], S. 31) betont demgegenüber besonders den Lebenszweckgedanken bei der Motivation von Schülern:

> "Der Versuch, pädagogische Aktivitäten vornehmlich um ihrer selbst willen (als Selbstzweckhandlungen, ursprüngliche Interessenzuwendungen ohne Vorschaltung realer Lebensziele, als "geistige Vitalbedürfnisse") zu motivieren, steht im Gegensatz zu den objektiven Kriterien pädagogischer Vorgänge."

Er weist in diesem Zusammenhang auf die Gefahr der sich letztlich negativ auswirkenden Lebensfremdheit des Unterrichts hin. Er kommt aufgrund eigener Untersuchungen zu der Ansicht, daß sich der Reiz der Sache auf die Dauer in dem Maße verringert, wie ihre erlebte Zweckhaftigkeit sich vermindert. Er empfiehlt daher, sich stärker an der

Lebenssituation der Schüler zu orientieren, um Erlebnisse sinn- und zweckvoller Tätigkeit zu vermitteln.

Es kann hier nicht das richtige Maß "zweckhafter" gegenüber "zweckfreier" Motivation bestimmt werden. Dies wird nur durch verantwortliche Entscheidung des Lehrers zu bestimmen sein (vgl. Aufgabe 3)[1].

Da in einer Klasse viele, z.T. in unterschiedlicher Weise denkende und den Mathematikunterricht bewertende Schüler sitzen, empfiehlt es sich jedenfalls, bei der Stoffauswahl und -darbietung möglichst mehrere Motivationsmöglichkeiten zu berücksichtigen (vgl. STRUNZ 1968, S. 295).

In diesem Zusammenhang ist auch auf das Phänomen der Interessenübertragung hinzuweisen: Ein Schüler, der sich vielleicht zunächst mehr von einer Seite der Mathematik bzw. des Mathematikunterrichts angesprochen fühlt, überträgt sein Interesse oft auch auf andere Seiten davon (vgl. STRUNZ 1968, S. 289).

2.3. Leistungsmotivation

Eine zentrale Bedeutung im Motivationsgefüge nimmt die sogenannte "Leistungsmotivation" ein. Sie wird in einer bestimmten Situation wesentlich durch das langfristig entwickelte Leistungsmotiv bestimmt:

"Man kann es als das Bestreben bezeichnen, die persönliche Tüchtigkeit in allen jenen Tätigkeiten zu steigern oder möglichst hoch zu halten, in denen man einen Gütemaßstab für verbindlich hält und deren Ausführung deshalb gelingen oder mißlingen kann" (HECKHAUSEN 1974, S. 162).

Beim Leistungsmotiv unterscheidet HECKHAUSEN zwischen zwei Haupttendenzen: zwischen Hoffnung auf Erfolg und Furcht vor Mißerfolg (oder kurz zwischen Erfolgs- und Mißerfolgsmotiv).

"Die eigene Tüchtigkeit zu steigern trifft eher auf das Erfolgsmotiv zu, sie möglichst hoch zu halten auf das mehr defensive Mißerfolgsmotiv."

Auf die Differenzierung zwischen Erfolgsmotivation und Mißerfolgsmotivation kann hier nicht näher eingegangen werden (man greife dazu etwa nach VONTOBEL, 1970).

---

1 Auf Probleme wie primäre vs. sekundäre bzw. intrinsische vs. extrinsische Motivation kann in diesem Rahmen nicht explizit eingegangen werden. Man greife dazu beispielsweise auf ROSENFELD (1973[8], S.13-16) und LIND (1974) zurück.

AUSUBEL (1974, S. 414) weist darauf hin, daß das, was meist in schulischen Situationen als Leistungsmotivation angesehen wird, keineswegs als Spiegelbild eines einheitlichen Triebs angesehen werden kann und unterscheidet zumindest drei Komponenten:

a) eine aufgabenorientierte Komponente (kognitiver Trieb),
b) eine ich-erweiternde Komponente (ein auf schulische Leistung oder Prestige gerichtetes Leistungsmotiv),
c) eine soziale Komponente (ein auf Identifikation mit Außenstehenden gerichtetes Anschlußmotiv).

Diese offensichtlich schwer zu trennenden Komponenten der Leistungsmotivation sind bei der folgenden Aufstellung mit inbegriffen.

2.4. Leistungsmotivation im Mathematikunterricht

Leistungsmotivation wird im Mathematikunterricht vermutlich besonders relevant, weil sich die "Lernleistung" hier relativ genau messen läßt, der Lernende also relativ deutlich sein "Anspruchsniveau" bestimmen kann.

2.4.1 Leistungsmotivation durch Zielorientierung

Leistungsmotivation zeigt sich z.B. in dem Wunsch des Lernenden, zu einem bestimmten Tun fähig zu sein. Eine wichtige Bedingung für Leistungsmotivation ist es deshalb, den Lernenden über die zu erwartende Leistungsmöglichkeit möglichst genau zu informieren (vgl. GAGNÉ 1969, S. 202).

Der Effekt der Information über das zu Leistende besteht jedoch nicht nur darin, daß sich der Schüler den "Erfolg" im Voraus vorstellen kann und dadurch motiviert wird; er ist nach AUSUBEL (1973, S. 223/224) auch in einer Vorausorganisation des Lernmaterials zu sehen. Der Lernende kann das zu Lernende besser einordnen und weiß von vornherein genauer, worauf es ankommt. (Genaueres über die Theorie AUSUBELs in Schriba 8.)

Die Zielorientierung muß am Anfang oft noch recht vage sein, weil eine genauere Zielformulierung u.U. erst zu lernende Begriffe verlangt. Sie kann jedoch im Laufe des Lernprozesses meist präziser werden, bis hin zu operationalisierten Lernzielen (vgl. Schriba 2). Der Genauigkeitsgrad der Zielangabe muß von Fall zu Fall entschieden werden. (Ein Katalog voll-operationalisierter Lernziele gleich vorneweg dürfte in den seltensten Fällen sinnvoll sein.)

Zielinformationen werden zweifellos noch wirksamer, wenn man zugleich dahinterstehende Werte deutlich macht:

In diesem Sinne könnte z.B. die schriftliche Addition dadurch motiviert werden, daß den Schülern gesagt wird, sie würden nun lernen, Geldbeträge u.ä. auf einfache und schnelle Weise zu addieren. Die deutlichste Information über die mögliche Leistung besteht u.U. darin, "tatsächlich" zu zeigen, wie die Leistung aussieht (vgl. GAGNÉ 1969, S. 180).

Das hieße in dem erwähnten Beispiel:

Der Lehrer führt solch eine schriftliche Addition einmal selbst an der Tafel vor (evtl. nachdem die Schüler es zunächst mit ihrer bisherigen Methode versucht hatten).

DIETZ (1965) (zitiert nach KLINGBERG 1972, S. 360) unterscheidet im einzelnen folgende methodische Formen der Zielstellung:

1. Die orientierende Ausgangsdarstellung des Lehrers.
2. Das orientierende Vorzeigen oder Vorführen.
3. Das orientierende Gespräch (bei entsprechenden Kenntnissen der Schüler).
4. Die orientierende Aufgabenstellung (die auf weiterführende Fragen führt).
5. Die orientierenden Vorarbeiten (gezielte Hausaufgaben).

Der Lehrer muß entscheiden, was er jeweils für sinnvoll hält. Bei größeren Zielen ist es wichtig, den Schülern auch immer wieder Teilziele zu nennen, die auf dem Wege zu bewältigen sind:

Dazu gehört auch das Bewußtmachen von Zwischenergebnissen und noch auszufüllenden "Leerstellen" (KLINGBERG 1972, S. 105).

Jüngeren Kindern sollte man grundsätzlich mehr Nahziele geben, die bald erreichbar sind (vgl. ROTH 1965[8], S. 235).

Ebenso bedarf es bei jüngeren Kindern gelegentlich noch der Zwischenschaltung vordergründigerer Zweckziele (Versetzung, Zensuren, Belohnung u.a.), während sich später eher die langfristige Zweckhaftigkeit und Bedeutung des Lernens für die eigene Person verdeutlichen läßt (vgl. ROSENFELD 1973[8], S. 195).

2.4.2. Leistungsmotivation durch Lernaufgaben mittlerer Schwierigkeit

Eine weitere wichtige Bedingung für Leistungsmotivation betrifft den Schwierigkeitsgrad der Lernaufgabe. Die bisherige Forschung hat gezeigt, daß die Leistungsmotivation am besten durch Lernaufgaben gefördert werden kann, die einen mittleren Schwierigkeitsgrad (bezogen auf den jeweiligen sachstrukturellen Entwicklungsstand) aufweisen (vgl. HECKHAUSEN 1968, S. 195). Leichte Aufgaben sind offenbar zu langweilig, schwere Aufgaben zu frustrierend. Der Lehrer hat den Schwierigkeitsgrad seines Unterrichtsangebotes dem jeweils erreichten Leistungsstand anzupassen. Diese Forderung ist von HECKHAUSEN (vgl. 1974, S. 584) als "Prinzip der Passung" bezeichnet worden und entspricht dem Inkongruenzprinzip des Abschnitts 2.2.

Lernbedingungen herzustellen, die dem Prinzip der Passung entsprechen, ist eine der wichtigsten und schwierigsten Aufgaben des Unterrichts.

An dieser Stelle wird deutlich, daß eine optimale Förderung der Leistungsmotivation nur bei Individualisierung des Lernens möglich ist (abgesehen davon, daß die "Dosierung" des Schwierigkeitsgrades dann immer noch eine recht schwierige Sache ist!).

Hieraus ergibt sich zumindest die Forderung, die Lernanforderungen im Schulunterricht und in den Hausaufgaben nach Möglichkeit zu differenzieren.

2.4.3. Leistungsmotivation durch Erfolgserlebnisse

Wenn der Lehrer die Leistungsmotivation seiner Schüler fördern will, muß er dem Schüler möglichst viele Erfolgserlebnisse vermitteln (vgl. CORRELL 1965, S. 77).

Mit dem Erfolg erhöht sich im allgemeinen die Erwartung und der Einsatz[1]. Deshalb ist es grundsätzlich wichtig, daß der Lehrer seinen Unterricht so aufgliedert, daß möglichst viele Schüler die Teilaufgaben mit Erfolg bewältigen können; wobei er allerdings nicht in zu kleinen Schritten vorwärts gehen sollte, damit der Anreiz für den Schüler groß genug bleibt (vgl. Abschnitt 2.4.2). Dazu gehört auch ein angemessenes Unterrichtstempo!

---

1 Zu viele Erfolgserlebnisse sind u.U. auch nicht optimal; man muß auch lernen, mit Mißerfolgen fertig zu werden, z.B. beim Problemlösen (vgl. Schriba 9).

2.4.4. Leistungsmotivation durch Rückmeldung und Lernkontrollen

Damit der Schüler einen klaren Maßstab für seine Leistungen bekommt, ist es wichtig, daß er möglichst detaillierte Rückmeldung und Erfolgskontrolle bekommt. Der Lehrer sollte allerdings darauf achten, daß sich die Lernkontrollen auf die gesteckten Ziele beziehen (vgl. MAGER 1970, S. 69).

Wenn man ein Rechenverfahren nur an Zahlenbeispielen eingeübt hat, so kann man nicht in einer Lernkontrolle (ob nun mündlich oder schriftlich) die Anwendung dieses Verfahrens auf Sachaufgaben fordern!

2.4.5. Leistungsmotivation durch Selbsttätigkeit

Hier ist die "ich-erweiternde" Komponente der Leistungsmotivation besonders angesprochen. Der Schüler hat Freude an eigener Tätigkeit. Dabei spielt sicherlich oft auch die bereits besprochene "bloße" Funktionslust eine Rolle.

Im Mathematikunterricht gibt es viele Möglichkeiten zur Selbsttätigkeit. Die denkpsychologischen Überlegungen (enaktive Phase!) zeigen sogar ihre Notwendigkeit in den ersten Lernstadien abstrakten Stoffs (AUSUBEL 1974, S. 524).

Der handelnde Umgang mit konkreten Mengen (z.B.logische Blöcke, Plättchen, ...), mit Lernmaterial jeder Art (z.B. Mehrsystemblöcke, Registerspiel, ...) sind Beispiele dafür.

Selbsttätigkeit ist oft auch in Übungsphasen sehr sinnvoll, wenn das gerade Gelernte auf neue Beispiele angewandt werden soll, Sie verbindet sich häufig mit der Arbeit anderer in Partner- und Gruppenarbeit, also mit "sozialer Motivation".

2.5. Soziale Motivationen im Mathematikunterricht

Hier geht es um Motivationen, die vorwiegend auf dem "Anschlußmotiv" und auf dem "Machtmotiv" basieren. Ihre gemeinsame Wurzel kann man vielleicht in dem Bedürfnis des Menschen sehen, bei anderen etwas zu gelten, insbesondere der Schüler beim Lehrer oder bei anderen Schülern.

2.5.1. Lob und Tadel

Grundsätzlich will der Lernende wohl seine Leistung durch andere bestätigt sehen. Deshalb wirkt Lob im allgemeinen besser als Tadel. Zumindest möchte der Lernende Beachtung seiner Leistung. Insofern wirkt Tadel oft besser als Ignorieren(vgl. CORRELL 165[4], S. 79). Tadel kann positiv wirken, wenn die Hoffnung auf Erfolg bleibt. Wichtig erscheint dabei, daß der Tadel möglichst sachbezogen ausgesprochen wird. Möglichst nicht: "Das hast du schlecht gemacht." Sondern: "Diese Lösung ist (noch) nicht richtig." (Vgl. etwa ROTH 1965[8], S. 241.)

"Am besten motiviert Tadel wegen ungenügender Anstrengung und Lob wegen realisierter eigener Fähigkeit"(HECKHAUSEN 1974, S. 582). Lob ist im Klassenunterricht am wirksamsten, wenn es vor der ganzen Klasse an einzelne gegeben wird; während Tadel am wirksamsten ist, wenn er privat an einzelne gegeben wird (CORRELL 1965[4], S. 79). Die Aussagen zu Lob und Tadel können aufgrund neuerer Untersuchungen noch wesentlich differenziert werden. DENN: "Das gleiche, lobende oder tadelnde Verhalten des Lehrers hat auf verschiedene Schüler auch verschiedene, ja teils gegensätzliche Wirkungen" (HECKHAUSEN 1974, S. 579).

Prägnante Auskünfte über die Lob-Tadel-Problematik aus neuerer Sicht findet der Leser bei FOKKEN (1966, S. 53/54) und HECKHAUSEN (1974, S. 579 - 583).

2.5.2. Wettbewerb und Zusammenarbeit

Auch hierzu nur ein paar Bemerkungen:

Soziale Motivation in der Gruppe äußert sich einenteils in dem Bemühen, mehr zu leisten als der andere (Wettbewerb!) und andernteils im Streben nach Zusammenarbeit.

Offenbar kommt es - pädagogisch gesehen - darauf an, ein ausgewogenes Verhältnis zwischen Wettbewerb und Zusammenarbeit herzustellen. Ein Zuviel des einen zerstört das andere (vgl. ROTH 1965[8], S. 239). Vor häufigem "Wettrechnen" o.ä. ist deshalb zu warnen. Es kommt dabei - wie man aus Erfahrung weiß - zu Übereifer der Besseren und Frustration der Schwächeren.

Schärferer Wettbewerb ist wohl noch am ehesten zwischen etwa gleichen Partnern angebracht, setzt also eine Leistungsdifferenzierung voraus.

Im übrigen scheint es so, daß der Wettbewerbsgedanke in unseren Schulen aufgrund des allgemeinen Notensystems nicht besonders betont zu werden braucht.

Eine akzeptable Form des Wettbewerbs scheint unter den gegebenen Verhältnissen der Wettbewerb zwischen Gruppen zu sein. Er wird in begrenzter Weise beim Problemlösen in Kleingruppen (vgl. Schriba 9) angesprochen. Auf die besonderen Möglichkeiten für Gruppenkooperation im Mathematikunterricht wurde bereits in Schriba 2 (Abschnitt 2.4) hingewiesen.

2.6. Schlußbemerkungen zum Thema "Motivation"

Es konnten in den vorangegangenen Abschnitten nur einige wesentliche allgemeine Motivationsmöglichkeiten des Mathematikunterrichts hervorgehoben werden. Sicherlich erwachsen aus den Einzelstoffen noch weitere spezielle Motivationsmöglichkeiten.

Insbesondere scheint eine besondere Motivation darin zu liegen, innerfachliche Bezüge herzustellen und an Bekanntes anzuknüpfen. Hierdurch wird faktisch der "Wert" des früher Gelernten betont. Eine besondere Motivation ergibt sich oft auch aus der Herstellung historischer Bezüge im Sinne einer Verlebendigung des Stoffes und der Hervorhebung seines kulturellen Werts (vgl. ROTH 1965[8], S. 109 - 117: Die "originale Begegnung" als methodisches Prinzip).

Es sei auch daran erinnert, daß die emotionale Zuwendung des Lehrers (eigene Begeisterung für die Sache und Hilfsbereitschaft) für die Motivation der Schüler eine große Rolle spielt (vgl. Schriba 1). Daneben spielt sicherlich auch die Vorbildwirkung des Lehrers eine motivierende Rolle für viele Lernprozesse des Schülers (Imitationslernen): "Wir müssen uns so verhalten, wie wir wollen, daß sich unsere Schüler verhalten" (MAGER 1971, S. 81).

Nach allen Beobachtungen scheint jedoch die vielleicht stärkste Motivation immer noch aus einem wie immer gearteten Bezug des Lernens auf die Zukunft zu kommen, insofern der Lernende - ausgesprochen oder unausgesprochen - etwas davon "haben" möchte.

"Warum lernen wir das?" ist eine Frage, die von Schülern häufig, besonders häufig wohl hinsichtlich mathematischer Stoffe, gestellt wird. Es ist eine Frage, die immer so gründlich und so genau wie möglich beantwortet werden sollte (vgl. GAGNÉ 1969, S. 202).

Noch besser wäre es freilich, wenn der Lehrer dieser Frage durch eine entsprechende Motivierung und Zielangabe zuvorkäme!

2.7. Zusammenfassende Übersicht

Abschließend sei eine Übersicht über die wichtigsten Motivationsmöglichkeiten mit erläuternden Beispielen und Bemerkungen gegeben:

SCHEMA 10:
Motivationsmöglichkeiten im Mathematikunterricht

Motivationsart	Beispiele; Bemerkungen
Strukturelle Motivation (Neugier, Phantasie, Interesse an Ordnung)	Knobelaufgaben; strukturierte Spiele (z.B. mit logischen Blöcken) Aufstellung von Relationsdiagrammen und Verknüpfungstafeln
ästhetische Motivation	schöne Zeichnungen, elegante Beweise, fachliche Systematik
Motivation durch dosierte Diskrepanzerlebnisse (Inkongruenzprinzip!): 1. Neuigkeit oder Wechsel	1) - attraktives Lernmaterial (z.B. strukturiertes Material, Bilder) - aktuelles Material (z.B. Zahlenmaterial, Zeitungsdarstellungen) - Wechsel der Medien, Themen, Arbeitsformen
2. Überraschung	2) experimentelles Feststellen von Gesetzmäßigkeiten!
3. Komplizierung	3) allmähliche Steigerung des Schwierigkeitsgrads!
4. Ungewißheit, Konflikt	4) Symmetrieachse im Parallelogramm?
5. Provokation	5) Der Würfel hat 24 Ecken (oben, unten und an den vier Seitenflächen je vier!)
6. Verfremdung	6) phantasievolle Einkleidungen
Motivation durch Nützlichkeitswert (Bedeutung für späteres Leben bzw. allgemeine Bedeutsamkeit) - durch kulturellen Wert	"bürgerliches Rechnen" (z.B. Zinsrechnung); unmittelbarer oder mittelbarer Zukunftsbezug, z.B. für Beruf oder späteres Lernen; historischen Bezug herstellen; "verlebendigen"
Leistungsmotivation - durch Zielorientierung - durch"reizvolle" Lernaufgaben mittlerer Schwierigkeit (Prinzip der Passung) - durch Erfolgserlebnisse - durch Rückmeldung und Lernkontrollen - durch Selbsttätigkeit	Einordnung in frühere (Lern-) Erfahrungen ("advance organizer") Notwendigkeit der Differenzierung! vgl. Inkongruenzprinzip! Aufgliederung von Aufgaben in Teilaufgaben, angemessenes Unterrichtstempo! Gütemaßstab geben; Lernkontrollen auf Ziele beziehen! besonders in der enaktiven Phase, in Übungen und beim Problemlösen
Soziale Motivationen - durch Lob und Tadel - durch Wettbewerb und Zusammenarbeit - durch emotionale Zuwendung und "Vorbild" des Lehrers	Lernfortschritte der Schüler anerkennen; sachbezogen loben und tadeln; bei Kritik Hoffnung auf Erfolg lassen; Wettbewerb nicht zu sehr anheizen; evtl. Wettbewerb zwischen Gruppen! Hilfsbereit sein bei Lernschwierigkeiten! Begeisterung überträgt sich!

3. Transfer mathematischen Lernens

Sofern man bejaht, daß jedes Lernen - über Spaß und Freude hinaus - irgendwie für die Zukunft nützlich sein soll, stellt sich die entscheidende Frage nach dem "Transfer":

Welche Bedingugen müssen erfüllt sein, damit eine Übertragung des Gelernten auf neue Situationen möglich wird?

Grundsätzlich kann man nach den Ergebnissen der Lernpsychologie vorweg sagen (vgl. etwa ROTH 1965[8], S. 284; CORRELL 1965[4], S. 173):

1. Der Transfer des Gelernten ist nicht so ohne weiteres von selbst gewährleistet.
2. Will man den Transfereffekt erhöhen, so muß man den Transfer in geeigneter Weise anleiten.

Dies beinhaltet insbesondere eine Absage an die sogenannte formale Bildung: "Logisches Denken" in Latein gewährleistet noch längst nicht logisches Denken in Mathematik oder auf einem anderen Gebiet (vgl. ROTH 1965[8], S. 195 und 285).

3.1. Begriffsklärung: Transferarten

Als "Transfer" (Lernübertragung) bezeichnet man jede Beeinflussung späteren Lernens durch vorausgegangene Lernerfahrungen (WEINERT 1974, S. 687).

"Die Auswirkungen des früheren auf das spätere Lernen können naturgemäß sehr verschieden sein:

- erleichternd (positiver Transfer);
- beeinträchtigend (negativer Transfer);
- neutral (Null-Transfer)" (WEINERT 1974, S. 688).

Man unterscheidet weiterhin zwischen "spezifischem" und "unspezifischem" (allgemeinem) Transfer (WEINERT 1974, S. 702/703):

S p e z i f i s c h e r Transfer bezieht sich auf relativ kurzfristige Effekte innerhalb einer geschlossenen Lernsequenz (spezifische Fertigkeiten und Methoden innerhalb eines Stoffgebiets).

U n s p e z i f i s c h e r Transfer bezieht sich auf relativ langfristige Effekte bezüglich der Breite der Verallgemeinerung und Anwendung bestimmter Lernerfahrungen (die Fähigkeit, allgemeine Ideen und Methoden einzusetzen; "Lernen des Lernens").

In ähnlicher Weise unterscheidet GAGNÉ (1969, S. 168) zwischen "vertikalem" und "lateralem" Transfer:

Im ersten Fall werden untergeordnete Leistungsfähigkeiten (v e r t i - k a l) zum Erlernen neuer höherer Leistungsfähigkeiten eingesetzt, (z.B. die schriftliche Addition bei der schriftliche Multiplikation).

Im zweiten Fall werden die erworbenen Leistungsfähigkeiten "in der Breite" (l a t e r a l) zur Anwendung in ähnlichen Situationen benutzt (z.B. Übertragen des Stellenwertprinzips von einem Stellenwertsystem auf ein anderes).

Die Begriffsunterscheidungen sind nicht scharf zu treffen, sie sind aber ganz hilfreich, die teils recht unterschiedliche Art der Transferbedingungen zu verstehen. Es geht im folgenden nicht um eine übertriebene Systematik; es soll für die Zwecke dieses Kurses nur auf einige Schwerpunkte und ein paar allgemeine "Faustregeln" abgehoben werden.

3.2. Günstige Bedingungen für spezifischen bzw. vertikalen (positiven) Transfer

Die wichtigste Transferbedingung ist hier offenbar die "Güte" der Lernvoraussetzungen (vgl. WEINERT 1974, S. 703/706):

- die Lernvoraussetzungen müssen vollständig sein (es dürfen keine "Lücken" da sein);
- das Gelernte muß hinreichend gut verstanden und sinnvoll geübt sein (insbesondere durch variable operative Übungen!);
- das Gelernte muß öfters angewendet werden (es muß gelegentlich "überlernt" werden, damit es verfügbar bleibt).

Die besondere Relevanz dieser Transferbedingungen für den Mathematikunterricht ist unmittelbar deutlich, da hier - stärker als in anderen Fächern - eines auf dem anderen aufbaut. Die Bedeutung der Einsicht als wesentliche Transferbedingung verdeutlicht folgendes Untersuchungsergebnis:

Schon die Übertragung der schriftlichen Subtraktion von zweistelligen auf dreistellige Zahlen ist deutlich beeinträchtigt, wenn bei der Einführung des Verfahrens auf Einsicht kein Wert gelegt wird (ROTH 1965[8], S. 290).

3.3. Günstige Bedingungen für unspezifischen bzw. lateralen Transfer

Auch hier sollen nur einige wichtige Bedingungen hervorgehoben werden, die für den Mathematikunterricht besonders relevant scheinen:

1. Die naheliegendste ist folgende (vgl. GAGNÉ 1969, S. 189):
   "Je breiter eine erlernte Leistungsfähigkeit fundiert ist, um so größere Chancen bietet sie für den Transfer auf neue, unterschiedliche Situationen". (Dies bedeutet beispielsweise, den Kontext von Sachaufgaben zur Schlußrechnung möglichst häufig zu wechseln.)

2. Darüber hinaus werden "Wissen und Fertigkeiten übertragbarer, wenn sie in realistischen, lebensnahen Situationen gelernt werden, die der Umgebung entsprechen, für die sie letztlich bestimmt sind" (AUSUBEL 1974, S. 175; OVERING/TRAVERS 1973, S. 104).

3. Günstig im Sinne eines allgemeinen Transfers scheint es zu sein, wenn frühzeitig die zentralen einigenden Ideen des Fachs herausgestellt werden, weil quasi von selbst günstige Transferbedingungen geschaffen werden, falls von diesen Ideen immer wieder Gebrauch gemacht wird und sich im Sinne von 1. immer mehr Anwendungssituationen ergeben (vgl. AUSUBEL 1974, S. 97; BRUNER 1970, S. 31). Zu solchen zentralen Ideen zählen in der Mathematik folgende:
   "Leitbegriffe" wie Menge, Funktion (Operator), Relation; Gesetze wie das Kommutativgesetz und Distributivgesetz; heuristische Regeln wie "zunächst mal sehen, was gegeben, was gesucht ist" usw.. Der Transfereffekt solcher allgemeinen Ideen wird durch die folgenden Bedingungen weiter verstärkt.

4. Explizites Herausstellen und Hinweisen auf die Bedeutung der Ideen (AUSUBEL 1974, S. 174), Betonung wesentlicher Züge z.B. einer Aufgabenlösung (vgl. BERGIUS 1968, S. 246);
   Hinweise auf analoge frühere Situationen (MONTADA 1970, S. 184);
   Schaffung von Querverbindungen (ELLIS 1969[4], S. 73);
   die Verbalisation des Gelernten durch den Schüler (AUSUBEL 1974, S. 183);
   jedoch nicht zu frühzeitige sprachliche Fixierung (SKOWRONEK 1970[2], S. 161)!

3.4. Struktureller Transfer

Als eine Sonderform allgemeinen Transfers ist der "strukturelle" Transfer nach DIENES/JEEVES zu verstehen.

DIENES/JEEVES (1968) interessieren sich für die Bedingungen des Transfers zwischen der Erfassung einer Struktur auf die Erfassung einer anderen. Sie fragen z.B.: Welchen Effekt hat das "Begreifen" einer zweielementigen Gruppe auf das Begreifen einer vierelementigen Gruppe und umgekehrt. (Begreifen heißt hier: Erkennen der Struktur in einem Spiel.) Sie kommen in ihrer Untersuchung zu dem Ergebnis, daß ein besserer Transfer gegeben ist, wenn die Vierergruppe (d.h. die komplexere Struktur) zuerst erfaßt wurde. Hieraus leiten sie die Hypothese ab, daß es - im Gegensatz zur traditionellen Mathematikdidaktik - oft besser ist, vom Komplexeren zum Einfacheren fortzuschreiten, als umgekehrt (Methode des "Ins-tiefe-Wasser-Werfens" oder "Prinzip vom tiefen Ende", vgl. DIENES 1970, S. 46). Diese Hypothese muß noch genauer überprüft werden:

"Wie tief müssen wir die Versuchsperson in die Komplexität werfen, um maximale Wahrscheinlichkeit dafür zu haben, daß sie einerseits nicht ertrinkt und andererseits so viel Transfer wie möglich erfolgt?" (Vgl. DIENES/JEEVES 1968, S. 128; neuere Untersuchungen: DIENES/JEEVES 1973)

3.5. Negativer Transfer

Transfer ist nicht von selbst sinnvoll. Man weiß gerade vom Mathematikunterricht, daß Gelerntes oft sinnlos angewendet wird, wenn nämlich durch Übung unerwünschte Mechanisierungen von Handlungs- oder Denkabläufen eintreten. Es ist gleich dazu zu sagen, daß dies oft an mangelnder Beachtung der Transferbedingungen durch den Lehrer liegt!

Wenn ein Schüler beispielsweise einen spiegel-symmetrischen Punkt nach dem Motto "gerade rüber!" zeichnet:

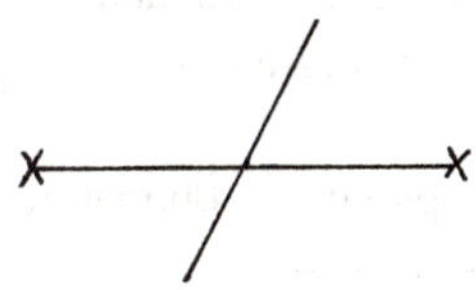

so wäre dies solch ein Beispiel negativen Transfers.

Bei der Einführung des Begriffs "spiegel-symmetrisch" wurde u.U. (unter Nichtbeachtung von Transferbedingung 3.3.1) die Achsenlage zu wenig variiert! Es gibt berühmte Beispiele für negativen Transfer aufgrund von Einstellungsfixierungen aus Versuchen von LUCHINS und WERTHEIMER (dargestellt bei WEINERT 1974, S. 677 und S. 707). Auf die Versuche von WERTHEIMER ist noch einmal in Schriba 9 zurückzukommen.

Zur Vermeidung negativen Transfers beim Behandeln ähnlicher Aufgabenklassen hat DAHLKE (1974) spezielle Untersuchungen durchgeführt. Er kommt anhand von Aufgaben zum Umfang und Flächeninhalt von Rechtecken zu dem Ergebnis, daß es transfergünstig zu sein scheint, erst Aufgaben jeder Art getrennt zu üben und dann beide Aufgabentypen zu mischen.

Damit ist angedeutet, daß es nicht günstig ist, das operative "Integrationsprinzip" (vgl. Schriba 3, Abschnitt 2.1.2) frühzeitig überzustrapazieren!

3.6. Zusammenfassende Übersicht

Abschließend seien günstige Transferbedingungen des Mathematikunterrichts in einer Tabelle kurz zusammengefaßt:

SCHEMA 11: Günstige Transferbedingungen im Mathematikunterricht

spezifischer bzw. vertikaler Transfer	unspezifischer bzw. lateraler Transfer
Vollständigkeit der Lernvoraussetzungen;	breite Anwendung des Gelernten;
Verständnis des Gelernten;	realistische, lebensnahe Situationen;
operative Übungen, "Überlernen";	Herausstellung zentraler Ideen; Betonung wesentlicher Züge; Hinweise auf analoge Situationen;
Verhinderung von negativem Transfer durch "Mischung" von Aufgaben	Schaffung von Querverbindungen; Verbalisation des Gelernten; Prinzip vom "tiefen Ende" anwenden!

Aufgaben und Diskussionsanregungen zu Schriba 4

0. Orientieren bzw. überprüfen Sie sich hinsichtlich der Lernziele dieses Schribas anhand des Lernzielkatalogs in Schriba 10 !

1. Ordnen Sie die Phasen des Lernprozesses von DREFENSTEDT/NEUNER dem Lernphasenschema (SCHEMA 9) bzw. den Lernstufen von ROTH zu. Versuchen Sie auch eine Zuordnung zu den REINschen Formalstufen.

! 2. Erläutern Sie die Lernphasen (nach SCHEMA 9) am Thema "Proportionalitäten".

o 3. Diskutieren Sie im Anschluß an den Basistext (Abschnitt 2.2) über "zweckhafte" versus "zweckfreie" Motivationen im Mathematikunterricht. Welche Stellung würden Sie beziehen?

! 4. a) Geben Sie zu jeder der in SCHEMA 10 aufgeführten Motivationsmöglichkeiten ein eigenes konkretes Beispiel an.
b) Welche Motivationen erscheinen als Anfangsmotivationen (Einstiegsmöglichkeiten) besonders geeignet?
c) Versuchen Sie, die verschiedenen Motivationsmöglichkeiten zu gewichten.

o 5. Woran können Sie "Motivation" bei den Schülern im Unterricht erkennen?

! 6. Versuchen Sie, zu jeder der in SCHEMA 11 aufgeführten günstigen Transferbedingungen ein eigenes konkretes Beispiel anzugeben.

o 7. CORRELL (1965^4, S. 163) berichtet über eine Untersuchung des amerikanischen Psychologen THORNDIKE: 6 % einer Gruppe von Studenten war nicht fähig, den Term $x + y$ richtig zu quadrieren; 28 % konnten hingegen $b_1 + b_2$ nicht quadrieren. Diskutieren Sie dieses Ergebnis[1] unter dem Gesichtspunkt günstiger bzw. ungünstiger Transferbdingungen. Was könnte getan werden, um zu einem besseren Ergebnis zu kommen?

o 8. WAGENSCHEIN (1962) und WITTENBERG (1963) geben recht instruktive Beispiele, wie man fachtypische Methoden und Denkweisen der Mathematik mit Schülern praktizieren kann. Diskutieren Sie diesen "exemplarischen" Unterricht, soweit bekannt, unter Transfergesichtspunkten.

---

1 Zu ähnlichen Ergebnissen kommen NÄGERL u.a. (1975) in einer neuren Untersuchung über die "Schwierigkeiten von Studienanfängern der Medizin beim Transfer einfacher mathematischer Regeln". Der recht instruktive Bericht sei zur Lektüre empfohlen: Didaktik der Mathematik 1975/2, S. 150-158.

Literaturhinweise zu Schriba 4

AUSUBEL, D.P.: Die Verwendung von "Advance Organizers" beim Lernen und Behalten von bedeutungsvollem sprachlichen Material. In: HOFER, M./WEINERT, F.E. (Hrsg.): Funk-Kolleg Pädagogische Psychologie, Grundlagentexte 2. Frankfurt/M. 1973.

\+ AUSUBEL, D.P.: Psychologie des Unterrichts, Bd. 1 und Bd. 2, Beltz Verlag, Weinheim und Basel 1974.

BERGIUS, R.: Analyse der "Begabung": Die Bedingungen des intelligenten Verhaltens. In: H. ROTH (Hrsg.): Begabung und Lernen. Klett Verlag, Suttgart 1968.

BRUNER, J.S.: Der Prozeß der Erziehung. Verlag Schwann, Düsseldorf 1970.

CORRELL, W.: Lernpsychologie. Verlag Auer, Donauwörth 1965[4].

DAHLKE, E.: Zur Vermeidung negativen Transfers beim Lernen ähnlicher Aufgabenklassen. Dissertation an der Technischen Universität Braunschweig 1974.

DAHLKE, E.: Übung im Mathematikunterricht. In: Sachunterricht und Mathematik in der Grundschule. 1976/4.

DIENES, Z.P.: Aufbau der Mathematik. Herder Verlag, Freiburg/Brsg. 1969[3].

DIENES, Z.P.: Die sechs Stufen des mathematischen Lernprozesses. Herder Verlag, Freiburg/Brsg. 1971.

DIENES, Z.P./GOLDING, E.W.: Methodik der modernen Mathematik. Herder Verlag, Freiburg/Brsg. 1970.

DIENES, Z.P./JEEVES, M.A.: Denken in Strukturen. Herder Verlag, Freiburg/Brsg. 1968.

\+ DIENES, Z.P./JEEVES, M.A.: Struktur und Transfer. Herder Verlag, Freiburg/Brsg. 1973.

DIETZ, B.: Zielorientierung im Unterricht. Verlag Volk und Wissen, Berlin 1965.

DREFENSTEDT, E./NEUNER, G.: Lehrplanwerk und Unterrichtsgestaltung. Verlag Volk und Wissen, Berlin 1970[2].

ELLIS, H.C.: The Transfer of Learning. New York 1965.

FOKKEN, E.: Die Leistungsmotivation nach Erfolg und Mißerfolg in der Schule. Schroedel Verlag, Hannover 1966.

\+ GAGNE, R.M.: Die Bedingungen menschlichen Lernens. Schroedel Verlag, Hannover 1969.

HECKHAUSEN, H.: Förderung der Lernmotivierung und der intellektuellen Tüchtigkeiten. In: H. ROTH (Hrsg.): Begabung und Lernen. Klett Verlag, Stuttgart 1968.

\+ HECKHAUSEN, H.: Motive und ihre Entstehung (Kap.3). Einflußfaktoren der Motiventwicklung (Kap.4). Bessere Lernmotivation und neue Lernziele (Kap.18). In: WEINERT, F.E. u.a. (Hrsg.): Funkkolleg Pädagogische Psychologie, Bd.1, Fischer Taschenbuch, Frankfurt/M. 1974.

+ HOLE, V.: Erfolgreicher Mathematikunterricht. Herder Verlag, Freiburg/Brsg. 1973 (S. 81 - 99: "Motivierung und Problematisierung des mathematischen Unterrichtsgegenstandes").

KLINGBERG, L.: Einführung in die allgemeine Didaktik. Verlag Volk und Wissen, Berlin 1972.

LIND, G.: Sachbezogene Motivation - Psychologische Theorie und unterrichtsmethodische Folgerungen. In: Lernzielorientierter Unterricht, 1974/4, S. 23 - 34.

MAGER, R.F.: Motivation und Lernerfolg. Beltz Verlag, Weinheim 1970.

MONTADA, L.: Die Lernpsychologie Jean Piagets. Klett Verlag, Stuttgart 1970.

OVERING, R.L./TRAVERS, M.W.: Die Wirkungen verschiedener Übungsbedingungen auf die Übertragung des Gelernten (Transfer). In: HOFER, M./WEINERT, F.E. (Hrsg.): Funkkolleg Grundlagentexte. Pädagogische Psychologie, Bd. 2, Fischer Taschenbuch, Frankfurt/M. 1973.

ROSENFELD, G.: Theorie und Praxis der Lernmotivation. Deutscher Verlag der Wissenschaften, Berlin 1973[8].

+ ROTH, H.: Pädagogische Psychologie des Lehrens und Lernens. Schroedel Verlag, Hannover 1965[8].

SKOWRONEK, H.: Psychologische Grundlagen einer Didaktik der Denkerziehung. Schroedel Verlag, Hannover 1970[2].

STRUNZ, K.: Der neue Mathematikunterricht in pädagogisch-psychologischer Sicht. Verlag Quelle und Meyer, Heidelberg 1968.

VOGEL, A.: Artikulation des Unterrichts. Verlaufstrukturen und didaktische Funktionen. Maier Verlag, Ravensburg 1973.

VONTOBEL, J.: Leistungsbedürfnis und soziale Umwelt. Bern 1970.

WAGENSCHEIN, M. in: Der Mathematikunterricht 1962/4 (Exemplarisches Lehren im Mathematikunterricht).

+ WEINERT, F.E.: Lernübertragung (Kap. 22). In: WEINERT, F.E. u.a. (Hrsg.): Funkkolleg Pädagogische Psychologie. Fischer Taschenbuch, Frankfurt/M. 1974.

WITTENBERG, A.: Bildung und Mathematik. Klett Verlag, Stuttgart 1963.

<u>Literaturkommentar:</u>

Als grundlegende Literatur sei besonders empfohlen (+):

ROTH (1965[8]), Kap. XII zum Thema "Lernphasen";
GAGNÉ (1969), Kap. VIII und AUSUBEL (1974), Kap. 4 und 10 zu den Themen "Motivation" und "Transfer";
HECKHAUSEN (1974) zum Thema "Motivation";
WEINERT (1974) zum "Transfer".
Zum Thema "Motivation und Transfer im Mathematikunterricht" sei zusätzlich hingewiesen auf: HOLE (1973) für Beispiele von Motivationen im Mathematikunterricht; DIENES/JEEVES (1973) für spezielle Transferüberlegungen im Mathematikunterricht.

SCHRIBA 5

Lerntypen mathematischen Lernens und ihre Bedingungen

Seite

0. Vororientierung zum Inhalt des Schribas 5

Während in Schriba 4 das Gemeinsame aller Lernprozesse (die Lernphasen) im Vordergrund der Überlegungen stand, wird in diesem Schriba die Unterschiedlichkeit der Lernprozesse betont: Wenn eine Einmaleinsreihe auswendig gelernt wird, ist dies offenbar etwas ganz anderes, als wenn gelernt wird, eine mathematische Sachaufgabe zu lösen.

Es sollen dementsprechend mehrere "Lernarten" (synomym = "Lerntypen") mathematischens Lernens unterschieden werden, für die unterschiedliche Lernbedingungen gelten.

Für den Lehrer ist es wichtig, die in seinen Unterricht eingehenden Lerntypen zu identifizieren und ihre unterschiedlichen Bedingungen bewußt zu berücksichtigen.

Dieses Schriba gibt einen Überblick über die für den Mathematikunterricht besonders relevanten Lerntypen und ihre jeweiligen Bedingungen, um den Gesamtzusammenhang zu verdeutlichen, in dem die Unterrichtsversuche zu den Hauptlerntypen des Mathematikunterrichts (Begriffslernen, Regellernen, Problemlösungslernen) stehen[1].

---

1 Dem Überblickscharakter dieses Schribas entsprechend, wird hier keine Vollständigkeit der Ausführungen zu den einzelnen Lerntypen angestrebt.

1. Die GAGNÉsche Einteilung von Lerntypen

1.1. Verschiedene Einteilungen von Lernarten

ROTH (1965[8], S. 199 ff.) gibt verschiedene Möglichkeiten an, Arten des Lernens einzuteilen; z.B.

- nach dem Grad der Einsicht,
- nach dem Lerngegenstand,
- nach dem Grade der Bewußtheit,
- nach dem Lernverfahren,
- nach dem Schwerpunkt in einem Lernprozeß (Lernen in einer bestimmten Lernphase).

Man könnte auch daran denken, Lernarten nach den BLOOMschen Lernzieldimensionen (kognitiv, affektiv, psychomotorisch) oder nach Lernzielkategorien (z.B. Wissen, Verstehen, Anwenden) einzuteilen (vgl. Schriba 2).

Im folgenden soll ein bekannter Einteilungsvorschlag GAGNÉs näher betrachtet werden, da er lernpsychologisch relativ gut begründet und als Ausgangsbasis für eine Taxonomie mathematischer Lerntypen im kognitiven Bereich geeignet erscheint.

1.2. Lerntypen nach GAGNÉ[1]

GAGNÉ (1969) unterscheidet insgesamt acht verschiedene Lerntypen, für die jeweils andere Lernbedingungen zu beachten sind:

1. Signallernen
2. Reiz-Reaktions-Lernen
3. Kettenbildung
4. Sprachliche Assoziation
5. Multiple Diskrimination
6. Begriffslernen
7. Regellernen
8. Problemlösen

Es sei kurz vergegenwärtigt, wie diese Lernarten von GAGNÉ gemeint sind.

Dazu werden neben mathematischen Beispielen auch nichtmathematische Beispiele gegeben, um damit den allgemeinen Charakter der Lerntypen stärker hervorzuheben.

---

1 Sind dem Leser die GAGNÉschen Lerntypen bereits vertraut, sollte er gleich zum nächsten Abschnitt übergehen; er wird hier allenfalls zusätzliche mathematische Beispiele finden.

(1) Signallernen (Lernen als bedingte Reaktion, klassisches Konditionieren[1]).

Charakteristisch ist hierfür folgender Sachverhalt:

Wird häufiger ein eine bestimmte Reaktion hervorrufender "Wirkungsreiz" mit einem "Signalreiz" verbunden, so kann der Signalreiz an die Stelle des Wirkungsreizes treten, um die Reaktion hervorzurufen. Man spricht dann von"bedingter Reaktion" und nennt den Vorgang "Konditionieren".

Klassisches Beispiel: der "PAWLOWsche Hund".
An die Stelle des Speichelsekretion bewirkenden Futters kann ein häufiger damit gekoppelter Summton (Signalreiz) treten, um die Speichelsekretion zu bewirken. Ein Beispiel aus dem Unterricht: An die Stelle einer "Ruhe" bewirkenden Ermahnung des Lehrers kann ein häufig damit verbundenes Händeklatschen treten, um die Ruhe zu bewirken. Entsprechende Formen des Signallernens kommen in der Schule häufiger vor. Oft handelt es sich dabei um emotional gefärbte Reaktionen (Sympathien, Antipathien) auf bestimmte "Signalreize".

So kann der Lehrer selbst zum Signal werden für positive oder aversive Reaktionen, weil seine Erscheinung gekoppelt ist an allerlei Verhaltensweisen, die er früher als "Wirkungsreize" an den Tag gelegt hat.

Die früheren Ausführungen (Schriba 2) zur Einstellungsbildung und zum affektiven Lernen im Anschluß an MAGER werden aus dieser Sicht besser verständlich.

(2) Reiz-Reaktions-Lernen (Lernen durch "Versuch und Irrtum"; Lernen durch Verstärkung; operantes bzw. instrumentelles Konditionieren[2]).

Hier handelt es sich im wesentlichen um den Aufbau einer Reiz-Reaktions-Verbindung aufgrund einer "Verstärkung" (z.B. Erfolg, Lob, Bestätigung):
"Von Verstärkung bzw. Bekräftigung - beide Ausdrücke haben dieselbe Bedeutung - wird gesprochen, wenn ein Reiz die Häufigkeit, mit der eine Verhaltensweise auftritt, erhöht" (BREDENKAMP 1974, S. 621).

---

1 Vgl. hierzu HILGARD/BOWER (1973[3], Kap. 3: PAWLOWs "klassische" Konditionierungslehre).

2 Vgl. HILGARD/BOWER (1973[3], SKINNER: Die "operante" Konditionierung).

(Auch bei dem "klassischen Konditionieren" des Signallernens spricht man von Verstärkung in diesem Sinne. Im Unterschied zum instrumentellen Konditionieren des Reiz-Reaktions-Lernens liegt die Verstärkung jedoch <u>vor</u> der Reaktion.)

Beispiel: Jemand hat ein paarmal vergeblich versucht, mit seinem Schlüssel die Tür zu öffnen; plötzlich (bei einem leichten Anheben der Tür) funktioniert es. - Dies ist wie folgt zu deuten:
"Reiz" : Schlüssel stößt auf Widerstand.
"Reaktion": Versuche, die Tür zu öffnen.

Die Reaktion "Anheben der Tür" wird aufgrund des "Erfolges" (Selbstbekräftigung!) verstärkt, sie wird also bei einem entsprechenden Reiz in gleicher Situation eher auftreten.

Mit dieser Auffassung des operanten Konditionierens ist die Motivationslosung "Erfolgserlebnisse vermitteln!" aus Schriba 4 besser zu verstehen.

Ein einfaches mathematisches Beispiel für Reiz-Reaktions-Lernen ist das Auswendiglernen von Einmaleinssätzen:

Reiz: $3 \cdot 5$ Reaktion: 15.

Die Verbindung zwischen Reiz und Reaktion wird z.B. durch die Bestätigung des Lehrers bekräftigt.

Weitere Beispiele: Jeder Dressurakt ist als Reiz-Reaktions-Lernen zu verstehen; aber auch: das Aussprechenlernen von schwierigen Wörtern (z.B. "symmetrisch", "Hypotenuse", ...).

Warum? - Übungsaufgabe 3!

(3) <u>Kettenbildung</u> (Lernen von Automatismen).

Hier handelt es sich um den Aufbau längerer Reiz-Reaktions-Ketten mit Hilfe von Bekräftigung. Typisch ist hierfür die Bildung von Gewohnheiten und die Automatisierung von Handlungen und Verfahren.

Beispiele: Schreibmaschine schreiben, Auto fahren. - Aus der Mathematik: schriftliche Rechenverfahren, Auflösung von Gleichungen (nach Schema), der Umgang mit geometrischen Zeichengeräten.

(4) <u>Sprachliche Assoziation</u> (verbales Auswendiglernen).

Hier handelt es sich um den Aufbau mehr oder weniger langer sprachlicher Ketten (Lerntyp 3 auf sprachlichem Niveau).

Dieser Lerntyp ist uns allen vom Auswendiglernen eines Gedichtes geläufig.

Beispiele aus der Mathematik: Zählen lernen, Definitionen lernen. (An dieser Stelle geht es um das bloße Erinnern können; Verständnis ist ausgeklammert!)

(5) Multiple Diskrimination (Unterscheiden lernen).

Hier handelt es sich um das Lernen, auf eine Reihe unterschiedlicher (u.U. ähnlicher) Reize verschieden zu reagieren. In einer Skizze dargestellt, sieht das so aus (S = Reiz, R = Reaktion):

$S_1 \longrightarrow R_1$
$S_2 \longrightarrow R_2$
$S_3 \longrightarrow R_3$

Es geht - schlicht gesagt - darum, verschiedene Dinge als verschieden zu erkennen.

Beispiele: Verschiedene Schlüssel eines Schlüsselbundes, verschiedene Wolken am Himmel, verschiedene Autos auf der Straße unterscheiden können.

- Aus der Mathematik: Logische Blöcke, verschiedene Dreiecke, verschiedene Bezeichnungen ... unterscheiden können.

(6) Begriffslernen (Gemeinsames erkennen lernen).

Hier handelt es sich nach GAGNÉ im Gegensatz zum Diskriminationslernen um ein Lernen, auf verschiedene Reize (bei gewissen Übereinstimmungen) "gleich" zu reagieren:

$S_1 \searrow$
$S_2 \longrightarrow R$
$S_3 \nearrow$

Es geht - schlicht gesagt - darum, an verschiedenen Objekten gemeinsame Merkmale zu erkennen.

Beispielsweise sind ein Dackel, ein Bernhardiner, ein Foxterrier, ... als "gleich" anzusehen; sie fallen alle unter den Begriff "Hund".

In ähnlicher Weise sind die Kante eines Würfels, die Seite eines Dreiecks und ein Abschnitt auf der Zahlengeraden als gleich anzusehen; sie fallen alle unter den mathematischen Begriff "Strecke". Weitere Beispiele aus der Mathematik:

die Begriffe Menge, natürliche Zahl, achsensymmetrisch ... .

(7) Regellernen (Zusammenhänge durch Erklärung verstehen).

Der Terminus "Regel" wird bei GAGNÉ in einem wesentlich umfassenderen Sinne gebraucht, als es dem deutschen Sprachgebrauch entspricht.

"Regellernen" heißt bei GAGNÉ einsichtsvolle Erfassung einer Verknüpfung mehrerer Begriffe in einem Satz, Gesetz, in einer Gesetzmäßigkeit, aber auch in einer verbalen Definition.

Unter "Regellernen" subsumiert GAGNÉ darüber hinaus auch inhaltliche und heuristische Verfahren.

Einfache Regeln der ersten Art:

a) Die Sonne geht im Osten auf.
b) Wasser kocht bei 100° C.
c) Wenn $A \subset B$, $B \subset C$, dann $A \subset C$ (A, B, C für Mengen)
d) $a(x+y) = ax + ay$ (a, x, y für natürliche Zahlen).
e) Die Diagonalen im Parallelogramm halbieren sich.
f) Ein Trapez ist ein Viereck mit zwei parallelen Seiten.
g) Der Satz des Pythagoras.

Beispiele für Verfahrensregeln (vgl. auch die didaktische Taxonomie in Schriba 2, Abschnitt 2.3):

h) Das Verfahren für die Lösung einer Gleichung.
i) "Beachte die Voraussetzungen", "Betrachte einen Sonderfall".

All das, was man gemeinhin "Wissen" nennt, ist im Sinne von GAGNÉ ein großes Geflecht von Regeln. Es muß allerdings abgegrenzt werden gegenüber rein "assoziativ" erworbenen sprachlichen Ketten im Sinne des Lerntyps 4:

das "Aufsagenkönnen" von Regeln, ohne sie verstanden zu haben.

(8) Problemlösen (Zusammenhänge durch eigene Überlegung erkennen).

Der Unterschied zum "Regellernen" ist grundsätzlich allein darin zu sehen, daß der Problemlöser durch eigene Überlegung lernt. Das bedeutet, daß der Lernende fähig ist, bereits gelernte Begriffe und Regeln zu einer neuen Regel zu kombinieren, d.h. das Gelernte in einer neuen Situation anzuwenden.

a) Es soll der kürzeste Weg zu einem bestimmten Platz im Heimatort gefunden werden.
b) Ein Verbrechen soll aufgeklärt werden.

Beispiele aus der Mathematik:

c) Es soll eine Sachaufgabe ... gelöst werden.

d) Es soll die binomische Formel begründet werden:

$(a+b)^2 = a^2 + 2ab + b^2$ (a, b für natürliche Zahlen).

Entscheidend ist hierbei nicht, ob man geneigt ist, so etwas ein "Problem" zu nennen, sondern daß das zu Lernende für den Lernenden neu ist.

2. Überlegungen zur GAGNÉschen Lerntypeneinteilung

2.1. Zur hierarchischen Struktur der GAGNÉschen Lerntypen

Nach GAGNÉ (1969) besitzen die Lerntypen 1 – 8 eine hierarchische Struktur: Im allgemeinen setzt ein Lerntyp bestimmte Formen der vorangehenden Lerntypen voraus:

Problemlösen setzt Regellernen, Regellernen setzt Begriffslernen, Begriffslernen setzt multiple Diskrimination voraus ... Im weiteren erscheint die Hierarchie nicht mehr so zwingend. Man entnimmt jedoch, gerade für den Mathematikunterricht, den deutlichen Hinweis, bei jedem Lernakt sehr genau nach seinen spezifischen Voraussetzungen zu fragen und wie sie aufeinander aufgebaut sind.

Man kommt damit zu einer sogenannten "Lernstruktur", die sich übersichtlich in einem Diagramm darstellen läßt, bei dem eine von unten nach oben führende Verbindung " --- ist vorauszusetzen bei ---" bedeutet.

Diese Relation ist im logischen Sinne zu verstehen, nicht im Sinne "--- soll im Unterricht behandelt werden vor ---"! Die logische und die didaktische Relation müssen wohl unterschieden werden. Überlegungen im letzteren Sinne sollten erst anschließend bei der Erstellung einer Lernsequenz angestellt werden.

Als Beispiel diene folgende Lernstruktur zu einer Unterrichtseinheit im 9. Schuljahr:

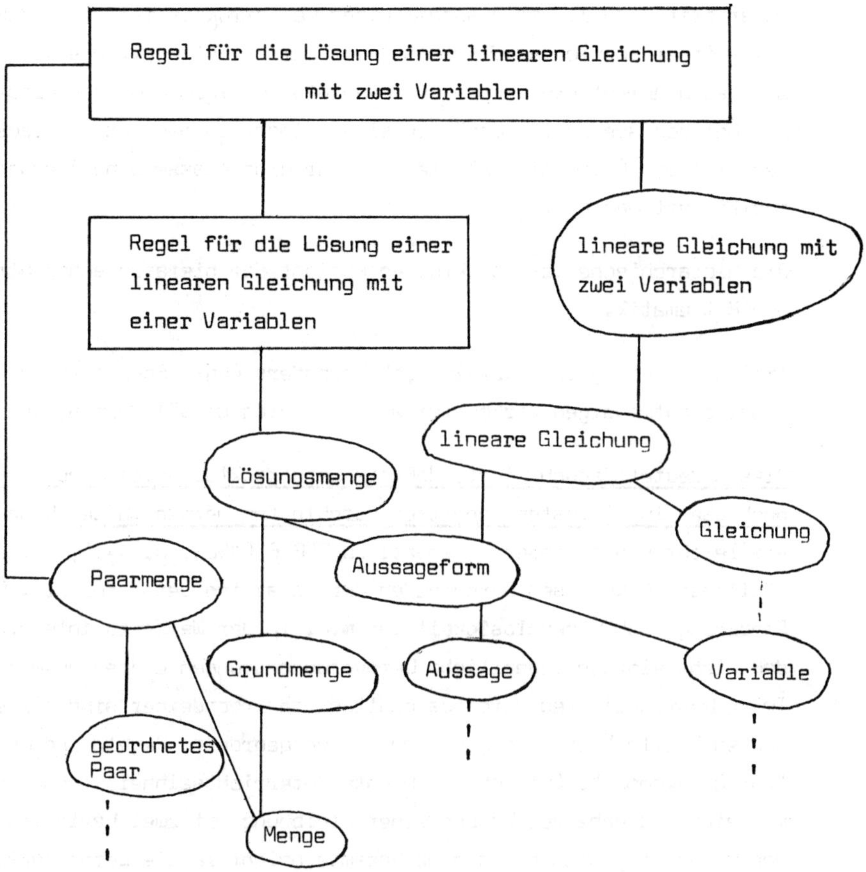

Offensichtlich ist diese Lernstruktur noch nicht "vollständig". Dies in einem mehrfachen Sinne: Es wurden nur vorgeordnete Begriffe und Regeln (also keine niedrigeren Lerntypen) aufgenommen. Die Analyse wurde an einigen Stellen nach unten abgebrochen. Zahlbegriffe und Zahlenoperationen wurden nicht aufgenommen. -

Dies entspricht in etwa den pragmatischen Gesichtspunkten bei der Erstellung eines solchen Diagramms:

1) Es erscheint nicht sinnvoll (schon aus Platzgründen!), die "niederen" Lerntypen 1 - 5 in das Diagramm mit aufzunehmen; sie sollten nur "bedacht" werden (z.B., wenn der für einen Begriff eingeführte Terminus schwer auszusprechen oder zu schreiben ist).

2) Das Diagramm kann an den offensichtlichen "Selbstverständlichkeiten" für die Schüler nach unten abgebrochen werden oder Lücken aufweisen

(aber erst dann!). Das Diagramm einer Lernstruktur ist als didaktisches Hilfsmittel anzusehen, nicht als logischer Selbstzweck. Das Diagramm wird sich dementsprechend auch immer bis zu einem gewissen Grade nach den bei den speziellen Schülern einer Klasse zu machenden Voraussetzungen richten. (Das obige könnte z.B. für eine Klasse ohne "Mengenlehre" modifiziert werden.)

Die hierarchische Lernstruktur entspricht der hierarchischen Struktur der Mathematik.

Im Sinne eines guten "vertikalen" Transfers (vgl. Schriba 4) sind die jeweils notwendigen Vorkenntnisse ("learning sets") sorgfältig zu klären.

Dies bedeutet jedoch nicht, daß die Lernstruktur jeweils nur von unten nach oben in kleinsten Schritten durchlaufen werden müßte. Dabei besteht vielleicht ein gewisser Gegensatz zu GAGNÉ (1969, S. 142), der ein möglichst lückenloses Durchlaufen der "learning sets" fordert. Die Forderung nach Lückenlosigkeit ist m.E. in der Weise zu interpretieren, daß nicht einfach wesentliche Lernvoraussetzungen übersehen werden dürfen. Im übrigen scheint es durchaus möglich, an irgendeiner sinnvoll erscheinenden Stelle "einzusteigen" und auf vorgeordnete Regeln und Begriffe "zurückzukommen". (Die oben erwähnte Unterrichtseinheit begann gleich mit einer Aufgabe zur Lösung einer Gleichung mit zwei Variablen!) Das erübrigt jedoch nicht eine Gesamteinsicht in die Lernstruktur des Themas, denn sie ermöglicht ein flexibles Eingreifen bei Schwierigkeiten; mögliche Lücken bei den Schülern können schneller diagnostiziert werden.

2.2. Zur Unvollständigkeit der GAGNÉschen Lerntypen

GAGNÉ (1969, S. 25) weist selbst auf die begrenzte Reichweite seiner Lerntypenhierarchie hin. Im wesentlichen wird hierdurch der kognitive und psychomotorische Bereich des Lernens erfaßt, der affektive Bereich nur "an Berührungspunkten". Phänomene, die an anderer Stelle mit "Beobachtungs- bzw. Imitationslernen" (vgl. BREDENKAMP 1974, S. 610) oder durch"soziales Lernen" (vgl. Schriba 2) beschrieben werden, sind durch die GAGNÉsche Einteilung kaum erfaßt.

2.3. Mechanisches versus sinnvolles Lernen

Eine Unterscheidung, die quer durch die GAGNÉsche Taxonomie geht, ist die zwischen mehr "mechanischem" und mehr "sinnvollem" Lernen (vgl. AUSUBEL 1974, S. 118):

Sinnvoll Gelerntes ist definitionsgemäß auf relevante bereits vorhandene Ideen in der "kognitiven Struktur" des Lernenden bezogen und verankert.

Mechanisch gelerntes Material ist hingegen auf die kognitive Struktur des Lernenden nur in relativ isolierten Einheiten "zufällig und wortwörtlich" bezogen und nicht in relevanten Ideen des Lernenden verankert.

GAGNÉs Lerntypen 1 - 6, so wie er sie interpretiert, sind eher mechanischer, die Lerntypen 7, 8 eher sinnvoller Natur. Dieser Unterschied zwischen mechanischem und sinnvollem Lernen hat wichtige Implikationen für die jeweilige Art der Lern- und Behaltensprozesse:

Mechanisches Lernen erfolgt weitgehend nach dem "Assoziationsgesetzen" (Kontiguität, Wiederholung, Verstärkung; vgl. Abschnitt 4) der Reiz-Reaktions-Theorie.

Bei "sinnvollem" Lernen spielt der Aufbau und die Verstärkung assoziativer Verknüpfungen nur eine geringe Rolle. Der Haupteinfluß kommt von der kognitiven Struktur des Lernden, wobei nach AUSUBELs kognitiver Theorie die bereits vorhandenen relevanten Ideen von zentraler Bedeutung sind (vgl. Schriba 8)[1].

2.4. Rezeptives Lernen versus Entdeckungslernen

Eine Unterscheidung, die bei GAGNÉ explizit bei den Lerntypen "Regellernen" und "Problemlösen" angesprochen ist, ist die zwischen rezeptivem Lernen und Entdeckungslernen (AUSUBEL 1974, S. 24):

Beim rezeptiven Lernen wird dem Lernenden der ganze Inhalt des zu Lernenden in "fertiger" Form vorgelegt. Man verlangt "nur" von ihm, das Material so aufzunehmen, daß es später reproduzierbar und verfügbar ist.

Das wesentliche Merkmal des Entdeckungslernens ist, daß der Hauptinhalt des zu lernenden Materials nicht gegeben ist, sondern vom Lernenden entdeckt werden muß:

---

1 Begriffslernen ist insofern nach AUSUBEL eher "sinnvolles" Lernen.

"Die Lerndenden sollten ihr Wissen durch eigene Aktivität aufbauen, Fakten und Zusammenhänge selbständig suchen und ihre Lernvoraussetzungen zur Erweiterung ihrer Kenntnisse produktiv einsetzen" (NEBER 1973, S. 7).

An dieser Stelle soll die Kontroverse von AUSUBEL als Vertreter eines mehr rezeptiven Lernens und BRUNER als Vertreter eines mehr entdeckenden Lernens nicht ausführlich entfaltet werden. Man kann dazu auf das gut aufbereitete Material von EIGLER/JUDITH u.a. (1973, S. 61 - 69) und auf leicht lesbare, bei NEBER (1973, S. 15 - 69) aufgenommene Originalaufsätze von BRUNER und AUSUBEL zurückgreifen.

Es ist nur insofern kurz auf die Frage "rezeptives oder entdeckendes Lernen" einzugehen, weil sie die Zielsetzungen dieses Kurses sowohl zum einen wie zum anderen hochschuldidaktisch (mit-)begründet:

Es sollen hier nur einige Argumente beider "Lager" gegenübergestellt werden (vgl. EIGLER/JUDITH u.a. 1973, S. 66 - 69):

Für das entdeckende Lernen (bzw. "entdeckenlassende Lehren ") wird ins Feld geführt:

1. Es fördere besonders die Motivation, auch für weitere Problemlösungsprozesse,und erhöhe damit allgemein die Problemlösebereitschaft.
2. Es führe zu besserem Behalten und sichererem Wissen.
3. Es fördere besonders den Transfer des Gelernten; selbst Entdecktes werde in neuen Situationen eher eingesetzt.
4. Es eigne sich besonders für das Lernen von überall benötigten Problemlösetechniken (heuristischen Regeln) und fördere damit allgemein die Problemlösefähigkeit.

Für das rezeptive Lernen (bzw."expositorische Lehren") wird ins Feld geführt:

1. Das entdeckende Lernen benötigt zur Erreichung des gleichen fachlichen Ziels unverhältnismäßig mehr Zeit und Aufwand und führt damit - im Hinblick auf die zur Verfügung stehende Schulzeit - zu einer weniger ausgebauten und differenzierten kognitiven Struktur.
2. Nicht die Häufigkeit des Lösens von Problemen ist die entscheidende Bedingung für die Problemlösefähigkeit, sondern die kognitive Struktur des Lernenden. Je umfangreicher und stabiler eine kognitive Struktur ist, desto mehr Lösungsalternativen lassen sich entwickeln und desto kritischer und fundierter können diese überprüft werden.
3. Entdeckendes Lernen setzt eine Fülle komplexer Fähigkeiten und Bereitschaften kognitiver und affektiver Art voraus (vgl. die

Taxonomie in Schriba 2), die nur bei verhältnismäßig wenigen Schülern in dem Maße vorausgesetzt werden können oder trainierbar sind, wie die Fähigkeit, verbal präsentierte Sachverhalte zu verstehen und kritisch zu verarbeiten (Gefahr der Überforderung und Motivationsminderung!).

4. Die Problemlösetechniken gehen oft nicht über einen Teilbereich hinaus. Der Transfer muß zumindest mit verbalen Hinweisen angeleitet werden.

"Die genannten Argumente sprechen dafür, ein Vorgehen anzustreben, das zwischen expositorischem und entdeckenlassendem Lehren alteriert... " (vgl. EIGLER/JUDITH u.a. 1973, S. 91). Es entspricht dem Plädoyer H. ROTHs (1965[8], S. 169 ff) für einen Wechsel zwischen orientierendem und exemplarischem Lehren.

Diese Ansicht ist in die Konzeption dieses Kurses mit aufgenommen, indem akzentuierte Phasen des "Regellernens" und des "Problemlösens" vorgesehen sind.

Das Ausmaß expositorischen und entdeckenlassenden Unterrichts muß letztlich der Entscheidung des einzelnen Lehrers überlassen bleiben, solange noch keine genaueren Forschungen vorliegen.

Es ist u.U. ratsam, entdeckenlassenden Unterricht vorwiegend auf "eigentliche" Problemlösungssituationen (z.B. mathematische Sachaufgaben, mathematische Knobelaufgaben) zu beschränken.

Indessen wäre m.E. hierin durchaus ein "Gewinn" zu sehen, da bisher echter Problemlöseunterricht im Mathematikunterricht trotz allen Propagierens nach allen eigenen Beobachtungen faktisch selten versucht wird.

Der Lehrer sollte jedenfalls Problemlöseunterricht im "Repertoire" haben. Auf die Bedingungen, die bei solch einem Unterricht zu beachten sind, geht Schriba 9 im einzelnen ein.

2.5. Zur Verschränkung der Lerntypen

Es ist wichtig darauf hinzuweisen, daß die verschiedenen Lerntypen nicht scharf voneinander getrennt werden können, sondern sich (ähnlich wie die Lernphasen) vielfältig miteinander verschränken. So hat GAGNÉ selbst (1973, S. 127 - 142) in einem Aufsatz darauf hingewiesen, daß "Entdeckungsprozesse" als Teil jeder Lernart vorkommen. Beim Begriffslernen können z.B. gemeinsame Eigenschaften mehrerer Objekte "entdeckt" werden. Beim Regellernen können (auf Hinweise des Lehrers) "Teilzusammenhänge" entdeckt werden. "Begriffslernen" geht beim Lernen von Begriffen durch Definition und verbale Hinweise in "Regellernen" über. Regellernen geht fließend in Problemlösen über. Reines Problemlösen der Schüler gibt es im Schulunterricht kaum, da es im Extrem sämtliche Eingriffe des Lehrers ausschließt. Es geht also im Grunde nur um mehr oder weniger Lenkungsmaßnahmen.

Dem kontinuierlichen Übergang der Lerntypen entsprechend, bringt der nächste Abschnitt auch eine etwas andere pragmatische Einteilung der Lerntypen für den Mathematikunterricht. Dabei spielt die Zusammengehörigkeit der Situationen eine gewisse Rolle.

Das Lernen von Begriffen (Regeln im GAGNÉschen Sinne) wird mit abgehandelt unter "Begriffslernen"; das Lernen "heuristischer Regeln" wird behandelt unter dem Thema "Problemlösen", da ersteres mit letzterem besonders stark verbunden ist.

Vor allem aber sollte man nicht dem Mißverständnis verfallen (was durch Akzentuierung der Lerntypen in diesem Kurs nahegelegt werden könnte), daß es in einer Schulstunde nur um "Begriffslernen", in einer anderen nur um "Regellernen" und in einer dritten nur um "Problemlösen" geht. Im realen Unterricht treten selbstverständlich alle Lerntypen in unterschiedlichem Ausmaß vermischt auf. Manche Begriffe werden "en passant" während eines "Regellernens" eingeführt, und eine operative Übung zu einem Begriff oder einer Regel wird eventuell mit einem kleinen Problem abgeschlossen.

Wenn für diesen Kurs trotzdem dafür plädiert wird, jeweils gesonderte Stunden für jeden Lerntyp anzusetzen, so hat das den alleinigen Sinn, die jeweiligen - akzentmäßig unterschiedlichen - Lernbedingungen deutlicher ins Bewußtsein zu rufen und anhand verabredeter Beobachtungskategorien besser diskutieren zu können.

3. Eine neue Einteilung von Lerntypen mathematischen Lernens

In diesem Abschnitt soll - ausgehend von den GAGNÉschen Lerntypen - eine neue Einteilung von Lernarten für den Mathematikunterricht vorgeschlagen werden. Mit gewissen Uminterpretationen gegenüber GAGNÉ werden unterschieden:

1. Assoziatives Lernen,
2. multiple Diskrimination,
3. Lernen mathematischer Begriffe,
4. Lernen mathematischer Regeln,
5. Lernen heuristischer Regeln,
6. Lösen mathematischer Probleme.

3.1. Assoziatives Lernen

Unter "assoziativem Lernen" seien die vier ersten Lerntypen GAGNÉs zusammengefaßt; diese Kategorie sei aber auf den kognitiven Bereich beschränkt (man hat also eine rein kognitive Taxonomie von Lernarten). Unter "assoziativem Lernen" werde dementsprechend der Aufbau kürzerer oder längerer Reiz-Reaktions-Verbindungen (Automatismen) im kognitiven Bereich verstanden. Das betrifft in der Mathematik all jene Dinge, die im herkömmlichen Sinn "eingeschliffen" werden müssen, wie z.B.

das Einmaleins oder
die schriftlichen Rechenverfahren.

Bemerkung: Solche Automatisierungen sind in der Mathematik durchaus angebracht, da sie das Denken für höhere Operationen entlasten. Das heißt jedoch nicht, daß sie für sich und vorneweg ohne Verständnis gedrillt werden sollen. Sie setzen ihrerseits das Verständnis von Begriffen und Regeln voraus (vgl. die Lernzieltaxonomie in Schriba 2). Sie werden allerdings - wie schon angedeutet - häufig für höhere kognitive Tätigkeiten vorausgesetzt. Eine etwas strengere Hierarchie der Lernarten wird nur bei den Lerntypen 2 - 5 angenommen.

3.2. Multiple Diskrimination

Unter "multipler Diskrimination" werde (ähnlich wie bei GAGNÉ) ein Unterscheidenkönnen verschiedener, auch ähnlicher Dinge (z.B. einzelner Vierecke) verstanden. Multiple Diskrimination, wie sie hier gedeutet wird, ist einesteils Voraussetzung für Begriffslernen; denn bevor man zwischen verschiedenen Dingen gewisse gemeinsame Eigenschaften feststellt, muß man sie als verschiedene Gegenstände unterscheiden (diskriminieren) können. Anderenteils ist multiple Diskrimination auf höherer Ebene oft Ergebnis von Begriffslernen: Wenn der Lernende nämlich nicht nur zwischen Quadraten, Rechtecken, Rauten als einzelnen Objekten, sondern als Begriffen unterscheiden lernt.

3.3. Lernen mathematischer Begriffe

Def

Man spricht allgemein von einem "Begriff", wenn eine Anzahl von Objekten oder Ereignissen aufgrund gewisser übereinstimmender Merkmale mit einem gemeinsamen Namen belegt wird (vgl. WEINERT 1974, S. 664).

Im Anschluß an die Begriffslogik erscheint es zweckmäßig (vgl. auch WITTMANN 1974, S. 78), verschiedene Arten von mathematischen Begriffen zu unterscheiden. Zunächst einmal kann man zwischen "Eigenschaftsbegriffen" und "Relationsbegriffen" unterscheiden:

Eigenschaftsbegriffe (kurz Eigenschaften, Merkmale) können einzelnen Objekten zugesprochen oder abgesprochen werden. (Beispiel: dreieckig, rechtwinklig, Primzahl ...)

Relationsbegriffe können Paaren, Tripeln, ... von Objekten zugesprochen bzw. abgesprochen werden. (Beispiel: ... ist länger als ..., ... liegt zwischen ... und ...)

Weiterhin kann man "einfache" und "zusammengesetzte" Begriffe unterscheiden:

Zusammengesetzte (abgeleitete, definierte) Begriffe werden durch Definition auf andere Begriffe zurückgeführt, einfache Begriffe nicht mehr.

Einfache Begriffe sind in der axiomatisch betriebenen Mathematik die sogenannten "Grundbegriffe" (Beispiel: Punkt, Gerade, ... liegt auf ...). Was man als Grundbegriff wählt, ist bis zu einem gewissen Grade willkürlich; es hängt letztlich von der axiomatischen Basis ab, die man für sinnvoll hält.

Im (nicht axiomatischen) Schulunterricht sind einfache Begriffe diejenigen, die "keiner Erklärung mehr bedürfen"; was natürlich erst recht nur relative Bedeutung haben kann!

Beispiele: gerade Linie, Fläche, Kugel.

Solche Begriffe werden meist mehr oder weniger unmittelbar durch "Abstraktion" aus Beispielen der Erfahrungswelt gewonnen, allenfalls umgangssprachlich etwas erläutert. An derartige einfache "empirische" Eigenschaftsbegriffe dachte offenbar GAGNÉ bei seinem Lerntyp "Begriffslernen".

Im weiteren sollen beim "Begriffslernen" auch die zusammengesetzten Begriffe mit einbezogen werden, deren Erlernen GAGNÉ unter "Regellernen" subsumiert.

Beispiele: Trapez (als Viereck mit ...), Spiegelung (als Abbildung der Ebene auf sich mit ...) usw.

Bemerkung: Es erscheint insofern nicht zweckmäßig, das Lernen definierter Begriffe zum "Regellernen" zu zählen, da es beim Regellernen meist nicht nur darum geht, die sprachliche Aussage der Regel (entsprechend der Definition) zu verstehen, sondern auch um deren Begründung. Insofern ergeben sich beim Regellernen, wie es hier verstanden wird, neue Lernbedingungen gegenüber dem Lernen definierter Begriffe.

3.4. Lernen mathematischer Regeln

Im folgenden soll der Terminus "Regellernen" gegenüber GAGNÉ eingeschränkt werden auf sinnvolles rezeptives Lernen von mathematischen Sätzen, Gesetzen, Regeln und inhaltlichen Verfahren.

Beispiele: Satz des Pythagoras, Distributivgesetz für natürliche Zahlen, Teilbarkeitsregel für die Teilbarkeit durch 9, Lösungsverfahren für eine quadratische Gleichung.

So wie das Lernen zusammengesetzter Begriffe bereits dem "Begriffslernen" zugeschlagen wurde, weil es sich dort m.E. besser abhandeln läßt, so soll das Lernen heuristischer Regeln als Lerntyp eigenen Charakters herausgestellt werden.

3.5. Das Lernen heuristischer Regeln

Es werde unter diesem Lerntyp das sinnvolle (teils rezeptive, teils entdeckende) Lernen inhaltlich orientierter und allgemeiner heuristischer Regeln verstanden.

Inhaltlich orientierte heuristische Regeln sind "Strategien" für inhaltlich mehr oder weniger abgegrenzte Teilgebiete der Mathematik. Beispiele:

- Nutzung von Rechenvorteilen,
- zweckmäßige Berechnung eines Hauptnenners,
- Benutzung von Baumdiagrammen zur Darstellung multiplikativer Zusammenhänge,
- Klärung logischer Zusammenhänge mit Hilfe von Venndiagrammen,
- Benutzung von graphischen Fahrplänen bei Bewegungsaufgaben ...

Das Lernen solcher inhaltlich orientierten heuristischen Regeln ist in direktem Zusammenhang mit der "Anwendungsphase" des Lernens gewisser inhaltlicher Regeln zu sehen.

Allgemeine heuristische Regeln sind hingegen für alle mathematischen Teilgebiete geltende Problemlösungsstrategien, z.T. von fachübergreifender Bedeutung. Beispiele:

- Analyse der Daten bei Problemlösungsaufgaben (Was ist gegeben, was ist gesucht?);
- gezielter Einsatz von früher Gelerntem (Was weiß ich aus ähnlichen Situationen?);
- Überprüfung von Zwischenergebnissen (Bin ich auf der richtigen Fährte?) ...

Das Lernen solcher allgemeinen heuristischen Regeln steht offenbar in unmittelbarem Zusammenhang mit dem Lösen mathematischer Probleme.

3.6. Das Lösen mathematischer Probleme

Hierunter werde ein entdeckendes Lernen mathematischer Zusammenhänge verstanden. Dazu zählt im wesentlichen: das Lösen von Sachaufgaben und mathematischen Knobelaufgaben sowie das Beweisen von Sätzen.

(Will man den besonderen Anspruch von Problemlösungsaufgaben gegenüber anderen Aufgaben betonen, so kann man sie auch als solche Aufgaben kennzeichnen, die ein hohes Maß an Transfer erfordern).

4. Bedingungen mathematischen Lernens

Der Grundgedanke der GAGNÉschen Lerntypentaxonomie (vgl. GAGNÉ 1969) besteht darin, Lernarten soweit zu unterscheiden, wie für sie unterschiedliche Lernbedingungen gelten und diese Lernbedingungen genauer anzugeben.

Nach GAGNÉ hat der Lehrer als "Organisator von Lernprozessen" auf zweierlei Bedingungen zu achten:

a) Interne Bedingungen des Lernenden;
das sind die Lernvoraussetzungen, die der Schüler für den Lernprozeß mitbringt bzw. mitbringen sollte (z.B. Aufmerksamkeit, Vorkenntnisse).

b) Externe Bedingungen des Lernens;
das sind die äußeren Bedingungen, die den Lernvorgang begünstigen (z.B. Medien, verbale Hinweise des Lehrers, Lehrerhilfen jeder Art).

Die externen Bedingungen (Lehrermaßnahmen) ergeben sich oft unmittelbar aus den beim Lernenden vorliegenden internen Bedingungen. Den obigen internen Bedingungen entsprechen beispielsweise die externen Bedingungen: Interesse wecken, Vorkenntnisse sichern. Es sollen im folgenden einige wesentliche (interne und externe) Lernbedingungen für die in Abschnitt 3 herausgestellten Lerntypen des Mathematikunterrichts zusammengetragen werden.

Die unterrichtlichen Bedingungen für das Lernen mathematischer Begriffe und Regeln sowie für das Lösen mathematischer Probleme werden in den folgenden Schribas näher diskutiert und weiter vertieft.

4.1. Bedingungen für assoziatives Lernen

(Man denke etwa an Automatisierung eines Grundbestands von Einmaleinssätzen.)

Hier lassen sich im Sinne der behavioristischen[1] Reiz-Reaktions-Theorien vor allem drei wichtige Bedingungen nennen:

a) viel Übung;
b) Verstärkung;
c) rasche Rückmeldung.

Eine Orientierung für das Folgende geben allgemeine Regeln zur Gestaltung des "Einübens" nach AEBLI (1968[5], S. 171 - 178).

Die wichtigste Lernbedingung heißt dabei:

Übung.

Die hier erforderliche Übung, die auf rasche stereotype Reaktionen zielt, darf nicht verwechselt werden mit der früher (in Schriba 3) besprochenen operativen Übung nach AEBLI u.a., die auf Beweglichkeit des Denkens zielt! Die operative Übung ist jedoch eine wichtige Bedingung für das Einüben. Denn: Einsichtig Gelerntes wird besser behalten!

Wichtig ist dabei auch häufige, aber nicht gehäufte Wiederholung. Zeitlich verteilte Wiederholungen sind wirksamer!

1 behaviour (engl.): Verhalten

Es empfiehlt sich weiterhin eine möglichst unmittelbare Rückmeldung (Bestätigung bzw. Korrektur) bezüglich des Lernergebnisses.

Günstig sind gelegentliche schriftliche Lernkontrollen (Übungsarbeiten)- zum einen: aufgrund der breiteren Aktivität der Schüler - eigener Übungsvollzug! -, zum anderen: wegen der umfassenderen Rückmeldung durch den Lehrer.

Da die Rückmeldung um so effektiver ist, je rascher sie erfolgt, sollte man solche Arbeiten möglichst bald zurückgeben. (Das gilt sicherlich auch für höhere Lerntypen!)

Wichtig ist schließlich eine angemessene Verstärkung der Lernleistung durch den Lehrer. Das"Lob" des Lehrers sollte jedoch möglichst bald durch Selbstbekräftigung des Schülers aufgrund des eigenen Lernerfolgs abgelöst werden.

Damit der Schüler Spaß an den Übungen behält, gestalte sie der Lehrer möglichst interessant und abwechslungsreich.

4.2. Bedingungen für multiple Diskrimination

(Man denke etwa an Unterscheidenlernen verschiedener Vierecke.)

Interne Bedingung: Eindeutige Reiz-Reaktions-Verbindungen.

Zur Erleichterung von multipler Diskrimination präsentiere man die zu unterscheidenden Dinge so, daß ihre Unterschiedlichkeit betont wird (z.B. durch bunte Kreide!).

Dies erfordert zudem räumliche und zeitliche "Kontiguität"[1] (Nachbarschaft):

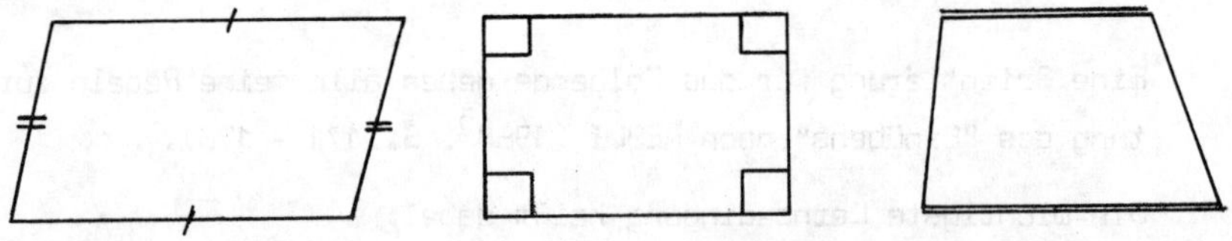

Eine entsprechende Bedingung gilt für das Lernen mathematischer Begriffe: Kontiguität der Objekte; (zeichnerische und verbale) Hervorhebung der relevanten Merkmale.

4.3. Bedingungen für das Lernen mathematischer Begriffe

(Man denke etwa an den Begriff "Quadrat".)

Hier ist genauer zwischen den Begriffsarten zu differenzieren (vgl. Schriba 7). Allgemein kann man für das Beispiel vorwegschicken: Der Lernende muß verschiedene Vierecke unterscheiden können. (Multiple Diskrimination als interne Bedingung des Begriffslernens.)

---

1 Kontiguität (lat.): "Berührung"; Zusammensein verschiedener Erlebnisinhalte. Vgl. HILGARD/BOWER, Kap: 4: GUTHRIEs Lehre von der Konditionierung durch Kontiguität.

Relevante Merkmale sollten meist an mehreren Beispielen hervorgehoben werden. Irrelevante Merkmale sollten dabei variiert werden (vgl. Variationsprinzipien von DIENES in Schriba 3).

Zur (ersten) Erlernung des Begriffs "Quadrat" ist z.B. erforderlich, daß man die Farbe, Größe und Lage der Quadrate variiert:

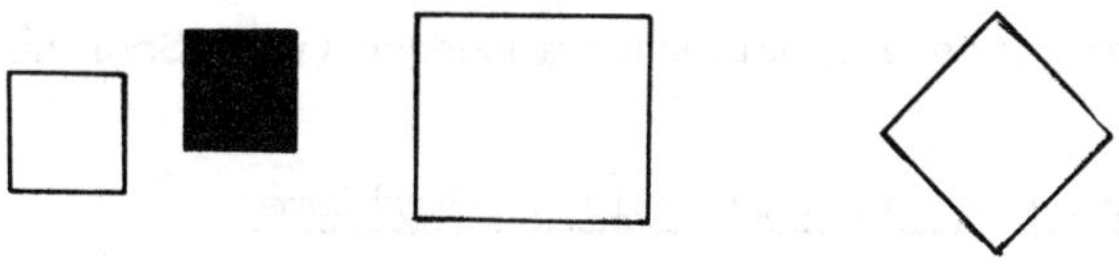

Damit man einen Begriff nicht zu weit faßt, sind Gegenbeispiele erforderlich (Kontrastprinzip):

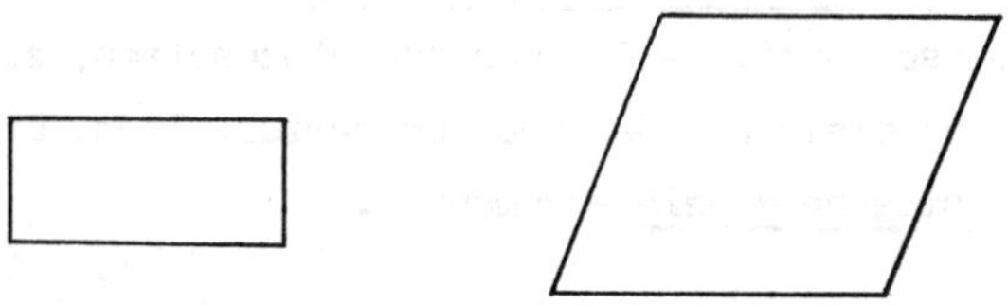

Näheres in Schriba 7 !

4.4. Bedingungen für das Lernen mathematischer Regeln

(Man denke etwa an das Lernen eines Distributivgesetzes für Mengen.)

Eine unerläßliche Bedingung für Regellernen (wie für das Lernen zusammengesetzter Begriffe) ist offenbar, daß die vorgeordneten Begriffe (sonst eventuell auch Regeln) geklärt sind: Begriffslernen als interne Bedingung für Regellernen!

Sicherlich sind hier auch wieder oft verbale Hinweise und Veranschaulichungshilfen als externe Bedingungen erforderlich.

Näheres in Schriba 8 !

4.5. Bedingungen für das Lernen heuristischer Regeln

Für das Lernen inhaltlich orientierter heuristischer Regeln (man denke etwa an das Nutzen eines Rechenvorteils) ist sicher die Kenntnis der zugrundliegenden Gesetzmäßigkeit und ein häufiges Aufmerksammachen des Lehrers auf die Möglichkeit der Anwendbarkeit des Rechenvorteils in speziellen Situationen erforderlich, sowie die eigene Anwendung durch die Schüler in immer neuen Beispielen und Zusammenhängen (vgl. Transferbedingungen in Schriba 4).

Für das Lernen allgemeiner heuristischer Regeln gelten offenbar ähnliche Lernbedingungen wie für die inhaltlich orientierten: Lösen von Aufgaben unter Lenkung des Lehrers, Hervorheben zweckmäßiger Verfahren (z.B. Anfertigung von Situationsskizzen), Rückblick auf bereits gelöste Aufgaben sind hierbei transfergünstige Bedingungen (vgl. Schriba 4).

4.6. Bedingungen für das Lösen mathematischer Probleme

(Man denke etwa an das Lösen einer Sachaufgabe.)

Interne Bedingungen: Um ein Problem lösen zu können, muß der Schüler die relevanten Begriffe und Regeln parat haben. Er muß darüber hinaus fähig sein, gewisse kognitive Fähigkeiten einzusetzen, z.B. Sachverhalte zu analysieren, vergleichen, Beziehungen herzustellen. Er muß in der Lage sein, heuristische Regeln anzuwenden.

Da der Schüler möglichst selbständig arbeiten soll, gilt hier das Prinzip der "minimalen Hilfe".

Geringste Hilfe:	eine Ermunterung ("Du kannst das!");
stärkere Hilfe :	ein Hinweis auf eine allgemeine Strategie ("Was willst du eigentlich wissen?");
noch stärker :	ein Hinweis auf eine inhaltliche Strategie ("Versuche es doch mal mit einer graphischen Darstellung!");
stärkste Hilfe :	eine inhaltliche Hilfe ("Wenn du Geschwindigkeit und Zeit kennst, kannst du den Weg berechnen!").

Auf die hier angedeutete "Hierarchie der Hilfen" und weitere Bedingungen eines Problemlösungsunterrichts wird in Schriba 9 ausführlich eingegangen.

4.7. Zusammenfassende Übersicht

Die wichtigsten Lernbedingungen zu den einzelnen Lerntypen seien in folgender Tabelle (SCHEMA 12) zusammengefaßt:

SCHEMA 12:
Lerntypen mathematischen Lernens und ihre Bedingungen

Lerntyp	Lernbedingungen
assoziatives Lernen	- viel Übung - Verstärkung - rasche Rückmeldung
multiple Diskrimination	- Unterschiede hervorheben (bunte Kreide!) - Kontiguität
Lernen mathematischer Begriffe	- Fähigkeit zu multipler Diskrimination - relevante Merkmale hervorheben - mehrere Beispiele (nach Variationsprinzipien von DIENES) - Gegenbeispiele (Kontrastprinzip)
Lernen mathematischer Regeln	- Klärung vorgeordneter Begriffe und Regeln (Regelstruktur!) - verbale Hinweise - Veranschaulichungshilfen
Lernen heuristischer Regeln	- häufiges Hinweisen auf Anwendungsfälle - eigene Anwendung in neuen Fällen - Hervorhebung zweckmäßiger Verfahren - Rückblick auf bereits gelöste Aufgaben
Lösen mathematischer Probleme	- Geläufigkeit relevanter Begriffe und Regeln - Problemlösefähigkeiten (analysieren, vergleichen, Beziehungen herstellen, ...) - Fähigkeit, heuristische Regeln einzusetzen - Prinzip der minimalen Hilfe (Motivationshilfe - heuristische Hilfe - inhaltliche Hilfe)

Aufgaben und Diskussionsanregungen zu Schriba 5

0. Orientieren bzw. überprüfen Sie sich bezüglich der Zielsetzungen dieses Schribas anhand des Zielkatalogs in Schriba 10.

o 1. Woran könnte es liegen, wenn ein Schüler im Mathematikunterricht nicht mitkommt?
(Versuchen Sie von jedem der bisherigen Schribas 1 - 5 aus eine Antwort zu geben!)

! + 2. Geben Sie für jeden der acht GAGNÉschen Lerntypen zwei eigene Beispiele (ein mathematisches und ein nichtmathematisches).

3. Erläutern Sie, warum es sich beim Aussprechenlernen schwieriger Wörter wie "symmetrisch" und "Hypotenuse" um Reiz-Reaktions-Lernen handelt.

4. Versuchen Sie, die Lernstruktur in Abschnitt 2.1 noch weiter zu ergänzen, auch in Richtung "niedrigerer" Lerntypen.

! + o 5. Erstellen Sie eine (hypothetische) Lernstruktur für die Quersummenregel für die Teilbarkeit durch 9.

o 6. Welche Beziehungen oder Nichtbeziehungen sehen Sie zwischen den Lernarten beschreibenden Begriffspaaren mechanisch-sinnvoll und rezeptiv-entdeckend?

o 7. Diskutieren Sie kritisch die Argumente für (mehr) rezeptives bzw. (mehr) entdeckendes Lernen in Abschnitt 2.4.

o 8. Diskutieren Sie die "Übergänge" von Begriffslernen zu Regellernen und von Regellernen zu Problemlösungslernen.

! + 9. Geben Sie je ein eigenes Beispiel für das Lernen eines zusammengesetzten mathematischen Begriffs und für das Lernen einer allgemeinen heuristischen Regel.

! 10. Versuchen Sie, die Lernbedingungen des SCHEMAS 12 an passenden mathematischen Lerninhalten möglichst stark zu konkretisieren!

<u>Bemerkung</u>: Die im Rahmen dieses Kurses besonders wichtigen Aufgaben sind etwa in folgender Rangfolge zu sehen:
10 vor 5 vor 2 vor 9.

Literaturhinweise zu Schriba 5

\+ AEBLI, H.: Grundformen des Lehrens. Klett Verlag, Stuttgart 1968[5] (Kap. VIII: Das Üben).

AUSUBEL, D.P.: Psychologie des Unterrichts, Bd. 1 und Bd. 2. Beltz Verlag, Weinheim und Basel 1974.
(Bd. 1, Kap. 3: Sinnvolles rezeptives Lernen und Behalten;
Bd. 1, Kap. 8: Übung;
Bd. 2, Kap. 14: Entdeckendes Lernen).

\+ AUSUBEL, D.P.: Entdeckendes Lernen. In: NEBER (1973, S. 28 - 70).

BREDENKAMP, J./BREDENKAMP, K.: Was ist Lernen? (Kap. 19); Die Bedingungen des Erlernens, Behaltens und Vergessens von sprachlichem Material (Kap. 20); In: WEINERT, F.E. u.a. (Hrsg.): Funkkolleg Pädagogische Psychologie, Bd. 2, Fischer Taschenbuch, Frankfurt/M. 1974.

\+ BRUNER, J.S.: Der Akt der Entdeckung. In: NEBER (1973, S. 15 - 28).

\+ EIGLER, G.: Auf dem Weg zu einer audio-visuellen Schule. Ehrenwirt Verlag, München 1971.
(Kap. 4: Lernzieltypen;
Kap. 5: Interne Bedingungen des Lernens;
Kap. 5: Lehren als Arrangement der externen Bedingungen des Lernens).

\+ EIGLER, G./JUDITH, M. u.a.: Grundkurs Lehren und Lernen. Beltz Verlag, Weinheim und Basel 1973 (Schriftliches Basismaterial 6, 7, 8).

\+ GAGNÉ, R.M.: Die Bedingungen des menschlichen Lernens. Schroedel Verlag, Hannover 1969 (Kap. I bis Kap. VII).

GAGNÉ, R.M.: Arten des Lernens und der Begriff der Entdeckung. In: NEBER (1973, S. 127 - 142).

GAGNÉ, R.M./PARADISE, N.E.: Abilities and Learning Sets in Knowledge Acquisition. In: Psychological Monographs, Vol. 15, No. 14, 1961.

HILGARD, E.R./BOWER, G.H.: Theorien des Lernens I. Klett Verlag, Stuttgart 1973[3] (Kap. 1 - 5).

\+ NEBER, H. (Hrsg.): Entdeckendes Lernen. Beltz Verlag, Weinheim und Basel 1973.

ROTH, H.: Pädagogische Psychologie des Lehrens und Lernens. Schroedel Verlag, Hannover 1965[8].

WEINERT, F.E.: Kognitives Lernen: Begriffsbildung und Problemlösen. In: WEINERT, F.E. u.a. (Hrsg.): Funkkolleg Pädagogische Psychologie, Bd. 2, Fischer Taschenbuch, Frankfurt/M. 1974.

WITTMANN, E.: Grundfragen des Mathematikunterrichts. Verlag Vieweg, Braunschweig 1974 (Abschn. 8.3: Die Lerntheorie R.M. GAGNÉs).

Literaturkommentar

Grundlegend für die Thematik des Schribas ist GAGNÉ(1969).

Einfache Einführungen zur Thematik geben EIGLER (1971) und (etwas stärker auf den Mathematikunterricht bezogen) WITTMANN (1974).

Zum Thema "Üben" sei besonders AEBLI (1968^5) empfohlen.

Zum Thema "Rezeptives versus Entdeckungslernen" sei als Einführung EIGLER/JUDITH u.a. (1973), zur Vertiefung AUSUBEL und BRUNER bei NEBER (1973) empfohlen.

SCHRIBA 6

Leitlinien zu Vorbereitung, Beobachtung, Durchführung und Besprechung von Mathematikunterricht

0. Vororientierung zu Schriba 6

In den bisherigen Schribas 1 - 5 sind grundlegende Kategorien des Mathematikunterrichts diskutiert worden, die in jeder Mathematikstunde zu berücksichtigen sind: Rahmenbedingungen, Ziele, Denkentwicklung (operative Prinzipien), Lernphasen und Lerntypen.

In diesem Schriba soll erörtert werden, wie die genannten Gesichtspunkte bei der Unterrichtsvorbereitung, -beobachtung, -durchführung und -besprechung zu berücksichtigen sind.

Dabei geht es insbesondere auch darum, die Konzeption für die unterrichtspraktischen Versuche im Rahmen dieses Kurses genauer zu entwickeln und zu begründen.

1. Zur Vorbereitung von Mathematikunterricht

1.1. Zum Problem des Unterrichtsvorbereitung allgemein

Das Problem der Unterrichtsvorbereitung besteht u.a. darin, vielfältigen pädagogischen, psychologischen, fachlichen und fachdidaktischen Anforderungen gerecht zu werden.

Es sei nur an einige Anforderungen erinnert, die sich aus den Schribas 1 - 5 ergeben:

Der Unterrichtende hat
- die Voraussetzungen des Unterrichts zu ermitteln,
- Lerninhalte auszuwählen und zu begründen,
- Lernziele zu präzisieren,
- geeignete Motivationen zu überlegen,
- Aufgaben nach operativen Prinzipien zu konstruieren,
- Lernkontrollen zu überlegen,
- Lernbedingungen bezüglich bestimmter Lerntypen seines Unterrichts zu reflektieren.

Die Unterrichtsvorbereitung wird zusätzlich dadurch erschwert, daß sich die erforderlichen Überlegungen z.T. gegenseitig bedingen und daher nicht in eine feste Reihenfolge zu bringen sind (vgl. Anmerkungen zum "Interdependenzprinzip" S. 33).

So wird man sich häufig nur allmählich über mehrere Korrekturen zur Endgestalt eines Stundenentwurfs vorarbeiten können.

Es wird im folgenden letztlich darauf ankommen, die aus den Schribas 1 - 5 hervorgehenden Elemente einer Unterrichtsvorbereitung in einer einigermaßen günstigen Vorbereitungsstrategie zu verbinden.

1.2. Gegenstand der Unterrichtsplanung

Es ist zweckmäßig, bei der Unterrichtsplanung zu unterscheiden zwischen
- der Erstellung eines langfristigen Arbeitsplanes (u.U. für mehrere Monate bzw. für ein Schuljahr),
- einer mittelfristigen Unterrichtsplanung für eine größere Unterrichtseinheit (für ein abgegrenztes Stoffgebiet innerhalb eines Schuljahres, wie z.B. "Schlußrechnung" oder "Flächeninhaltsberechnung von Vielecken"),

- einer kurzfristigen Unterrichtsvorbereitung für eine Unterrichtsstunde (z.B. "Einführung des Begriffs proportional").

(Vgl. hierzu MESSER u.a. 1975^2, S. 36 und in etwas anderer Ausrichtung WITTMANN 1974, S. 123).

Der langfristige Arbeitsplan (auch Stoffverteilungsplan genannt) hält z.B. fest,

- welche Unterrichtsziele und -inhalte aus einem Rahmen-Lehrplan ausgewählt bzw. amtlich vorgeschriebenen Lehraufgaben übernommen werden,
- wann und wie lange an den genannten Themen gearbeitet werden soll,
- zu welchem Zeitpunkt schriftliche Arbeiten oder Tests zur Lernerfolgskontrolle vorgesehen sind.

Für nähere Anregungen hierzu vgl. z.B. MESSER u.a. (1975^2, S. 37 - 43).

Dieses Basismaterial beschäftigt sich (der auf wenige Wochen begrenzten Dauer eines Praktikums entsprechend) mit der Vorbereitung von größeren Unterrichtseinheiten und von Unterrichtsstunden.

Es soll dabei grundsätzlich davon ausgegangen werden, daß der Vorbereitung von Einzelstunden die Vorbereitung größerer Unterrichtseinheiten vorangehen, in die die Einzelstunden eingebettet sind.

Hervorzuheben ist auch, daß es hier nicht um Vorbereitung von Unterricht allgemein, sondern um Vorbereitung von Mathematikunterricht im Anschluß an die Theorieelemente der Schribas 1 - 5 geht. wenngleich sich sicher viele Überlegungen auf andere Fächer übertragen lassen (inwieweit, das kann hier nicht näher erörtert werden).

1.3. Die Vorbereitung einer größeren Unterrichtseinheit

Vor Beginn eines Praktikums besteht zunächst die Aufgabe, größere Unterrichtseinheiten nach Gesichtspunkten vorzubereiten, die für eine längere Zeit gültig sind.

Hierzu gehört vorrangig:

I. Die Klärung von Rahmenbedingungen

I.1. Größe der Klasse; Anzahl der Jungen, Anzahl der Mädchen

I.2. Alter der Schüler; Entwicklungsstand (insbesondere nach PIAGET, vgl. Schriba 3)

I.3. Allgemeine Interessen der Schüler (insbesondere Hobbies, Berufsorientierung)

I.4. Soziale Herkunft der Schüler; häusliches Milieu, Berufe der Eltern

I.5. Auffällige Gruppierungen, auffällige Schüler innerhalb der Klasse, Rivalitäten (evtl. Soziogramm)

I.6. Verhaltensgewohnheiten der Klasse; insbesondere übliche Arbeitsformen, Heftführung, Art und Umfang der Hausaufgabe, ...

I.7. Besondere Vorgeschichte der Klasse (z.B. bezüglich Zusammenstellung der Klasse, früherer Lehrer, ausgefallenem Unterricht,...)?

I.8. Besondere Organisationsform (z.B. Leistungskurs, Orientierungsstufe)?

I.9. Lehrplananforderungen; Stoffverteilungsplan

I.10. Allgemeine Lernvoraussetzungen und Vorerfahrungen der Schüler (für die Unterrichtseinheit)

I.11. Fachlicher Leistungsstand der Klasse

I.12. Einstellung der Schüler zum Fach, insbesondere Mitarbeit (evtl. Fragebogen, vgl. Schriba 2, Abschnitt 3.2)

I.13. Verhältnis Fachlehrer - Schüler

I.14. Besonderheiten bezüglich personeller, räumlicher und materieller Ausstattung (z.B. Stundenkürzung, häufiger Raumwechsel, vorhandene Medien)?

I.15. Stundenplan der Klasse (nicht nur des Fachunterrichts)

I.16. Sitzplan der Klasse

I.17. Weiteres

Bemerkungen

1) Für die Bedeutung der einzelnen Punkte sei insbesondere verwiesen auf Schriba 1, Abschnitt 2.
2) Die vorgenannten Bedingungen sollten mit dem Fachlehrer der Klasse möglichst gut geklärt werden, unter ständigem Bezug auf die geplante Unterrichtseinheit diskutiert werden, mögliche Verbesserungen überlegt und entsprechende Entscheidungen vorgenommen werden!
3) In eine schriftliche Vorbereitung sollten die konkreten Bedingungen und Folgerungen für die Unterrichtseinheit bezüglich der jeweilig relevanten Punkte aufgenommen werden.

II. Die Klärung von Inhalten und Zielen (Didaktische Analyse)

II.1. Begründung der Thematik (vgl. Checkliste in Schriba 2, Abschnitt 1.4)

II.1.1. Innerfachliche Bedeutung
(Wie ist die Thematik fachlich einzuordnen?
In welchem Zusammenhang steht der Lerninhalt zu früheren

oder späteren Unterrichtsinhalten?
Welche zentralen Begriffe, Sätze, Verfahren des Fachs sind angesprochen?)

II.1.2. Allgemeine und fachübergreifende Bedeutung für den Schüler

(Welchen Beitrag kann der Lerninhalt leisten zu allgemeinen fachübergreifenden Zielen des Mathematikunterrichts?)

II.1.3. Gesellschaftliche Bedeutung des Lerninhalts

(Welchen Beitrag kann der Lerninhalt zur Qualifikation der Schüler im beruflichen, öffentlichen und privaten Bereich leisten?)

II.1.4. Erscheint die Behandlung des Lerninhalts aufgrund der nach 2.1.1 - 2.1.3 erfolgten Inhalts- und Zielanalyse gerechtfertigt?

II.2. Formulierung von Grobzielen

(Welche an den Kriterien von II.1 orientierten kognitiven, affektiv-sozialen und psychomotorischen Grobziele sind anzustreben?)

III. <u>Der Aufbau einer Stundenfolge</u>

III.1. Grobaufteilung des Unterrichtsstoffes nach Begriffen, Regeln, Problemen (vgl. Schriba 5)

III.2. Zeitliche Verteilung auf Unterrichtsstunden (unter angemessener Berücksichtigung von Übungs- und Anwendungsphasen sowie von schriftlichen Lernkontrollen)

<u>Bemerkung</u>:

Ergebnis der Überlegungen unter Punkt III sollte die schriftliche <u>Fixierung eines Zeitplans</u> für die ganze Unterrichtseinheit sein, etwa gemäßt folgendem Schema:

Datum/Stunde	Thema	Stundenziel (evtl. darunter Nrn. der einschlägigen Grobziele)
8.9.75/ 2. Std.	Proportionalität	Einführung des Begriffs
11.9.75/ 3. Std.	"	Operative Übung des Begriffs
⁝	⁝	⁝

IV. <u>Unterlagen zur Vorbereitung einer größeren Unterrichtseinheit</u>

IV.1. Einschlägige Fachliteratur mit didaktischer Orientierung (z.B. GRIESEL 1971, 1973, 1974; MESCHKOWSKI 1972a, 1972b, 1973; HOLLAND 1974)

IV.2. Ein allgemeiner Zielkatalog (Schriba 2 und dort genannte Zielkataloge, vgl. Literaturkommentar!)

IV.3. Die gültigen Lehrpläne (vgl. z.B. Literaturverzeichnis zu Schriba 2)

IV.4. Das übliche Schulbuch der Klasse und andere Schulbücher desselben Schuljahres (möglichst mit den jeweiligen Kommentaren für Lehrer)

1.4. Die Vorbereitung einer Unterrichtsstunde (innerhalb einer Unterrichtseinheit)

Der Schwerpunkt der Stundenvorbereitung liegt in der Präzisierung der Ziele, genaueren Abklärung der Voraussetzungen, methodischen Überlegungen und Konzipierung eines Stundenverlaufs. Überlegungen zur Unterrichtseinheit im Sinne von 1.3 werden erneut aufgegriffen, spezifiziert und an einigen Stellen sicherlich auch modifiziert.

Unnötige Wiederholungen sollten durch Verweise vermieden werden. Im einzelnen sind folgende Gesichtspunkte zu berücksichtigen:

I. Rahmenbedingungen

Welche Rahmenbedingungen sind speziell für diese Stunde besonders zu berücksichtigen (vgl. Katalog in 1.3 und speziellere Situationsfaktoren, die in dieser Stunde zu berücksichtigen sind)?

II. Inhaltsanalyse[1]

II.1. Einordnung des Themas in die Gesamtplanung der Unterrichtseinheit und Stundenziel (vgl. Zeitplan der Unterrichtseinheit)

II.2. Schülergemäße, aber möglichst präzise Formulierung[2] von in der Stunde neu einzuführenden Begriffen, Regeln, Problemen, ...

II.3. Schülergemäße Vorklärung des Inhalts

a. bei zentralen Begriffen: Herausstellung der spezifischen relevanten und irrelevanten Merkmale

b. bei Regeln: Formulierung einer schülergemäßen, logisch-einsichtigen Ableitung[3] der Regel

c. bei Problemen: Überlegung möglicher Schülerlösungen

II.4. Gegebenenfalls Erstellung einer an II.2 und II.3 orientierten kognitiven"Lernstruktur" (vgl. Schriba 5, Abschnitt 2.1):

---

[1] Mit Punkt II (Inhaltsanalyse) und Punkt III (Ziele der Stunde) wird die didaktische Analyse des Abschnitts 1.3 im Detail fortgeführt. Auf eine vom Unterricht losgelöste "Sachanalyse" wird bewußt verzichtet.

[2 u.3] Konzessionen gegenüber der Fachwissenschaft sollten gegebenenfalls deutlich gemacht werden.

In welcher Weise sind die zu erarbeitenden Begriffe, Regeln aufeinander aufgebaut bzw. welches sind ihre jeweiligen Voraussetzungen?

II.5. Formulierung aller (auch der in der Lernstruktur nicht erfaßten) für diese Stunde speziell zu machenden kognitiven, affektiven und psychomotorischen Voraussetzungen

II.6. Welche Voraussetzungen sollen wiederholt bzw. überprüft werden?

II.7. Welche Vorbegriffe bzw. Vorerfahrungen der Schüler (aus dem Unterricht bzw. Alltag) liegen vor?

III. <u>Ziele der Stunde</u>

III.1. Formulierung einschlägiger kognitiver, affektiver und psychomotorischer Grobziele der Stunde (evtl. auch als Beiträge zu allgemeinen Zielsetzungen der Unterrichtsreihe zu kennzeichnen)

III.2. Formulierung von kognitiven (evtl. auch von affektiven und psychomotorischen) Feinzielen der Stunde - unter Beachtung von "Taxonomie und Operationalisierung", vgl. Schriba 2, SCHEMA 4 , genauere Vorschläge für kognitive Feinziele zum Begriffslernen S. 226, zum Regellernen S. 262 , zum Problemlösen S. 292.

<u>Bemerkung:</u> Bei der Formulierung der Feinziele sollte man sich wirklich nur auf die Ziele der <u>Stunde</u> beschränken (Kontrollmöglichkeit!).

IV. <u>Methodische Analyse</u>

<u>Vorbemerkung:</u>

Es empfiehlt sich, die methodischen Entscheidungen zunächst an einem grob skizzierten Stundenablauf zu reflektieren, der sich an den sachlogisch geordneten Zielvorstellungen orientiert. Mittels dieser methodischen Überlegungen kann man dann zu einem (teilweise sicherlich revidierten) detaillierten und (besser) begründeten Stundenverlauf kommen.

IV.1. <u>Motivationsmöglichkeiten</u> (vgl. Schriba 4/ SCHEMA 10)

- Was ist als Anfangsmotivation (Einstieg) geeignet? (Man vergesse in keinem Falle eine gewisse Zielorientierung und Information über die Bedeutsamkeit des Themas bzw. den Sinn der Stunde)
- Welche weiteren besonderen Motivationsmöglichkeiten ergeben sich im Laufe der Stunde?

IV.2. Reflexion möglicher Schwierigkeiten

- Mit welchen Schwierigkeiten ist zu rechnen bzw. welche Schwierigkeiten haben sich im vorangehenden Unterricht ergeben?
- Auf welchem kognitiven Niveau soll der Unterrichtsinhalt eingeführt bzw. fortgeführt werden (vgl. Schriba 3/ SCHEMA 8)?
- Welche Handlungen, Medien, ikonischen Darstellungen sind als Hilfen geeignet?
- Welche speziellen Bedingungen bezüglich bestimmter Lerntypen sind in welcher Weise zu beachten (vgl. SCHEMA 12, 17, 19, 24 in den Schribas 5, 7, 8, 9)?
- Welche Fragen und Denkanstöße können weiterhelfen?

IV.3. Lernkontrollen

- Wie ist das laufende Verständnis zu überprüfen?
- Bietet sich eine schriftliche Lernkontrolle an?
- Wie soll sie aussehen (Überprüfung der Feinziele!)?

IV.4. Sicherung des Gelernten

- Was soll an der Tafel fixiert werden?
- Was soll ins Schülerheft übernommen werden?
- Soll zusammengefaßt oder wiederholt werden?

IV.5. Übungsmöglichkeiten, Anwendungen

- Welche operativen Übungen (vgl. Schriba 3/ SCHEMA 8) bieten sich an? (Wo sind noch Mängel oder Lücken; was soll noch vertieft werden? Welche operativen Gesichtspunkte sollen in welcher Weise berücksichtigt werden?)
- Welche Anwendungen sind damit zu verbinden?
- Welche Hausaufgaben werden gegebenenfalls gestellt?

IV.6. Transfermöglichkeiten

- Welche speziellen Gelegenheiten bieten sich in der Stunde, Transfer anzuregen (vgl. Schriba 4/ SCHEMA 11)? (Transfer vom alten Stoff auf den neuen, vom neuen auf späteren, von den Unterrichtsinhalten zu Umweltsituationen usw.)

IV.7. Unterrichtsformen, Sozialformen

- Welche Unterrichtsform (Lehrervortrag, Unterrichtsgespräch, entdeckenlassendes Verfahren) wird in den einzelnen Phasen des Unterrichts bevorzugt?
- Welche Sozialform (Klassenunterricht, Kleingruppenarbeit, Partnerarbeit, Einzelarbeit) ist jeweils vorgesehen? -

(Besondere methodische Entscheidungen bitte jeweils begründen!)

Bemerkungen:

1) Wesentliche Gesichtspunkte für methodische Überlegungen zum Begriffslernen sind in Schriba 7 (Abschnitte 8 und 9), zum Regellernen in Schriba 8 (Abschnitte 6 und 7) und zum Problemlösen in Schriba 9 (Abschnitt 6) zusammengefaßt und unterrichtspraktisch konkretisiert.

2) Wenn die Unterrichtsversuche dieses Kurses jeweils akzentuiert auf einen Lerntyp ausgerichtet sind, so heißt das natürlich nicht, daß man es immer mit "Begriffs-", "Regel-" oder "Problemlösestunden" zu tun hat.

   Die Lerntypen gehen - wie in den Schribas 7, 8, 9 noch deutlicher wird - fließend und in natürlicher Weise ineinander über. Dementsprechend werden sich die auf die Lerntypen bezogenen methodischen Gesichtspunkte für "normale" Stunden stärker miteinander mischen.

3) In den schriftlichen Unterrichtsvorbereitungen wird man nur die wesentlichen methodischen Überlegungen ausführen. Dabei mag es sein, daß der eine oder andere Punkt auch gar nicht angesprochen wird, je nachdem es sich z.B. um eine Einführungsstunde oder eine Fortsetzungsstunde handelt.

   Gewisse methodische Detailüberlegungen können auch im Stundenverlaufsschema in der Spalte "Bemerkungen" untergebracht werden (vgl. nächsten Teilabschnitt).

V. Geplanter Unterrichtsverlauf (Lehr-Lernsequenz)

Die in den Abschnitten I - IV angestellten Überlegungen sind in einem zeitlich angemessenen Unterrichtsplan zu verarbeiten, etwa gemäß folgendem Schema:

Zeit	Unterrichtsabschnitt	vorauss. Lehrerverhalten	erwartetes Schülerverhalten	Bemerkungen
ungefähre Dauer jedes Unterrichtsabschnitts	Inhalt bzw. Phase bzw. Teilziel (Nr. wie unter 2.)	(Unterrichtsform[1]) wichtige Fragen, Denkanstöße, Lernhilfen, organisat. Maßnahmen	(Sozialform[2]) wesentliche Antworten, Überlegungen, Schwierigkeiten, Tätigkeiten	Hinweise auf besondere Unterrichtstechniken, Unterrichtsprinzipien, Medieneinsatz, Tafeltext bzw. -skizze[3]

1 u.2 Die Einordnung der Unterrichtsform und Sozialform an dieser Stelle ist nicht zwingend; sie kann auch unter den Rubriken "Unterrichtsabschnitt" bzw. "Bemerkungen" erfolgen.

3 Der Tafelanschrieb kann auch (zweckmäßig mit der überlegten Anordnung) in einem gesonderten Punkt dargestellt werden.

Bemerkungen:

1) Ein sorgfältig geplanter Unterrichtsverlauf sollte nicht als "Fahrplan" mißverstanden werden, der unbedingt einzuhalten ist. Der Unterrichtende sollte flexibel genug sein, bei unvorhergesehenen Schwierigkeiten oder Schüleranregungen vom Konzept abzuweichen. Gelegentlich sollte er auch schon Alternativen mit einplanen und diese gegebenenfalls in der Spalte "Bemerkungen" zum Ausdruck bringen (vgl. "Prinzip der Variabilität der Unterrichtsplanung" bei HEIMANN/OTTO/SCHULZ 1970[5], S. 45).

2) Die in dem Schema zum Ausdruck gebrachte Unterrichtsplanung sollte so detailliert abgefaßt sein, daß man die Realisation im Unterricht sinnvoll damit vergleichen und Diskrepanzen zwischen Planung und Realisation diskutieren kann (vgl. "Prinzip der Kontrollierbarkeit der Unterrichtsplanung" bei HEIMANN/OTTO/SCHULZ 1970[5], S. 45).

VI. Vorbereitungsunterlagen für eine Unterrichtsstunde
Neben der in Abschnitt 1.3 (Punkt IV) dieses Schribas genannten Literatur (davon sind die Schulbücher jetzt als Anregung besonders relevant) sei hingewiesen auf folgende Hilfsmittel:

VI.1. Die Schemata zu den Schribas 1 - 9 (z.T. mit genaueren Hinweisen auf spezielle Schribastellen)

VI.2. Unterrichtsvorschläge, z.T. auf anderer Grundlage, aber mit vielen praktischen Anregungen (LÜBKE 1973, SCHEEL 1972, PALZKILL/SCHWIRTZ 1971)

VI.3. Traditionelle Methodiken auf Erfahrungsgrundlage mit wertvollen methodischen Einzelanregungen (OEHL 1962, 1969[3]; BREIDENBACH 1964, 1969[3]; LIETZMANN 1968).

1.5. Technische Hinweise zur Unterrichtsvorbereitung

1.5.1. Vorschlag für ein Schema zur schriftlichen Stundenvorbereitung[1]

Unterrichtender:	Datum:
Klasse:	Schule:
Mentor:	Tutor:
Thema:	

1 innerhalb des Fachpraktikums o.ä.

1. Rahmenbedingungen
2. Inhaltsanalyse
3. Ziele der Stunde
4. Methodische Analyse
5. Stundenverlauf
6. Benutzte Literatur
7. Aufgabenblätter (Lernkontrolle, Hausaufgabe, ...)

Bemerkung:

Eine schriftliche Kurzform (bei im übrigen mündlicher Klärung) könnte sich auf den "Kopf", die Ziele und den Stundenverlauf beschränken. Für Unterrichtende in der Ausbildung empfiehlt es sich jedoch sehr, ausführliche Stundenentwürfe anzufertigen, da dies meist eine intensivere Reflexion der Planung gewährleistet.

1.5.2. Zum zweckmäßigen Vorgehen bei der Unterrichtsplanung

Es sei betont, daß es sich bei jeglicher Unterrichtsplanung nicht empfiehlt, starr nach Schema vorzugehen. Man lasse sich vielleicht zunächst von dem üblichen Schulbuch etwas anregen, schaue eventuell in das zugehörige Lehrerheft, orientiere sich breit in der fachlichen, didaktischen und methodischen Literatur, überlege dann schon einmal eine "intuitive" Grobplanung für die Unterrichtseinheit bzw. -stunde, erkundige sich nach den Rahmenbedingungen, bei Stundenvorbereitungen vor allem sehr genau nach den Voraussetzungen und Vorerfahrungen der Schüler sowie den vorhandenen Medien und gehe erst dann zu einer systematischen (schriftlichen) Planung über.

Es sei besonders nahegelegt, daß sich der Vorbereitende zunächst stärker mit Inhalt und Zielen auseinandersetzt, bevor er versucht, die Lernorganisation methodisch zu optimieren (HARTMANN 1975).

Schließlich sei empfohlen, daß sich der Vorbereitende von Kollegen, dem Mentor (Fachlehrer der Klasse) und dem Tutor beraten läßt bzw. mit den Genannten seine Vorstellungen diskutiert.

Es hat sich bei Praktika innerhalb dieses Kurses als zweckmäßig erwiesen, wenn der erste schriftliche Stundenentwurf spätestens zwei Tage vor der Stunde vorliegt, damit für eventuell erforderliche Revisionen noch genügend Zeit bleibt.

1.5.3. Zur "Herrichtung der Unterrichtsstätte"

Der Anfänger vergißt leicht gewisse technische Maßnahmen, die unter "Herrichtung der Unterrichtsstätte" zu subsumieren sind (vgl. KRAMP 1974[11], S. 56 - 58):

Es ist daran zu denken,

- daß alle Hilfsmittel des Unterrichts vor Beginn der Stunde einsatzbereit sind, insbesondere Kreide, Farbkreide, Schwamm, Zeichengerät, Arbeitsblätter, saubere Tafel, eventuell ein vorbereitetes Tafelbild, Flanelltafel, Projektionsapparat, usw.;
- daß die Schüler gegebenenfalls rechtzeitig erinnert werden, Zeichengerät, gespitzten Bleistift, Rechenschieber o.ä. mitzubringen;
- daß das Gestühl für eine besondere Sitzordnung (z.B. bei Kleingruppenarbeit) bereits vor Beginn der Stunde hergerichtet ist.

Zum Abschluß des ersten Abschnitts über Vorbereitung von Mathematikunterricht seien die Hauptpunkte einer schriftlichen Vorbereitung in einer kurzen Übersicht (SCHEMA 13) zusammengefaßt:

SCHEMA 13:
Schriftliche Vorbereitung von Mathematikunterricht

Bezüglich des "Kopfes" einer solchen ausführlichen Ausarbeitung sei auf S. 191 verwiesen.

A. Vorbereitung einer größeren Unterrichtseinheit (vgl. Abschnitt 1.3)

1. Klärung von Rahmenbedingungen (vgl. 184 und 185)
2. Didaktische Analyse (vgl. 185/186)
3. Stundenfolge (vgl. Schema S. 186)

B. Vorbereitung einer Unterrichtsstunde (vgl. Abschnitt 1.4)

1. Spezielle <u>Rahmenbedingungen</u> (vgl. 187)
2. <u>Inhaltsanalyse</u> (vgl. 187)
   - 2.1. Einordnung des Themas, Stundenziel
   - 2.2. Schülergemäße Formulierung von wichtigen Begriffen, Regeln, Problemen, - - -
   - 2.3. Schülergemäße Vorklärung des Inhalts
   - 2.4. Erstellung einer Lernstruktur
   - 2.5. Formulierung der notwendigen Voraussetzungen
   - 2.6. Notwendige Wiederholungen bzw. Überprüfungen
   - 2.7. Vorbegriffe und Vorerfahrungen der Schüler
3. <u>Zielangaben</u> (vgl. 188)
   - 3.1. Grobziele
   - 3.2. Feinziele
4. <u>Methodische Analyse</u> (vgl. 188)
   - 4.1. Motivationsmöglichkeiten (vgl. SCHEMA 10)
   - 4.2. Reflexion möglicher Schwierigkeiten
   - 4.3. Lernkontrollen
   - 4.4. Sicherung des Gelernten
   - 4.5. Übungsmöglichkeiten, Anwendungen
   - 4.6. Transfermöglichkeiten
   - 4.7. Unterrichtsformen, Sozialformen
5. <u>Geplanter Unterrichtsverlauf</u> (vgl. 190)

Zeit	Unterrichts-abschnitt	vorauss. Lehrerverhalten	erwartetes Schülerverhalten	Bemerkungen; Tafelbild

6. <u>Aufgabenblätter</u>

<u>Vorbereitungsunterlagen</u> (vgl. 186 und 191)

2. Zur Beobachtung von Mathematikunterricht

2.1. Zum Problem der Unterrichtsbeobachtung allgemein

Wenn ein Lehrer bestimmte Gesichtspunkte im Unterricht beachten soll, die den Unterricht vermutlich effektiver machen, dann muß sein Unterricht nach diesen Gesichtspunkten nicht nur sorgfältig geplant, sondern auch gezielt beobachtet werden.

Bei entsprechender Rückmeldung der Beobachter an den Unterrichtenden sind offenbar die besten Voraussetzungen für eine Verbesserung seines Unterrichts in der erwünschten Richtung gegeben. Die (wissenschaftliche) Unterrichtsbeobachtung bringt indessen mehrere Probleme mit sich, z.B.:

- Die Beobachtung soll objektiv und zuverlässig (reliabel) sein, d.h. es soll gewährleistet sein, daß eine Beobachtungskategorie so direkt und unmittelbar erfaßbar ist, daß mehrere Beobachter zu jeder Zeit diesbezüglich das gleiche beobachten.

  M.a.W.: Die Beobachtungskategorien müssen operationalisiert werden als leicht beobachtbares Schüler- bzw. Lehrerverhalten.

- Die Beobachtung muß gültig (valide) sein, d.h. die beobachteten Verhaltensweisen müssen ein echtes Indiz für die Beobachtungskategorie sein.

Wenn man allein dies bei der Unterrichtsbeobachtung innerhalb eines Praktikums berücksichtigen will, kommt man in große Schwierigkeiten:

Die Forderung nach Gültigkeit, d.h. insbesondere "Vollständigkeit" bringt es mit sich, daß die Beobachtungskategorie in eine Vielzahl von Lehrer- und Schülerverhaltensweisen operationalisiert werden müßte. Zur gleichzeitigen Erfassung dieser Verhaltensweisen wäre eine größere Zahl geschulter Beobachter erforderlich. Diese Schulung wäre innerhalb der vorgesehenen Veranstaltungszeit kaum zu leisten. - Zum anderen fehlen wissenschaftlich abgesicherte Operationalisierungen solch komplexer Kategorien wie z.B. Schülermotivation.

Daraus ergibt sich:

"Es ist nicht möglich, die Prinzipien einer wissenschaftlichen Beobachtungstechnik direkt und vollständig auf den Aufgabenbereich der Ausbildungspraxis zu übertragen, da diese im Rahmen der hier zu bewältigenden Aufgaben nicht realisiert werden können" (WALTER 1973, S. 39).

Man hat sich also bei derartigen Beobachtungen mit gewissen Annäherungen ohne größeren wissenschaftlichen Anspruch zu begnügen, muß sich aber auch der Relativität von Verbesserungsvorschlägen auf dieser Basis bewußt sein.

2.2. Beobachtungsprinzipien für Unterrichtsbeobachtungen

Für Beobachtungen innerhalb dieses Kurses ist ein gangbarer Mittelweg zwischen normaler Alltagsbeobachtung und wissenschaftlicher Beobachtung höheren Anspruchs zu suchen. Dabei geht es vor allem darum, gröbere Störungen und Fehler bei der Beobachtung zu vermeiden.

Alltagsbeobachtung ist gekennzeichnet durch

- eine starke, meist unbewußte Selektion von Sachverhalten bei ihrer Wahrnehmung,
- eine dauernde Verflechtung von Beobachtung und Wertung (FRIEDRICH/LÜDTKE 1971, S. 182).

Um diesen Störungen der Beobachtung zu entgehen, ist im Grunde ein "Perzeptionstraining"[1] erforderlich. Da dies in diesem Rahmen nicht durchführbar ist, bleibt nur, die Störung zu mildern:

- einmal dadurch, daß man die Beobachtungskategorien so spezifiziert, daß eine möglichst bewußte Selektion der Wahrnehmung erfolgt;
- zum anderen dadurch, daß die Beobachter (durch Selbstkontrolle und gegenseitige Kontrolle) darauf achten, Beobachtung und Wertung zu trennen, nach dem Motto: "Erst das Gesehene beschreiben, dann Stellung nehmen!"

Für die Einschätzung des gesehenen Unterrichts, aber auch schon für die Beobachtung des Unterrichts dürfte es weiterhin von einer gewissen Bedeutung sein, bewußt gegen den sogenannten Halo-Effekt anzugehen: "Die Tendenz, bei der Schätzung oder Beurteilung eines Charakteristikums einer Person von einem anderen Charakteristikum oder vom Gesamteindruck dieser Person beeinflußt zu werden" (SCHULZ/TESCHNER/VOIGT 1970).

M.a.W.: Es besteht eine gewisse natürliche Neigung zur "Schwarz-Weiß-Malerei": bei einem einmal positiv Eingeschätzten nur Positives, bei einem einmal negativ Eingeschätzten nur Negatives zu sehen.

---

1 Perzeption (lat.): Wahrnehmung

Dem wird auch dadurch entgegengewirkt, daß möglichst mehrere Beobachter das gleiche beobachten und die Beobachtungsergebnisse vergleichend diskutieren.

Zur größeren Objektivität der Beobachtung trägt nicht zuletzt auch der Einsatz einer Videokontrolle bei: Die Beobachtungssituation ist dadurch, wenn nötig, mehrmals reproduzierbar; man kann sich eher über das Beobachtbare "einigen". (Dies ist besonders wichtig für den Unterrichtenden selbst, da es die Voraussetzung dafür darstellt, daß er die Rückmeldung "annimmt".)

2.3. Ziele der Unterrichtsbeobachtung

Das Ziel der Unterrichtsbeobachtung kann nicht darin bestehen, ein darauf gegründetes Urteil über den "Unterrichtserfolg" abzugeben. Der Unterrichtserfolg müßte zusätzlich zumindest durch laufende lernzielorientierte Tests und über Schülerfragebogen flankierend abgeschätzt werden (WALTER 1973, S. 15), wozu man sich innerhalb eines Praktikums nur begrenzt in der Lage sieht.

Das Ziel der Unterrichtsbeobachtung besteht hier vor allem darin zu überprüfen, wie weit die Gesichtspunkte, die man aufgrund der im schriftlichen Basismaterial niedergelegten theoretischen Überlegungen für wesentlich halten darf, tatsächlich im Unterricht berücksichtigt werden.

(Weitergehende Evaluationen müssen späteren Untersuchungen überlassen bleiben.)

Für den Unterrichtenden ist es wesentlich zu erfahren, ob das von ihm realisierte Verhalten mit dem geplanten übereinstimmt bzw. ob das von den Schülern an den Tag gelegte Verhalten mit dem erwarteten Schülerverhalten übereinstimmt (WALTER 1973, S. 13/14).

Eine wichtige Aufgabe ist in diesem Zusammenhang in einer rationalen Aufhellung und einer Sensibilisierung für möglicherweise beachtenswerte Unterrichtsbedingungen zu sehen. Insofern kommt der Diskussion der Beobachtungen nicht nur eine wichtige Rückmeldungsfunktion für den Unterrichtenden zu, sondern auch eine wichtige Anregungsfunktion für alle Beteiligten.

2.4. Beobachtungsschemata

"Eine sinnvolle nachträgliche Diskussion ist nur auf der Basis eindeutig formulierter Beobachtungsaufträge möglich, denn nur so ist sicher, daß im Verlauf der Diskussion jedermann klar wird, wovon eigentlich die Rede ist" (WALTER 1973, S. 16).

Die Beobachtungsaufträge dürfen offensichtlich nicht zu allgemein und nicht zu speziell sein:

Nicht zu allgemein, damit jeder weiß, worauf er zu achten hat; nicht zu speziell, damit nicht zu enge Teilaspekte angesprochen sind, die in der betreffenden Stunde vielleicht gar nicht einmal auftreten und somit keine Aussage über die dahinterstehende Kategorie zu machen ist.

Es soll versucht werden, im Blick auf die diskutierten Gesichtspunkte, einige Beobachtungsaufträge zu den bisherigen Schribas zu formulieren.

Die Beobachtungsaufträge werden praktisch realisiert über "Beobachtungsschemata". Darunter sei mit FRIEDRICH/LÜDTKE (1971, S. 51) ein Plan verstanden, der angibt, was und wie zu beobachten ist.

Die folgenden Beobachtungsvorschläge sind freilich eher als Hinweise zur Erstellung von Beobachtungsschemata zu verstehen, da ein "Beobachtungsschema" der unten folgenden Art durch Ausrichtung auf bestimmte Unterrichtsinhalte noch besser operationalisiert werden kann.

2.4.1. Beobachtungsvorschläge für operative Übungen

Ziel operativer Übungen ist nach Schriba 3 ein beweglicher Umgang mit Denkoperationen.
Hierzu gehört im einzelnen:

- eine allmähliche "Verinnerlichung" der Operation von konkret-anschaulichen zu sprachlich-abstrakten Darstellungsweisen (Prinzip der Verinnerlichung, Rückschaltprinzip, Zwischenschaltprinzip, Prinzip der Variation der Darstellungsebenen, Prinzip der Abschirmun
- ein intensives "Durcharbeiten" der Operation durch u.U. verschiedenartiges Zusammensetzen von Teiloperationen (Kompositionsfähigkeit, Variation von Lösungswegen), Einbeziehung von Umkehraufgaben (Reversibilität), In-Beziehung -Setzen (Abgrenzung, Verbindung) mit andere Operationen;

- ein Ablösen der Operation von allem Unwesentlichen durch Variation der Veranschaulichungsmittel, mathematische Variation (insbesondere durch Variation der Daten und des Kontextes).

Die Aufgabe besteht darin zu beobachten, welche Gesichtspunkte berücksichtigt werden. Die Beobachter erkennen dies an den Aufgabenstellungen, Fragen und Aufforderungen des Lehrers.

Die drei Teilaspekte "Verinnerlichung", "Durcharbeiten", "Ablösen von Unwesentlichem" sollten mindestens von je zwei Beobachtern protokolliert werden.

SCHEMA 14: Beobachtungsschema für operative Übungen im Mathematikunterricht

(Man kreuze die beobachtete Art der Aufgabenstellung an, numeriere die Aufgabenstellung gegebenenfalls durch oder mache eine inhaltliche Notiz.)

Aufgaben zur Verinnerlichung	Aufgaben zur Durcharbeitung	Aufgaben zum Ablösen vom Unwesentlichem
- auf enaktiver Ebene (En)	- einfaches Durchführen der Operation	- Variation der Veranschaulichungsmittel
- auf ikonischer Ebene (Ik)		
- bei unmittelbarer Anschauung (UA)	- Zusammensetzungen	- mathematische Variation
- bei mittelbarer Anschauung (MA) (bzw. Abschirmung)	- Variation des Lösungsweges	- Variation der Daten
- auf sprachlicher Ebene (Sp)	- Umkehraufgabe bzw.	- Variation des Kontextes
- auf mathematisch-symbolischer Ebene (Sy)	- Variation der gesuchten Größe	
(EN) (UA) (MA) (Ik) (Sp) (Sy) (Bei Wechsel der Darstellungsweisen bitte entsprechenden Pfeil eintragen!)	- Herstellung einer Beziehung zu anderen Operationen	

Besondere Auffälligkeiten (Fehler usw.)?

2.4.2. Beobachtungsvorschläge für Motivationen im Mathematikunterricht

Motivationsmöglichkeiten im Mathematikunterricht sind in Schriba 4/ SCHEMA 10 zusammengestellt. Es fragt sich nun:

Woran kann man Motivationen erkennen?

Motivation ist ein"inneres" Geschehen, es ist aber z.B. durch folgende Schüler- bzw. Lehrerverhalten teilweise zu erschließen:

- gespannter, aufmerksamer Gesichtsausdruck der Schüler;
- freudige, neugierige oder staunende Äußerungen der Schüler (z.B.: "Zeig mal!", "Das ist ja toll", "Mensch!");
- interessierte Schülerfragen;
- lobende Äußerungen des Lehrers;
- provozierende Äußerungen des Lehrers;
- "Begeisterung" des Lehrers.

Bei Registrierung "motivierenden" Lehrerverhaltens (oft eher als "Motivationsversuch" zu klassifizieren) wird man jeweils zusätzlich die Schülerreaktion festzustellen suchen.

Die Beobachtungsaufgabe sollte wieder zumindest unter 3 x 2 Beobachtern aufgeteilt werden. Vor der Beobachtung studiere man SCHEMA 10, besonders die Beispiele.

SCHEMA 15: Beobachtungsschema für Motivationen im Mathematikunterricht

(Man kreuze an, welche Motivationsart am Schüler- oder Lehrerverhalten zu erkennen war, numeriere u.U. die erkennbaren Motivationen durch und notiere ein entsprechendes Verhalten.)

Nr.	Motivationsart	mot.Lehrerverhalten	Schülerreaktion
	Neugier geweckt		
	Phantasie angeregt		
	Ordnungssinn geweckt		
	attraktives Lernmaterial		
	Abwechslung		
	Überraschung		
	Spannung		
	Provokation		
	Nutzen verdeutlicht		
	Lob		
	Selbsttätigkeit der Schüler		
	Wettbewerb		
	Begeisterung des Lehrers		
	emotionale Zuwendung des Lehrers		
	Sonstiges		

Es empfiehlt sich, eventuell die Beobachtung der Motivationen durch Schülerfragebogen etwa folgender Art zu ergänzen:

Ich fand die heutige Stunde

sehr langweilig	lang- weilig	weiß nicht	inter- essant	sehr interessant

(Antworte im folgenden stets mit ja, weiß nicht oder nein, indem du entsprechendes ankreuzt!)

	ja	weiß nicht	nein
Der Unterricht hat mich heute neugierig gemacht			
Der Lehrer hat interessantes Material mitgebracht			
Der Lehrer hat für Abwechslung gesorgt			
Mir ist heute klar geworden, warum wir den Stoff lernen			
Ich wußte stets, worum es ging			
Der Lehrer hat meine Leistung anerkannt			
Ich hatte heute Lust mitzumachen			
Dem Lehrer hat es heute selbst Spaß gemacht			
Der Lehrer hat sich um unsere Schwierigkeiten gekümmert			

Was mir heute sonst noch Spaß gemacht hat bzw. keinen Spaß gemacht hat:

....

....

....

2.4.3. Weitere Beobachtungsvorschläge

Beobachtungsvorschläge zum Begriffslernen, Regellernen und Problemlösen folgen in den Schribas 7, 8, 9.

2.5. Praktische Hinweise zur Unterrichtsbeobachtung

1. Man beachte die in 2.2 genannten Beobachtungsprinzipien:
"- Unterscheide Beobachtung und Wertung !
Halte Dich bei der Beobachtung an das, was Du siehst.
- Laß keine Voreingenommenheit aufkommen (geh gegen den Hallo-Effekt an)!"

2. Man teile sich die Beobachtungsaufgaben auf, achte aber darauf, daß jeder Beobachtungsauftrag nach Möglichkeit von mindestens zwei Beobachtern wahrgenommen wird.

3. Man stelle sich bewußt und konzentriert auf die Beobachtung ein. Unterrichtsbeobachtung ist kein "Zuschauen" und auch kein "Fernsehen" (auch wenn sie mitunter vor einem Fernseher stattfindet). Man muß oft gegen eine Neigung zur Passivität angehen. Unterrichtsbeobachtung ist eine aktive, gelegentlich anstrengende Tätigkeit!

3. Zur Durchführung von Mathematikunterricht

3.1. Zum Problem des Unterrichtens allgemein

Wie schon aus den vorangegangenen Schribas und den Planungsüberlegungen in Abschnitt 1 dieses Schribas hervorgeht und sich in den folgenden Schribas noch deutlicher zeigen wird, ist der Unterricht, insbesondere der Mathematikunterricht eine sehr komplexe Situation, für die und in der vieles bedacht sein will.

Es ist gerade für den Anfänger recht schwierig, gleichzeitig auf so viele Dinge (wie etwa Schülerinteressen, Zielsetzungen, operative Prinzipien, Motivationen, Transfergesichtspunkte und spezielle, sich aus verschiedenen Lerntypen ergebende Bedingungen) zu achten.

Bei einer sich daraus ergebenden Überforderung besteht leicht die Gefahr, daß es gegenüber dem ursprünglich wohldurchdachten Planungskonzept (zu dessen Erstellung man gegenüber der Unterrichtsstunde selbst noch relativ viel Zeit hat) in der Unterrichtssituation zu unerwünschten Verkürzungen und stereotypem Lehrerverhalten kommt, das z.T. unbewußt aus den Erfahrungen der eigenen Schulzeit reproduziert wird.

3.2. Microteaching-Konzepte

Bei der geschilderten Problematik des Unterrichtens ist es naheliegend, Überlegungen anzustellen, wie die angesprochene Komplexität des Unterrichts für angehende Lehrer sinnvoll reduziert werden kann.

So entstanden (beginnend 1963 in Stanford/USA) sogenannte "Microteaching-Konzepte".

Ihr Grundgedanke besteht wesentlich in folgenden Punkten:

- Reduzierung der Schülerzahl (z.T. auf wenige Schüler);
- Reduzierung der Unterrichtszeit (z.T. auf wenige Minuten);
- Begrenzung der Unterrichtsaufgabe (z.T. auf einzelne "skills" = Lehrfertigkeiten);
- Beschränkung der Beobachtung und Rückmeldung auf diese Einzelfertigkeiten;
- objektivierte Kontrolle durch Videoaufnahmen;
- erneuter Unterrichtsversuch nach der Rückmeldung auf gleicher Basis.

Auf diese Weise werden z.B. Verstärkungstechniken, Fragetechniken, sozialintegrative Verhaltensweisen trainiert.

Gesichtspunkte, die dabei zu beachten sind, werden dem Unterrichtenden schriftlich vermittelt und oft durch ein Modellband veranschaulicht.

Auf diese meist in den USA entwickelten und in Deutschland modifizierten Microteaching-Konzepte kann hier nicht näher eingegangen werden. Es sei auf diesbezügliche Spezialliteratur verwiesen (z.B. ALLEN/RYAN 1972 und OLIVERO/BRUNNER 1973).

Hinsichtlich bisheriger Microteaching-Konzepte bleibt lediglich kritisch anzumerken,

- daß sie sich meist allzusehr auf allgemeine Lehrtechniken ohne Inhalts- und Fachbezug konzentriert haben;
- daß sie sich meist wenig um einen theoretischen Bezugsrahmen bemüht haben;
- daß sie die Unterrichtstechniken vielleicht allzu stark isoliert haben und damit zu punktuell geblieben sind;
- daß sie sich oft von der wirklichen Unterrichtssituation allzu stark entfernt haben.

3.3. Das Unterrichtskonzept dieses Kurses

In das Konzept der Unterrichtsversuche gehen einige Elemente von "Microteaching" ein, wobei jedoch mögliche Schwächen bisheriger Microteaching-Konzepte vermieden werden sollen:

- Es sieht auch eine Reduktion hoher Schülerzahlen vor, aber allenfalls auf halbe Klassen.
- Es sieht, falls zweckmäßig, auch eine gewisse Reduzierung der Unterrichtszeit vor, aber allenfalls auf eine halbe Unterrichtsstunde.
- Es sieht auch eine Begrenzung der Unterrichtsaufgabe vor, aber jeweils auf ein ganzes "Bündel" von Unterrichtsmaßnahmen, die sich auf einen bestimmten Lerntyp beziehen.
- Es gründet sich dabei auf ein zuvor erarbeitetes fachbezogenes Unterrichtsmodell.
- Es sieht ebenfalls eine Vorbereitung der Unterrichtsversuche durch Modellbänder vor.
- Es übernimmt die gezielte und objektivierte Rückmeldung durch Videoaufnahmen.

Das Unterrichtskonzept soll im ganzen in realistischer Nähe zum normalen Schulunterricht bleiben und einen hinreichenden Transfer auf "Normalunterricht" gewährleisten.

Es seien dazu im einzelnen noch einige Bemerkungen angeschlossen, die das Unterrichtskonzept noch weiter verdeutlichen und auf bisherige Praktikumserfahrungen Bezug nehmen:

1. Für die Unterrichtsversuche hat sich sehr oft eine Unterteilung der Klassen in zwei Gruppen mit zwei verschiedenen Lehrern bewährt, weil dies die Videoaufnahme von zwei Versionen zu dem gleichen Thema ermöglicht, die anschließend nebeneinander diskutiert werden können. Das hat verschiedene Vorteile:
   - Es ermöglicht einen gewissen Vergleich, läßt aber eventuell vorteilhafte oder nachteilige Unterrichtsmaßnahmen und damit Alternativen deutlich werden.
   - Die didaktische Phantasie allgemein wird dadurch stärker angeregt und bewahrt vor unnötigen Fixierungen.

   Technisch wird die Herstellung zweier Videoaufnahmen zum gleichen Thema entweder durch zwei Videosets bewältigt, oder aber beide Gruppen werden in zwei aufeinander folgenden Stunden aufgenommen, wobei die jeweils nicht aufgenommene Gruppe von weiteren Praktikanten betreut wird.

Statt zwei Hälften einer Klasse aufzunehmen, kann man natürlich auch zwei Leistungskurse oder zwei Parallelklassen aufnehmen[1].

2. Die Reduzierung der Unterrichtszeit hat sich bei den bisherigen Unterrichtsversuchen meist nicht empfohlen, da eine sinnvolle Realisierung der Unterrichtsaufgaben gewöhnlich zumindest eine volle Unterrichtsstunde erforderte. (Eine Verkürzung der Unterrichtszeit wird auch von den Praktikanten selten gewünscht und als besondere Erleichterung empfunden.)

3. Die Ausrichtung auf einen bestimmten Lerntyp in einer Stunde darf hingegen als echte Erleichterung[2] bezeichnet werden: So können typische Situationen des Mathematikunterrichts relativ isoliert, intensiv und bewußt durchgespielt werden, wobei dazwischenliegende Fortführungsstunden (operative Übungen, Anwendungen, ...) natürliche Übergänge bilden. Dadurch ist gewährleistet, daß trotz Akzentuierung bestimmter Situationen eine sinnvolle Lernsequenz für die Schüler nicht aufgegeben werden muß.

4. Die Planung und Durchführung wird durch die fachlich ausgerichtete Entwicklung von Einzelmodellen zum Unterricht von Begriffen und Regeln sowie zum Problemlösungsunterricht und durch viele unterrichtspraktische Hinweise in den Schribas 7, 8 und 9 sicherlich zusätzlich erleichtert.

5. Auch die Modellbänder stellen eine gewisse Hilfe dar. Es handelt sich dabei allerdings bewußt nicht um "Musterstunden", sondern um Aufnahmen früherer Praktikumsstunden, die ein kritisches Lernen an gelungenen und weniger gelungenen Situationen ermöglichen.

6. Von besonderer Bedeutung - das sei an dieser Stelle noch einmal betont - ist die Videokontrolle: Sie ermöglicht nicht nur eine distanzierte Betrachtung des Unterrichts durch den Unterrichtenden selbst und eine gemeinsame, zur genauen Detailanalyse beliebig oft reproduzierbare Diskussionsgrundlage (und damit eine größere Beobachtungsobjektivität). Sie eröffnet auch weitere besondere Möglichkeiten:

---

1 Bei geringeren technischen oder zeitlichen Möglichkeiten läßt sich das Konzept natürlich modifizieren oder reduzieren.

2 Diese Erleichterung bezieht sich natürlich nur auf eine Praxis, die sich dem durch das Material gesetzten Anspruch stellt!

- Die Videobänder können später als Modellbänder bei anderen Praktika sowie als Unterrichtsdokumente in anderen Veranstaltungen dienen.

- Die Videobänder sind zur Aufnahme von Kleingruppenunterricht geradezu unentbehrlich, sofern auch ein Tonmischpult zur Aufnahme mit mehreren Mikrophonen an den einzelnen Tischen zur Verfügung steht: Es gibt m.E. sonst kaum ein Verfahren, die Arbeit in den einzelnen Gruppen und die Interaktionen des Lehrers mit dieser Gruppe relativ störungsfrei zu kontrollieren.

Nebenbei bemerkt: Die Befangenheit der Schüler (und auch der Lehrer) durch die Aufnahmetechnik ist nach allen bisherigen Erfahrungen wesentlich geringer als gemeinhin angenommen wird; sie legt sich meist schon nach wenigen Minuten und ist jedenfalls kaum höher zu veranschlagen als bei Unterrichtsversuchen ohne technischen Aufwand.

Wenn alle Beteiligten sich schon vor dem Unterricht mit den Geräten vertraut gemacht haben, ist der befürchtete Effekt noch geringer!

3.4. Einige praktische Hinweise zum Unterrichten

Es sei an dieser Stelle an einige Unterrichtstechniken erinnert, die sich nicht unmittelbar aus der systematischen lehr-lerntheoretischen Darstellung ergeben, die aber erfahrungsgemäß für einen geregelten Unterrichtsablauf wesentlich sind und von Praktikanten gelegentlich nicht genügend beachtet werden.

Es sind hier vor allem Dinge zu nennen, die von WITTMANN (1974, S. 65) unter dem "Prinzip der (akustischen, optischen und semantischen) Deutlichkeit" zusammengefaßt werden und in diesem Material teilweise unter "Bedingungen des Diskriminationslernens" (vgl. Schriba 5) subsumiert werden könnten.

Hierzu gehört z.B., daß der Unterrichtende

- am Anfang der Stunde die Aufmerksamkeit sammelt, d.h. einen deutlichen Beginn setzt;
- den Unterricht klar artikuliert, indem er jeweils deutlich macht, wenn ein neuer Abschnitt beginnt (erneutes Sammeln der Aufmerksamkeit);
- deutlich und genügend laut spricht;
- deutlich, genügend groß und übersichtlich an die Tafel schreibt;

- bunte Kreide sinnvoll für Verdeutlichungen einsetzt;
- Anschauungsmaterial so wählt, daß das Wesentliche für alle Schüler in der Klasse gut erkennbar ist (insbesondere aber, daß er nicht im Weg steht!);
- klare und verständliche Arbeitsanweisungen gibt;
- darauf achtet, keine unnötigen Fremdwörter und Spezialausdrücke in den Unterricht einfließen zu lassen und möglichst einfach (aber nicht unnötig kindlich) spricht;
- für die nötige Arbeitsruhe sorgt (bei Klassenunterricht etwas mehr, bei Gruppenarbeit etwas weniger erforderlich).

Es ist klar, daß in diesem Rahmen nicht auf Disziplinprobleme eingegangen werden kann; sie können oft nur durch eine tiefere Beschäftigung mit den Rahmenbedingungen (insbesondere Eltern!), individuelles Eingehen, Geduld (d.h. längerfristig) gemildert oder beseitigt werden.

4. Zur Besprechung einer Mathematikstunde

4.1. Einige grundsätzliche Gesichtspunkte der Stundenbesprechung

Wesentlich ist vor allem, daß man sich schon vor dem Unterricht, wo möglich vor der Planung, darüber verständigt, nach welchen Kategorien beobachtet und worüber dementsprechend nach der Stunde gesprochen werden soll. Dies sollte zumindest für Stunden während der praktischen Ausbildung gelten.

Viele Unterrichtsbesprechungen leiden darunter, daß die Gesprächsbasis vorher nicht ausgewiesen wird und die Urteilskriterien ad hoc im Nachhinein gesetzt werden.

Dies besagt durchaus nicht, daß man <u>nur</u> über vorher vereinbarte Beobachtungsgesichtspunkte sprechen sollte.

Eine gezielte Beobachtung auf einer lehr-lerntheoretischen Kommunikationsbasis (wozu das schriftliche Basismaterial dienen soll) scheint indessen eine vorteilhafte Grundlage. Man sollte jedoch in einer Ausbildungssituation sein Gesichtsfeld nicht unnötig stark einengen und sich aus dem Stundenverlauf stark aufdrängende Gesichtspunkte außerdem in die Besprechung aufnehmen.

Aus diesem Grunde wird schon auf den Beobachtungsblättern meist eine Rubrik "Besondere Auffälligkeiten" vorgesehen. Hier können u.U. fachliche Fehler, autoritäres Unterrichtsverhalten usw. registriert werden, auch wenn sie gerade nicht Gegenstand der gezielten Beobachtung sind.

4.2. Zum zeitlichen Verlauf der Besprechung

(1) Für die Unterrichtsbesprechungen hat es sich bisher als zweckmäßig erwiesen, den Unterrichtenden zunächst selbst über seine spontanen Eindrücke und Sorgen während der Stunde sowie über Abweichungen vom geplanten Verlauf berichten zu lassen.

(2) Daneben scheint es zweckmäßig, auch die anderen Beobachter zunächst über spontane Eindrücke und ihre bezüglich der Rubrik "Besondere Auffälligkeiten" gemachten Beobachtungen zu befragen.

(3) Erst wenn die stärksten Spontaneindrücke zur Sprache gekommen sind, (und damit "der erste Dampf abgelassen" ist), empfiehlt es sich, die gezielten Beobachtungen zu referieren und zu diskutieren.

Standen nur wenige Beobachter zur Verfügung, bietet es sich an dieser Stelle u.U. an, Gesichtspunkte in die Diskussion mit einzubeziehen, die sonst auch als Beobachtungsgesichtspunkte geeignet gewesen wären.

(4) Dann könnte sich eine Besprechung des schriftlichen Unterrichtsentwurfs anschließen.

Zugleich ließe sich damit ein systematischer Vergleich von Planung und Realisation verbinden; dies sollte man sich insbesondere bezüglich der Ziele[1] und des Unterrichtsverlaufs vornehmen.
(Spätestens jetzt sollte bei einer gründlichen Besprechung eine Pause eingelegt werden!)

(5) Eine kurze Rückbesinnung auf die bisherige Besprechung könnte mit der Sammlung von speziellen Beobachtungspunkten für die Videowiedergabe verbunden werden.

(6) Nach den bisherigen Erfahrungen empfiehlt es sich meist nicht, ganze Unterrichtsstunden wiederzugeben, sondern nur Ausschnitte (lange Videowiedergaben können ermüden und die Besprechung unnötig in die Länge ziehen!). Wenn die Wiedergabe und Beobachtung auf diese Weise ohnehin unterbrochen wird, ist es zweckmäßig, an jeden Ausschnitt die Diskussion gleich anzuschließen.

---

[1] Eine gewisse diesbezügliche Einschätzung sollte man auch dann versuchen, wenn keine schriftlichen Lernkontrollen vorliegen.

(7) In jedem Fall sollte abschließend versucht werden, die vielfältigen Erkenntnisse und Diskussionsergebnisse der Stundenbesprechung zusammenzufassen. Dies könnte eventuell eine Aufgabe sein, die sich für den Tutor besonders anbietet.

(8) An die Zusammenfassung der Besprechung schließen sich in natürlicher Weise Überlegungen zur Fortsetzung des Unterrichts an, die insbesondere Folgerungen aus Mängeln des diskutierten Unterrichts einschließen.

(9) Es bleiben dann meist nur noch organisatorische Dinge (wie der nächste Vorbesprechungstermin, eventuell zu besorgende Unterrichtsmaterialien usw.) zu besprechen übrig.

Natürlich sind auch ganz andere Besprechungsstrategien denkbar. Der vorliegende Verlauf hat sich nach mehreren Erprobungen innerhalb dieses Projekts als recht praktikabel erwiesen, aber er sollte natürlich je nach den gegebenen Bedingungen und Wünschen modifiziert werden.

Als gewisse Orientierung sei zusammenfassend das folgende Planungskonzept (SCHEMA 16) angeboten. Es ermöglicht gegebenenfalls, die Diskussionsleitung unter den am Praktikum Beteiligten rotieren zu lassen und entlastet u.U. den Tutor für ein zusammenfassendes Besprechungsprotokoll.

SCHEMA 16: Planungskonzept für die Stundenbesprechung

1. Eigene Eindrücke des Unterrichtenden
2. a) Gesamteindrücke der Beobachter
   b) Wiedergabe und Diskussion der "besonderen Auffälligkeiten"
3. a) Wiedergabe und Diskussion der gezielten Beobachtungen
   b) Besprechung "spezieller Diskussionspunkte"
4. a) Besprechung des schriftlichen Unterrichtsentwurfs
   b) Vergleich von Planung und Realisation
5. Sammlung von speziellen Beobachtungspunkten
6. Beobachtung und Diskussion von Video-Ausschnitten
7. Zusammenfassung der Diskussionsergebnisse
8. Überlegungen zur Fortsetzung des Unterrichts
9. Organisatorisches

– Pause etwa nach Punkt 4 –

Aufgaben zu Schriba 6

Orientieren Sie sich bitte bezüglich der Zielsetzungen dieses Schribas anhand des Zielkatalogs in Schriba 10.

Die Aufgaben, die sich aus diesem Schriba ergeben, sind im übrigen wesentlich die Aufgaben des Praktikums bzw. der Praxis selbst:

Vorbereitung, Beobachtung, Durchführung und Besprechung von konkretem Mathematikunterricht nach den Leitlinien dieses Schribas (in kritischer und produktiver Weiterentwicklung!).

Schon in der Vorbereitungsphase des Praktikums (während des Vorbereitungsseminars bzw. in der Zeit vor den Unterrichtsversuchen) kann - soweit möglich - mit entsprechenden Aktivitäten begonnen werden, z.B.:

1. Klärung der Rahmenbedingungen der Praktikumsklasse.
2. Beobachtung von Videobändern früherer Praktikanten, z.B. nach Motivationen oder operativen Gesichtspunkten.
3. Fachliche und didaktische Vororientierung zu einer im Praktikum vorgesehenen größeren Unterrichtseinheit.

Literaturhinweise zu Schriba 6

ALLEN, D.W./RYAN, K.A.: Microteaching.
Beltz Verlag, Weinheim und Basel 1972.

BECKMANN, H.K.: Unterrichtsvorbereitung aus der Sicht der Allgemeinen Didaktik.
Westermanns Pädagogische Beiträge 1974/11.

BREIDENBACH, W.: Raumlehre in der Volksschule.
Schroedel Verlag, Hannover 1964.

BREIDENBACH, W.: Methodik des Mathematikunterrichts in der Grund- und Hauptschule.
Schroedel Verlag, Hannover 1969[3].

FRIEDRICH, J./LÜDTKE, H.: Teilnehmende Beobachtung.
Beltz Verlag, Weinheim und Basel 1972.

+ GAGNÉ, R.M./BRIGGS, L.J.: Principles of Instructional Design.
Holt, Rinehart and Winston, New York 1974.

GRIESEL, H.: Die Neue Mathematik für Lehrer und Studenten.
Bd. 1: Mengen, Zahlen, Relationen, Topologie (1971).
Bd. 2: Größen, Bruchzahlen, Sachrechnen (1973).
Bd. 3: Rationale Zahlen, Algorithmen, Verknüpfungen, Gruppen, Körper (1974).
Schroedel Verlag, Hannover 1971, 1973, 1974.

HARTMANN, R.: Überlegungen zur Planung von Unterrichtseinheiten im Fach Mathematik, dargestellt am Beispiel abbildungsgeometrischer Themen in der Orientierungsstufe. Schriftliche Hausarbeit für das Lehramt an Grund- und Hauptschulen, Göttingen 1975.

HEIMANN, P./OTTO, R./SCHULZ, W.: Unterricht, Analyse und Planung.
Schroedel Verlag, Hannover 1970[5].

HOLE, V.: Erfolgreicher Mathematikunterricht (Keine Angst vor seiner Planung, Durchführung und Beurteilung).
Herder Verlag, Freiburg/Brsg. 1973.

HOLLAND, G.: Geometrie für Lehrer und Studenten.
Bd. 1: Kongruenzgeometrie.
Schroedel Verlag, Hannover 1974.

JESIORSKY, W.: Praxis und Theorie der Unterrichtsvorbereitung.
Westermann Verlag, Braunschweig 1968.

KRAMP, W.: Hinweise zur Unterrichtsvorbereitung für Anfänger. In: ROTH, H./BLUMENTHAL, A. (Hrsg.): Auswahl. Grundlegende Aufsätze aus der Zeitschrift "Die Deutsche Schule". Reihe A, Bd. 1.
Schroedel Verlag, Hannover 1974[11].

LIETZMANN, W.: Methodik des mathematischen Unterrichts. Quelle und Meyer Verlag, Heidelberg 1968.

LÜBKE, E. u. W.: Moderne Unterrichtsgestaltung. Stundenvorbereitungen Moderne Mathematik für die Grundschule. Frankonius Verlag, Dornberg-Frickhofen 1973.

MESCHKOWSKI, H.: Didaktik der Mathematik.
Bd. 1: Primarstufe (1972 a)
Bd. 2: Sekundarstufe I (1972 b)
Bd. 3: Sekundarstufe II (1973)
Klett Verlag, Stuttgart 1972, 1973.

MESSER, A./SCHNEIDER, J./SPIERING, Th.: Planungsaufgabe Unterricht. Workshop Schulpädagogik Materialien 10. Maier Verlag, Ravensburg 1975[2].

\+ MESSNER, H./FÜGLISTER, P.: Entwicklung eines Instruments zur Unterrichtsbeurteilung. In: Die Schweizer Schule 1973/20, S. 878 - 896.

MIES, Th./VOGEL, D.: Unterrichtsbeobachtung und Lehrerentscheidung im Mathematikunterricht. In: Universität Bielefeld, Institut für Didaktik der Mathematik, Schriftenreihe des IDM 1974/2, S. 40 - 68.

OEHL, W.: Der Rechenunterricht in der Grundschule. Schroedel Verlag, Hannover 1962.

OEHL, W.: Der Rechenunterricht in der Hauptschule. Schroedel Verlag, Hannover 1969[3].

OLIVERO, J.L./BRUNNER, R.: Microteaching. Reinhardt Verlag, München-Basel 1973.

PALZKILL, L./SCHWIRTZ, W.: Die Raumlehrstunde (Eine Einführung in den operativen Geometrieunterricht der Hauptschule). Henn Verlag, Ratingen 1971.

SCHEEL, U.: Mathematik für die Hauptschule. Reihe "Stundenvorbereitung". Frankonius Verlag, Dornberg-Frickhofen 1972.

SCHULZ, W./TESCHNER, P./VOIGT, J.: Verhalten im Unterricht. Seine Erfassung durch Beobachtungsverfahren. In: INGENKAMP. K. (Hrsg.): Handbuch der Unterrichtsforschung, Teil 1. Beltz Verlag, Weinheim-Berlin-Basel 1970.

\+ WALTER, H.: Neue Wege zum optimalen Unterricht (Beobachtung und Beurteilung von Schüler- und Lehrerverhalten). Ehrenwirth Verlag, München 1973.

WITTMANN, E.: Grundfragen des Mathematikunterrichts. Vieweg Verlag, Braunschweig 1974.

Literaturkommentar

Zur Unterrichtsvorbereitung allgemein sei zur Einführung besonders auf BECKMANN, HEIMANN/OTTO/SCHULZ und MESSER/SCHNEIDER/SPIERING hingewiesen.

Das Buch von GAGNÉ/BRIGGS ist in wesentlichen Teilen als eine Fortentwicklung des bekannten Buches von GAGNÉ (Conditions of Human Learning; vgl. Schriba 5) für Zwecke konkreter Unterrichtsplanung zu verstehen. Es kann wegen seiner vielen praktischen Anregungen zur Vertiefung besonders empfohlen werden.

Zur Unterrichtsvorbereitung von Mathematikunterricht auf der Grundlage dieses schriftlichen Basismaterials sei HARTMANN genannt, auf anderer Grundlage HOLE und WITTMANN.

Zur wissenschaftlichen Unterrichtsbeobachtung (allgemein) sei verwiesen auf FRIEDRICH/LÜDTKE und SCHULZ/TESCHNER/VOIGT, für Unterrichtsbeobachtung im Praktikum (allgemein) sei WALTER besonders empfohlen.

Die Arbeit von MESSNER/FÜGLISTER macht relativ praktikable Vorschläge zur Beobachtung und Beurteilung von Unterricht nach pädagogisch-psychologischen Kategorien (insbesondere nach AEBLI).

Der Aufsatz von MIES/VOGEL beleuchtet eindringlich den noch recht bescheidenen Forschungsstand bezüglich Unterrichtsbeobachtung im Mathematikunterricht.

aus: Zech:
Grundkurs
Mathematikdidaktik

SCHRIBA 7

Das Lernen mathematischer Begriffe

0. Vororientierung zu Inhalt und Zielsetzung des Schribas 7

Durch dieses Schriba sollen die Unterrichtsversuche dieses Kurses zur Bildung mathematischer Begriffe genauer vorbereitet werden. Hierzu sind einige Aspekte früherer Schribas nochmals aufzugreifen, zu spezifizieren und zu ergänzen.

Die Bedingungen des Begriffslernens sind zu präzisieren und zu diskutieren.

Die Ausführungen münden ein in praktische Vorschläge für die Gestaltung eines Unterrichts, in dem Begriffe eingeführt werden und eine erste Vertiefung erfahren sollen.

1. Von welchen Begriffen die Rede ist

Im Abschnitt 3.3 des Schribas 5 wurden bereits verschiedene Begriffsarten unterschieden:

Eigenschaftsbegriffe[1] und Relationsbegriffe bzw. einfache und zusammengesetzte Begriffe.

Darüber hinaus erscheint es zweckmäßig, im Sinne von STARKE/TÜRKE (1971) Begriffe nach zwei verschiedenen Arten der Begriffsdefinition zu unterscheiden, auch wenn sie sich nicht scharf voneinander trennen lassen:

a. Konventionaldefinition

In einer derartigen Definition werden die Bedingungen angegeben, die erfüllt sein müssen, wenn ein Objekt oder Ereignis unter den Begriff fällt.

Beispiel: 1) Sind g und h zwei verschiedene Geraden und ist P ein gemeinsamer Punkt von g und h, so heißt P der Schnittpunkt von g und h.

2) Die Seite eines rechtwinkligen Dreiecks, die dem rechten Winkel gegenüberliegt, heißt Hypotenuse.

b. Realdefinition

Hierbei wird ein Begriff mit Hilfe eines umfassenderen Gattungsbegriffs und durch die Angabe eines oder mehrerer artbildender Merkmale definiert.

Beispiele:

Begriff	Gattungsbegriff	artbildendes Merkmal
Trapez	Viereck	zwei Seiten sind parallel
gleichschenkliges Trapez	Trapez	zwei gleiche Winkel an einer der parallelen Seiten
Rechteck	Viereck (bzw. Parallelogramm	vier rechte Winkel - ein rechter Winkel)

Die folgenden Ausführungen beziehen sich hauptsächlich auf einfache empirische Begriffe bzw. auf zusammengesetzte Begriffe, denen eine Realdefinition im obigen Sinne zugrunde liegt. Sie beziehen sich weniger

1 Hier könnte man als Sonderkategorie noch die Größenbegriffe (Zahlbegriffe, Länge, Flächeninhalt, Rauminhalt) herausstellen (vgl. HOLLAND 1975).

auf Größenbegriffe (wenn nicht ausdrücklich anders erwähnt) und auf Begriffe, denen eine Konventionaldefinition im obigen Sinne zugrunde liegt.

2. Zur logischen und psychologischen Seite der Begriffsbildung

Die Begriffsbildung hat eine logische und eine psychologische Seite.

Logisch gesehen ist ein Begriff das Gemeinsame einer Menge von Objekten, das durch eine bestimmte Merkmalskombination zu beschreiben (definieren) ist und durch ein Wort bezeichnet wird (vgl. S. 170 bzw. SCHUPP 1970, S. 14 f.).

Beispiel: Der Begriff "Primzahl"

Definition: Eine Primzahl ist eine natürliche Zahl, ungleich 1, die nur durch 1 und sich selbst teilbar ist.

Die Menge der Objekte, die unter diesen Begriff fällt, ist $\{2, 3, 5, 7, 11, 13, \ldots\}$.

Von der psychologischen Seite her ist es wichtig zu sehen, daß man einen "Begriff" gebildet haben kann, ohne eine genaue Definition oder eine (vereinbarte) Wortbezeichnung dafür zu haben. Einen gemeinten Begriff kann man dadurch zum Ausdruck bringen, daß man sagt, welche Objekte unter den Begriff fallen sollen und welche nicht.

Umgekehrt kann man eine Wortbezeichnung und eine Definition für einen Begriff haben, ohne den Begriff selbst gebildet zu haben (vgl. van PARREREN 1966, S. 144).

Psychologisch gesehen ist ein Begriff immer dann gebildet, wenn man ihn generalisieren (verallgemeinern) kann; d.h. wenn man ihn in neuen Situationen richtig zuordnet bzw. anwendet.

3. Psychologische Vorgänge bei der Begriffsbildung

Nach AUSUBEL (1974, S. 576) besteht die Begriffsbildung "im Grunde" aus einem Prozeß der Abstraktion der wesentlichen gemeinsamen Züge einer Menge von Objekten oder Ereignissen. Sie umfaßt aber im einzelnen eine ganze Reihe psychologischer Prozesse, die etwa in folgender Reihenfolge ablaufen (man denke beispielsweise an die Bildung des Begriffs "Hund", Übungsaufgabe!):

a. diskriminative Analyse verschiedener Reizmuster (Betrachtung unterschiedlicher Objekte);

b. Formulierung von Hypothesen, die abstrahierte gemeinsame Elemente betreffen (Vermutung gemeinsamer Eigenschaften);

c. darauffolgendes Testen dieser Hypothesen in spezifischen Situationen (Prüfung der Vermutung an neuen Objekten);

d. selektive Bestimmung einer allgemeinen Kategorie oder eines Satzes gemeinsamer Merkmale aus ihnen (Auswahl einer bestimmten Merkmalskombination);

e. Beziehung von Merkmalen auf relevante Ankerideen (bereits vorhandene Gattungsbegriffe);

f. Differenzierung des neuen Begriffs von verwandten früher gelernten Begriffen (Unterscheidung von ähnlichen Begriffen);

g. Generalisation der relevanten Merkmale des neuen Begriffs auf alle infrage kommenden Objekte bzw. Ereignisse (Verallgemeinerung des Begriffs);

h. Repräsentation des neuen Begriffsinhalts durch ein Sprachsymbol (sprachliche Erklärung, Benennung und Bezeichnung).

> "In Fällen, wo das verbale Symbol ohne die vorhergehenden Schritte einfach auswendig gelernt wird, hat es keine ideationalen[1] Bezüge und repräsentiert kein wirkliches Konzept" (a.a.O., S. 576).

Es sei angemerkt, daß diese psychologische Deutung AUSUBELs in groben Zügen der von LOMPSCHER (1972, S. 47) entspricht, der das "Definieren" als eine zusammengesetzte komplexe Operation auffaßt, deren wesentliche Bestandteile das Abstrahieren, das Klassifizieren und das Verallgemeinern sind (vgl. die geistigen Grundoperationen, S. 52/53).

Daneben sei verwiesen auf entsprechende Ausführungen von DIENES (1968).

Die oben genannten psychologischen Prozesse bei der Begriffsbildung sind als "interne Bedingungen" im Sinne GAGNÉs zu deuten. Der Leser wird sie bei der späteren Gestaltung der "externen Bedingungen" des schulischen Begriffslernens berücksichtigt sehen.

4. Begriffsbildung in Abhängigkeit von der Denkentwicklung

Wesentliche Bedingungen der Begriffsbildung werden durch die Denkentwicklung bestimmt. Alle dementsprechenden Prinzipien sind deshalb bei

---

1 ideational = sinnvoll

der Einführung von Begriffen zu berücksichtigen (vgl. Schriba 3, S.114-116). Es sei besonders erinnert an:

- das Prinzip der Stufengemäßheit nach PIAGET u.a. (das Aufbauprinzip und das Dynamische Prinzip von DIENES , das Prinzip der Realitätsnähe und des eher induktiven Vorgehens bei jüngeren Kindern);
- die operativen Prinzipien nach AEBLI u.a. (das Prinzip der Verinnerlichung und das der operativen Durcharbeitung, das Integrationsprinzip);
- die operativen Prinzipien nach BRUNER u.a. (das Prinzip der Variation der Darstellungsebenen und der Veranschaulichungsmittel, das Prinzip der mathematischen Variation).

4.1. Operative Begriffe

Die meisten der vorgenannten Prinzipien werden hauptsächlich relevant für sogenannte "operative Begriffe" (ausgehend von Handlungen an Objekten gewonnene Begriffe; vgl. WITTMANN 1974, S. 78).

Beispiele:

a. Mengenbegriffe (Vereinigungsmenge, Schnittmenge, Teilmenge);
b. Größenbegriffe (Zahl, Länge, Flächeninhalt, ...);
c. Symmetriebegriffe (Achsen-, Dreh- und Translationssymmetrie).

Für operative Begriffe propagieren PALZKILL/SCHWIRTZ (1971, S. 18) "genetische Definitionen" (gegenüber sonst üblichen "Ist-Definitionen"), die an die "Entstehung" aus der Handlung erinnern:

"Die zugehörige Fragestellung lautet dann nicht: Was ist ein .... ?, sondern: Wie entsteht ein ....?"

Beispiel: Winkelbegriff

Ist-Definition: "Ein Winkel ist die von zwei von einem Punkt ausgehenden Strahlen gebildete Figur."

Genetische Definition: "Ein Winkel entsteht durch Drehung eines Strahls um seinen Anfangspunkt."
(Weitere Beispiele: Übungsaufgabe!)

4.2. Schwerpunkte der Begriffsbildung

AUSUBEL (1974, S. 583 - 585) kennzeichnet Schwerpunkte der Begriffsbildung im Laufe der Denkentwicklung durch die Art der zu bildenden Begriffe:

a. Erwerb primärer Konzepte (einfacher Begriffe) in der voroperationalen Phase[1] durch engen Kontakt mit verschiedenen Exemplaren des Konzepts: Konzeptträger sind meist wahrnehmbare und vertraute Objekte und Ereignisse (Beispiele: "Hund", "Haus", "Kugel", "Würfel", "Dreieck").

b. Erwerb weniger komplexer sekundärer Konzepte (zusammengesetzter Begriffe) in der konkret-operationalen Phase[2]: nicht unbedingt abhängig von wahrnehmbaren Exemplaren des Konzepts, aber zumindest von konkret-empirischen Stützen; d.h. Erwerb von Konzepten, die nicht zu sehr von der Erfahrung des Lernenden entfernt sein sollen (Beispiele: "symmetrisch","konvex", ...).

c. Erwerb komplexer sekundärer Konzepte in der Phase der abstrakt logischen (formalen) Operationen[3]: "Die Kriteriumsattribute von komplexen Konzepten und sekundären Konzepten höherer Ordnung können direkt auf die kognitive Struktur ohne irgendwelche konkret-empirischen Stützen bezogen werden" (a.a.O., S. 585). (Beispiele: "Primzahl", "proportional", ...[4])

Etwas vereinfachend werde zusammengefaßt:

In jüngeren Jahren (Primarstufe) steht das Lernen über konkret-anschauliche Beispiele im Vordergrund, von denen man sich in späteren Jahren (Sekundarstufe) immer mehr entfernen kann.

Die Verbalisierung des Begriffsinhalts nimmt in Richtung rein verbaler Definition immer mehr zu.

Dem zunehmenden Anteil definierter Begriffe entspricht nach AUSUBEL (1974, S. 588) in natürlicher Weise ein zunehmend rezeptives Lernen beim Begriffserwerb.

5. Zur Verhinderung von Unter- bzw. Übergeneralisierung von Begriffen

5.1. Beispiele und Gegenbeispiele

Wenn das Endziel des Begriffslernens darin besteht, daß der Lernende den Begriff angemessen generalisiert, d.h. in neuen Situationen richtig zuordnet und anwendet (vgl. die Abschnitte 2, 3), dann kommt es nach

---

1,2,3 Vgl. Stadien der Denkentwicklung nach PIAGET S. 95.

4 Diese Begriffe können natürlich anhand von Beispielen auf konkreterer Ebene schon früher "verstanden" werden!

MARKLE/TIEMANN (1970) u.a. darauf an, vor allem zwei Formen von Fehlverhalten zu vermeiden: Untergeneralisierung (undergeneralization) und Übergeneralsierung (overgeneralization) des Begriffs.

Untergeneralisierung ist gleichzusetzen mit einer unangemessenen Verengung, Übergeneralisierung mit einer unangemessenen Ausweitung des Begriffs. Zur Verhinderung von Untergeneralisierung braucht man genügend viele Beispiele des Begriffs, zur Verhinderung von Übergeneralisierung braucht man Gegenbeispiele zu dem Begriff (vgl. bereits S. 175).

So weit sind sich die Autoren zum Begriffslernen (neben MARKLE/TIEMANN z.B. AUSUBEL, CLARK, DE CECCO, DIENES, GAGNÉ) weitgehend einig.

Das Lernen von Begriffen über Beispiele und Gegenbeispiele ist nun im Anschluß an die genannten und andere Autoren näher zu begründen und differenzieren.

5.2. Zur Auswahl der Beispiele

Es genügt offenbar i.a. nicht, für einen Begriff nur ein Beispiel zu geben:

Zeigt man einem Grundschüler einen bestimmten Würfel, so kann er davon nicht so ohne weiteres den Begriff "Würfel" abstrahieren. Hatte der Würfel zufällig eine rote Farbe, verbindet der Schüler mit dem Begriff "Würfel" womöglich das Merkmal "rot". Er hat damit den Begriff unzulässig verengt.

Will man eine derartige Untergeneralisierung eines Begriffs vermeiden, so hat man dem Schüler eine möglichst breite Skala von Beispielen anzubieten.

Nur so (später ersatzweise durch gezielte Hinweise) lernt der Schüler relevante und nicht relevante Merkmale zu unterscheiden.

Es sei hier nochmals an die Variationsprinzipien von DIENES (vgl. S. 115). erinnert.

Die Variation der Veranschaulichungsmittel bedeutet für das Würfelbeispiel, daß z.B. das Material und die Farbe des Würfels variiert und somit eine diesbezügliche Bindung des Begriffs verhindert wird.

Die mathematische Variation wirkt sich dahingehend aus, daß z.B. Größe und Lage des Würfels variiert und damit eine diesbezügliche Bindung des Begriffs verhindert wird.

Mit van PARREREN (1972[4], S. 24) ist zusammenfassend zu sagen:

"Ein Begriff muß von den zufälligen Besonderheiten der Situation, in der wir ihn zuerst kennen gelernt haben, befreit werden."

Im Grunde wird dadurch zweierlei erreicht:

Man lernt einerseits, von den irrelevanten Merkmalen zu abstrahieren, andererseits, auf genügend viele Situationen zu generalisieren.

Letzteres bedeutet m.a.W.: man verbessert die Transferchancen des Begriffs (vgl. S. 148: "Je breiter eine erlernte Leistungsfähigkeit fundiert ist, ...").

Bleibt noch die Frage: wieviel Beispiele sind erforderlich? - Diese Frage läßt sich wohl kaum generell beantworten. Die Anzahl der Beispiele hängt sicherlich vom Alter des Lernenden und vom Begriff selbst ab.

Beispiele können bei älteren Kindern mehr und mehr durch verbale Hinweise auf relevante und irrelevante Merkmale ersetzt werden.

Es ist jedoch davor zu warnen, die Verdeutlichung des Begriffs durch Beispiele zu vernachlässigen.

Es ist zwar denkbar, daß der Lernende, auch ohne viele Beispiele bekommen zu haben, vorgelegte Fälle als Beispiele bzw. Nichtbeispiele erkennt (also richtig abstrahiert); er wird den Begriff aber kaum auf hinreichend viele Situationen selbständig übertragen können (also nicht angemessen generalisieren).

Damit der Schüler den Begriff angemessen abstrahiert, sind wahrscheinlich i.a. relativ wenige typische Beispiele, Extrem- und Sonderfälle erforderlich.

Damit der Schüler den Begriff aber angemessen generalisiert, braucht er weitere Beispiele aus mehreren Anwendungssituationen.

Dies hat DIENES (1968, S. 80) wahrscheinlich gemeint, als er sagte:

> "Generalisation erfordert quantitative Variation, Abstraktion dagegen (nur) qualitative Variation."

Bei DIENES (1966, S. 53) findet sich auch der Hinweis, daß Abstraktionen oft leichter fallen als Generalisationen (hier scheint seine "deep-end-

Theorie" tiefer begründet, vgl. S. 149). -

Jedenfalls ein Hinweis mehr für den Lehrer, auf eine sorgsame und breite Auswahl von Beispielen Wert zu legen!

5.3. Zur Auswahl der Gegenbeispiele

Es sei nochmals an das einfache Würfelbeispiel erinnert: Zeigt man dem Grundschüler nur Würfel, so könnte er womöglich glauben, alle würfelähnlichen Quader fielen auch unter den Begriff "Würfel". Er hat damit den Begriff unzulässig erweitert.

Will man eine derartige Übergeneralisierung eines Begriffs vermeiden, so hat man dem Schüler geeignete Gegenbeispiele zu geben.

Die besten Gegenbeispiele sind nach MARKLE/TIEMANN (1970) solche, die alle Merkmale des Begriffs aufweisen, bis auf eines. So können die Grenzen des Begriffs am deutlichsten erfahren werden.

"Optimale" Gegenbeispiele für den Begriff des Würfels wären demnach ein etwas "verschobener Würfel", oder eine quadratische Säule, bei der nicht mehr alle Seiten genau gleich lang sind. Wichtig sind auch Gegenbeispiele, die den mathematischen Begriff gegenüber der Umgangssprache abgrenzen (hier: Spielwürfel, Würfelzucker!).

Gute Gegenbeispiele sind allgemein solche, die leicht für Beispiele gehalten werden!

Von Gegenbeispielen sollte beim Vermitteln von Begriffen viel bewußter als bisher wohl üblich Gebrauch gemacht werden.

Bemerkung: Die Bedeutung der Gegenbeispiele reicht weit über den engeren Bereich des Begriffslernens hinaus.

DIENES (vgl. z.B. 1967, S. 34/39) hat diesen Sachverhalt als sogenanntes "Kontrastprinzip" formuliert:

Eine mathematische Idee (Begriff, Regel) kann durch Gegenbeispiele verdeutlicht werden.

Soll beispielsweise die Kommutativität der Multiplikation natürlicher Zahlen verdeutlicht werden, bringt man als Kontrastbeispiel das Potenzieren:

$$2 \cdot 3 = 3 \cdot 2, \quad \text{aber} \quad 2^3 \neq 3^2.$$

Will man das Stellenwertprinzip verdeutlichen, wählt man als Kontrastbeispiel das Römische Ziffernsystem.

Es ist mit SKOWRONEK (1970[2], S. 170/171) zu vermuten, daß das Kontrastprinzip ein wesentliches didaktisches Grundprinzip von allgemeiner (auch über die Mathematik hinausgehender) Bedeutung ist. Ihm entspricht die alte pädagogische Weisheit, aus Gegenüberstellungen, ja aus Fehlern zu lernen! Es kann hier nicht näher darauf eingegangen werden.

Es bleibt nur noch, daran zu erinnern, daß Kontrastbildungen auch motivationsfördernd wirken, also auch von daher ihre Bedeutung haben (vgl. Schriba 4, Abschnitt 2.2, S.134)!

Ein Grund mehr für den Lehrer, eine sorgsame und effektvolle Auswahl von Gegenbeispielen zu treffen, die den zu lernenden Begriff in geeigneter Weise eingrenzen.

5.4. Zur Abfolge von Beispielen und Gegenbeispielen

Es sind viele Laborversuche gemacht worden, ob Versuchspersonen bei spontaner Begriffsbildung (ohne Instruktionshilfen) mehr durch Beispiele oder durch Gegenbeispiele oder bei welcher Abfolge von Beispielen und Gegenbeispielen sie am besten lernen.

Die Ergebnisse (vgl. z.B. AUSUBEL 1974, S. 593; DE CECCO 1968, S. 412; CLARK 1971, S. 263) sind nicht ganz einheitlich, lassen sich aber grob dahingehend zusammenfassen, daß anfangs wohl "positive" Beispiele günstiger sind - bis zu einer gewissen Konsolidierung des Begriffs. Im weiteren Lernprozeß empfiehlt es sich, positive und negative Beispiele zu mischen.

Darauf wird noch etwas genauer in Abschnitt 8 eingegangen.

6. Zur Rolle der Sprache beim Begriffslernen

Wie bei allen höheren Lerntypen spielt die Sprache beim Begriffslernen eine besondere Rolle.

Sie hat dabei eine mehrfache Funktion:

a. Die Sprache des Lehrers hat u.U. am Anfang des Lernprozesses eine orientierende Funktion:
Der Lehrer stellt die Bedeutsamkeit des zu lernenden Begriffs heraus. Er knüpft (was sehr wichtig ist!) an die vagen Vorbegriffe der Schüler an (vgl. hierzu AUSUBEL 1974, S. 590). Er macht dabei eventuell auf erste relevante oder irrelevante Merkmale aufmerksam. (Man denke etwa an den Mengenbegriff, wie er in der Mathematik und wie er im Alltag gebraucht wird!)

b. Die Sprache des Lehrers behält während des Lernprozesses eine hinweisende Funktion:
Der Lehrer macht auf relevante und irrelevante Merkmale des Begriffs anhand von Beispielen und Gegenbeispielen aufmerksam.

Dem korrespondiert auf der Seite der Schüler die Begründung, wann und warum es sich um ein Beispiel bzw. Gegenbeispiel handelt. (Dies hat den Effekt, daß sich das Wesentliche allmählich "herausschält".)

c. Die Sprache des Lehrers hat rückmeldende Funktion:
Der Lehrer bestätigt richtige Begriffsverwendungen und korrigiert falsche.

d. Die Sprache hat eine Benennungsfunktion (vgl. AUSUBEL 1974, S. 88):
Dem Begriff wird ein Name zugeordnet und ist damit leichter benennbar und mitteilbar.

Die Benennung ist eine wesentliche Bedingung für den späteren Gebrauch.

e. Die Sprache hat eine Definitionsfunktion:
Der Begriffsinhalt wird durch Verbalisation genauer umrissen und (womöglich) durch eine prägnante Definition zusammengefaßt. Hierdurch wird Wesentliches für die Transferfähigkeit des Begriffs geleistet:

> "Die Sprache hilft uns dabei, das Erlernte aus den speziellen Situationen herauszulösen, so daß es für alle möglichen Situationen anwendbar wird (van PARREREN 1972[4], S. 24)." -

Der Anteil der Sprache nimmt beim Begriffslernen - das wurde bereits in Abschnitt 4.2 angedeutet - mit dem Alter der Schüler zu.

Man kann diesbezüglich im wesentlichen zwei Verlaufsformen beim Erlernen von Begriffen unterscheiden:

1. der vorwiegend entdeckende Erwerb einfacher Begriffe anhand von relativ vielen Beispielen und Gegenbeispielen sowie wenigen erläuternden Hinweisen und bei einem geringeren Ausmaß exakter Verbalisation;
2. der vorwiegend rezeptive Erwerb zusammengesetzter Begriffe anhand von relativ vielen Erklärungen sowie wenigen erläuternden Beispielen und bei einem stärkeren Ausmaß exakter Verbalisation.

Die erste Verlaufsform gilt eher für jüngere Kinder; hier steht die empirische Erfahrung im Vordergrund.

Die zweite Verlaufsform gilt eher für ältere Kinder; hier steht die sprachliche Präsentation der relevanten und irrelevanten Merlmale im Vordergrund.

AUSUBEL (1974, S. 567/569) spricht im ersten Falle von "Konzeptbildung", im zweiten Falle von "Konzeptassimilation.

GAGNÉ (1969) suchte der Verschiedenartigkeit der beiden Grundformen des Begriffslernens dadurch gerecht zu werden, daß er die zweite Form (bei ihm "Lernen definierter Begriffe" genannt) dem Lerntyp "Regellernen" zuordnet. M.E. bestehen jedoch sehr fließende Übergänge und nur unterschiedliche Schwerpunkte (vgl. das Unterrichtsbeispiel im Abschnitt 9).

7. Zur Zielsetzung und Kontrolle des Begriffslernens

Mögliche Lernkontrollen für Begriffslernen hängen natürlich davon ab, was als kurzfristige und langfristige Zielsetzung des Begriffslernens anzusehen ist. Diesbezüglich soll ein wenig zwischen den herausgestellten Hauptformen des Begriffslernens differenziert werden.

Als kurzfristige Ziele des Lernens einfacher empirischer Begriffe könnte man etwa folgendes formulieren:
Der Lernende soll

a. zwischen positiven und negativen Beispielen des Begriffs unterscheiden können;
b. zwischen für den Begriff relevanten und irrelevanten Merkmalen unterscheiden können;
c. seine Entscheidung Beispiel - kein Beispiel begründen können;
d. eigene Beispiele für den Begriff angeben können;

e. den Begriff in eigenen Worten umschreiben können.

Als kurzfristiges Ziel des Lernens zusammengesetzter Begriffe könnte man darüber hinaus ansehen:

f. Der Lernende soll eine genaue Definition des Begriffs geben und die Definition an Beispielen und Gegenbeispielen erläutern können.

Die Verfügbarkeit über den Begriff könnte also z.B. dadurch überprüft werden, daß man

(a) den Lernenden neue Beispiele und Nichtbeispiele identifizieren läßt,

(b) aus einer Liste von relevanten und irrelevanten Merkmalen die relevanten ankreuzen läßt,

(c) neue Beispiele angeben läßt ...

Es ist wichtig, neue Beispiele vorzulegen bzw. vorlegen zu lassen, weil nur so die Fähigkeit zu angemessener Generalisierung zuverlässig überprüft und von "mechanischen" Lernvorgängen unterschieden werden kann.

Es ist ausdrücklich darauf hinzuweisen, daß das "Definierenkönnen" nicht allein durch "Aufsagen" der Definition überprüft werden kann, denn die Definition könnte als "assoziative Kette" auswendig gelernt sein, ohne daß der Bedeutungsgehalt des Begriffs verstanden wurde. Man wird also im allgemeinen zusätzliche Erläuterungen geben lassen.

Über die vorgenannten "kurzfristigen" Ziele des Begriffslernens hinaus sind auch die "langfristigen"Ziele im Auge zu behalten. Es ist nicht nur an die Einführung des Begriffs, Klärung seiner Schwierigkeiten und seine (erste) Festigung zu denken, sondern auch an spätere Lernphasen (Anwendung, Transfer), die sich bereits meist im Bereich des Regellernens und Problemlösens abspielen. Da dies bereits die Thematik der nächsten Schribas berührt, soll hier nur kurz der angesprochene Sachverhalt verdeutlicht werden.

Man mache sich dazu bewußt, daß jeder Begriff in eine Struktur von anderen Begriffen eingebettet ist. Jeder Begriff trägt zur Bildung anderer Begriffe bei. Zwischen den Begriffen bestehen viele Querverbindungen ("Begriffsnetz"), und Begriffe werden in "Regeln" miteinander verknüpft. So ergibt sich ein tieferes Verständnis der Begriffe erst, wenn sie in neuen Definitionen oder Sätzen und in praktischen Situationen benutzt werden; d.h. - wie man so schön sagt -, wenn man mit ihnen"arbeitet".

Dies kann man sich recht gut am Begriff "Proportionalität" klar machen. Er wäre unzulänglich behandelt, wenn man ihn nur (sinngemäß) als Abbildung $f: G_1 \longrightarrow G_2$ von einem Größenbereich in einen anderen mit $f(nx) = n \cdot f(x)$ $(x \in G_1)$ definieren könnte und so weit auch "verstanden" hätte. Er wird erst richtig anwendungsfähig und tiefer verstanden, wenn man äquivalente Kriterien für Proportionalität mit einbezieht, die Proportionalität der Antiproportionalität gegenüberstellt und für praktische Situationen diskutiert (vgl. KIRSCH 1969).

Das Endziel des Begriffslernens ist erreicht, wenn der Lernende mit dem Begriff "arbeiten" kann!

8. Lernphasen des Begriffslernens und unterrichtspraktische Hinweise

> "Moreover, mathematical concepts like other concepts do not usually develop suddenly into their final form. They widen and deepen with experience and are often only available in specific situations at first. The process of concept formations thus differs from the learning of facts and of isolated details"
>
> (KLAUSMEIER/HARRIS 1966, S. 210).

In diesem zusammenfassenden Abschnitt sollen wesentliche Gesichtspunkte aus Schriba 5 und den vorhergehenden Abschnitten erneut aufgegriffen bzw. ergänzt werden. Dabei werden vor allem noch Vorschläge von CLARK (1971) verwertet, die aufgrund einer Analyse von 250 vorliegenden experimentalpsychologischen Studien theoretisch begründete Handlungsanweisungen für das Lehren von Begriffen unter schulischen Bedingungen abzuleiten versuchte. Da die meisten Laborversuche zum Begriffslernen jedoch ohne Instruktionshilfen gemacht wurden, sind diese psychologischen Arbeiten leider nur begrenzt verwertbar (vgl. WEINERT 1974, S. 672).

Es folgen getrennte Ausführungen für die beiden Hauptformen des Begriffslernens, gegliedert nach Lernphasen.

A. Begriffslernen, vorwiegend durch Beispiele und begleitende Hinweise (einfache Begriffe)

A.0. Zur Vorbereitung des Lehrers (vgl. CLARK 1971, S. 262)

a. Er entscheide über die dem Begriff spezifischen relevanten Eigenschaften, ebenso über die häufig beobachteten irrelevanten Eigenschaften.

b. Er identifiziere mögliche Vorbegriffe und Lernvoraussetzungen der Schüler.

c. Er gebe eine schülergemäße Begriffsbeschreibung.

(Die genannten Vorbereitungstätigkeiten sind nicht in eine feste Reihenfolge zu bringen; sie bedingen sich gegenseitig.)

A.1. Motivation

Dem Schüler sollte die Bedeutsamkeit des zu lernenden Begriffs bewußt gemacht werden[1]. Zugleich könnte eine angemessene Zielorientierung erfolgen (vgl. Möglichkeiten S. 138). Die Aufmerksamkeit ist auf Beispiele des Begriffs zu lenken, die für den Schüler interessant sind (u.U. ist auch gleich das eine oder andere Kontrastbeispiel daneben zu stellen!). Der Lehrer knüpfe - wenn möglich - an Vorbegriffe der Schüler an und grenze - wenn nötig - vom Alltagssprachgebrauch ab (letzteres eventuell auch erst später).

Er berücksichtige im übrigen die Prinzipien der Denkentwicklung nach PIAGET u.a. (vgl. Abschnitt 4 !) und wähle möglichst einen Einstieg auf der konkret-handelnden Ebene.

Weitere Motivationsmöglichkeiten für den Beginn und den Fortgang des Unterrichts vgl. Schriba 4, SCHEMA 10.

A.2. Schwierigkeiten und ihre Überwindung (Hilfen)

Die Schwierigkeit besteht für die Schüler zunächst darin, das den Beispielen Gemeinsame (die relevanten Merkmale) zu erkennen. Deshalb empfehlen sich folgende Hilfen:

a. Der Lehrer nehme als erste Einführungsbeispiele vor allem positive Beispiele, die möglichst wenig irrelevante Merkmale aufweisen (CLARK 1971, S. 262).

b. Möglichst mehrere Beispiele gleichzeitig präsentieren (Kontiguität!).

c. Verbale Hinweise auf relevante Merkmale ("Achtet auf ... !").

d. Hinweise über didaktische Hilfsmittel, wie z.B. durch farbiges Hervorheben bestimmter Merkmale, zeitweiliges Abdecken der übrigen Merkmale, schriftliches Fixieren wesentlicher Erkenntnisse (und des Begriffsnamens!), übersichtliche Darstellung in Tabellen usw. (vgl. STARKE/TÜRKE 1971, S. 147).

---

[1] Dies kann zunächst oft nur andeutungsweise geschehen; es bleibt somit auch eine Aufgabe des weiteren Unterrichts.

e. Rückmeldung durch Bestätigung oder korrigierende Bemerkungen. Schüler sollten natürlich mit herangezogen werden ("Ist das richtig?" ..., "Erkläre, worauf es ankommt!" ...).

A.3. Sicherung und Lernkontrolle

Der Lehrer sollte durch seine Beispiele die tatsächliche Breite des zu lernenden Begriffs repräsentieren. (Dazu insbesondere Variationsprinzipien von DIENES beachten; vgl. Abschnitt 5.2.) Es sollten nun in stärkerem Maße Beispiele mit mehreren irrelevanten Eigenschaften, vermischt mit Gegenbeispielen, herangezogen (man beachte Abschnitt 5.2/3) und irrelevante Eigenschaften herausgearbeitet werden (vgl. CLARK 1971, S. 263).

Man lasse Beispiele und Gegenbeispiele begründen: Anhand neuer Beispiele und Gegenbeispiele wird das Begriffsverständnis kontrolliert ("Was ist das?" ..., "Worauf kommt es an?" ..., "Zeige"..). Weitere Einzelheiten zur Lernkontrolle in Abschnitt 7 !

A.4. Operative Übung und (erste) Anwendung

Das Verständnis des Begriffs muß im allgemeinen noch weiter vertieft und gefestigt werden anhand neuer Situationen. Aus der ersten Lernkontrolle ersichtliche Schwierigkeiten können anhand geeigneter Aufgaben geklärt werden. Es sei insbesondere an die Vorschläge für operative Übungen (S. 116) erinnert.

Darüber hinaus sollten Situationen gesucht werden, wo der Begriff im fachlichen oder praktischen Kontext gebraucht wird (Transfergesichtspunkte aus Schriba 4 beachten !).

Hier leitet das Begriffslernen womöglich schon über zu Regellernen oder Problemlösungslernen !

A.5. Weitere Anwendung und Transfer

Seine Transferfähigkeit erweist der Begriff insbesondere in darauf aufbauenden "höheren" Lernprozessen, deren Bedingungen in den nächsten Schribas genauer dargestellt werden.

B. Begriffslernen, vorwiegend durch Erklärung und erläuternde Beispiele (zusammengesetzte Begriffe)

B.0. Zur Vorbereitung des Lehrers (wie bei A):

Außerdem: Vorgeordnete Begriffe identifizieren; eventuell Lernstruktur erstellen (vgl. Schriba 5). Der Lehrer formuliere eine schülergemäße Definition des Begriffs, d.h. vor allem:

möglichst mit Begriffen, die durch den vorangegangenen Fachunterricht bereits bekannt sind.

B.1. Motivation (wie bei A):

Einstieg eventuell auf der ikonischen Ebene. Im Zusammenhang damit eventuell eine vorläufige, vielleicht nocn etwas vage Definition.

B.2. Schwierigkeiten und ihre Überwindung

Die Schwierigkeiten bestehen hier für die Schüler vor allem darin, die in die Definition eingehenden Begriffe richtig zu verwenden, die Definition präzise zu formulieren und an Beispielen zu konkretisieren.

Der Lehrer hilft:

- durch Klärung der vorgeordneten Begriffe (wobei Schüler mit heranzuziehen sind: "Erkläre doch mal, was mit - z.B. - "Hypotenuse" gemeint ist!" ...);
- durch wenige, aber gut ausgewählte Beispiele und Gegenbeispiele (die Hilfen sind hier gegebenenfalls ähnlich wie bei A zu wählen);
- durch Hinweise auf relevante und irrelevante Merkmale;
- durch allmähliche Hinführung zu einer Definition in angemessener Fachterminologie: eventuell Definitionsversuche der Schüler, die gemeinsam diskutiert werden.

Es sei offen gelassen, wann der Fachausdruck für den Begriff eingeführt wird (das kann mehr am Anfang des Lernprozesses oder etwas später sein). Ebenso sei offen gelassen, ob die Definition in Anlehnung an enaktive oder ikonische Darstellungen ("operativ") oder in "Ist-Form" erfolgt (vgl. Abschnitt 4).

B.3. Sicherung und Lernkontrolle

Fixierung einer präzisen Definition, eventuell in Worten der Schüler!

Mögliche Lernkontrollen:

a. Neue Beispiele oder Nichtbeispiele identifizieren und mit der Definition begründen lassen.
b. Neue Beispiele geben lassen.
c. Die Definition in eigenen Worten wiederholen und am Beispiel erläutern lassen.

Man vergleiche im übrigen Abschnitt 7 !

B.4. Operative Übung und (erste)Anwendung (wie bei A!)

B.5. Weitere Anwendung und Transfer (wie bei A!)

Bemerkung:

Die vorgenannten Vorschläge und Anregungen sollten nicht als starres Schema[1] mißverstanden werden. Die Formen A und B des Begriffslernens stellen gewisse Idealisierungen dar, die eine Orientierung in dieser oder jener Richtung ermöglichen.

Im allgemeinen wird es sich hier um einen "fragend-entwickelnden" Unterricht handeln, der mal mehr im Sinne von A "gelenktes Entdeckungslernen", mal mehr im Sinne von B stärker geführter "expositorischer" Unterricht ist. Dies ist für den Einzelfall jedoch nicht unbedingt festzulegen. Es ist auch zu berücksichtigen, daß ein und derselbe Begriff (in einer früheren oder späteren Klasse) mal als "einfacher", mal als "zusammengesetzter" Begriff eingeführt werden kann. (So geschieht das oft mit Begriffen wie "Quadrat" oder "symmetrisch"; vgl. das nachfolgende Unterrichtsbeispiel!)

9. Unterrichtsbeispiel zum Begriffslernen

Es soll versucht werden, einige Lehr- und Lernbedingungen des Abschnitts B am Beispiel des Begriffs "Quadrat" zu verdeutlichen. (Einige Anregungen sind dabei CLARK 1971, S. 263/264, entnommen.)

Der Begriff "Quadrat" wird im Sinne eines zwischen Typ A und B liegenden "gemischten" Verfahrens (wie es wohl der Realität oft entspricht) behandelt. Anschließend soll überlegt werden, wo bei einer Behandlung im Sinne von Typ A bzw. Typ B die Akzente zu setzen wären.

0) Zur Vorbereitung

Schülergemäße Definition des Begriffs Quadrat:

Ein Quadrat ist ein Viereck mit vier gleich langen Seiten und vier rechten Winkeln.(Es wird bewußt hingenommen, daß diese Definition "überbestimmt" ist.)

Begriffsspezifische Eigenschaften:

a. Alle Quadrate haben vier Seiten bzw. Ecken (sind "Vierecke").
b. Alle Seiten eines Quadrats sind gleich lang.
c. Alle Winkel an den Ecken eines Quadrats sind rechte.

[1] vor allem nicht für eine einzige Unterrichtsstunde!

Häufiger beobachtete irrelevante Eigenschaften sind folgende:

a. die Lage des Quadrats;
b. die Größe des Quadrats.

Vorgeordnete Begriffe sind:

a. vier,
b. Seite,
c. Ecke,
d. Viereck,
e. gleich lang,
f. Länge.

Vorausgesetzte Fähigkeiten sind:

a. wie eine Seite zu messen ist,
b. wie ein rechter Winkel festzustellen ist.

1) Motivation

"Wir wollen heute eine geometrische Figur (Form) kennenlernen, die ihr alle aus dem täglichen Leben kennt."

Der Lehrer zeigt eine "quadratische" Kachel, eine "quadratische" Teppichfliese oder ähnliches. Damit werden die Schüler an ihren empirischen Vorbegriff erinnert.

Sie werden aber auch darauf hingewiesen, daß nicht alles, was im Alltag "quadratisch" genannt wird, wirklich quadratisch im Sinne der Mathematik ist (Beispiel: Fußballfeld). Vorläufige Klärung: Beim Quadrat muß die Entfernung von einer Ecke zur nächsten immer dieselbe sein!

2) Hilfen bei der Begriffsbildung

Der Lehrer präsentiert jetzt Beispiele für den Begriff:

a. Jedes Quadrat wird einzeln aus dem gleichen Papier ausgeschnitten und an die Tafel geheftet (nicht gleich mehrere zusammenhängende Quadrate, nicht gleich verschiedene Materialien, auch nicht: quadratische "Gegenstände").
b. Die Beispiele werden gleichzeitig (eventuell noch in gleicher Lage)präsentiert:

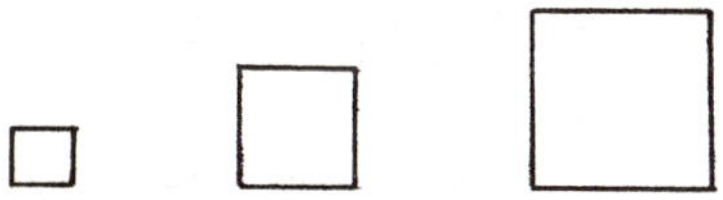

Der Lehrer fragt nach dem "Besonderen" dieser Figuren (er kann sie auch schon "Quadrate" nennen!) ...

Er läßt jeweils die vier rechten Winkel und die vier gleich langen

Seiten zeigen und fixiert an der Tafel:

Quadrat

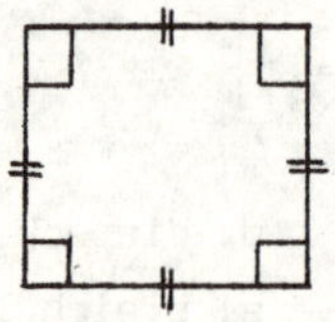

vier gleich lange Seiten;
vier rechte Winkel.

3) Zur Sicherung und Lernkontrolle

Die Beispiele werden stärker variiert, Gegenbeispiele einbezogen.
"Welche Figuren sind Quadrate?"

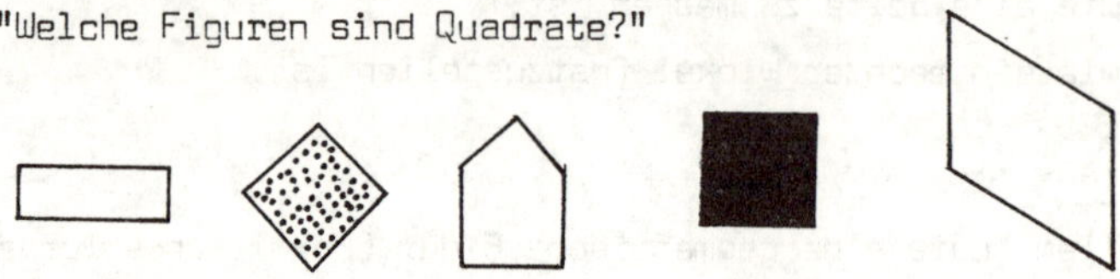

(Variation der Lage, Farbe, der Seitenzahl, der Winkelgröße, der Seitenlänge.)

Die Schüler begründen, wann und warum es sich (nicht) um ein Quadrat handelt.

Als Test könnte eine weitere Folge von Figuren dienen.

4) Zur operativen Übung und Anwendung

Der Lehrer läßt möglichst viele verschiedenartige Quadrate in Freihandzeichnung an die Tafel zeichnen und kommentieren; - Quadrate an konkreten Gegenständen aufweisen (Schachspiel, Würfel);

- weitere Beispiele aus der Umwelt nennen;
- Quadrate konstruieren, Seiten und Winkel mit Buchstaben bezeichnen;
- die Definition symbolisch notieren;
- die Konstruktion beschreiben und notieren . ...

5) Zur weiteren Anwendung und Transfer

a. Man kann ein Rechteck mit Quadraten "auslegen" und die Anzahl auf möglichst einfache Art feststellen lassen im Sinne der "Flächeninhaltsregel".

b. Man kann nach den Möglichkeiten fragen, eine gegebene Anzahl von Quadraten zu kombinieren:

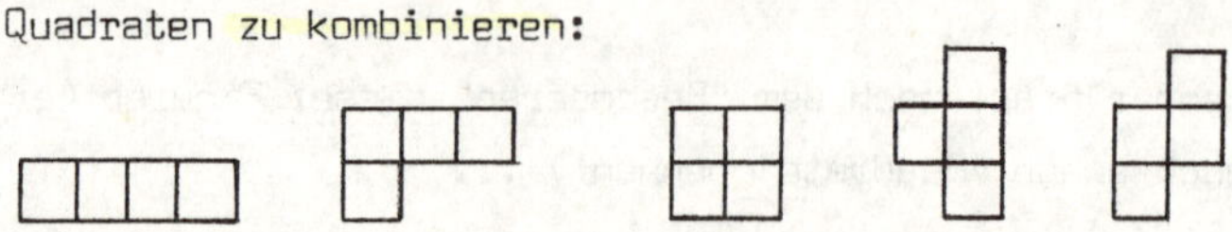

(kleine Problemlöseaufgabe für Grundschüler, die z.B. die Thematik "Würfelnetz" vorbereitet)

c. Man könnte den Würfel behandeln ...

Diese wenigen Andeutungen mögen genügen, um einige allgemeine Gesichtspunkte aus dem letzten Abschnitt etwas zu verdeutlichen. Sie sollen keine Stundenplanung darstellen; viele Einzelfragen bleiben unerörtert. Es soll abschließend angedeutet werden, wie die Akzente nach Typ A bzw. Typ B des Begriffslernens zu setzen wären.

Typ A: a. Die Begriffsmerkmale werden "intuitiv" aus der Erfahrung heraus mehr oder weniger umgangsprachlich herausgearbeitet: Seiten sind u.U. "gerade Begrenzungen". Seiten sind "gleich lang", wenn sie dasselbe Stück einer Kordel ausmachen; "rechte Winkel" finden die Schüler an einer Postkarte (mit der sie auch feststellen können, wo rechte Winkel zu finden sind) ...

b. Die Beispiele werden in aller Breite in wohlüberlegter Sequenz präsentiert. Die relvanten Merkmale werden im Sinne von a. herausgehoben. Man bemüht sich um eine mehr oder weniger umgangssprachliche Beschreibung des Begriffs.

Typ B: a. Die "vorgeordneten" Begriffe: Seite, Länge, rechter Winkel ... sind mathematisch abgeklärt. Das gleiche gilt für die vorausgesetzten Fähigkeiten. (Tatsächlich ist es oft so, daß das eine intuitiv übernommen, das andere mathematisch geklärt wird.)

b. Man trifft eine knappe Auswahl typischer Beispiele und kommt über die relevanten Merkmale schnell zu einer "genauen" mathematischen Definition (oder geht u.U. gar von der Definition aus!).

Der tatsächliche Mathematikunterricht (zumal der Primar- und Sekundarstufe I) bewegt sich meist zwischen den Typen A und B. Man sollte sich bemühen, dem jeweiligen Alter der Schüler, den jeweiligen Lernvoraussetzungen und dem jeweiligen Begriff unter Berücksichtigung der herausgearbeiteten psychologischen Gesichtspunkte in bewußter Entscheidung gerecht zu werden.

10. Begriffslernen mit Hilfe einer Orientierungsgrundlage

In diesem Abschnitt, der gewissermaßen als "Anhang" zu verstehen ist, sollen am Beispiel des Begriffs "Quadrat" noch kurz weitere Möglichkeiten des Begriffslernens diskutiert und damit das Handlungsrepertoire für den Unterricht erweitert werden.

10.1. Operative Zugänge am Beispiel "Quadrat"

Bei entsprechenden Voraussetzungen der Schüler gibt es natürlich auch die Möglichkeit, den Begriff "Quadrat" als operativen Begriff über eine Handlung einzuführen. Eine naheliegende Handlung ist in der Geometrie die "Konstruktion". Man könnte also damit beginnen, die Schüler "nach Anweisung" ein bestimmtes Viereck konstruieren zu lassen, z.B. so:

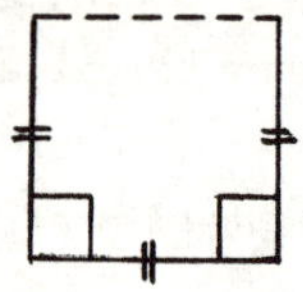

Das so entstandene Viereck ... nennt man "Quadrat" ...
Ist der Begriff "Rechteck" bereits gebildet, so könnte der Begriff "Quadrat" auch über folgende Handlungsanweisung eingeführt werden (vgl. WINTER/ZIEGLER 1969, S. 146):

"Stelle aus einem rechteckigen Blatt ein anderes rechteckiges her, dessen vier Grenzstrecken gleich lang sind. Du kannst falten oder Zirkel und Lineal benutzen."

Dies sind unter gegebenen Umständen durchaus denkbare Zugänge auf der enaktiven Ebene, von denen her sich der Begriff (unter weiterer Beachtung von Variations- und Kontrastprinzip) mehr oder weniger schnell "verinnerlichen" läßt. Weniger geeignet erscheint folgender Handlungseinstieg von BREIDENBACH (1964^8, S. 111):

"Der Faltwinkel (!)[1] wird noch einmal so gefaltet, daß ein Winkel von 45° entsteht. Dann schneiden wir zu einem seiner Schenkel senkrecht durch."

Es ist schwer zu sehen, wie hier die Handlung zur Einsicht führt (verinnerlicht werden kann).

Man wird nur dann von einem echten operativen Zugang sprechen können, wenn die Handlung eine "Orientierungsgrundlage" für die relevanten Merkmale des Begriffs bietet.

---

1 Darunter ist ein durch"doppelte"Faltung eines Blattes materialisierter rechter Winkel zu verstehen.

Damit wurde hier ein Terminus verallgemeinernd verwendet, der in der Lernpsychologie GALPERINs einen ganz spezifischen Sinn hat. Davon soll im folgenden kurz berichtet werden.

10.2. Begriffslernen nach GALPERIN

GALPERIN/TALYSINA (1972, S. 106 - 130) halten drei Etappen der Begriffsbildung im Unterricht für wesentlich:

1. Die Etappe der materialisierten Handlung:
   Arbeiten mit einer schriftlichen Orientierungsgrundlage an konkreten Dingen oder Darstellungen (vorgelegten Beispielen oder Gegenbeispielen);
2. die Etappe der "äußeren" Sprache:
   das Hervorheben der Begriffsmerkmale durch äußeres (lautes) Sprechen;
3. die Etappe der geistigen Handlung:
   der rein gedankliche Vollzug (mit Hilfe der "inneren" Sprache).

Für das Anfangsstadium ist die "Orientierungsgrundlage" von entscheidender Bedeutung:

(1) Die Schüler erhalten Zettel, auf denen die notwendigen und hinreichenden Merkmale des Begriffs untereinander und numeriert aufgezählt sind.

Sie bekommen außerdem als Instruktion, jedes der ihnen vorgelegten Objekte auf jedes dieser Merkmale hin genau zu überprüfen.

(2) Die Schüler nehmen nun anhand des Zettels die Überprüfungen, ob ein gegebenes Merkmal zutrifft oder nicht, laut sprechend vor.

Sobald den Schülern die Merkmale des Begriffs geläufig sind, werden sie aufgefordert, den Zettel wegzulassen.

(3) Schließlich wird auch auf die äußere Sprache verzichtet: Der Schüler arbeitet still "für sich" und nennt nur das Ergebnis.

GALPERIN/TALYSINA gehen davon aus, daß der Begriff beherrscht wird, sobald die Schüler nicht mehr nach dem einzelnen Merkmal fragen, sondern "mit einem Blick" (auf das vorgelegte Objekt) die richtige Antwort nennen.

Sie verwendeten in ihren Versuchen die elementarsten Begriffe (Linie, Winkel, Winkelhalbierende, Nebenwinkel, Senkrechte) im Unterricht von (schwachen) Schülern der Klassen 5 - 7 und hatten dabei mit ihrer eher deduktiven Methode (gegenüber dem traditionellen eher induktiven Vorgehen) bemerkenswerte Erfolge.

Offensichtlich läßt sich dieses Vorgehen auch auf komplexere Begriffe übertragen (vgl. OHL 1973). Man spiele es einmal für den Begriff "Quadrat" mit den spezifischen Merkmalen (1. Viereck, 2. gleich lange Seiten, 3. ein rechter Winkel) an den Figuren des Abschnitts 9 durch (Übungsaufgabe!).

Bei ihren Untersuchungen kamen GALPERIN/TALYSINA (1972) im einzelnen zu folgenden interessanten Ergebnissen:

a. Die Schüler machten bei der geschilderten Begriffserarbeitung von vornherein kaum Fehler.

b. Die wenigen Fehler passierten meist beim Übergang von der "äußeren" zur "inneren" Sprache.

c. Für die Korrektur genügte meist die Aufforderung, die Merkmale gedanklich zu wiederholen und sich die Aufgabe noch einmal anzusehen.

d. Die Rückkehr zum lauten Sprechen oder zum Zettel half in den übrigen Fällen.

e. Es waren bei dieser Unterrichtsmethode weniger Variationen der Figuren (z.B. bezüglich der Lage) erforderlich:

> "Die Schwierigkeiten der Kinder bei einer ungewöhnlichen Lage der Figur, die von einer ungenügenden Verallgemeinerung der Begriffsmerkmale zeugen, sind auf die Besonderheiten des Unterrichts zurückzuführen. In solchen Fällen kennen die Schüler die Begriffsmerkmale nicht genau, sie haben nicht gelernt, damit in objektivierter Form zu denken und sie bei der Lösung konkreter Aufgaben anzuwenden" (a.a.O., S. 118).

f. Als besonders wichtig erwies sich die Etappe der "äußeren Sprache" (des lauten Verbalisierens); Verzicht darauf bewirkte stärkere Ausfälle.

g. Die Orientierungsgrundlage anhand des Zettels mit den Begriffsmerkmalen ("Etappe der materialisierten Handlung") zeigte sich letztlich als die wichtigste Etappe, weil sie die Schüler zu systematischem Vorgehen anleitete, zu dem sie ohne dies kaum fähig waren.

h. Es läßt sich vermuten, daß häufigeres Wiederholen dieses Verfahrens den Erwerb anderer (ähnlicher) Begriffe erheblich verkürzt, da die Schüler mit den Begriffen zugleich eine dem dortigen Vorgehen entsprechende "Begriffsbildungsstrategie" erwerben. (Diese Hypothese wurde in den Untersuchungen von OHL (1973) bestätigt.)

OHL (1973, S. 147 - 149) hebt darüber hinaus bei der Darstellung seiner Ergebnisse hervor:

- Die Vermittlung einer Orientierungsgrundlage erhöht wesentlich die Bewußtheit der Handlung.
- Es ist günstig, die Orientierungsgrundlage als relativ allgemeines (sprachliches) System zu geben (Verbesserung der Transferbedingungen; vgl. Schriba 4).
- Die Orientierungsgrundlage fordert und fördert in stärkerem Maße die geistige Tätigkeit (Erkennen des Wesentlichen, Verallgemeinern).

Könnte das nicht ermutigen, auch Versuche in dieser Richtung zu machen? - -

Zum Abschluß werde eine Übersicht (SCHEMA 17) zusammengestellt über die wichtigsten Lernbedingungen für mathematische Begriffe, wie sie sich aus den Abschnitten 1 - 10 ergeben:

SCHEMA 17:
Eine Übersicht über günstige Lernbedingungen zum Unterrichten mathematischer Begriffe

1. Beachtung der operativen Prinzipien

   (besonders Prinzip der Stufengemäßheit, Aufbauprinzip, Dynamisches Prinzip; Verinnerlichungsprinzip, Prinzip der operativen Durcharbeitung)

2. Beachtung der Variationsprinzipien

   (Variation der Darstellungsebenen, Variation der Veranschaulichungsmittel, mathematische Variation)

3. Mehrere Beispiele (nach Variationsprinzipien) zur Verhinderung von Untergeneralisierung des Begriffs

4. Gegenbeispiele (im Sinne des Kontrastprinzips) zur Verhinderung von Übergeneralisierung des Begriffs

5. Am Anfang möglichst positive Beispiele; dann mit Gegenbeispielen mischen!

6. Sprachliche Hilfen geben:

   a. Bedeutsamkeit des Begriffs herausstellen (an Vorbegriffe der Schüler anknüpfen)

   b. Auf relevante und irrelevante Merkmale aufmerksam machen (relevante Merkmale fixieren!)

   c. Rückmeldungen über richtige und falsche Begriffsverwendung geben!

   d. Namenszuordnung für den Begriff geben

   e. Begriff in angemessener Fachterminologie definieren lassen

7. Zielsetzungen des Begriffslernens und entsprechende Lernkontrollen beachten (vgl. 226/227).

8. Lernphasen des Begriffslernens und unterrichtspraktische Hinweise beachten (vgl. 228-232).

9. Bei Begriffseinführung eventuell konkrete Handlung als Orientierungsgrundlage benutzen (235/236).

10. Begriffslernen auf Orientierungsgrundlage nach GALPERIN (237):

    a. materialisierte Handlung

    b. äußere Sprache

    c. geistige Handlung

Aufgaben und Diskussionsanregungen zu Schriba 7

0. Orientieren und überprüfen Sie sich bezüglich der Zielsetzungen dieses Schribas anhand des Zielkataloges in Schriba 10. S. 343 f

x 1. (Betr. Abschnitt 1): a. Suchen Sie weitere typische Beispiele für Konventionaldefinitionen.

b. Suchen Sie Beispiele für Realdefinitionen außerhalb der Geometrie.

o 2. (Betr. Abschnitt 3): Konkretisieren Sie die psychologischen Vorgänge der Begriffsbildung nach AUSUBEL am Beispiel "Hund" (bzw. "punktsymmetrisch").

x 3. (Betr. Abschnitt 4.1.): Geben Sie eine genetische Definition für die Begriffe "achsensymmetrisch", "Primzahl", "ähnlich".

! 4. Geben Sie für den Begriff "achsensymmetrisch" (bzw. "proportional") geeignete definierende Merkmale und häufig beobachtete irrelevante Merkmale an.

! o 5. a. Geben Sie eine breite Skala von Beispielen für den Begriff "achsensymmetrisch" ("proportional"). Was könnten Sie alles variieren im Sinne der Variationsprinzipien von DIENES ?

x b. Geben Sie gute Gegenbeispiele zum Begriff "achsensymmetrisch" ("proportional").

c. Wie könnten die Beispiele und Gegenbeispiele etwa aufeinander folgen ?

! o 6. Geben Sie mögliche Einstiege (Anfangsmotivationen) für den Begriff "achsensymmetrisch" ("proportional") an.

! o 7. a. Geben Sie einige Aufgabenstellungen im Sinne einer operativen Übung an für den Begriff "achsensymmetrisch" ("proportional").

b. Geben Sie fachliche oder praktische Situationen an, in denen der Begriff "achsensymmetrisch" ("proportional") gebraucht wird.

! 8. Stellen Sie eine kleine schriftliche Lernzielkontrolle für den Begriff "achsensymmetrisch" ("proportional") im Sinne des Abschnitts 7 zusammen.

9. Spielen Sie die Einführung eines Begriffs mit Hilfe einer "Orientierungsgrundlage" im Sinne von GALPERIN/TALYSINA am Beispiel "Quadrat" oder eines der vorgenannten Begriffe konkret durch (eventuell mit einem einzelnen Schüler).

Vorschläge für die Beobachtung und Besprechung von Unterrichtsversuchen zur Einführung und operativen Übung eines mathematischen Begriffs

Aus der folgenden Liste sind jeweils einige geeignete Gesichtspunkte für die Beobachtung auszuwählen; die übrigen können bei der Stundenbesprechung aus dem Gedächtnis mit einbezogen und gegebenenfalls mit einer Videoaufnahme kontrolliert werden:

1) Zielorientierungen (am Anfang und während der Stunde; insbesondere auch begründete Arbeitsaufträge).
2) Hinweise auf die Bedeutsamkeit des Begriffs (diese können insbesondere auch anhand von geeignet ausgewählten Beispielen erfolgen).
3) Beispiele und Gegenbeispiele (hierzu gehören insbesondere auch die nicht vorbereiteten, von den Schülern gebrachten).
4) Hinweise auf relevante bzw. irrelevante Merkmale des Begriffs (hierzu gehören insbesondere auch ikonische Verdeutlichungen).
5) Verständnisschwierigkeiten der Schüler und Reaktion des Lehrers darauf (insbesondere auch unterlassene Hilfen markieren und vermutlich unzulängliche Versuche notieren).
6) Variation der Darstellungsebenen (Enaktivierungen, Ikonisierungen mit unmittelbarer bzw. mittelbarer Anschauung, Verbalisierungen; insbesondere auch auf vorausgehende, begleitende und nachträgliche Verbalisierungen in bezug auf andere Darstellungsebenen achten).
7) Variation der Veranschaulichungsmittel und irrelevanter Merkmale (mathematische Variation).
8) Variation des Aufgabentyps (insbesondere Umkehrungen).
9) Verständnis- und Lernzielkontrollen (auch mündliche).
10) Besondere Auffälligkeiten (insbesondere fachliche Mängel).

<u>Bemerkungen</u>

1. Die vorstehende Liste ist auch als Checkliste für Stundenvorbereitungen zu benutzen.
2. Es empfiehlt sich, die ausgewählten Beobachtungspunkte in einem besonderen Beobachtungsbogen "auf Lücke" einzutragen.
3. Bezüglich der Punkte 6, 7, 8 sei auch auf das genauere Beobachtungsschema für operative Übungen in Schriba 6 (S. 199) - SCHEMA 14 - hingewiesen.

Literaturhinweise zu Schriba 7

+ AUSUBEL, D.P.: Psychologie des Unterrichts 2. Beltz Verlag, Weinheim und Basel 1974. (Kap. 15: Der Erwerb und die Verwendung von Konzepten.)

BREIDENBACH, W.: Raumlehre in der Volksschule. Schroedel Verlag, Hannover 1964[8].

DE CECCO, J.P.: The Psychology of Learning and Instruction: Educational Psychology. Prentice Hall, New Jersey 1968.

+ CLARK, D.C.: Teaching Concepts in the Classroom: A Set of Teaching Prescriptions Derived from Experimental Research. In: Journal of Educational Psychology 1971/3, S. 253 - 278.

DIENES, Z.P.: In: Mathematics in Primary Education (International Study Group for Mathematics Learning). Unesco Institute für Education, Hamburg 1966.

DIENES, Z.P.: Schulmathematik als Bildungsfach. Herder Verlag, Freiburg/Brsg. 1967.

DIENES, Z.P.: Abstraktion und Generalisation. In: DALLMANN, G. /HEYER, P. (Hrsg.): Mathematikunterricht in der Grundschule. Beltz Verlag, Weinheim, Berlin, Basel 1968.

+ GAGNÉ, R.M.: Die Bedingungen des menschlichen Lernens. Schroedel Verlag, Hannover 1969.

+ GALPERIN, P.J./TALYSINA, N.F : Die Bildung erster geometrischer Begriffe auf der Grundlage organisierter Handlungen der Schüler. In: GALPERIN/LEONTJEW u.a.: Probleme der Lerntheorie. Verlag Volk und Wissen, Berlin 1972.

HOLLAND, G.: Strategien zur Bildung geometrischer Begriffe. In: Beiträge zum Mathematikunterricht . Schroedel Verlag, Hannover 1975.

KIRSCH, A.: Eine Analyse der sogenannten Schlußrechnung. Math.-Phys. Semesterberichte XVI/1 (1969), S. 41 - 55.

KLAUSMEIER, H.J./HARRIS, Ch.W. (ed.): Analysis of Concept Learning. Academic Press, New York 1966.

KLAUSMEIER, H.J./RIPPLE, R.E.: Moderne Unterrichtspsychologie. Reinhardt Verlag, München 1975. (Kap. 11: Begriffe und Prinzipien).

LOMPSCHER, J. u.a.: Theoretische und experimentelle Untersuchungen zur Entwicklung geistiger Fähigkeiten. Verlag Volk und Wissen, Berlin 1972.

+ MARKLE, S.M./TIEMANN, P.W.: Conceptual Learning and Instructional Design. Journal of Ed. Technology, Vol. I, No. 1 (1970), pp. 52 - 62

OHL, W.: Aneignungsprozeß, Wissenserwerb, Fähigkeitsentwicklung. Volk und Wissen, Berlin 1973.

PALZKILL, L./SCHWIRTZ, W.: Die Raumlehrestunde (Eine Einführung in den operativen Geometrieunterricht der Hauptschule). Henn Verlag, Ratingen 1971.

van PARREREN, C.F.: Lernprozeß und Lernerfolg. Westermann Verlag, Braunschweig 1966.

van PARREREN, C.F.: Lernen in der Schule. Beltz Verlag, Weinheim und Basel 1972[4].

SCHUPP, H.: Elemente der Logik. Westermann Verlag, Braunschweig 1970.

SKEMP, R.R.: The Psychology of Learning Mathematics. Penguin Book, Harmondsworth 1971.

SKOWRONEK, H.: Psychologische Grundlagen einer Didaktik der Denkerziehung. Schroedel Verlag, Hannover 1970[2].

STARKE, H./TÜRKE, W.: Fachtheoretische Grundlagen des Geometrieunterrichts und methodische Hinweise zur Unterrichtsgestaltung. Volk und Wissen, Berlin 1971.

WALSCH, W./WEBER, K. u.a.: Methodik Mathematikunterricht. Volk und Wissen, Berlin 1975. (Abschnitt 3.3.3.1: Erarbeitung von Begriffen und Definitionen).

WEINERT, F.E.: Kognitives Lernen: Begriffsbildung und Problemlösen. In: WEINERT, F.E. u.a.: Funkkolleg Päd. Psychologie 2. Fischer Taschenbuch, Frankfurt/M. 1974.

WINTER, H./ZIEGLER, Th.: Neue Mathematik 5. Schroedel Verlag, Hannover 1969.

+ WITTMANN, E.: Grundfragen des Mathematikunterrichts. Vieweg Verlag, Braunschweig 1974.

Literaturkommentar

Als allgemeine Einführung zum Begriffslernen sind AUSUBEL, GAGNÉ und WEINERT geeignet, als knappe Orientierung zum Lernen mathematischer Begriffe: WITTMANN. CLARK gibt eine gute Übersicht über Forschungsergebnisse und mögliche Folgerungen für den Unterricht. MARKLE/TIEMANN seien zum Komplex Beispiele - Gegenbeispiele empfohlen. GALPERIN/TALYSINA sind grundlegend für das Lernen von Begriffen nach einer schriftlichen Orientierungsgrundlage.

SCHRIBA 8

Das Lernen mathematischer Regeln

Seite

0. Vororientierung zu Inhalt und Zielsetzung des Schribas 8

Durch dieses Schriba sollen Unterrichtsversuche zum Lernen mathematischer Regeln genauer vorbereitet werden. Dabei wird ähnlich verfahren wie in Schriba 7 bezüglich des Begriffslernens: Es werden einige Aspekte früherer Schribas nochmals aufgegriffen, spezifiziert und ergänzt.

Im Zusammenhang mit dem Regellernen sollen zwei hier besonders relevante Teile der Unterrichtstheorie herausgestellt werden:

AUSUBELs Theorie des sinnvollen rezeptiven Lernens und verbale Interaktionsformen (Grundformen und Strategien des didaktischen Gesprächs zwischen Lehrer und Schülern). Aus den entsprechenden Abschnitten ergeben sich wichtige Instruktionsvorschläge für den Lehrer, die in den letzten Abschnitten möglichst praxisnah zusammengefaßt und illustriert werden.

1. Erinnerung an frühere Ausführungen zum Regellernen

Zunächst sei daran erinnert, daß der Terminus "Regellernen" nur in einem gegenüber GAGNÉ (1969) eingeschränkten Sinne verstanden wird, nämlich als sinnvolles rezeptives Lernen mathematischer Zusammenhänge - unter Aussparung des Lernens zusammengesetzter Begriffe und des Lernens heuristischer Regeln (vgl. S. 171). Dies besagt nicht, daß für die zuletzt genannten Lernarten ganz andere Lernbedingungen gelten. Der Leser wird unschwer erkennen, was sich vom Folgenden auch auf diesbezüglichen Unterricht, ja Unterricht allgemein übertragen läßt.

Die "Reizsituation" ist beim Regellernen - etwa im Gegensatz zum Lernen einfacher Begriffe - meist stärker sprachlich bestimmt: Für solches Begriffslernen braucht man vor allem eine Reihe geeigneter konkreter Beispiele, die den zu lernenden Begriff repräsentieren.

Beim Regellernen hat der Lehrer vor allem "sprachliche Reize" (Hinweise, Anregungen, Fragen) auszuwählen, die dem Lernenden helfen, die Begriffe in der richtigen Weise miteinander zu Regeln zu verknüpfen (vgl. GAGNÉ 1969, S. 178):

Beim Distributivgesetz für Mengen geht es etwa um die Mobilisierung der Begriffe Schnittmenge und Vereinigungsmenge. Beim Satz des Pythagoras geht es z.B. um die Mobilisierung der Begriffe Quadrat, rechtwinkliges Dreieck, Flächeninhalt sowie elementarer Regeln über diese Begriffe.

Es wurde bereits darauf hingewiesen, daß für das Lernen mathematischer Regeln die Klärung vorgeordneter Begriffe und Regeln eine unerläßliche Bedingung darstellt:

"Schwerwiegende Lernausfälle können oft auf versehentliche Auslassung einer logisch wichtigen Teileinheit in der totalen Aufgabe ... zurückgeführt werden" (AUSUBEL 1974, S. 159).

Ein wichtiges technisches Hilfsmittel für den Lehrer, solche"Versehen" zu vermeiden, ist eine graphische Darstellung der Lernstruktur (vgl. S. 163).

Eine Regelstruktur des Satzes von Pythagoras sei einer Übungsaufgabe vorbehalten.

Die Analyse der Voraussetzungen darf sich letztlich jedoch nicht nur auf die vorgeordneten Begriffe und gegebenenfalls Regeln beziehen, sondern auf alles, was der Lernende für den Lernprozeß mitbringt bzw. noch nicht mitbringt: Dazu gehört z.B. auch die Vertrautheit mit bestimmten Arbeitstechniken, mit bestimmten Materialien, vor allem aber auch Vorerfahrungen bezüglich des zu Lernenden, die im Schulunterricht oder Alltag bei früherer Gelegenheit gemacht wurden. All das Genannte ist für einen "sinnvollen" Lernprozeß außerordentlich wichtig (vgl. S. 165). Bei AUSUBEL (1974, S. 372) findet sich gar die Äußerung:

> "Wenn ich die ganze pädagogische Psychologie auf nur ein einziges Prinzip reduzieren müßte, würde ich folgendes sagen: 'Finde heraus, was der Lernende bereits weiß und unterrichte ihn dementsprechend'."

Diese Äußerung AUSUBELs ist tiefer in seiner Theorie des sinnvollen rezeptiven Lernens begründet, die jetzt etwas näher betrachtet werden soll.

2. Zu AUSUBELs Theorie des sinnvollen rezeptiven Lernens

2.1. Einige Gründzüge der AUSUBELschen Theorie

Die AUSUBELsche Theorie gibt u.a. eine Begründung dafür, warum es u.U. nicht zweckmäßig ist, Lernvoraussetzungen ("learning sets") im Sinne der GAGNÉschen Lernstruktur nur von unten nach oben systematisch "aufzuarbeiten" (vgl. S. 163).

AUSUBEL hat seine Theorie in den beiden Bänden der "Psychologie des Unterrichts" (deutsch 1974) breit entfaltet. EIGLER/JUDITH u.a. (1973, S. 71 - 79) geben eine kurze prägnante Einführung in Hauptgedanken der Theorie, an die sich die folgende Darstellung eng anschließt[1].

Hier seien indessen nur einige Punkte erwähnt, die für den Mathematikunterricht besonders relevant erscheinen:

Wie in Schriba 5 schon angedeutet, ist "das Wesentliche eines sinnvollen Lernprozesses, daß symbolisch ausgedrückte Vorstellungen inhaltlich bezogen werden auf das, was der Lernende bereits weiß, nämlich auf einige bestehende relevante Aspekte seiner Wissensstruktur; z.B. ein Bild, ein schon sinnvolles Symbol, ein Konzept oder einen Lehrsatz" (AUSUBEL 1974, S. 39 - 40).

---

1 Für eine ausführliche Darstellung sei auf AUSUBEL (1974), besonders Kap. 2 und 3, verwiesen.

In diese Definition des sinnvollen Lernens geht wesentlich der Begriff der "Wissensstruktur" ("kognitiven Struktur") ein. Hierzu macht AUSUBEL bestimmte Annahmen, deren wichtigste EIGLER/JUDITH u.a. (1973, S. 73) wie folgt zusammenfassen:

"Eine kognitive Struktur muß so aufgebaut sein, daß sie möglichst viele Bedeutungen ökonomisch speichern kann. Dieses leistet nach AUSUBEL ein hierarchischer Aufbau der kognitiven Struktur, an deren Spitze Bedeutungen von sehr allgemeiner, umfassender und abstrakter Art[1] stehen, denen spezifische und differenziertere Bedeutungen untergeordnet sind und deren Fundament konkrete Informationen und Fakten bilden."

EIGLER/JUDITH u.a. (1973, S. 73) stellen weiter dar, wie der Lernende neues sinnvolles Material in seine kognitive Struktur integriert:

"Nach AUSUBEL entsprechen diesem modellhaft gedachten hierarchischen Aufbau der kognitiven Struktur insbesondere Lernvorgänge, die von bereits in der kognitiven Struktur vorhandenen allgemeinen Begriffen ausgehen und über den Prozeß der zunehmenden Differenzierung ein beziehungsreiches Geflecht von Bedeutungen aufbauen. Diesem Prozeß liegt der Vorgang der Unterordnung (subsumtion) zugrunde, d.h. eine neu zu lernende Bedeutung wird als Beispiel, Ausweitung, Modifikation, Einschränkung schon bestehender Bedeutungen höheren Allgemeinheits- und Abstraktionsgrades untergeordnet."

2.2. Das Prinzip der vorstrukturierenden Lernhilfen

Aus obigem leiten EIGLER/JUDITH u.a. (1973, S. 75) als wichtigste interne Bedingung sinnvollen Lernens die Qualität der kognitiven Struktur, die Vielfalt der "subsuming concepts" sowie deren Klarheit und Stabilität ab.

Als entscheidende externe Bedingung stellen sie die Verankerung neu zu lernender Bedeutungen in der schon bestehenden kognitiven Struktur, d.h. ihre Zuordnung zu relevanten übergreifenden Vorstellungen, den "subsuming concepts" heraus (a.a.O., S. 76). Hieraus ergibt sich das "Prinzip der vorstrukturierenden Lernhilfen (advance organizers)":

"Die Verbindung von neu zu erlernenden Bedeutungen mit schon vorhandenen Kenntnissen und Erfahrungen zu Beginn einer Lehr-Lerneinheit geschieht durch vermittelnde und vorstrukturierende Hinweise, den sogenannten advance organizers.

---

[1] AUSUBEL verwendet hierfür meist den Terminus "subsuming concepts".

Advance organizers

- geben einen Vorblick auf Thematik und Lernziel einer Lehr-Lerneinheit,
- stellen die Verbindung zu relevanten in der kognitiven Struktur schon vorhandenen Kenntnissen und Vorstellungen her,
- leiten damit die Verankerung zu lernender Bedeutungen in der kognitiven Struktur, insbesondere ihre Unterordnung unter "subsuming concepts" ein,
- weisen auf wesentliche Unterschiede zwischen Bekanntem und zu Lernendem hin und schärfen so die für das Behalten wichtige Unterscheidungsfähigkeit" (a.a.O., S. 77 - 78)[1].

Es handelt sich hier um eine besondere Form von Zielorientierung (vgl. auch S. 138/139), deren Hauptfunktion es ist, die Kluft zu überbrücken zwischen dem, was der Lernende bereits weiß und dem, was er wissen muß, bevor er erfolgreich die jeweilige Lernaufgabe bewältigen kann.

Bei vollkommen unbekanntem Material wird eine "erläuternde Organisationshilfe benutzt. ... Bei relativ bekanntem Lernmaterial wird eine "vergleichende" Organisationshilfe benutzt ... (vgl. AUSUBEL 1974, S.160).

Ähnlich wie bei EIGLER/JUDITH u.a. mit ihren "Einleitungen" wird mit den "Vororientierungen" zu den vorliegenden Schribas versucht, Beispiele solcher advance organizers zu geben (vgl. auch Übungsaufgabe hierzu!).

Unter unterrichtspraktischen Gesichtspunkten kann empfohlen werden, solche Vororientierungen kurz zu halten:

"Wir geben uns, wenn wir anfangen, alle erdenkliche Mühe, den Kindern zu erzählen, wohin die Reise gehen soll. Doch von derartigen Erzählungen im Detail kommt wenig an" (BRUNER 1974, S. 7). Dies stimmt mit den Erfahrungen in früheren Praktika dieses Kurses überein.

Schon früher wurde erwähnt (Schriba 4), daß es meist nicht "sinnvoll" ist, operationalisierte Lernziele als Vororientierung zu geben. An die Stelle der zu lernenden Regel läßt man besser eine Orientierung über die Art der zu erwartenden Leistung treten (vgl. schon GAGNÉ 1969, S. 121).

Dies erscheint beim "Regellernen" auch deshalb ratsam, weil die Regel (das Endergebnis des Lernprozesses) im allgemeinen - wenn auch unter stärkeren Hilfen - vom Lernenden selbst "aufgebaut" werden sollte, was bei Vorgabe ihres Wortlauts hinderlich wäre.

---

[1] Man sehe dies im Zusammenhang mit dem Kontrastprinzip, vgl. Schriba 7, Abschnitt 5.3 !

Man wird also z.B. nicht den Wortlaut des Satzes von Pythagoras vorgeben, sondern etwa sagen:

"Wir wollen eine Gesetzmäßigkeit zwischen den Seitenlängen der Katheten und der Hypotenuse eines rechtwinkligen Dreiecks herausfinden" (eine eher "erläuternde" Organisationshilfe; s.o.!).

Oft ist es zweckmäßig, auf die Ähnlichkeit mit einer bekannten Situation hinzuweisen. Dies wäre z.B. gut denkbar beim Winkelsummensatz für das Viereck:

"Wir wollen für die Winkelsumme im Viereck eine ähnliche Gesetzmäßigkeit herausfinden wie für das Dreieck"(eine "vergleichende" Organisationshilfe; s.o.!).

In diesem Falle verhält man sich zugleich im Sinne eines "gelenkten Transfers" nach MONTADA (1970, S. 187; vgl. auch Schriba 4).

Nebenbei bemerkt: 'Gute' Lehrer geben wahrscheinlich schon immer, wenn auch nicht so bewußt, solche Organisationshilfen.

2.3. Das Prinzip des progressiven Differenzierens und das Prinzip der integrativen Aussöhnung

Die Eigenart der im AUSUBELschen Sinne verstandenen kognitiven Struktur legt zwei weitere Prinzipien im Fortgang des Lernprozesses nahe: das "Prinzip des progressiven Differenzierens" und das "Prinzip der integrativen Aussöhnung" (vgl. AUSUBEL 1974, S. 164/167)[1].

Das Prinzip des progressiven Differenzierens besagt, daß, nachdem zu Beginn des Lernprozesses auf die umfassenden und allgemeinen Ideen hingewiesen wurde, die folgenden Lerneinheiten zunehmend differenzierter und eingehender ausgeführt werden. Es wurde versucht, in dem vorliegenden schriftlichen Basismaterial nach diesem Prinzip zu verfahren: Zunächst Vermittlung eines Gesamtrahmens in Schriba 0, dann Übersicht über sämtliche Lerntypen, allgemeine Differenzierung der Lerntypen, spezielle Differenzierung der Lerntypen für Mathematik (Schriba 5); eingehendere Behandlung der Lerntypen in den Schribas 7, 8, 9.

Das Prinzip des progressiven Differenzierens findet sich im Mathematikunterricht (teilweise) wieder im sogenannten "Prinzip vom tiefen Ende" nach DIENES (vgl. S. 149).

---

1 Vgl. ähnliche Überlegungen zu Differenzierung und Integration von AEBLI (1968[5], S. 65 ff) im Anschluß an die Psychologie PIAGETs!

Es erscheint z.B. günstiger, erst die allgemeine Idee des Stellenwertprinzips durch Bündelung von konkretem Material nach verschiedenen Basen durchzuführen und dann auf einzelne Stellenwertsysteme genauer einzugehen - als ein Stellenwertsystem gründlich zu behandeln und dann erst zum nächsten überzugehen.

Das Prinzip der progressiven Differenzierung wirkt sich innerhalb einzelner Lerneinheiten so aus, wie eingangs des zweiten Abschnitts für das Beispiel "Lösung von Gleichungen ..." (S. 163) schon angedeutet: Man fängt nicht mit den "unteren" Begriffen (z.B. Grundmenge, Aussage, Variable) an, sondern mit der allgemeinen Idee "Lösung einer Gleichung" und differenziert von dort her aus ...

Zuletzt sei noch das Prinzip der integrativen Aussöhnung kurz besprochen. Es ist im Grunde schon als "Integrationsprinzip" im Rahmen der operativen Prinzipien mit etwas anderer theoretischer Begründung vorgestellt worden (vgl. Schriba 3, Abschnitt 2.1.2).

Nach AUSUBEL ist es erforderlich, Bedeutungen innerhalb der kognitiven Struktur des Lernenden miteinander in Verbindung zu bringen, um sie einerseits besser auseinanderhalten zu können, andererseits sich dadurch besser stützen zu lassen, weil sie bei der Gegenüberstellung an Klarheit und Stabilität gewinnen (vgl. AUSUBEL 1974, S. 141 - 142).

Man könnte das Prinzip der integrativen Aussöhnung im Rahmen der Gestaltung von Texten auch als "Prinzip der Querverweisungen" bezeichnen.

Es wurde versucht, dieses Prinzip bei der Gestaltung dieses schriftlichen Basismaterials laufend anzuwenden, indem immer wieder Verbindungen hergestellt wurden zwischen verschiedenen Theorien (z.B. innerhalb von Schriba 3 zwischen den verschiedenen kognitiven Theorien, zwischen den Prinzipien von DIENES und den Transferbedingungen in Schriba 4; zuletzt gerade wieder zwischen dem operativen Integrationsprinzip und dem Prinzip der integrativen Aussöhnung nach AUSUBEL).

Das Prinzip der integrativen Aussöhnung hat für den Mathematikunterricht eine besondere Bedeutung, wenn es sich um zueinander isomorphe oder ähnliche Stoffe handelt:

Behandelt man z.B. Regeln zur Zinsrechnung (z.B. Berechnung der Zinsen), so wird man auf entsprechende Regeln der Prozentrechnung (Berechnung des Prozentwerts) hinweisen.

Behandelt man in der Mathematik eine logische Regel (z.B. die Regel der doppelten Verneinung), wird man auf entsprechende Regeln für die Umgangssprache hinweisen. Diese Gesichtspunkte wurden früher bereits unter dem "Transferaspekt" diskutiert (vgl. Schriba 4, Abschnitt 3.3).

2.4. Zusammenfassende Übersicht

Es sei abschließend versucht, für den Unterricht wesentliche Gedanken AUSUBELs in folgendem Schema zusammenzufassen:

SCHEMA 18:
Zum Aufbau einer kognitiven Struktur nach AUSUBEL

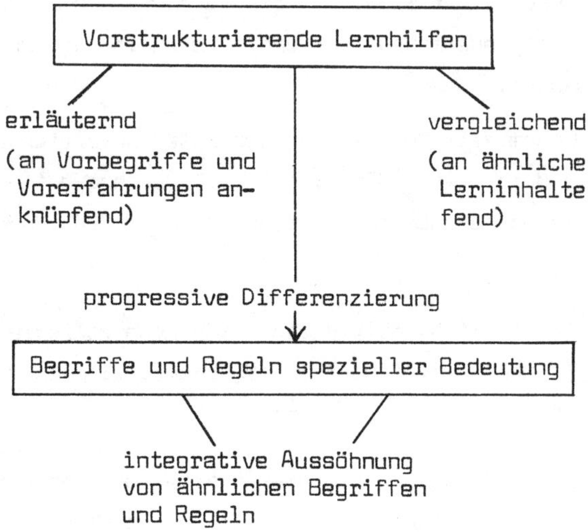

3. Verbale Interaktionsformen des Regellernens

3.1. Grundformen des Regel-Unterrichts: fragend-entwickelnder Unterricht und Unterrichtsgespräch

Regeln (wie übrigens auch Begriffe) können im Unterricht offenbar sehr unterschiedlich gelernt werden: sie können durch "Lehrervortrag" (darbietender Unterricht), durch "fragend-entwickelnden" Unterricht, "Unterrichtsgespräch" (erarbeitenden Unterricht) oder durch "entdeckenlassenden" Unterricht (aufgebende Unterrichtsmethode) erworben werden.

Die obigen Unterrichtsformen sind in der genannten Reihenfolge durch eine stetige Abnahme sprachlicher Hinweise und Hilfen durch den Lehrer gekennzeichnet. - Beim "Regellernen" wird man sich meist in dem mittleren Bereich der fragend-entwickelnden Unterrichtsform und des Unterrichtsgesprächs bewegen. Diese beiden "erarbeitenden" Unterrichtsformen stellen die Grundformen des rezeptiven schulischen Lernens (zumindest was den Mathematikunterricht betrifft) dar. Entdeckenlassendes Lehren ist hier per Definition ausgeschlossen, und Lehrervortrag verbietet sich meist schon deshalb bei (mathematischem) Regellernen, weil hierbei gewöhnlich keine hinreichende Verständniskontrolle bezüglich einer angemessenen Verknüpfung der Begriffe gewährleistet scheint.

Ein "Beleg" für das faktische Gewicht der erarbeitenden Unterrichtsform mag auch eine DDR-Untersuchung zu den methodischen Grundformen im Unterricht aller Fächer der Klassen 5 bis 10 sein. Das Ergebnis aus dem Jahre 1968 sieht folgendermaßen aus (und es wird in der Bundesrepublik kaum anders aussehen):

"18 Prozent der Gesamtzeit für alle untersuchten Unterrichtsstunden entfallen auf die darbietende, 50 Prozent auf die erarbeitende und 32 Prozent auf die aufgebende methodische Grundform"(KLINGBERG 1972, S. 315).

Für den Mathematikunterricht dürfte sich eine noch stärkere Verschiebung zur erarbeitenden Unterrichtsform ergeben (vgl. WALSCH/WEBER u.a. 1975, S. 253).

Es läßt sich bisher kaum vernünftig diskutieren, welches Verhältnis als didaktisch optimal gelten kann (wenn es überhaupt ein solches gibt).

Die Tatsache aber, daß der Unterricht in ca. 50 % der Fälle (eher mehr) "erarbeitend" durchgeführt wird, sollte Anlaß genug sein, sich mit dieser Unterrichtsform etwas genauer zu beschäftigen.

Innerhalb der erarbeitenden Unterrichtsform seien - wie schon angedeutet - noch gewisse Unterschiede gemacht zwischen "fragend-entwickelndem Unterricht" und "Unterrichtsgespräch" (vgl. KLINGBERG 1972, S. 335 - 336).

Beim fragend-entwickelnden Unterricht spielen sich die verbalen Interaktionen zwischen Lehrer und Schüler vorwiegend in folgender Weise ab:

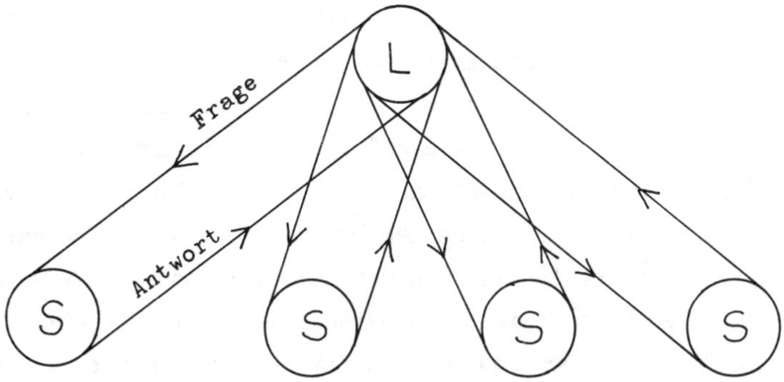

Etwas abfällig wird das Extrem als "Frage-Antwort-Spiel" bezeichnet.

Das echte Unterrichtsgespräch ist durch Schülerbeiträge gekennzeichnet, die aufeinander bezogen sind, etwa so:

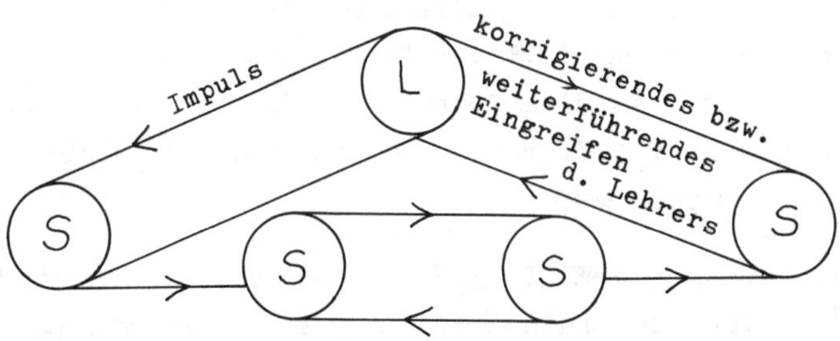

Zu propagieren ist m.E. ein erarbeitender Unterricht, der sich möglichst in Richtung auf das eigentliche Unterrichtsgespräch bewegt, aus übergeordneten Zielvorstellungen heraus (Kommunikations- und Kooperationsfähigkeit der Schüler untereinander) und aus lernpsychologischen Erwägungen (mehr Verbalisation durch die Schüler erhöht im Schnitt die Transferfähigkeit des Gelernten; vgl. Schriba 4).

Dies trifft sich mit der alten pädagogischen Regel: "Was ein Schüler sagen könnte, braucht der Lehrer nicht zu sagen."

Man beachte dabei auch die starke "natürliche" Tendenz zu lehrer-zentriertem Unterricht, der es etwas entgegenzuwirken gilt: R. TAUSCH (1969) zählte pro Unterrichtsstunde durchschnittlich 55 Fragen, 50 Befehle des Lehrers; der Lehrer bestreitet 80 %, die Schüler zusammen nur 20 % des Gesprochenen!

3.2. Strategien der didaktischen Gesprächsführung: Frage - Denkanstoß - Impuls

Der Lehrer kann sich zum Zwecke der Unterrichtssteuerung in verschiedener Weise an die Schüler wenden: er kann sie fragen ("Wie ist die Schnittmenge erklärt?"), er kann einen Denkanstoß geben ("Denkt doch mal darüber nach, wie die Winkelsumme im Dreieck mit der Winkelsumme im Viereck zusammenhängen könnte!"), oder er kann einen kurzen verbalen Impuls geben, der die Schüler zum Denken, zu Tätigkeiten oder Äußerungen anregt ("Berichte!" ..., "Erkläre!" ..., "Begründe!" ..., "Vergleiche!" ..., "Das glaube ich nicht!" ..., "Wirklich?" ...) Daneben sind auch nicht-verbale Impulse denkbar (und oft sehr wirksam!): Sprechpause des Lehrers, erstaunter Gesichtsausdruck, Kopf- oder Handbewegungen, stummes Deuten auf einen Gegenstand usw. (vgl. RITZ-FRÖHLICH 1973, S. 7). Die Begriffe "Denkanstoß" und "Impuls" werden oft synonym gebraucht.

3.3. Der didaktische Sinn von Frage, Denkanstoß, Impuls

Der didaktische Sinn der Lehrerfrage ist von der deutschen Reformpädagogik gelegentlich (vgl. z.B. GAUDIG 1929[3], S. 13 ff.) in Frage gestellt worden, insbesondere mit dem Hinweis auf die scheinbar perverse Situation: Warum soll der Lehrer den Lernenden fragen? Es müßte natürlicherweise doch umgekehrt sein!

Indessen kann man mit AEBLI (1968[5], S. 141) den didaktischen Sinn der Lehrerfrage vor allem darin sehen, daß sie den Lernenden auf bestimmte Gesichtspunkte des zu Lernenden aufmerksam macht, d.h. die Denktätigkeit steuert: "Die Frage 'Wie viele?' schlägt dem Schüler vor, den Gegenstand unter dem Gesichtspunkt der Anzahl zu betrachten, die Frage 'Wo?' läßt ihn den Gegenstand auf seine Lage untersuchen, die Frage 'Warum?' schlägt die kausale Betrachtungsweise einer Erscheinung vor usw."

Man kann weiter die didaktische Funktion der Lehrerfragen darin sehen, daß sie

- den Bezug der Schüler zum Thema feststellen oder bewußt machen ("Was wollten wir eigentlich?");
- die Vorkenntnisse mobilisieren ("Was versteht man noch unter ..?");
- das laufende Verständnis kontrollieren ("Warum mußte das ein rechter Winkel sein?");
- Leistungen kontrollieren ("Wie heißt die erste binomische Formel?").

Generell dienen die Fragen dazu, die Schüler zu Selbsttätigkeit, insbesondere auch zu eigenen Fragen herauszufordern (vgl. KLINGBERG 1972, S. 323). Gelegentlich wird unterstellt, daß die Lehrerfragen den Schüler in engen vorgeschriebenen Bahnen halten, während Denkanstöße und Impulse eher dazu geeignet sind, selbständiges Denken anzuregen, indem sie ein weites "Denkfeld" eröffnen, etwa so - (vgl. RITZ-FRÖHLICH 1973, S. 18):

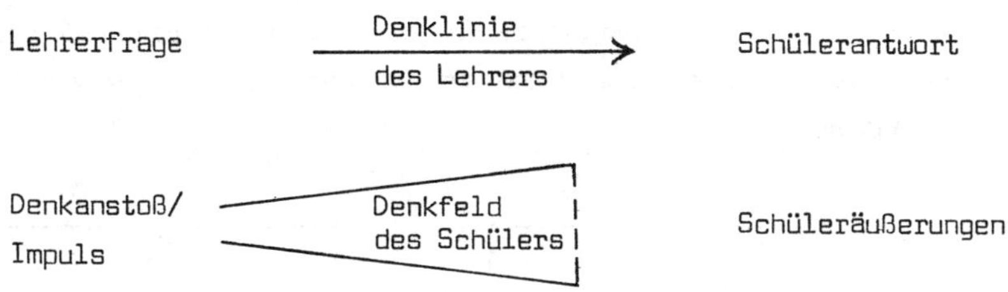

Man kann diese Unterscheidung natürlich leicht abtun mit dem Hinweis, jede Frage lasse sich "logisch" in eine Aufforderung umwandeln und umgekehrt:

Frage: Wie ist die Schnittmenge erklärt?
Aufforderung: Erkläre bitte den Begriff Schnittmenge!

So gesehen, kommen Frage und Aufforderung auf dasselbe hinaus. Indessen scheint jedoch ein gewisser psychologischer Unterschied zu bestehen:

Die Lehrerfrage zentriert tendenziell stärker den Unterricht auf den Lehrer; eine Aufforderung rückt eventuell die Sache etwas stärker in den Vordergrund (vgl. SALZMANN 1970[2], S. 59). Es ist wohl auch so, daß die Frage eher "Sprachbrocken" als Antwort provoziert, die Aufforderung eher ganze Sätze. Im zweiten Fall wird also der sprachliche Ausdruck besser gefördert (vgl. AEBLI 1968[5], S. 144).

Es ergibt sich somit ein leichtes "Plus" für Denkanstoß und Impuls.

Im übrigen erklärt sich die in der obigen Skizze zum Ausdruck gebrachte unterschiedliche Deutung einfach daraus, daß eben bei weiter Gesprächsführung eher aufgefordert wird, bei enger Gesprächsführung eher gefragt wird, obwohl prinzipiell jeweils beides möglich wäre.

3.4. Eng und weit gefaßte Fragen

Im Einzelfall kann der Lehrer die Frage (oder Aufforderung) verschieden eng oder weit stellen. Dabei sollte als Prinzip gelten, daß der Schüler durch die Frage nicht unnötig viel Hilfe bekommt.

Der Lehrer sollte vor allem nicht so eng fragen, daß es für den Schüler nichts mehr zu überlegen gibt. ("Was für Winkel haben wir im Rechteck?" - "Rechte!") Gegebenenfalls sollte der Lehrer mit einer weiten Frage beginnen und sie bei bestehenden Schwierigkeiten verengen.

Der Prozeß der Verengung einer Frage sei an einem Beispiel verdeutlicht. Die Fragen beziehen sich dabei auf folgende Beweisfigur zum Satz des Pythagoras:

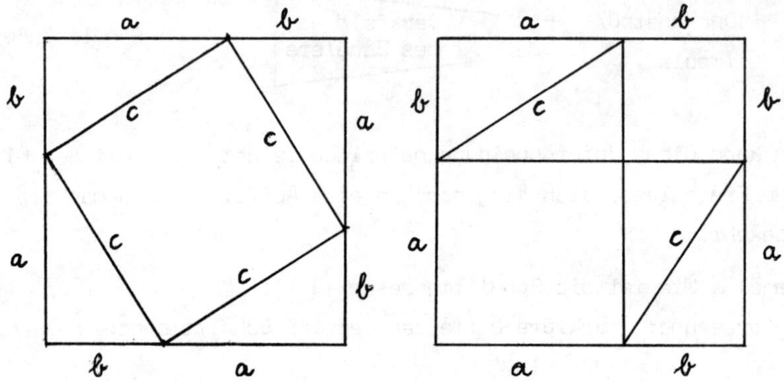

(1) Weite Frage: Seht euch mal die Zeichnung an. Fällt euch etwas auf?

(2) Engere Frage: Achtet genau auf die Figuren und Bezeichnungen links und rechts. Was fällt euch auf?

(3) Noch enger: Was kann man über die Dreiecke links und rechts sagen? Was über die entstandenen Quadrate?

(4) Ganz eng: Wir haben links und rechts deckungsgleiche Quadrate (der Seitenlänge a + b); außerdem dieselben 4 kongruenten Dreiecke. Was kann man dann über die Quadrate a^2, b^2 sagen im Vergleich zu c^2?

Bemerkungen:

1) Man erkennt an dem vorliegenden Beispiel, daß weit gefaßte (offene) Fragen (Aufforderungen, Denkanstöße) wohl günstigere Bedingungen zur Förderung von selbständigem Denken und Kreativität schaffen als enge.

2) Man kann an diesem Beispiel zugleich beobachten, wie fließend die Übergänge von einer entdeckenlassenden zu einer mehr vortragenden Unterrichtsform sind.

3.5. Einige praktische Hinweise zur Fragetechnik des Lehrers

Die Fragetechnik des Lehrers hat zumindest eine sprachliche, eine logische, eine psychologische und eine unterrichtsstrategische Seite.

Die sprachlichen Anforderungen faßt KLINGBERG (1972, S. 325) in zwei Regeln zusammen:

1) Das Fragewort gehört an den Anfang des Fragesatzes.
   (Also nicht: Die Summe beträgt wieviel?
   sondern: Wieviel beträgt die Summe?)

2) Das richtige Fragewort wählen.
   (Also nicht: Über was sprechen wir heute?
   sondern: Worüber sprechen wir heute?)

Man soll darauf m.E. kein übertriebenes Gewicht legen. Wichtiger ist schon das, was KLINGBERG (1972, S. 326) als "logische" Anforderung in die Regel faßt:

> "Formuliere die Fragen so klar, eindeutig und präzise, daß der Schüler genau weiß, worauf es ankommt!"

Damit hängen die psychologischen Forderungen an die Lehrerfrage eng zusammen (KLINGBERG 1972, S. 327):

1) Die Frage muß vom Schüler verstanden werden.
   (Das beinhaltet: der Lehrer sollte sich einer einfachen, schülergemäßen Sprache bedienen.)

2) Der Lehrer vermeide sogenannte Kettenfragen.
   (D.h.: er stelle nicht gleich mehrere Fragen hintereinander; denn das verwirrt die Schüler.)

Aus allen bisherigen Forderungen zur Fragetechnik ergibt sich eine klare Konsequenz (zumindest für den anfangenden Lehrer):

> Entscheidende Fragen (bzw. Denkanstöße) sollten - nach Möglichkeit sogar wörtlich - vorbereitet werden, gegebenenfalls sollten auch geeignete Verengungen überlegt werden.

Abschließend seien einige unterrichtsstrategische Hinweise zur Gesprächsführung im Anschluß an AEBLI (1968^5, S. 147 - 148) zusammengestellt:

(1) Melden sich mehrere Schüler zur Beantwortung einer Frage, so beginnt der Lehrer am besten bei den schwächeren und läßt erst allmählich die besseren zum Zug kommen. Damit ist die Wahrscheinlichkeit größer, daß die nachfolgenden Antworten noch etwas Neues bringen. Andernfalls ist damit zu rechnen, daß ein guter Schüler zu Beginn gleich alles sagt und schwächere Schüler nicht mehr zu Wort kommen.

(2) Lebhafte Lehrer sollten sich zum Warten zwingen, wenn sie eine Frage gestellt haben, und nicht gleich selber die Antwort geben.

(3) Der Lehrer sollte auch nicht gleich nach dem ersten Beitrag Stellung nehmen. Dies ist notwendig, damit nicht sogleich die Schüler entmutigt werden, die etwas anderes sagen wollten.

(4) Bei der Behandlung der Antworten sollte der Lehrer nicht einfach richtige und falsche Antworten unterscheiden. Er sollte vielmehr versuchen, das Gute aus einer Antwort soweit möglich herauszustellen.

(5) Gedanken und Beiträge, die neue Ausblicke eröffnen, gibt der Lehrer an die Klasse zurück und fordert dazu auf, sie weiter zu verfolgen.

(6) Falsche Antworten, die unwichtig sind, übergehe er einfach oder korrigiere sie en passant. Gravierende Fehler und verbreitete Mißverständnisse gebe der Lehrer an die Klasse zur Stellungnahme zurück und stelle sie mit ihr gemeinsam richtig.

4. Die besondere Bedeutung der Sprache beim Regellernen

Wie in Abschnitt 1 schon angedeutet und in Abschnitt 2 und 3 immer deutlicher werdend, ist die Sprache beim Regellernen von überragender Bedeutung.

Regeln werden im Unterricht mehr oder weniger stark über das Medium der (mündlichen) Sprache vermittelt.

Das zur Rolle der Sprache beim Begriffslernen (Schriba 7, Abschnitt 6) Gesagte ist für das Regellernen modifizierend zu wiederholen und zu ergänzen:

a. Die Sprache des Lehrers hat am Anfang des Lernprozesses eine vororientierende Funktion:

Der Lehrer stelle die Bedeutsamkeit der zu lernenden Regel heraus. Er gebe vorstrukturierende Hinweise im Sinne von Abschnitt 3; er schaffe Vorblicke, schließe an vorhandene Kenntnisse und Vorstellungen an, weise eventuell auf wesentliche Unterschiede zu bereits Bekanntem hin.

b. Die Sprache des Lehrers behält während des weiteren Lernprozesses ihre vororientierende Funktion und bekommt daneben zunehmend eine hinweisende Funktion:
Der Lehrer macht auf relevante Begriffe aufmerksam, gibt Hinweise zur adäquaten Verknüpfung der Begriffe. Dies geschieht, wie bereits gesagt, vor allem durch geeignete Fragen und Denkanstöße:

"Wie können wir von dieser Figur zu jener kommen ...?"
Antwort z.B.: "Wir könnten eine Drehung um 90° anwenden."
"Achtet auf die Seiten und die Winkel der Figur!" -
Die Schüler versuchen, Beziehungen herzustellen.

Allgemein kann man sagen, daß den Fragen und Denkanstößen des Lehrers die Bemühungen der Schüler korrespondieren, Zusammenhänge festzustellen und zu verbalisieren (insbesondere auch zu begründen).

Wichtig sind beim Regellernen die "Querverweise" auf ähnliche Situationen im Sinne des Integrationsprinzips (vgl. Abschnitt 2.3).

c. Die Sprache des Lehrers (wie auch des Schülers!) hat natürlich auch beim Regellernen Rückmeldungs- und Kontrollfunktion. Der Lehrer provoziert die Rückmeldung durch Schüler z.B. mit der Frage: "War das richtig begründet?" - Oder er fordert auf, eine Regel zu begründen.

d. Der Definitionsfunktion der Sprache beim Begriffslernen entspricht die Formulierungsfunktion beim Regellernen: Die Regel sollte möglichst präzise formuliert werden.

e. Ähnlich wie beim Begriffslernen hat die Sprache beim Regellernen auch eine Benennungsfunktion. Man gibt der Regel oft einen "Namen", z.B. "Distributivgesetz", "de Morgansche Regel", "binomische Formel", "Satz des Pythagoras".

Diese sprachlichen Bezeichnungen erleichtern bei späteren Verwendungssituationen eine schnelle Verständigung.

f. Die Benennung steht meist in enger assoziativer Verbindung zur "symbolischen Kondensation" der Regel:

$$a \cdot (b + c) = a \cdot b + a \cdot c \; ; \quad \overline{A \vee B} = \overline{A} \cap \overline{B} \; ;$$
$$(a + b)^2 = a^2 + 2\,ab + b^2 \; ; \quad a^2 + b^2 = c^2 .$$

Solche symbolischen Kurzformen, die Wesentliches der Regel kondensieren, sind wichtige Behaltensstützen und erleichtern den Transfer.

5. Zur Zielsetzung und Kontrolle des Regellernens

Als Grobziel des Regellernens ist etwa folgendes anzusehen:
Der Lernende soll die Regel verstanden haben und in neuen Situationen anwenden können.

Das bloße Verstehen der Regel ist eher als ein kurzfristigeres Ziel, das Anwendenkönnen der Regel eher als ein langfristigeres Ziel anzusehen.

Das Verstehen der Regel kann über verschiedene Teilziele angestrebt werden (vgl. hierzu auch die Lernzieltaxonomie S. 65 ff.):

Die Schüler sollen

a. - die vorgeordneten Begriffe und Regeln verstanden haben;
b. - die Teilschritte, die zu der Regel führen, verstanden haben;
c. - die Teilschritte, die zu der Regel führen, logisch verbinden können;
d. - die logische Ableitung der Regel in eigenen Worten wiedergeben können;
e. - die Regel in eigenen Worten präzise formulieren können;
f. - den Namen der Regel kennen;
g. - die Regel anhand einer ikonischen Darstellung erläutern können;
h. - die Regel in eine symbolische Form übertragen können;
i. - die Regel an einem Spezialfall demonstrieren können.

Zur Lernkontrolle dieser Ziele seien einige Bemerkungen hinzugefügt:

Zu a: Hier sei zurückverwiesen auf das vorige Schriba 7 bzw. auf die folgenden Ausführungen zu b - i.

Zu b: Hier sind entsprechende "Rückfragen" erforderlich. Unangemessen ist meist jedoch die stereotype Frage: "Habt ihr das verstanden?"

Das Verständnis sollte durch Wiedergabe in eigenen Worten, an einem anderen Fall o.ä. "getestet" werden.

Zu c: Hier wären etwa bisherige bzw. mehrere Teilschritte wiederholen (zusammenfassen) zu lassen.

Zu d: Hier wären alle Teilschritte zu reproduzieren.

Zu e - i: Die Lernkontrollen ergeben sich hier unmittelbar aus den Zielangaben.

Es sei auch an dieser Stelle - ähnlich wie beim Lernen definierter Begriffe - daran erinnert, daß das Verständnis einer Regel kaum dadurch kontrolliert werden kann, daß man nur ihren Wortlaut wiederholen läßt.

In diesem Zusammenhang sei empfohlen, die Formulierung einer Regel nicht zu frühzeitig vorzunehmen, weil sonst mechanischem Lernen Vorschub geleistet wird:

> "Die Gefahr in der Verwendung sprachlicher Formulierungen als einer Art von Abkürzung des Lernens liegt in der Möglichkeit, daß rein verbale Ketten anstelle wirklich begrifflicher Ketten angeeignet werden. Jeder Lehrer kennt den Schüler, der die Regel aufsagen kann, ohne imstande zu sein, sie anzuwenden (GAGNÉ 1969, S. 48).

Das Anwendenkönnen der Regel beinhaltet über die Zielsetzungen a - i hinaus weitere Zielsetzungen, die bis in den Bereich des Problemlösens hineinreichen:

Der Lernende soll

j. - Anwendungsfälle der Regel kennen;

k. - neue einfache Anwendungsfälle als "Routineprobleme" erkennen und lösen können;

l. - die Regel oder deren Ableitung zum Gegenstand von Analysen machen können;

m. - die Regel beim Aufbau übergeordneter Regeln anwenden können;

n. - die Regel zur Lösung von Nicht-Routineproblemen anwenden können.

Zur Lernkontrolle dieser Ziele sei bemerkt:

Zu j: Hier werde etwa verlangt, daß der Schüler Anwendungsbeispiele reproduzieren und ähnliche Beispiele angeben kann.

Zu k: Hier sei wieder an die Lernzieltaxonomie (S. 63) erinnert: Die Schüler sollen nach einigen typischen Anwendungsfällen auf ähnliche Anwendungsfälle generalisieren können.

Zu l: Es wäre etwa daran zu denken, verschiedene Beweise einer Regel zu vergleichen oder einen vorgelegten Beweis auf Lücken zu untersuchen (vgl. Taxonomie S. 64).

Zu m: Zu denken wäre etwa an die Anwendung der Lösung einer linearen Gleichung mit einer Variablen bei der Lösung einer linearen Gleichung mit zwei Variablen (vgl. S. 163) oder die Benutzung des Satzes von Euklid beim Beweis des Satzes von Pythagoras.

Zu n: Hier sei nochmals an die Lernzieltaxonomie (S. 64) erinnert: Stellung echter Probleme, z.B. in Form von Sachaufgaben, Denksportaufgaben usw. Es sei im übrigen auf Schriba 9 (Lösen mathematischer Probleme) verwiesen.

Das Endziel des Regellernens ist erreicht, wenn - so könnte man wie beim Begriffslernen wieder etwas salopp formulieren - der Lernende mit der Regel "arbeiten" kann.

6. Lernphasen des Regellernens und unterrichtspraktische Hinweise

In diesem zusammenfassenden Abschnitt sollen wesentliche Gesichtspunkte aus Schriba 5 und den vorangegangenen Abschnitten nochmals aufgegriffen und durch unterrichtspraktische Hinweise ergänzt werden. Ähnlich wie beim Begriffslernen werden die Gesichtspunkte nach Lernphasen geordnet, also in der zeitlichen Reihenfolge, in der sie vom Unterrichtenden etwa zu berücksichtigen sind.

Vorweggeschickt seien einige Vorschläge zur Vorbereitung des Lehrers, die speziell beim Regellernen zu beachten sind:

(0) Zur Vorbereitung des Lehrers

a. Er formuliere präzise die von den Schülern zu lernende Regel.

b. Er formuliere eine schülergemäße Begründung der Regel (möglichst mit Begriffen und Regeln, die der Schüler aus dem vorangegangenen Unterricht bereits kennt).

c. Er erstelle eine b. entsprechende Regelstruktur mit den vorgeordneten Begriffen und Regeln.

d. Er formuliere weitere beim Schüler vorauszusetzende kognitive, affektive und psychomotorische Fähigkeiten (vgl. Schriba 2).

e. Er identifiziere bzw. reflektiere bezüglich der zu lernenden Regel schon vorhandene allgemeine Vorstellungen bzw. verwandte Situationen.

f. Er formuliere die für seine Unterrichtseinheit relevanten Ziele des Regellernens (vgl. Abschnitt 5) und damit zusammenhängende weitere Zielvorstellungen (vgl. Schriba 2).

g. Er formuliere wichtige Fragen und Denkanstöße (vgl. Abschnitt 3.5).

(1) Motivation

Dem Schüler sollte eine "erläuternde" oder "vergleichende" Vororientierung über die zu lernende Regel (vgl. die Abschnitte 2 und 4) und ihre Bedeutsamkeit gegeben werden. Dabei sollte Bezug genommen werden auf vorhandene Vorstellungen und Kenntnisse (vgl. Punkt 0.e). Weitere Motivationsmöglichkeiten für den Beginn und den Fortgang des Unterrichts vgl. Schriba 4, SCHEMA 10.

"Ehe man zum eigentlichen Thema der Stunde übergeht, ist zu überlegen, ob man vorher in einem eigenen Zusammenhang später benötigte Aussagen ... behandelt oder ob man erst dann auf sie zurückgreifen möchte, wenn man sie im Verlauf der Stunde benötigt" (LIETZMANN 1968, S. 51).

(2) Schwierigkeiten, ihre Feststellung und Überwindung

a. Der Lehrer sollte durch geeignete Fragen bzw. Aufforderungen feststellen, ob die nötigen Vorkenntnisse vorhanden sind; dies nicht unbedingt am Anfang! ("Was war noch damit gemeint?" "Zeig doch mal ...!").

b. Die zu lernende Regel sollte i.a. anhand konkreter Beispiele vorbereitet und erarbeitet werden.

c. Durch Fragen und Denkanstöße gibt der Lehrer Hinweise zur Herstellung der zu lernenden Zusammenhänge (vgl. Abschnitt 4). Er bemühe sich dabei möglichst um ein "Unterrichtsgespräch" mit Schüler-Schüler-Interaktionen im Sinn von Abschnitt 3.1 und beachte dazu die Hinweise zur Gesprächsführung in Abschnitt 3.5.

d. Der Lehrer gebe enaktive und ikonische Verständnishilfen, wenn nötig und möglich, z.B. durch Modelle, Diagramme, Tabellen usw.

(Hierzu sind mögliche Schwierigkeiten besonders zu reflektieren!)

e. Über wichtige Zwischenschritte sollte der Lehrer möglichst vororientieren, ebenso für Rückblicke sorgen: Ein oder mehrere Teilschritte könnten von den Schülern erläutert werden.

f. Wichtige Teilschritte sollten u.U. an der Tafel fixiert und später von den Schülern notiert werden.

(3) <u>Lernkontrollen und Sicherung des Gelernten</u>

Das laufende Verständnis sollte durch angemessene Zwischenfragen (vgl. Abschnitt 5) kontrolliert werden. Die Schüler sollten zu Fragen ermuntert werden! Erinnert sei auch an nonverbale Möglichkeiten der Lernkontrolle (Schülerreaktionen beachten, Blickkontakt !).

Für Möglichkeiten der Lernkontrolle sei im einzelnen verwiesen auf Abschnitt 5.

Eine erste "Gesamtkontrolle" des Regellernens erfolgt z.B. durch eine (meist mündliche) Demonstration der Regel(ableitung) anhand eines neuen Falles.
Die Demonstration der Regel an neuen Fällen dürfte auch ein geeignetes Mittel zur Sicherung des Gelernten sein.

Die genaue Formulierung und Fixierung des präzisen Regelwortlauts sollte erst relativ spät erfolgen (vgl. Abschnitt 5). Eine geordnete Zusammenfassung der Teilschritte, die zur Regel führten, ist oft zweckmäßig.

(4) <u>Operative Übung und erste Anwendung der Regel</u>

Die weitere Vertiefung des Verständnisses und Festigung des Gelernten erfolgt durch Anwendung in neuen Situationen. Hier sollten insbesondere auch operative Prinzipien beachtet werden, d.h. hier etwa: die Variation der Anwendungsfälle (Variation des Kontextes), u.U. Variation der gesuchten Größen (Reversibilitätsprinzip), die Variation der Darstellungsebenen, das Integrationsprinzip usw. (vgl. Beispiele in Schriba 3).

(5) <u>Weitere Anwendung und Transfer</u>

Sind viele verschiedenartige Anwendungsfälle der Regel "durchgespielt", so ist zugleich die Grundbedingung für positiven Transfer gelegt. Die Anwendungsfälle sollten mit Nicht-Anwendungsfällen gemischt werden, damit es nicht zur "Regelblindheit" im Sinne einseitiger Fixierungen und damit letztlich zu negativem Transfer kommt (vgl. Schriba 4).

Darüber hinaus muß aber auch für langfristiges Behalten und Verfügbarkeit der Regel gesorgt werden.

Für das Behalten ist die Einprägung der Regelbezeichnung und einer symbolischen Kurzform recht hilfreich (vgl. Abschnitt 4). Für das

Verfügbarhalten der Regel ist ein gelegentliches "Überlernen" anhand alter und neuer Fälle erforderlich (vgl. S. 147).

Schließlich ist es im Sinne des Endziels allen Regellernens wichtig, die Regel beim Aufbau übergeordneter Regeln bzw. beim "echten" Problemlösen einzusetzen. Von den hier geltenden Lernbedingungen wird im nächsten Schriba gesprochen.

7. Unterrichtsbeispiel zum Regellernen

Wir wollen versuchen, einige Lehr- und Lernbedingungen des Abschnitts 6 am Beispiel der "Regel" für die Flächenberechnung des Kegelmantels zu verdeutlichen.

(0) Zur Vorbereitung

a. Die von den Schülern zu lernende Regel heißt:
Der Flächeninhalt M der Mantelfläche des Kegels ist gleich dem Flächeninhalt des Kreisausschnitts mit der Länge l der Mantellinie als Radius und dem Umfang u des Kegelgrundkreises als Bogen.
In mathematischen Zeichen: $M = \frac{1}{2} u \cdot l$

b. Eine schülergemäße Herleitung:

1. Teilschritt (Abwicklung)
Wir schlitzen den Kegelmantel längs einer Mantellinie auf und breiten ihn auf eine ebene Fläche aus. Da die Mantellinien eines Kegels alle gleich lang sind, entsteht bei dieser Abwicklung ein Kreisausschnitt:

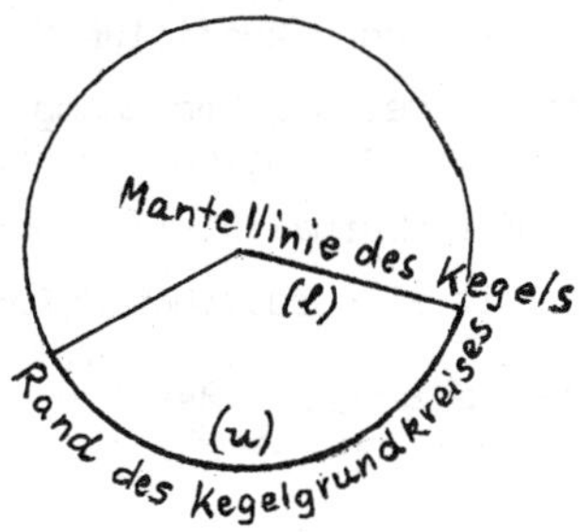

Unsere Aufgabe besteht jetzt in der Berechnung des Flächeninhalts $F_{\triangle}$ des Kreisausschnitts bei gegebenem Radius der Länge l und Kreisbogenlänge u.

2. Teilschritt (Kreisberechnung)
Der Flächeninhalt $F_{\circ}$ des Kreises mit der Radiuslänge l beträgt $\pi \cdot l^2$, der Umfang U dieses Kreises $2\pi l$.

3. Teilschritt (Verhältnisansatz)
Der Flächeninhalt $F_{\triangle}$ des Kreisausschnitts verhält sich zum Flächeninhalt $F_{\circ}$ des Kreises wie die Kreisbogenlänge u zum Kreisumfang U.
In mathematischen Zeichen: $F_{\triangle} : F_{\circ} = u : U$

4. Teilschritt (algebraische Umformungen)

$$F_{\Delta} = \frac{u}{U} \cdot F_{\circ}$$

$$F_{\Delta} = \frac{u}{2\pi l} \cdot \pi l^2$$

$$F_{\Delta} = \frac{u}{2} \cdot l$$

(Diese Teilschritte sollen den Schülern natürlich nicht "vorgetragen", sondern didaktisch umgesetzt werden; vgl. das Folgende!)

c. Die der Begründung in b. entsprechende Regelstruktur sieht folgendermaßen aus:

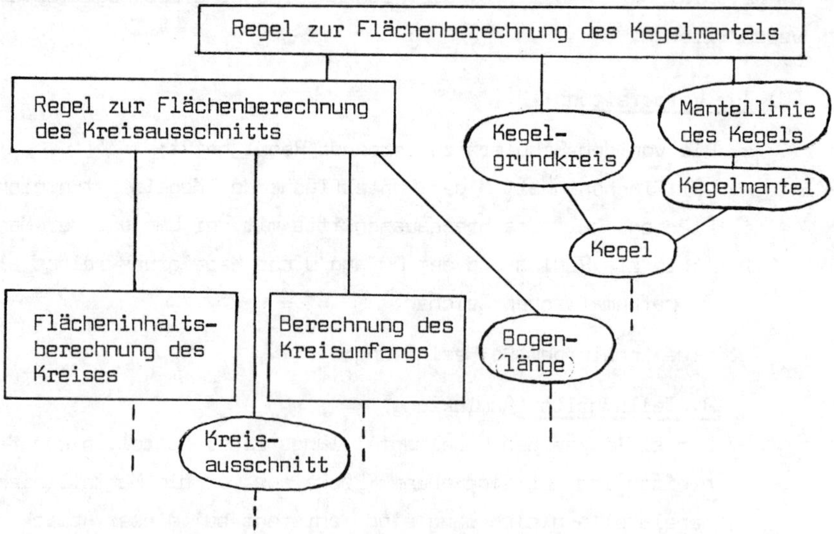

d. Weitere vorauszusetzende kognitive Fähigkeiten:

- Vertrautheit mit der Bruchrechnung (insbesondere mit dem Kürzen von Brüchen);
- Vertrautheit mit "Verhältnisrechnung";
- Vertrautheit mit algebraischen Umformungen.

Affektive Voraussetzungen: Bereitschaft zu längerer Aufmerksamkeit.

Psychomotorische Voraussetzungen: Umgang mit Zirkel und Lineal (eventuell auch Schere).

e. Schon vorhandene allgemeine Vorstellungen und verwandte Situationen: Den Schülern dürften z.B. kegelförmige Dächer bekannt sein. Eine bereits bekannte ähnliche Situation liegt bei der Berechnung der Zylindermantelfläche vor.

f. Relevante Ziele des Regellernens:

- Die Schüler sollen folgende vorgeordnete Begriffe verstehen: Kegel, Kegelgrundkreis, Kegelmantel, Mantellinie, Kreisausschnitt, Bogen.
- Die Schüler sollen die vorgeordnete Regel verstehen, wie man den Flächeninhalt eines Kreisausschnitts bei gegebenem Radius und gegebener Bogenlänge berechnet.
- Die Schüler sollen die in b. skizzierten Teilschritte am konkreten und allgemeinen Fall verstehen:

  1. Sie sollen begründen können, warum bei der Abwicklung ein Kreisausschnitt entsteht.
  2. Sie sollen Flächeninhalt und Umfang des Kreises mit dem Radius 1 berechnen können.
  3. Sie sollen begründen können, warum die Flächeninhalte von Kreisausschnitt und Kreis im selben Verhältnis zueinander stehen wie zugehörige Kreisbogenlänge zu Kreisumfang.
  4. Sie sollen die sich von dorther ergebenden algebraischen Umformungen zur Berechnung der Kegelmantelfläche durchführen können.

- Die Schüler sollen die Teilschritte 1 - 4 logisch mit Worten wiedergeben können.

Übergeordnete Zielvorstellungen dieser Unterrichtseinheit:

- Die Regel kann dazu benutzt werden, umweltbezogene Sachsituationen zu meistern (z.B. Berechnung des Preises eines Kirchturmdaches).
- Die Thematik ist geeignet, das geometrische Anschauungsvermögen zu fördern (Vorstellung des Übergangs von der Mantelfläche des Kegels zum Kreisausschnitt und umgekehrt).
- Die Thematik ist geeignet, das "Analogieren" zu fördern (Analogie Zylinder - Mantelfläche):
  Abwickeln einer "runden Fläche" in die Ebene.

g. Wichtige Fragen und Denkanstöße:

- Denkt an die Flächenberechnung des Zylindermantels!
- Warum ergibt sich bei der Abwicklung der Kegelmantelfläche ein Kreisausschnitt?
- Der Kreisausschnitt ist ein Teil einer Kreisfläche, die wir leicht berechnen können!

- In welchem Verhältnis steht der Flächeninhalt des Kreisausschnitts zum Flächeninhalt des Gesamtkreises?
- Betrachtet die zugehörigen Kreisbogen!
  (Hier müßten gegebenenfalls geeignete Verengungen der Fragestellung überlegt werden; Übungsaufgabe!)
- Wie kommen wir von der Verhältnisgleichung zur Berechnung des Kreisausschnitts?

(1) Motivation

Vergleichende Vororientierung: Wir wollen heute die Mantelfläche eines Kegels berechnen, so ähnlich wie wir das bei der Berechnung der Mantelfläche eines Zylinders gemacht haben. Die Berechnung der Kegelmantelfläche braucht man z.B. zur Berechnung des Preises für ein kegelförmiges Kirchturmdach ... Ehe wir zum eigentlichen Thema kommen, sehen wir uns erst den Kegel noch einmal näher im Modell an ...

(Hieran werden die mit dem Kegel zusammenhängenden Vorbegriffe geklärt und als wichtiges relevantes Merkmal: alle Mantellinien des Kegels sind gleich lang.)

(2) Schwierigkeiten, ihre Feststellung und Überwindung

a. Fragen nach nötigen Vorkenntnissen:
   - Wie kann man sich einen Kegel entstanden denken? (Frage nach einer "genetischen" Definition; Übungsaufgabe!)
   - Zeig doch mal eine Kegelmantellinie!

b. "Wir wollen uns die Berechnung der Kegelmantelfläche an einem konkreten Fall (mit Zahlenangaben für u und l) klarmachen ..." (Lehrer stellt Pappmodell eines Kegels vor die Schüler.)

c. Fragen und Denkanstöße (siehe O.g !)

d. Enaktive und ikonische Verständnishilfen:
   Aufschneiden des Pappmodells, Tafelzeichnung (vgl. obige Zeichnung!).

e. Vororientierung über wichtige Zwischenschritte:
   "Was müssen wir jetzt machen?" (Z.B. die Fläche eines Kreisausschnitts berechnen ...) .
   Rückblicke anregen, z.B.:
   "Wie kamen wir darauf, nach dem Verhältnis der Flächeninhalte von Kreisausschnitt und Kreisfläche zu fragen? ..."

f. Fixierung wichtiger Teilschritte, z.B.:

1. Aufschneiden des Kegels längs einer Mantellinie.
2. Abwickeln der Kegelmantelfläche in die Ebene führt zu einem Kreisausschnitt ...

'
'
'

(3) Lernkontrollen und Sicherung des Gelernten

- Überprüfung des laufenden Verständnisses durch Zwischenfragen:
  "Warum beträgt der Flächeninhalt des Kreises $\pi \cdot l^2$ ...?"
  "Warum gilt $F_{\Delta} : F_{\circ} = u : U$?" ...
- Erste Gesamtkontrolle:
  "Zeige (an einem anderen Beispiel), wie wir vorgegangen sind!"
  (Lehrer gibt eventuell neue Zahlenwerte vor.)
- Genaue Formulierung der Regel (vgl. O.a !).

(4) Übung und Anwendung der Regel

Der Lehrer gibt Anwendungsaufgaben mit Kirchturmdach o.ä., wobei die Daten variiert werden.

Zur operativen Übung werden u.U. Aufgaben gestellt, wo nach dem Umfang des Kegelgrundkreises oder nach der Länge der Mantellinie gefragt wird oder nach der Gesamtoberfläche des Kegels ...

Eine neue Erläuterung der Formelaussage anhand einer Tafelskizze wäre möglich; ebenso eine Ableitung mit anderen Bezeichnungen.
Zum Integrationsprinzip: "Vergleiche die Mantelfläche eines Zylinders und eines Kegels bei gleichgroßer Grundfläche und gleichlangen Mantellinien."

(5) Weitere Anwendung und Transfer

Anwendungsfälle und Nicht-Anwendungsfälle ("Mischen"):
Das hieße hier z.B. Aufgaben mit aufnehmen, wo nach anderen Flächeninhalten oder Volumina gefragt ist; aber auch solche, in denen nach der Kegelmantelfläche gefragt ist, aber nicht genügend (oder zuviel!) Daten gegeben sind. (Eine wache Anwendung der Regel erfordert die Einsicht, was gegeben sein muß, damit sie anwendbar ist.)

Bezüglich geeigneter Problemlöseaufgaben sei auf das nächste Schriba verwiesen.

Abschließend seien die wesentlichen Gesichtspunkte dieses Schribas (mit entsprechenden Rückverweisen) in SCHEMA 19 übersichtlich zusammengefaßt:

SCHEMA 19: Eine Übersicht über günstige Lernbedingungen zum Unterrichten mathematischer Regeln

1. Erstellung einer "Regelstruktur" zur Klärung der vorgeordneten Begriffe und Regeln und ihres hierarchischen Aufbaus (zuvor Klärung der Vorkenntnisse bei den Schülern und schülergemäße Formulierung der Regel!)

2. Beachtung der Prinzipien des sinnvollen Lernens (AUSUBEL):
   a. das Prinzip der vorstrukturierenden Lernhilfen: erläuternde oder vergleichende Organisationshilfen (249)
   b. das Prinzip des progressiven Differenzierens ("Prinzip vom tiefen Ende" nach DIENES) (251)
   c. das Integrationsprinzip ("Prinzip der integrativen Aussöhnung"); das "Prinzip der Querverweisungen" (252)

3. Angemessener Einsatz von Strategien der didaktischen Gesprächsführung (Frage - Denkanstoß - Impuls):
   a. Nicht zu eng fragen; gegebenenfalls Frage verengen!
   b. Einfache Fragen in schülergemäße Sprache kleiden; Kettenfragen vermeiden!
   c. Erst schwächere Schüler fragen; warten; nicht gleich Stellung nehmen; Antworten gegebenenfalls an die Klasse "zurückgeben".

4. Sprachliche Hilfen beim Regellernen:
   a. Bedeutsamkeit der Regel herausstellen und "vorstrukturieren";
   b. Hinweise auf relevante Regeln und Begriffe (im Sinne von 3.);
   c. Verständnisfragen stellen (zur Rückmeldung und Kontrolle!);
   d. Regel genau formulieren und gegebenenfalls benennen!

5. Zielsetzungen des Regellernens und entsprechende Lernkontrollen beachten (vgl. S. 262)

6. Lernphasen des Regellernens und unterrichtspraktische Hinweise beachten (vgl. S. 264/265)

Aufgaben und Diskussionsanregungen zu Schriba 8

0. Orientieren bzw. prüfen Sie sich bezüglich der Zielsetzungen dieses Schribas anhand des Zielkatalogs in Schriba 10.

x ! 1. Erstellen Sie eine Regelstruktur des Satzes von Pythagoras, die einem Beweis entspricht, wie er in Abschnitt 3.4 angedeutet ist. (Notieren Sie zu diesem Zweck eine schülergemäße Herleitung, vgl. Abschnitt 7.0.b !)

o ! 2. Rekapitulieren und diskutieren Sie AUSUBELs Theorie des sinnvollen rezeptiven Lernens und die implizierten Prinzipien.

3. Untersuchen Sie die Vororientierungen der Schribas bezüglich ihres Anspruchs, "advance organizers" zu liefern.

o 4. Diskutieren Sie die in Abschnitt 3.3 geäußerten Thesen zu Frage - Denkanstoß - Impuls.

o ! 5. Diskutieren Sie die unterrichtsstrategischen Hinweise zur Gesprächsführung (Abschnitt 3.5) unter dem Gesichtspunkt ihrer Begründung.

6. Überlegen Sie geeignete Verengungen der Fragestellung in Abschnitt 7.0.g.

x 7. Geben Sie eine genetische Definition für den Begriff "Kegel" (vgl. Abschnitt 7.2.1 !).

8. Erläutern Sie mindestens 4 Funktionen der Sprache beim Regellernen und schauen Sie in Abschnitt 4 nach, welche Sie vergessen haben.

! 9. Nennen Sie 7 verschiedene Möglichkeiten, eine Regel (z.B. den Satz des Pythagoras) auf (Teil-) Verständnis zu überprüfen und schauen Sie in Abschnitt 5 nach, woran Sie nicht gedacht haben.

Vorschläge für die Beobachtung und Besprechung von Unterrichtsversuchen zur Einführung und Vertiefung einer mathematischen Regel[1]

1) Vorstrukturierende Lernhilfen (erläuternd bzw. vergleichend).

2) Hinweise auf die Bedeutsamkeit der Regel (diese können insbesondere auch anhand geeignet ausgewählter Anwendungen erfolgen).

3) Kontrolle und Erarbeitung relevanter Begriffe, Regeln oder Verfahren (insbesondere eventuelle Versäumnisse markieren).

4) Fragen und Denkanstöße des Lehrers zur Erarbeitung der Regel (erst notieren; hinterher beurteilen, ob zu eng, zu weit, geeignet verengt, schwer verständlich, Kettenfragen bzw. -impulse; wurde genügend abgewartet, wurde Stellungnahmen der Schüler genügend Raum gegeben?).

5) Logische Begründung und Verständnis der Teilschritte sowie der Regel insgesamt (Zusammenfassung? Integrationsprinzip beachtet?).

6) Verständnisschwierigkeiten der Schüler und dementsprechende Maßnahmen des Lehrers (insbesondere auch unterlassene Hilfen markieren und eventuell unzulängliche Versuche notieren).

7) Verständnis- und Lernzielkontrollen (insbesondere mündliche).

8) Variation der Darstellungsebenen.

9) Variation der Veranschaulichungsmittel und mathematische Variation (vgl. Begriffslernen S. 221/222).

10) Variation des Aufgabentyps (sinnvolle Anwendungen?).

11) Besondere Auffälligkeiten (insbesondere fachliche Mängel).

---

1 Vgl. auch Anmerkungen zu entsprechenden Vorschlägen für das Lernen mathematischer Begriffe.

Literaturhinweise zu Schriba 8

+ AEBLI, H.: Grundformen des Lehrens. Klett Verlag, Stuttgart 1968[5].

+ AUSUBEL, D.P.: Psychologie des Unterrichts. Beltz Verlag, Weinheim und Basel 1974.

BRUNER, J.S.: Entwurf einer Unterrichtstheorie. Schwann Verlag, Berlin und Düsseldorf 1974.

DE CECCO, J.P.: The Psychology of Learning and Instruction: Educational Psychology. Prentice Hall, New Jersey 1968.

+ EIGLER, G./JUDITH, H./KÜNZEL, M./SCHÖNWÄLDER, A.: Grundkurs Lehren und Lernen. Beltz Verlag, Weinheim und Basel 1973.

+ GAGNÉ, R.M.: Die Bedingungen des menschlichen Lernens. Schroedel Verlag, Hannover 1969.

GAUDIG, H.: Didaktische Präludien. Leipzig 1929[3].

+ KLINGBERG, L.: Einführung in die allgemeine Didaktik. Verlag Volk und Wissen, Berlin 1972.

LIETZMANN, W.: Methodik des mathematischen Unterrichts. Quelle und Meyer Verlag, Heidelberg 1968.

MONTADA, L.: Die Lernpsychologie Jean Piagets. Klett Verlag, Stuttgart 1970.

+ RITZ-FRÖHLICH, G.: Verbale Interaktionsstrategien im Unterricht. Impuls - Denkanstoß - Frage. Maier-Verlag, Ravensburg 1973.

SALZMANN, Ch.: Impuls - Denkanstoß - Lehrerfrage. Reihe: Neue pädagogische Bemühungen, Heft 41. Verlag Neue deutsche Schule, Essen 1970[2] (S. 42 - 46).

TAUSCH, R.: Wesentliche Verhaltensdimensionen und Zusammenhänge der sozialen Interaktion in Erziehung und Unterricht. In: MEYER, E. (Hrsg.): Neuer Stil in Schule und Unterricht. Klett Verlag, Stuttgart 1971[2].

+ WALSCH, W./WEBER, K.: Methodik Mathematikunterricht. Verlag Volk und Wissen, Berlin 1975.

WITTMANN, E.: Grundfragen des Mathematikunterrichts. Vieweg Verlag, Braunschweig 1974.

<u>Literaturkommentar</u>

Zu AUSUBELs Theorie des sinnvollen rezeptiven Lernens vgl. besonders AUSUBEL (1974), Kap. 2 und 3; für eine kurze Zusammenfassung sei verwiesen auf EIGLER/JUDITH u.a., Schriba 7.

Zu den Grundformen des Unterrichts seien empfohlen: KLINGBERG (1974), Abschn. 5.3; AEBLI (1968[5]), Kap. VII (Die Lehrerfrage und der fragelose Unterricht); eine gute Übersicht gibt RITZ-FRÖHLICH (1973), stärker auf den Mathematikunterricht bezogen ist nur WALSCH/WEBER (1975), Abschn. 3.5.

Zum Regellernen sei im übrigen hingewiesen auf GAGNÉ (1969), Kap. VI. Einige allgemeine Anregungen für den Unterricht gibt DE CECCO (1968), S. 418 - 427. Knappe Hinweise gibt WITTMANN (1974), S. 80.

SCHRIBA 9

Problemlösen im Mathematikunterricht

Seite

0. Vororientierung zu Inhalt und Zielsetzung des Schribas 9

Durch dieses Schriba sollen Unterrichtsversuche zum problemlösenden Lernen genauer vorbereitet werden:

Es werden einige Aspekte früherer Schribas (insbesondere aus Schriba 5) erneut aufgegriffen, spezifiziert und ergänzt.

Im Zusammenhang mit dem Problemlösen soll die Heuristik ("Methodik" des Problemlösens) als besonders wichtiges Teilgebiet herausgestellt werden.

Die hier zu gewinnenden Einsichten ordnen sich im folgenden ein unter die Frage: Was sind angemessene Hilfen beim Problemlösen? Die Beantwortung dieser Frage beinhaltet einen wesentlichen Teil der Vorbereitung für problemlösenden Unterricht, bei dem es darauf ankommt, die Schüler möglichst selbständig zu machen, aber nicht "alleine" zu lassen.

Mögliche Unterrichtsphasen für das Problemlösen werden genauer diskutiert.

Es folgen Beispiele für die wichtigsten Problemlösungssituationen im Mathematikunterricht und Anregungen, das Problemlösenlernen der Schüler generell zu fördern.

Da es besonders um Problemlösungslernen in Kleingruppen geht, wird in einem Anhang auf die Lernbedingungen des Kleingruppenunterrichts etwas näher eingegangen.

1. Begriff und Bedeutung des Problemlösens

Ein Problemlösungsprozeß ist nach KLIX (1971, S. 640) dadurch gekennzeichnet, daß ein bestimmter "Anfangszustand" in einen bestimmten "Zielzustand" zu überführen ist, wobei eine "Barriere" eine unmittelbare Überführung der Anfangssituation in die angestrebte Zielsituation verhindert. Wird die Barriere aufgrund bekannter Situationsmerkmale sofort beseitigt, ist es für den Betreffenden "kein Problem mehr": Man spricht dann auch von "Routineproblemen" bzw. von "mechanischem Problemlösen". Beispiele für Routineprobleme sind etwa Aufgaben der Schlußrechnung, die man ohne großes Nachdenken löst.

Kann die Barriere nicht so ohne weiteres überwunden werden, muß die gegebene Information erst durch Analyse, Synthese, Hypothesenbildung, Umordnung usw. umgeformt werden, dann kann man von echtem (sinnvollem) Problemlösen sprechen (vgl. AUSUBEL 1974, S. 597). Schlußrechnungsaufgaben können für Schüler durchaus echte Probleme in diesem Sinne sein.

Um für das Folgende ein konkretes Beispiel vor Augen zu haben, sei ein kleines mathematisches Schulproblem vorangestellt:

Es werde vorausgesetzt, daß der Winkelsummensatz für das rechtwinklige Dreieck ("Hälfte" eines Rechtecks!) bereits eingesehen wurde. Er soll jetzt für beliebige Dreiecke eingesehen werden:

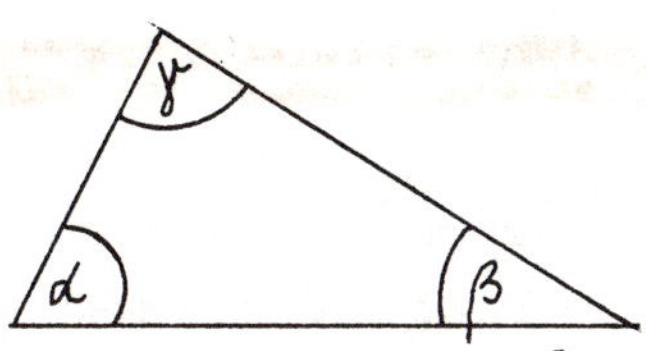

$$\alpha + \beta + \gamma = ?$$

Normalerweise ist das Problemlösen der Schüler ein durch den Lehrer "unterstütztes Entdecken" (EIGLER/JUDITH u.a., S. 85). Das "Problemlösungslernen" ist nach GAGNÉ (1969) gegenüber "Regellernen" dadurch ausgezeichnet, daß der Lernende die Regel möglichst selbständig findet. Da die Selbständigkeit der Schüler durch Hilfen des Lehrers mehr oder weniger relativiert wird, ist der Übergang zwischen Regellernen und Problemlösungslernen letztlich fließend.

Trotzdem ist es sinnvoll, Problemlösen als eigenen Lerntyp herauszustellen und idealtypisch zu beschreiben.

Die besondere Bedeutung des Problemlösungslernens gegenüber "bloßem" Regellernen läßt sich am besten durch die damit verbundenen Zielvorstellungen begründen:

Regellernen, wie es in Schriba 5 abgegrenzt und in Schriba 8 genauer diskutiert wurde, ist vor allem auf den Aufbau einer umfassenden Wissensgrundlage ("kognitiven Struktur") ausgerichtet. Demgegenüber ist Problemlösungslernen (so wie es hier verstanden wird) wesentlich auf eine Denkhaltung ausgerichtet, die als "Problemlöseverhalten" oder "produktives Denken" bezeichnet wird:

Der Lernende soll dazu angeregt werden, mit früher Gelerntem (Begriffe, Regeln) selbständig umzugehen, d.h. in neuen Situationen anzuwenden bzw. es zum Aufbau neuer Begriffe und Regeln zu benutzen. Insofern kann Problemlöseverhalten gewissermaßen als letztes Ziel jeglichen Lernens angesehen werden.

Es beinhaltet vor allem, daß der Lernende nicht mehr auf Instruktionen (Fragen, Hinweise, Denkanstöße) eines Lehrers angewiesen ist, sondern in der Lage ist, diese durch "Selbstinstruktionen" zu ersetzen (vgl. GAGNÉ 1969, S. 138).

Die (Selbst-)Instruktionen des Lernenden beim Problemlösen bestehen vor allem in einer geeigneten Mobilisierung und Organisierung des Gelernten. Soweit diese Instruktionen Denkmethoden betreffen, spricht man von heuristischen oder denkstrategischen Regeln (vgl. Schriba 5 und Abschnitt 3).

Ein wesentliches Ziel problemlösenden Lernens besteht also im Lernen von heuristischen Regeln.

Man kann wohl davon ausgehen, daß solche Regeln in zunächst mehr, nach und nach weniger gelenkten Problemlösungsprozessen mit der Fähigkeit zu immer selbständigerem Gebrauch erworben werden (vgl. auch Abschnitt 8).

Die dem Problemlösungslernen entsprechende Unterrichtsform ist also ein entdeckenlassendes Verfahren, das insbesondere durch denkstrategische Hilfen des Lehrers gekennzeichnet ist, die nach und nach zurückgenommen werden. Die Fragen und Denkanstöße des Lehrers haben hier nicht (wie beim Regellernen) hauptsächlich den Sinn, den Lernprozeß auf einem vom Lehrer vorbereiteten Weg voranzutreiben, sondern sollen dem Lernenden Denkhilfen geben, auf einem von diesem beschrittenen Weg weiterzukommen.

Hier gilt das "Prinzip der minimalen Hilfe" (nicht mehr Hilfe als unbedingt nötig!) in strenger Form (vgl. AEBLI 1968[5], S. 145 und Schriba 5, Abschnitt 4.6).

Es ist klar, daß ein solcher Unterricht sehr viel Geschick und Zurückhaltung auf Seiten des Lehrers verlangt. Die folgenden Abschnitte möchten dazu etwas Hilfestellung leisten.

2. Grundbedingungen des Problemlösungsunterrichts

Problemlösen setzt den Erwerb vorgeordneter Begriffe und Regeln und den beweglichen Umgang mit diesen (operative Übungen!) voraus. Es hat also wenig Sinn, Probleme ins Blaue hinein zu stellen, ohne auf vorangegangene Lernprozesse zu achten.

Je sorgfältiger die relevanten Begriffe und Regeln aufgebaut sind, desto besser wird der Lernende das Problem meistern.

Beim Problemlösen sollte der Lehrer möglichst nur mehr an relevante Begriffe und Regeln "erinnern" (d.h. allenfalls indirekte Hinweise geben).

Solche inhaltlichen Hilfen sollten auch nur dann gegeben werden, wenn geringere Hilfen (Motivationshilfen, strategische Hilfen; vgl. Abschnitt 3) nicht ausreichen.

Grundlegend wichtig ist beim Problemlösen das Fernhalten störender Einflüsse und eine entspannte Atmosphäre.
Vor allem muß zeitlicher Druck und Drängen vermieden werden: "Zeitdruck bewirkt eine größere Geschäftigkeit, ohne daß die Denkvorgänge selbst beschleunigt werden" (vgl. METZGER 1967, S. 179). In ähnlicher Weise wirkt seelischer Druck durch autoritäres oder spöttisches Verhalten des Lehrers oder zu starke Erfolgsorientierung (vgl. HALLMAN 1970, S. 175/176).

Die Beeinträchtigung des Denkvorgangs besteht nach METZGER (1967, S. 178) vor allem in folgenden Punkten:

1. Man kann sich viel schwerer von eingedrillten Regeln freimachen. Man verliert die geistige Beweglichkeit und Umstellungsfähigkeit.
2. Man fällt leicht in zielloses und blindes Probieren zurück.
3. Man verliert den Überblick und neigt zu voreiligen Scheinlösungen.

Als eine klare praktische Konsequenz ergibt sich daraus für Unterrichtsversuche, daß man nicht auf die Lösung eines Problems noch innerhalb der Unterrichtsstunde drängt, wenn das Ende der Stunde naht.

3. Strategische Lernhilfen beim Problemlösen

3.1. Grundprinzipien der Heuristik

Die Heuristik ("Erfindungskunst") beschäftigt sich mit dem zweckmäßigen Lösen von Aufgaben.

Ihr Ziel ist das Herausfinden von Strategien, die beim Lösen von Problemen hilfreich sein können (vgl. POLYA 1964, S. 5). Es sei zunächst auf einige ganz allgemeine Richtlinien hingewiesen, deren Beachtung POLYA (a.a.O., S. 8/9) bei der Lösung von Problemen empfiehlt:

1. Das Prinzip der Rationalität

   "Handle nie gegen Dein Gefühl, jedoch suche klare "rationale" Gründe, welche für oder gegen Deine gefühlsmäßige Auffassung sprechen ... !"

   Dieser Ratschlag bezieht sich auf die oft recht vagen Gefühle, die man zu Beginn eines Problemlösungsprozesses hat.

2. Das Ökonomieprinzip und das Unbegrenztheitsprinzip

   "Bleibe so nahe bei der Aufgabe als möglich.

   Man suche mit möglichst wenig nicht unmittelbar mit der Aufgabe gegebenem (von auswärts herbeizuschaffendem) Material auszukommen."

   Komplementär ist dazu der Ratschlag: "Jedoch sei bereit, so weit von der Aufgabe Dich zu entfernen, als es erforderlich und zweckmäßig erscheint."

3. Das Prinzip des Durchhaltens und das Prinzip der Abwechslung

   "Gib es nicht zu früh auf! Verharre so lange bei dem untersuchten Punkt, als Du hoffen kannst, davon noch eine nützliche Anregung zu empfangen!"

   Komplementär ist dazu der Ratschlag: "Suche noch unerschöpften Boden zu bearbeiten und irgendeine belangvolle Anregung von jedem bearbeiteten Punkt zu empfangen!"

Die genannten Prinzipien nach POLYA lassen sich in folgende schlichte Empfehlungen für problemlösende Schüler ummünzen:

1. Versuche, Deine Einfälle zu begründen!
2. Nutze die gegebenen Informationen so weit aus wie möglich, klebe aber nicht daran!
3. Stecke nicht gleich auf; laß Deine Gedanken auch mal schweifen!

3.2. Ein Katalog heuristischer Regeln nach POLYA

Heuristische Regeln geben dem Lernenden wichtige Hinweise zur Frage: "Wie sucht man eine Lösung?"

POLYA (1967[2], Umschlagseite) nennt folgende Hauptpunkte, auf die es beim Lösen mathematischer Probleme entscheidend ankommt:

Erstens: Du mußt die Aufgabe verstehen.

Zweitens: Du mußt einen Plan für die Lösung entwerfen.

Drittens: Führe Deinen Plan aus.

Viertens: Prüfe die erhaltene Lösung.

Zu jeder Lösungsphase hat POLYA einige Instruktionsfragen formuliert, die nach und nach zu Selbstinstruktionen des Lernenden werden sollten. Eine Auswahl aus diesem Katalog ist im folgenden zusammengestellt:

SCHEMA 20

I. Zum Verstehen der Aufgabe

1. Was ist unbekannt? Was ist gegeben? Wie lautet die Bedingung?
2. Zeichne eine Figur! Führe eine passende Bezeichnung ein!

II. Zum Ausdenken eines Planes

1. Kennst Du eine verwandte Aufgabe?
   Kennst Du einen Lehrsatz, der förderlich sein könnte?
2. Kannst Du die Aufgabe anders ausdrücken?
3. Geh auf die Definition zurück!
4. Wenn Du die vorliegende Aufgabe nicht lösen kannst, so versuche, zuerst eine verwandte Aufgabe zu lösen. Eine speziellere Aufgabe? Kannst Du einen Teil der Aufgabe lösen?
5. Kannst Du etwas Förderliches aus den Daten ableiten?
   Hast Du alle Daten benutzt?

III. Zur Ausführung des Planes

Wenn Du Deinen Lösungsplan durchführst, so kontrolliere jeden Schritt. Kannst Du deutlich sehen, daß der Schritt richtig ist? Kannst Du beweisen, daß er richtig ist?

IV. Zur Rückschau auf die Lösung

1. Kannst Du das Resultat kontrollieren?
2. Kannst Du das Resultat auf verschiedene Weise ableiten?
3. Wie bist Du zu dem Resultat gelangt?

Erläuterungen zu den heuristischen Regeln:

Es ist klar, daß nicht bei jedem Problem und auf jeder Altersstufe jede Frage der obigen Liste relevant ist. Man wird die Relevanz der Fragen bei der Behandlung von Problemen in Unterrichtsversuchen jeweils prüfen müssen. Es sollen hier nur ein paar allgemeine Hinweise zu den oben aufgeführten Punkten (wo möglich) anhand konkreter Beispiele gegeben werden:

Zu I. 1: Diese Fragen helfen fast immer, vor allem bei Textaufgaben oder Konstruktionsaufgaben.

Zu I. 2: In einer Figur, zumal bei Wahl geeigneter Bezeichnungen, kann man oft die gegebenen und gesuchten Daten besser übersehen. (Vgl. auch Abschnitt 1.4.3 in Schriba 3!)

Zu II. 1: Wenn der Satz des Pythagoras problemlösend erarbeitet werden soll, könnte man sich aufgrund dieser Anregungen an den Kathetensatz erinnern.

Zu II. 2: Bei Textaufgaben hilft es oft, die Aufgabe in eigenen Worten zu formulieren und in mehrere kleine Sätze zu zergliedern.

Zu II. 3: Viele Aufgaben kann man dadurch lösen, daß man auf die Definition eines Begriffs in der Aufgabenstellung zurückgeht. Man betrachte z.B. folgende simple Problemfrage:

Gibt es gerade Primzahlen ungleich 2 ? .

Eine Primzahl ist eine Zahl $\neq 1$, die nur durch 1 und sich selbst teilbar ist.

Jede gerade Zahl über 2 enthält neben 1 und sich selbst auch 2 als Teiler. Sie kann also nach Definition keine Primzahl sein.

Zu II. 4: Siehe z.B. Winkelsummensatz für das allgemeine Dreieck, den man erst für rechtwinklige Dreiecke beweist.

Man denke auch an die Lösung eines Systems von zwei Ungleichungen mit einer Variablen: Man sucht zunächst einmal die Lösungen für eine Ungleichung.

Zu II. 5: ... Man sehe nun, welche Lösungen auch die zweite Ungleichung erfüllen.

(Wenn man die Bedingungen zunächst reduziert, muß man darauf achten, zum Schluß doch alle Bedingungen zu erfüllen!)

Zu III, IV sind wohl kaum weitere Hinweise nötig. Diese Phasen des Problemlösens haben vor allem den Sinn, sich zu vergewissern, daß man nicht auf einem "Holzweg" ist bzw. sich Rechenschaft abzulegen über das Erreichte.

Die letzte Frage (IV. 3) wird in Abschnitt 8.2 noch einmal angesprochen:

Für den Erwerb heuristischer Regeln scheint es besonders förderlich zu sein, sich die eigene Lösungsstrategie rückschauend noch einmal bewußt zu machen ("Wie bin ich noch darauf gekommen?").

3.3. Eine kleine Übung zur heuristischen Fragetechnik

Beim problemlösenden Lernen stelle der Lehrer nach Möglichkeit nur Fragen bzw . gebe er nach Möglichkeit nur Hinweise, wie sie in den Abschnitten 3.1 und 3.2 angedeutet sind[1].

Nur, wenn es anders nicht weiterzugehen scheint, gebe er konkretere Hinweise, gehe er stufenweise zu spezifischeren Fragen über, damit der Anteil der Schüler an der Lösung des Problems möglichst groß bleibt.

An dieser Stelle sei eine kleine Übung angeregt. POLYA (1967[2], S. 24 f.) diskutiert die Aufgabe, die Raumdiagonale eines Klassenzimmers zu berechnen.

In der besten Absicht stellt der Lehrer dazu die Frage: "Kannst Du den Satz des Pythagoras anwenden?" -

POLYA hält diese Frage für denkbar schlecht.

Welches sind wohl seine Einwände?

Welche Fragen würde er wohl als Hilfen empfehlen?

(Gehen Sie den Fragenkatalog in 3.2 durch. Versuchen Sie, Lehrerfragen und -hinweise sowie Schülerantworten zu formulieren, die bei der obigen Aufgabe sinnvoll wären.) - -

Ergebnis Ihrer Überlegungen könnte etwa sein
(versuchen Sie sich zunächst selbst!):

Aufgabe: Bestimme die Länge der Raumdiagonale ohne direktes Messen!

I. Verstehen der Aufgabe
Was ist unbekannt? (Die Raumdiagonale)
Was ist gegeben? (Länge, Breite und Höhe des Klassenzimmers)
Zeichne eine Figur! Führe passende Bezeichnungen ein!

---

1 Dies sei als erste Faustregel genannt; Genaueres folgt im nächsten Abschnitt!

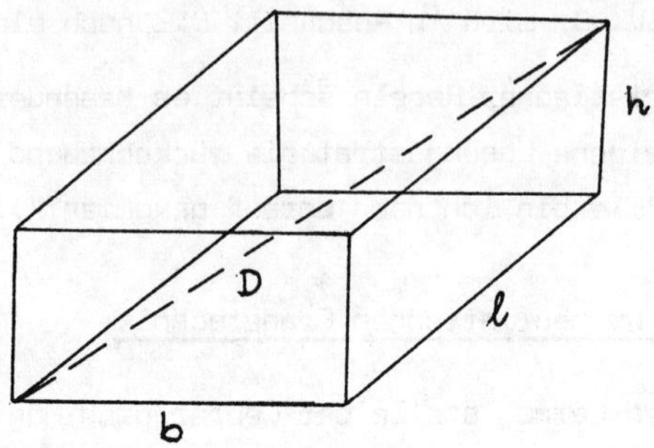

II. Planung der Lösung

Kennst Du eine ähnliche Aufgabe?
(Bestimmung der Diagonale in einem Rechteck)
Kennst Du einen Lehrsatz, der förderlich sein könnte?
(Satz des Pythagoras)
Wenn Du die vorliegende Aufgabe nicht lösen kannst, versuche erst, die verwandte Aufgabe zu lösen!

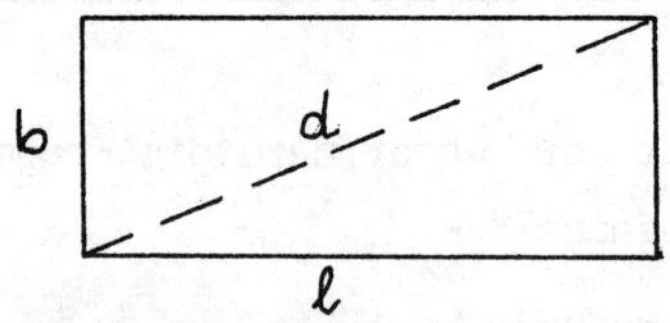

$d = \sqrt{b^2 + l^2}$

Hilft uns das etwas?
(Wir brauchten ein rechtwinkliges Dreieck, in dem D vorkommt)
Beachte die gegebenen Größen!
(Die Schüler erkennen rechtwinkliges Dreieck aus d, D, h:

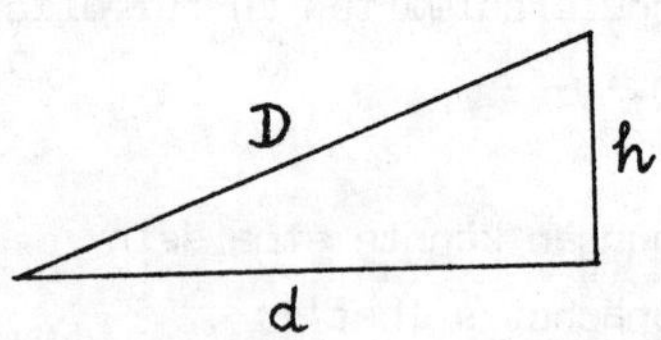

- und möchten den Satz des Pythagoras anwenden)

III. Ausführung

$$D^2 = h^2 + d^2$$

Die Schüler erinnern sich, daß $d^2 = b^2 + l^2$ und erhalten

$$D^2 = h^2 + b^2 + l^2$$

$$D = \sqrt{h^2 + b^2 + l^2}$$

IV. Kontrolle

Kannst Du das Resultat auch anders bekommen?
(Die Schüler wählen ein anderes rechtwinkliges Dreieck mit D und bestätigen das Ergebnis)

4. Eine Taxonomie möglicher Lernhilfen beim Problemlösen

4.1. Die Kategorien

Nach dem Prinzip der minimalen Hilfe sollte der Lehrer beim problemlösenden Unterricht nie mehr helfen als erforderlich. Dies besagt genauer folgendes:

Gewinnt der Lehrer den Eindruck, daß ein Schüler bzw. eine Schülergruppe bei der Lösung eines Problems (in "vertretbarer" Zeit) nicht weiterkommt, gibt er ihm bzw. ihr die seiner Einschätzung nach geringste Hilfe, die den Problemlösungsprozeß vermutlich weiterbringt.

Das hierdurch gegebene subjektive Moment der Lehrereinschätzung ist grundsätzlich nicht zu vermeiden. Wichtig wäre aber, dem Lehrer Anhaltspunkte dafür zu geben, was im allgemeinen als eine stärkere bzw. schwächere Hilfe zu gelten hat. Es soll versucht werden, eine dementsprechende "Hierarchie der Hilfen" aufzustellen, die eine gewisse Orientierung ermöglicht. Aufgrund vieler Unterrichtsbeobachtungen beim Problemlösen und einiger grundsätzlicher Anregungen durch EIGLER/JUDITH u.a. (1973, S. 88 - 90) sowie RIEDEL (1973, S. 90) sei folgende Aufstellung von Hilfen wachsender Stärke vorgeschlagen:

1. Motivationshilfen;
2. Rückmeldungshilfen;
3. allgemein-strategische Hilfen;
4. inhaltsorientierte strategische Hilfen;
5. inhaltliche Hilfen.

Die Hilfen innerhalb jeder Kategorie können wiederum verschieden stark sein, insbesondere mehr oder weniger direkt (wobei die direkte Hilfe als stärker anzusehen ist als die indirekte).

4.2. Erläuterung der einzelnen Kategorien

Als Motivationshilfen seien Hilfen bezeichnet, die dem Lernenden nur mehr oder weniger Mut machen und ihn an der Aufgabe halten.
Beispiele: "Die Aufgabe ist nicht so schwer",
"Du wirst es schon schaffen".

Solche Hilfen sind wohl die geringsten.

Als Rückmeldungshilfen seien Hilfen bezeichnet, die dem Lernenden Auskunft darüber geben, ob er richtig oder falsch "liegt" bei seinen Lösungsbemühungen.

Beispiele: "Du bist auf dem richtigen Wege",
"Die Lösung ist noch nicht ganz richtig".

Rückmeldungshilfen dieser Art geben neben Motivation schon etwas zusätzliche Information.

Als allgemein-strategische Hilfen seien Hilfen bezeichnet, die auf fachübergreifende bzw. allgemeine fachliche Problemlösungsmethoden aufmerksam machen. Beispiele sind die heuristischen Regeln von POLYA aus Abschnitt 3:

- Hilfen im Sinne der dort genannten Prinzipien ("Versuche, Deine Idee zu begründen", "Versuch's doch mal anders!");
- Hilfen, die Aufgabe zu verstehen ("Was ist gegeben, was ist gesucht?");
- Hilfen, einen Lösungsansatz zu finden ("Versuche, Dich an einschlägige Sätze zu erinnern");
- Hilfen, die Lösung zu prüfen ("Wie bist Du zu Deiner Lösung gelangt?").

Allgemein-strategische Hilfen geben nicht nur punktuelle Information wie die Rückmeldungshilfen, sondern machen allgemeinste Vorschläge zum Lösungsprozeß (EIGLER/JUDITH u.a. sprechen von "prozeßorientierten" Lernhilfen).

Als inhaltsorientierte strategische Hilfen seien Hilfen bezeichnet, die auf stärker fachbezogene Problemlösungsmethoden (die sich auf Teilgebiete der Mathematik beziehen) bzw. auf allgemeine Problemlösungsmethoden - verbunden mit einem inhaltlichen Aspekt - aufmerksam machen.
Beispiele: "Stell doch mal eine Gleichung auf",
"Versuche, die Aufgabe graphisch zu lösen",
Vorgabe einer bestimmten Situationsskizze u.ä.

Inhaltsorientierte strategische Hilfen geben über eine allgemeine Information zur Lösungsmethode hinaus speziellere Hinweise, die auf den konkreten Inhalt der Aufgabe bezogen sind.

Als inhaltliche Hilfen seien schließlich Hilfen bezeichnet, die spezielle Hinweise geben auf vorgeordnete Begriffe und Regeln, auf bestimmte Zusammenhänge zwischen diesen, auf ganz bestimmte Hilfsgrößen oder Hilfslinien (EIGLER/JUDITH u.a. sprechen von "ergebnisorientierten Lernhilfen").

Beispiele: "Denke daran, daß man aus zwei der drei Größen Geschwindigkeit, Weg, Zeit die dritte berechnen kann",
"Man kann hier den Kathetensatz anwenden",
"Zeichnet doch mal diese Hilfslinie ein ...".

Inhaltliche Hilfen sind offenbar als die stärksten Hilfen anzusehen; sie gehen bis zur Vorgabe von Teillösungen.

4.3. Direktere und indirektere Hilfen

Innerhalb jeder Kategorie unterscheiden sich die Hilfen vor allem bezüglich ihrer Direktheit.

Auch hier seien einige Beispiele gegeben:

- Direkte Motivationshilfe: "Du wirst es sicher schaffen" (an einen bestimmten Schüler gewandt)
- Indirekte Motivationshilfe: "Die Aufgabe ist nicht so schwer" (an die ganze Klasse gewandt)
- Direkte Rückmeldung: "An dieser Stelle hast Du einen Fehler gemacht" (Lehrer deutet auf die Stelle)
- Indirekte Rückmeldung: "An einer Stelle hast Du einen Fehler gemacht"
- Indirekte allgemein-strategische Hilfe: "Sieh Dir den Aufgabentext genau an"
- Direkte inhaltsorientierte strategische Hilfe: "Versucht, die Aufgabe mit einem graphischen Fahrplan zu lösen"
- Indirekte inhaltsorientierte strategische Hilfe: "Versucht, die Aufgabe vielleicht graphisch zu lösen"
- Direkte inhaltliche Hilfe: "Zeichnet doch mal diese Hilfslinie ein"
- Indirekte inhaltliche Hilfe: "Ihr braucht eine Hilfslinie, die einen rechten Winkel erzeugt".

4.4. Zur praktischen Verwendung der Taxonomie

Die obige Hierarchie der Hilfen ist natürlich idealtypisch dargestellt. Tatsächlich sind die Hilfen in der Praxis oft vielfältig verflochten. Eine eindeutige Zuordnung ist dann nicht möglich.

Jede Hilfe, die der Lernende sucht, ist natürlich motivierend. Deshalb sind die Motivationshilfen terminologisch eingeschränkt auf "Nur-Motivation".

Oft werden inhaltliche Hilfen mit strategischen Hilfen verknüpft, z.B. in folgender Weise:
"Macht Euch mal eine Zeichnung, dann seht Ihr das und das ...", oder eine Hilfe durch Angabe eines analogen Falls:
"Die Aufgabe geht ähnlich wie ...".

Eine wichtige Vorbereitungsaufgabe des Lehrers besteht darin, mögliche Hilfen jeder Art zu überlegen, um sie im problemlösenden Unterricht je nach Lage der Dinge variabel anzuwenden.

Im allgemeinen ist die Gesamtheit der Hilfen nicht in eine klare lineare Ordnung zu bringen, da die Wirkung der Hilfe nicht nur von ihrer Art abhängt, sondern auch vom Zeitpunkt ihres Einsatzes (vgl. GULLASCH 1973, S. 183). Dies müßte der Lehrer bei seiner Vorbereitung also zusätzlich berücksichtigen, läßt sich aber oft erst in der Problemlösungssituation selbst besser beurteilen. Ein häufigeres Formulieren verschiedenartiger Hilfen scheint zumindest notwendig, um die "Angemessenheit" der Hilfen allmählich zu verbessern.

4.5. Eine Tabelle möglicher Hilfen für ein spezielles Problem

Um eine möglichst konkrete Anschauung zur Vorbereitung der Hilfen für problemlösenden Unterricht zu geben, sei eine Tabelle möglicher Hilfen für ein spezielles Problem dargestellt, das innerhalb eines Praktikums zu diesem Kurs in einer 9. Klasse gestellt wurde (ohne besonders für solch eine Art von Problemen zu plädieren!):

Aufgabenstellung:

Zwei Orte A und B liegen 245 km voneinander entfernt. In Ort A startet ein Auto in Richtung Ort B und legt durchschnittlich in einer Stunde 60 km zurück. Gleichzeitig startet in Ort B ein Auto in Richtung Ort A und legt in der Stunde durchschnittlich 80 km zurück. Während die beiden Autos losfahren, startet gleichzeitig ein Hubschrauber in Ort A. Der Hubschrauber fliegt mit einer Durchschnittsgeschwindigkeit von 240 km/h in Richtung Ort B. In dieser Richtung fliegt er so lange, bis er auf das Auto aus B trifft. Er wendet ohne Zeitverlust und fliegt in Richtung Ort A, bis er auf das Auto, das in Ort A gestartet ist, trifft. Auf diese Weise fliegt der Hubschrauber immer zwischen den beiden Autos hin und her, bis die Fahrzeuge sich treffen. Wieviele Kilometer legt der Hubschrauber währenddessen zurück?

Tabelle der Hilfen

Motivationshilfen	Rückmeldungshilfen	allgemein-strategische Hilfen	inhaltsorientierte strategische Hilfen	inhaltliche Hilfen
Die Aufgabe ist nicht schwer!	Du bist auf dem richtigen Wege!	Lies die Aufgabe genau durch!	Versuche, Deine Kenntnisse bezüglich Geschwindigkeit anzuwenden!	Denk an den Zusammenhang Geschwindigkeit – Weg – Zeit!
Du wirst die Aufgabe schon schaffen!	Du stehst kurz vor der Lösung!	Schreib Dir die gegebenen Daten heraus!	Versuche, das Problem graphisch zu lösen!	Wie ist Geschwindigkeit definiert?
Man braucht nicht viel Zeit zur Lösung ...	Da mußt Du noch mal nachrechnen!	Mach Dir doch mal eine Zeichnung!	Vielleicht kann Dir die Dreisatz- oder Verhältnisrechnung helfen!	Versuche, aus zwei der Größen v, s, t die dritte zu berechnen!
Man bekommt schnell Anhaltspunkte für die Lösung!	Mach weiter so!	Versuche, die gegebenen Daten in einen Zusammenhang zu bringen!	Worauf kommt es hier an? Welche Rolle spielt der Hubschrauber?	Rechne doch erst mal aus, wann sich die Autos treffen!
		Überprüfe Deinen Lösungsweg!	Überprüfe die Größenordnung des Ergebnisses!	Jetzt weißt Du, wie lange der Hubschrauber in der Luft bleibt, und Du kennst seine Geschwindigkeit. Also ? ...
			Überprüfe Dein Ergebnis am Text!	

5. Zur Zielsetzung und Kontrolle des problemlösenden Lernens in Kleingruppen

5.1. Warum Problemlösen in Kleingruppen?

Dem strengen Begriff des problemlösenden Lernens würde es zweifellos eher entsprechen, den einzelnen Schüler mit dem Problem möglichst allein zu lassen. Es ist sicherlich wünschenswert, auch diese Situation zu erproben und dementsprechende Unterrichtsstrategien zu entwickeln. Denkbar wäre z.B., daß jeder Schüler "für sich" arbeitet und - falls erforderlich - eine (wiederum möglichst geringe) Hilfe beim Lehrer "abholt".

Es soll hier indessen zunächst das "Problemlösen in Kleingruppen" interessieren und damit das Problemlösen weniger zur Sache des Einzelnen als zur Sache einer Gruppe gemacht werden.

Von den sozialen Zielsetzungen des Gruppenunterrichts (vgl. Schriba 2) einmal abgesehen, scheint das Problemlösen in Gruppen eine geeignete Vorstufe für das Problemlösen des Einzelnen zu sein, da beim Gruppenunterricht besonders günstige kognitive und affektive Bedingungen für das Problemlösen gegeben sind. (Näheres vgl. Abschnitt 9.)

5.2. Kognitive Zielsetzungen

Als allgemeines Ziel des problemlösenden Lernens (in Kleingruppen) werde formuliert:

Der Lernende (bzw. die Kleingruppe) soll ein mathematisches Problem möglichst selbständig bearbeiten und lösen lernen sowie auf (zumindest) verwandte Situationen übertragen können.

Das beinhaltet im einzelnen z.B. folgende Ziele:
Die Lernenden sollen

a. - von vorher gelernten Begriffe, Regeln und Denkstrategien selbständig Gebrauch machen (vgl. Abschnitt 1);

b. - fähig sein, mathematische Daten aus einem gegebenen Kontext herauszulösen und/oder

c. - Daten in neuer Weise kombinieren können;

d. - einen Lösungsplan aufstellen (d.h. mehrere Lösungsschritte vorentwerfen können);

e. - Hypothesen und Alternativen entwickeln und diskutieren können;

f. - aus Bekanntem logische Schlüsse ziehen und diese begründen können;

g. - Lösungsschritte und Lösungsergebnisse kontrollieren können;

h. - eine Aufgabenlösung oder einen Beweis vortragen und formulieren können;

i. - sich hilfreiche Denkstrategien bewußt machen;

j. - verwandte Probleme sinnvoll lösen können;

k. - die durch das Problemlösen erworbenen inhaltlichen und heuristischen Regeln bei der Lösung weiterer Probleme einsetzen können.

Weitere Zielsetzungen für das problemlösende Lernen wären u.U. analog denen des Regellernens zu formulieren. Zu affektiven und sozialen Zielsetzungen für das Problemlösen (in Kleingruppen) vergleiche man Schriba 2, Abschnitt 2.4 und Abschnitt 9 dieses Schribas.

5.3. Anregungen für Lernkontrollen

Aus den Zielsetzungen des Abschnittes 5.2 ergeben sich für den Lehrer folgende Möglichkeiten der Lernkontrolle:

Zu a: Er kann die Schüler ihre Gedanken verbalisieren ("laut denken") lassen (vgl. DUNCKER).

Zu b: Er kann "Lösungsprotokolle" führen lassen.

Zu d: Er kann Lösungspläne aufstellen lassen.

Zu e: Er kann die Gruppendiskussionen anhand von Ton- oder Videoaufnahmen einschätzen.

Zu f: Er kann sich Teilschritte der Lösung erläutern lassen.

Zu g: Er kann die Lösung und deren Überprüfung schriftlich fixieren lassen.

Zu i: Er kann nach den hilfreichen Denkstrategien fragen.

Zu j,k: Er kann entsprechende neue Probleme stellen (praktische Hinweise hierzu im nächsten Abschnitt).

Das Endziel des problemlösenden Lernens ist erreicht, wenn die Lernenden ohne Hilfe neue Probleme lösen können.

Dieses Ideal wird (zumindest in der Hauptschule) relativ selten erreicht; man sollte jedoch versuchen, es beiseinen Bemühungen im Auge zu behalten (Näheres vgl. Abschnitt 8).

6. Lernphasen des Problemlösens im Mathematikunterricht und unterrichtspraktische Hinweise

6.1. Zum psychologischen Vorgang des Problemlösens

Bevor auf die schulische Organisation des Problemlösens etwas näher eingegangen wird, seien einige einschlägige Bemerkungen zum psychologischen Vorgang des Problemlösens vorweggeschickt.

Was beim Problemlösen als Denkvorgang "innerlich" vorgeht, ist eine umstrittene Frage. In der äußeren Beschreibung des Problemlösungsvorgangs ist man sich jedoch weitgehend einig. Meist unterscheidet man ähnlich wie STRUNZ (1968, S. 229) etwa folgende vier Phasen:

1. Auftauchen einer Denkfrage;
2. Versuche zur Klärung;
3. Einfall;
4. intellektuelle Bearbeitung der Lösungsidee.

Der ganze Vorgang wird oft im Sinne einer "Bereinigung eines Mangels innerer Ordnung" verstanden (vgl. FRIES/ROSENBERGER 1970[2], S. 26): "Das Suchen und Forschen entzündet sich am Unbekannten, am Widersprüchlichen und Lückenhaften, am Besonderen und Außergewöhnlichen und zielt auf Stimmigkeit, Vollständigkeit und Klarheit". Im Sinne der Gestaltpsychologie wäre dies ein Streben nach strukturellen Ganzheiten zu deuten (vgl. etwa WERTHEIMER 1964[2], S. 118 und 221).

Im Sinne der PIAGETschen Psychologie wäre es als Aufbau einer neuen "Operatio[n"] zu verstehen, die ein nicht mehr ausreichendes System von Operationen zu einem komplexeren, leistungsfähigeren Gesamtsystem erweitert (vgl. etwa AEBLI 1963, S. 88 und 95).

Unabhängig von einer bestimmten psychologischen Schule wird der Lösungsvorgang bei POLYA (1967[2], S. 110) als ein Zusammenfügen mehrerer isolierter Einzeltatsachen zu einem "wohlangepaßten Ganzen" beschrieben.

Nach COPEI (1963[7], S. 67) wird Problemlösen ähnlich als "Ausrichtung auf ein Sinnganzes" verstanden, das "im fruchtbaren Moment" als Einfall bzw. aufleuchtende Idee erfahren wird. Vor dieser "Lösung" ist oft eine Lockerung der Problemsituation erforderlich, die durch Wechsel von "Nähertreten" (auf Einzelheiten gerichtet) und "Zurücktreten" (auf Überblick gerichtet) charakterisiert ist – bis schließlich der gesuchte Zusammenhang zwischen den Daten gefunden wird.

Nach dieser kurzen psychologischen Beschreibung des Problemlösens wird nun die didaktische Gestaltung von Problemlösungsprozessen im Mathematikunterricht näher behandelt.

Die Darstellung orientiert sich wieder - wie beim Begriffs- und Regellernen - an den charakteristischen Lernphasen und wird ergänzt durch praktische Hinweise:

6.2. Zur Vorbereitung des Lehrers

a. Der Lehrer formuliere das Problem in verständlicher schülergemäßer Sprache.
b. Er notiere mögliche Lösungswege der Schüler.
c. Er verschaffe sich eine Übersicht über die vorgeordneten Begriffe und Regeln (eventuell anhand einer Lernstruktur!).
d. Er formuliere weitere (speziell für dieses Problem) beim Schüler vorauszusetzende kognitive, affektive und psychomotorische Fähigkeiten.
e. Er formuliere die Ziele, die für das gestellte Problem besonders relevant sind (vgl. Abschnitt 5).
f. Er formuliere wichtige mehr oder weniger starke strategische und inhaltliche Hilfen.

6.3. Motivation und Problemgewinnung

Die Motivation ist am Anfang und während des Problemlösungsprozesses besonders wichtig, da der Lernende ja weitgehend selbst den Lösungsprozeß weitertreiben und nicht gleich nach den ersten vergeblichen Ansätzen aufstecken soll.

Es sei deshalb noch einmal besonders auf die verschiedenen Motivationsmöglichkeiten (vgl. Schriba 4, SCHEMA 10) hingewiesen. Elementare Antriebe der Schüler wie Tätigkeitsdrang, Wissensdrang und auch ein wenig Gruppenwettbewerb können für das Problemlösen genutzt werden.

Von besonderer Bedeutung (und erfahrungsgemäß nicht ganz einfach) ist die Wahl einer echten und zugleich interessanten Problemlösungsaufgabe:

Insbesondere sollte daran gedacht werden, Aufgaben eines mittleren Schwierigkeitsgrades zu suchen, die weder zu leicht sind noch zu schwer (vgl. Schriba 4, Abschnitt 2.4.2).

Einige Anhaltspunkte für den Schwierigkeitsgrad einer Aufgabe dürften daher willkommen sein:

"Zu leicht ist eine Aufgabe, wenn der Lernende sie durch bloßes Erinnern schon gelernter Kenntnisse und Einsichten löst. Zu schwer ist eine Aufgabe, wenn bestimmte zur Lösung unerläßliche Kenntnisse und Einsichten nicht verfügbar sind bzw. nicht erschlossen werden können - in diesem Fall wird der Lernende früher oder später aus dem Feld gehen, möglicherweise mit dem Gefühl des Versagens. Wenn der Lernende zwar nicht in der Lage ist, aufgrund seiner kognitiven Struktur unmittelbar ein Problem zu lösen, wohl aber Hypothesen zu entwickeln und Alternativen durchzuspielen, liegt eine Aufgabe mittleren Schwierigkeitsgrads vor; von solchen Aufgaben geht die stärkste Aktivierung eines Problemlösungsverhaltens aus" (vgl. EIGLER/JUDITH u.a. 1973, S. 86 - 87).

Für den Schwierigkeitsgrad von Aufgaben werden in Abschnitt 7 noch genauere Kriterien angegeben.

Meist wird der Lehrer eine gewisse Vororientierung über das Problem geben, indem er an Begriffe und Vorstellungen anknüpft, die dem Schüler zur Verfügung stehen (vgl. AUSUBELs Theorie des sinnvollen Lernens in Schriba 8).

Günstig dürfte auch ein Zurückgehen auf "Ursprungssituationen" sein, in denen das Problem erstmals auftauchte. Z.B. könnte man bei der problemlösenden Behandlung der Berechnung unregelmäßiger Flächen auf das Problem der Flurbereinigung (Landaufteilung) zurückgehen (vgl. FRIES/ROSENBERGER 1964[2], S. 21).

Im allgemeinen dürfte der Lehrer das Problem stellen. Gelegentlich kann es jedoch auch sinnvoll sein, die Schüler selbst ein Problem finden und formulieren zu lassen, indem man ihnen nur eine bestimmte Situation vorstellt (u.U. mit vorgegebenen Daten, aber ohne Problemfrage). Man kann darin einen Beitrag zum "mathematischen Denken" sehen, soweit es um ein Erkennen mathematischer Fragestellungen (in der Umwelt) geht.

Zu solch einer Formulierung kann man gegebenenfalls im gemeinsamen Unterrichtsgespräch gelangen. Das Problem sollte so gut geklärt werden, daß es alle Schüler erkannt haben (vgl. entsprechende strategische Lernhilfen im Abschnitt 3.2.I).

6.4. Schwierigkeiten und ihre Überwindung (Problemlösung)

6.4.1. Überlegungen hinsichtlich einer möglichen Lösung

Ist das Problem deutlich erkannt worden, kann die Suche nach Lösungswegen beginnen.

Dabei könnte am Anfang durchaus eine "Probierphase" stehen, in der jeder seinen Einfällen nachgeht. Die weitere Suche nach Lösungswegen wird dann sinnvoll in Kleingruppendiskussionen erfolgen; denn hierbei ist jeder gezwungen, seine eigenen Vorstellungen zu präzisieren, um sie den anderen verständlich zu machen. Der Lehrer wird gegebenenfalls beratende Lernhilfen im Sinne von Abschnitt 3.2.II geben.

6.4.2. Planung des Lösungsvorhabens

Jede Kleingruppe wird sich im allgemeinen auf ein gemeinsames Vorgehen einigen. U.U. könnten die Ansätze der Gruppen auch kurz im Klassengespräch erörtert werden - unter dem Blickwinkel, welche Ansätze weiterverfolgt werden sollen.

Vorzeitige Lösungen (die an dieser Stelle durchaus möglich sind) sollten möglichst zurückgehalten werden, damit den anderen die Lösung nicht vorweggenommen wird.

Die Lösung einer vorgepreschten Gruppe könnte in Frage gestellt, und die Gruppe könnte zu einer Überprüfung oder schriftlichen Darstellung aufgefordert werden.

(Der Lehrer sollte auf jeden Fall auch eine weitere Aufgabe bereithalten!)

6.4.3. Durchführung des Lösungsvorhabens

In der Phase der Durchführung sind die einzelnen Schülergruppen mit der Entwicklung ihres Lösungssatzes beschäftigt. Der Lehrer verfolgt die Arbeit an den einzelnen Tischen, hält sich zur Beratung bereit und hilft im Sinne des Prinzips der kleinsten Hilfe, wenn die Arbeit stagniert: Er ermuntert vielleicht zum Weitermachen oder zu einem Neuansatz, gibt auf Befragen Rückmeldung, weist auf allgemeinere oder speziellere Strategien hin, oder er macht auf den einen oder anderen Punkt aufmerksam, wenn ein Ansatz keinen Erfolg bringt.

Der Lehrer sollte unbedingt darauf achten, daß er sich bei einer Gruppe nicht unnötig lange aufhält und sich mit sparsamen Hinweisen begnügt.

6.5. Sicherung des Erarbeiteten

6.5.1. Prüfung und Diskussion der Lösung

Schon während des Lösungsprozesses werden die Schüler - wenn nötig - zur Überprüfung von Zwischenergebnissen angehalten, erst recht natürlich, wenn die Gruppe glaubt, das Endergebnis zu haben (erforderliche Hilfen im Sinne von Absatz 3.2.III und IV !).

Jede verschiedenartige Lösung wird (im Idealfalle) zum Schluß von der Klasse gemeinsam geprüft und diskutiert. Besondere Schwierigkeiten werden besprochen. Wichtig ist vor allem, den Lösungsweg rückschauend bezüglich des "springenden Punktes" und der verfolgten Lösungsstrategien zu verdeutlichen.

POLYA (1967[2], S. 28) weist eindringlich auf die Bedeutung solch einer Rückschau auf den Lösungsweg hin (und hat dabei die neuere Transferforschung - vgl. Schriba 4 - hinter sich!):

> "Durch Rückschau auf die vollendete Lösung, durch nochmaliges Erwägen und Überprüfen des Resultates und des Weges, der dazu führte, können die Schüler ihr Wissen festigen und ihre Fähigkeit, Aufgaben zu lösen, entwickeln."

6.5.2. Formulierung des Ergebnisses

Vor oder nach der Diskussion der Lösung wird man Weg und Ergebnis der Problemlösung i.a. möglichst kurz und klar formulieren lassen, gegebenenfalls in der üblichen Fachterminologie. In dieser Form ist das Gelernte (sofern Ergebnis eines sinnvollen Lernprozesses) vermutlich "transfergünstig"; vgl. entsprechende Überlegungen beim Regellernen in Schriba 8!

6.5.3. Lernkontrolle für problemlösendes Lernen

Auf einzelne Möglichkeiten der Lernkontrolle (vor allem während und unmittelbar nach der Problemlösung) wurde bereits in Abschnitt 5.3 hingewiesen.

Unter unterrichtspraktischen Gesichtspunkten interessiert besonders die Frage, wie das problemlösende Lernen in bezug auf die vermittelte "Einsicht" überprüft werden kann, zumal es mit dem Anspruch auftritt, besonders "einsichtsvolles" Lernen zu sein.

Van PARREREN (1972[4], S. 20) gibt darauf folgende einfache Antwort:

"Ob ein Schüler wirklich Einsicht gewonnen hat, kann der Lehrer am besten dadurch prüfen, daß er ihm abgewandelte Aufgaben vorlegt."

M.a.W.: Einsicht ist besonders durch Transferfähigkeit zu testen.
DUNCKER (1963, S. 7) drückt das verdeutlichend so aus:

"In gleichem Maße wie eine Lösung 'verstanden' ist, ist sie 'transponierbar', was bedeutet, daß sie sich bei veränderten Situationsbedingungen ... mitverändert."

Sinnlose Fehler bei abgewandelten Aufgaben sind somit das deutlichste Symptom mangelnden Verständnisses.

Solche Beispiele für derartige Verständniskontrollen und sich dabei ergebende Fehlleistungen gibt WERTHEIMER (1964[2]):

Die Schüler hatten gelernt, wie man die Fläche eines Parallelogramms durch Verwandlung in ein flächengleiches Rechteck findet. WERTHEIMER prüfte ihr Verständnis anhand neuer Aufgaben zur Flächenbestimmung anderer Vierecke. Er wählte dazu z.B. folgende Trapeze (a.a.O., S. 21):

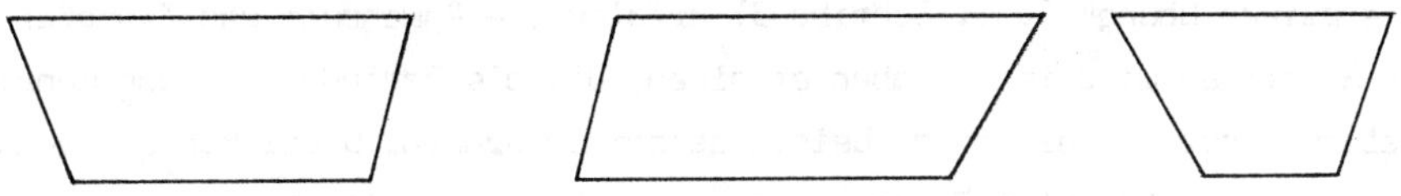

Er unterscheidet nun hinsichtlich der Schülerreaktionen sogenannte A-Antworten und B-Antworten.

A-Antworten sind richtige Lösungen, in denen die Figuren sinngemäß "verwandelt" wurden.

B-Antworten sind solche Lösungsversuche, in denen die beim Parallelogramm gelernte Operation blind und erfolglos angewendet wurde.

<u>A-Antworten</u> (zeigen Verständnis):

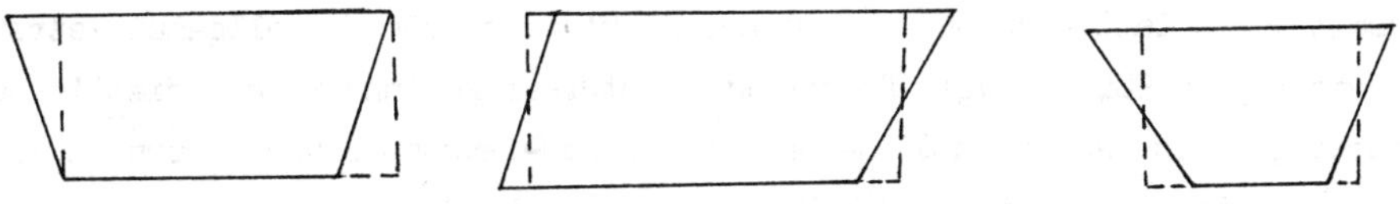

Die Versuchspersonen verwandeln die Figuren in flächengleiche Rechtecke.

B-Antworten (zeigen mangelndes Verständnis):

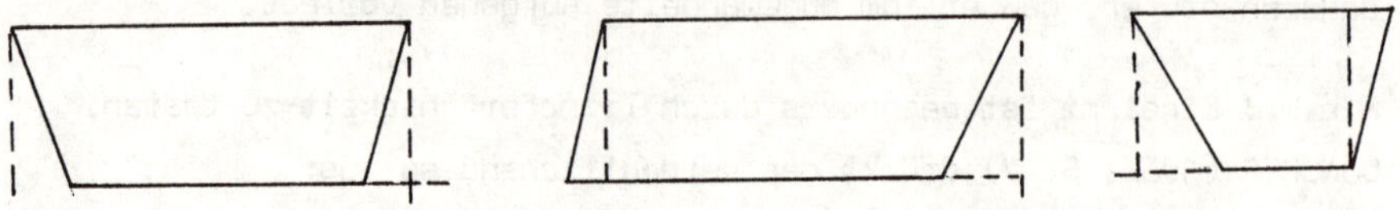

Diese Figuren sind zugleich lehrreiche Beispiele für negativen Transfer (vgl. Schriba 4). Will man Einsicht prüfen, so kommt es nach WERTHEIMER darauf an, geeignete Aufgabenstellungen zu finden, die A- bzw. B-Antworten provozieren. Weitere schöne Beispiele sind in WERTHEIMERs Buch "Produktives Denken" (1964[2]) zu finden.

6.6. Übung, Anwendung und Transfer des Gelernten

Wurde eine "Regel" problemlösend erworben, so gilt bezüglich der weiteren Lernphasen das gleiche wie für "normales" Regellernen (vgl. Schriba 8, Abschnitt 5):
Die nun eingeleitete Leistungsform muß in geeigneter Weise geübt, angewandt und übertragen werden. Die Übung des Gelernten wird oft in Form einer "operativen Übung" (vgl. Schriba 3) erfolgen. - Anwendung und Transfer des Gelernten wird in Aufgaben erfolgen, die die Reproduktion und Generalisierung der eingeleiteten Leistungsform erfordern. Dabei können grundsätzlich neue "Probleme" entstehen und noch einmal alle Lernphasen des Problemlösens durchlaufen werden.

7. Beispiele für typische Problemlösungssituationen im Mathematikunterricht[1]

Im folgenden sollen drei Bereiche des Mathematikunterrichts besprochen werden, in denen man es mit typischen Problemlösungssituationen zu tun hat:

1. Behandlung von Sach- und Anwendungsaufgaben
2. Beweisen mathematischer Sätze
3. Geometrische Konstruktionen.

Damit verschiebt sich der Akzent der Darstellung von den allgemein-strategischen Regeln POLYAs (vgl. Abschnitt 3) stärker zu inhaltlich orientierten strategischen Regeln im Sinne der Lernhilfen-Taxonomie aus Abschnitt 4. Es wird hier wesentlich auf DDR-Literatur zurückgegriffen, die sich auf

1 Die Abschnitte 7 - 9 können beim ersten Lesen weggelassen bzw. überflogen werden! Sie sollten je nach Bedarf nachgeschlagen bzw. für Unterrichtsversuche herangezogen werden.

die Lerntheorie von GALPERIN/LOMPSCHER gründet (vgl. dazu Schriba 3, Abschnitt 1.5 und Schriba 7, Abschnitt 10).

7.1. Die Anforderungsstruktur von Aufgaben

Vor der Behandlung der einzelnen Problemlösungsbereiche soll auf die in Abschnitt 6.3 bereits angesprochene Frage des Schwierigkeitsgrades von Aufgaben, zunächst unter dem allgemeinen Gesichtspunkt von "Niveaustufen" des Problemlösens, etwas näher eingegangen werden.

Die Niveaustufe des Problemlösens wird nach PIPPIG (1971, S. 57 - 60) durch verschiedene Komponenten bestimmt:

7.1.1. Ebenen der Erkenntnistätigkeit

Der Denkprozeß kann sich auf unterschiedlichen "Ebenen der Erkenntnistätigkeit" vollziehen.

Von der niedrigsten bis zur höchsten Ebene geordnet, ergibt sich folgende Reihenfolge (vgl. Schriba 3, Abschnitt 1.5):

- Ebene des praktisch-gegenständlichen Handelns;
- Ebene der unmittelbaren Anschauung;
- Ebene der mittelbaren Anschauung;
- Ebene des abstrakt verbalen Denkens.

Dazu seien einige Aufgabenbeispiele gegeben:

- Aufgaben, die durch praktisch-gegenständliches Handeln zu lösen sind: z.B. logische Aufgaben mit "logischen Blöcken", geometrische Aufgaben mit "Formenspielen".
- Aufgaben, die anhand unmittelbarer Anschauung zu lösen sind: z.B. Labyrinthaufgaben, Symmetrien vorgelegter Figuren angeben.
- Aufgaben, die aus mittelbarer Anschauung zu lösen sind: z.B. Netze eines Würfels zeichnen, Dreieckskonstruktionen, "anschauliche" Sachaufgaben.
- Aufgaben, die mit abstrakt-verbalem Denken zu lösen sind: z.B. der Beweis des Winkelsummensatzes für das Dreieck, "unanschauliche" Sachaufgaben.

Ein und dieselbe Aufgabe kann durchaus auf verschiedenen Denkebenen gestellt und gelöst werden. Der"Satz des Pythagoras" kann z.B. auf der praktisch-gegenständlichen Ebene eingesehen werden (man gebe den Schülern etwa die Gelegenheit, die Beweisfiguren aus Schriba 8, Abschnitt 3.4 mit entsprechenden Plättchen zu legen und konkret-handelnd ineinander zu überführen). Er kann aber auch auf der Ebene der unmittelbaren Anschauung anhand einer entsprechenden "Vorführung" des Lehrers eingesehen werden oder anhand der nebeneinander gezeichneten Beweisfiguren auf der Ebene der mittelbaren Anschauung entwickelt werden. Er kann schließlich auf abstrakt-verbaler Ebene unter alleinigem Bezug auf vorgeordnete Begriffe und Regeln bewiesen werden (aber durchaus so, daß es dem "Beweis" auf den anderen Ebenen genau entspricht!).

Von diesem Tatbestand her ist der berühmte Ausspruch BRUNERs (1970, S. 44) zu verstehen: "Jedem Kind kann auf jeder Entwicklungsstufe jeder Lehrgegenstand in einer intellektuell ehrlichen Form erfolgreich gelehrt werden."

Das bedeutet an dieser Stelle:

Man kann ein Problem durch Transformation auf eine niedrigere Erkenntnisebene erleichtern, oder man kann Hilfen geben, indem man an eine vorgeordnete Erkenntnisebene erinnert: Ist ein Problem auf der abstrakt-verbalen Ebene gegeben, kann man an anschauliche Gegebenheiten erinnern (mittelbare Anschauung) oder das Anschauungsobjekt dem Lernenden direkt vorsetzen (unmittelbare Anschauung) oder den Lernenden mit dem Anschauungsobjekt selbst umgehen lassen (praktisch-gegenständliches Handeln).

7.1.2. Niveaustufen des Abstraktionsgrads

Aufgaben können weiter danach unterschieden werden, wieviel Abstraktionsfähigkeit sie erfordern, d.h. in welchem Maße es erforderlich ist, wesentliche Angaben von unwesentlichen abzuheben und auszusondern.

7.1.3. Niveaustufen des Verallgemeinerungsgrads

Aufgaben sind auch danach zu unterscheiden, wieviel Verallgemeinerungsfähigkeit sie erfordern, d.h. in welchem Maße es beispielsweise erschwert ist, Merkmale eines bestimmten Aufgabentyps zu identifizieren (z.B. bestimmte Rechenoperationen aus einem Aufgabentext).

7.1.4. Niveaustufen des Reversibilitätsgrads

Aufgaben sind schließlich danach zu unterscheiden, wieviel "Gedankenumkehrung" sie erfordern, d.h. wieweit gewohnte Lösungsoperationen umgekehrt werden müssen. (Aufgaben der Zinsrechnung, bei denen nach dem Kapital gefragt wird, sind unter dieser Perspektive schwieriger als Aufgaben, bei denen nach den Zinsen gefragt wird.)

7.1.5. Zusammenfassung

Die bis dahin genannten Kriterien für den Schwierigkeitsgrad von Aufgaben seien kurz zusammengefaßt, ergänzt durch ein weiteres Komplexitätskriterium (vgl. PIPPIG 1971, S. 62):

Aufgaben erscheinen um so schwieriger,
- je größer die Anzahl der Bedingungen oder der verlangten Operationen ist (Komplexitätsgrad!),
- je weniger Automatismen in den geforderten Operationen enthalten sind (betrifft Abstraktions-, Verallgemeinerungs- und Reversibilitätsgrad),
- je mehr unwesentliche Angaben explizit genannt werden (betrifft Abstraktionsgrad),
- je mehr Denkschritte das Aufdecken impliziter wesentlicher Bedingungen erfordert (betrifft Verallgemeinerungsgrad),
- je unanschaulicher und abstrakter die Darstellungsformen aller für die Lösung notwendigen Angaben sind (betrifft Ebene der Erkenntnistätigkeit).

Hiernach wird es schon wesentlich eher möglich sein, den Schwierigkeitsgrad einer Aufgabe einzuschätzen bzw. Aufgaben größerer oder geringerer Schwierigkeit zu konstruieren. Der Leser wird sehen, daß speziell für Sachaufgaben noch genauere Angaben möglich sind.

7.2. Zur problemlösenden Behandlung von Sachaufgaben

Sachaufgaben beinhalten potentiell wertvolle Qualifikationen für die Schüler:

"Das Lösen von Sachaufgaben erfordert die Ausbildung und Entwicklung des Vergleichens, Klassifizierens, Abstrahierens, vor allem aber das Erfassen von Beziehungen und die Entwicklung solcher Verlaufsqualitäten des Denkens wie Planmäßigkeit, systematisches Vorgehen und Vorausschau in der geistigen Tätigkeit" (STAHL 1972[2], S. 334).

Im folgenden sollen aus dem großen didaktischen Bereich der Sachaufgaben nur einige zentrale lerntheoretische Aspekte herausgegriffen werden.

7.2.1. Zum Schwierigkeitsgrad von Sachaufgaben

STAHL (1972[2], S. 327) teilt die Kriterien, die den Schwierigkeitsgrad von Sachaufgaben bestimmen, in folgende Merkmalsgruppen ein (und geht dabei über die allgemeinen Kriterien PIPPIGs noch hinaus):

"Merkmale, die sich aus dem mathematischen Problem ergeben:
- mathematische Struktur,
- Anzahl der Operationen,
- Stellung der zu bestimmenden Variablen in der Gleichung.

Merkmale, die sich aus der Gestaltung des Textes ergeben:
- Art der Verwendung mathematischer Termini,
- Verhältnis der vorhandenen und wesentlichen Angaben,
- Art und Weise der Fragestellung,
- Reihenfolge der Angaben im Text,
- Bekanntheitsgrad des Sachverhalts.

Merkmale, die sich aus der Anwendung im Unterricht ergeben:
- Methode der Darbietung der Aufgaben,
- Form der Lösung durch die Schüler."

Übungsaufgabe: Analysieren Sie, soweit möglich, folgende Sachaufgabe (aus der Grundschule) nach diesen Kriterien:

> "Eine Gruppe von 8 Schülern hat 39 Mark für Schrott und Altpapier erhalten. Bei einem Ausflug wurden 3 Mark für jeden Schüler ausgegeben. Wieviel Geld blieb übrig?" (a.a.O., S. 326).

Die Schwierigkeit von Sachaufgaben wird vor allem durch jene Merkmale beeinflußt, die sich aus der Gestaltung des Textes ergeben (a.a.O., S. 329).

Wichtig scheint insbesondere die Art der Verwendung mathematischer Termini zu sein, d.h. wieweit sprachliche Ausdrücke im Text auf eine bestimmte mathematische Operation deuten (wie z.B. der Terminus "verteilen" auf die Division).

Von besonderer Bedeutung scheint auch die Reihenfolge der Angaben im Text zu sein, d.h. wieweit sie der Reihenfolge ihrer Verwendung im Lösungsprozeß entspricht.

Bei der obigen Beispielsaufgabe zeigte sich z.B. folgendes:

> "Die Mehrzahl der Schüler begann, mit der Zahl 39 zu operieren und brachte sie mit einer Zahl in Beziehung, die im Text daneben stand (3 oder 8)" (a.a.O., S. 326).

Hingewiesen sei auch ausdrücklich auf die bei PIPPIG nicht berücksichtigte subjektive Komponente "Bekanntheitsgrad", d.h. wie vertraut den Schülern der Kontext und die Art der Aufgabe erscheint.

7.2.2. Zum Lösen von Sachaufgaben in der Grundschule

Die folgenden Ausführungen nehmen Bezug auf einschlägige Untersuchungen von STAHL (1972^2).

Beispielsaufgabe: "6 Schüler bilden beim Altstoffsammeln eine Brigade. 6 Brigaden sind schon da. 12 Schüler kommen etwas später hinzu. Wieviel Schüler sammeln Altstoffe?" (a.a.O., S. 332).

Die von POLYA genannten Schritte der Problembehandlung (vgl. Abschnitt 3.2) konkretisieren sich für Sachaufgaben etwa in folgender Weise (vgl. STAHL 1972^2, S. 330):

- Erfassen des Inhalts;
- Unterscheiden des Gegebenen und Gesuchten mit Hilfe der Frage;
- Herausfinden der für die Lösung der Aufgabe notwendigen Angaben unter Beachtung bestimmter Zwischenschritte;
- Erkennen, Ausgliedern und Fixieren der zur Lösung des mathematischen Problems notwendigen Gleichungen (mit Variablen);
- Überprüfen der Antwort.

STAHL (a.a.O., S. 331) empfiehlt, schon den Schülern (ab) der ersten Klasse bestimmte Regeln für das Lösen von Sachaufgaben zu vermitteln und auf deren Einhaltung beim Aufgabenlösen zu achten, z.B.:

1. Wiederholen des Inhalts (zuerst laut, dann halblaut, später in Gedanken).
2. Feststellen, was bekannt ist.
3. Formulierung der Frage.
4. Aufstellen der Gleichung.
5. Ausrechnen der Aufgabe.
6. Formulieren der Antwort.
7. Überprüfen der Ergebnisse und der Antwort.

Dazu können die Kinder vertraut gemacht werden mit

- Verfahren, die Angaben einer Problemsituation zu verdeutlichen (z.B. durch übersichtliches Aufschreiben oder durch farbiges Unterstreichen);
- Verfahren, die Angaben zu veranschaulichen (z.B. durch Zeichnen von Symbolen oder ein graphisches Schema).

Im weiteren Grundschulunterricht kommt es nach STAHL darauf an, die Lösungsschritte anhand einer Handlungsanweisung allmählich zu verinnerlichen. Als "Orientierungsgrundlage" (vgl. Schriba 7, Abschnitt 10) könnte man eine Karte benutzen mit folgenden Fragen (a.a.O., S. 332):

1. Was weißt du?
2. Wie heißt die Frage?
3. Überlege, was du zuerst ausrechnen kannst! Frage!
4. Bilde eine Gleichung!
5. Überlege, was du nun ausrechnen kannst!
6. Bilde eine Gleichung!
7. Löse die Gleichungen!
8. Antworte!

Ziel dieser Handlungsvorschrift ist es, den Kindern ihre eigene Denktätigkeit allmählich bewußt zu machen, um schließlich ohne eine schriftliche Anweisung auszukommen.

Man könnte - ähnlich wie beim Begriffslernen - die Aneignungstätigkeit der Schüler nach GALPERIN etwa in folgenden drei Etappen gestalten:

__1. Etappe:__ Die Handlungsvorschrift liegt den Schülern schriftlich vor. Sie können sich beim Lösen ständig am Text orientieren.

__2. Etappe:__ Die Handlungsvorschrift liegt nicht mehr schriftlich vor. Beim Ausführen der einzelnen Handlungsschritte müssen die Schüler die Ausführung jedes Teilschritts kommentieren (sprachliche Handlung).

__3. Etaope:__ Die Schüler können auf schriftliche Vorlage und sprachliche Formulierung der Schritte verzichten. Sie haben sich die Handlung geistig angeeignet.
(Vgl. STEINHÖFEL/REICHOLD/FRENZEL 1975/1, S. 22.)

Es kommt nicht darauf an, daß die Schüler die Handlungsanweisung auswendig lernen; denn der häufige Umgang hat ein unwillkürliches Einprägen zur Folge, und die Schüler sollen letztlich nicht schematisch daran "kleben", sondern frei damit umgehen (STAHL 1972[2], S. 333). Dabei müssen die Schüler allmählich lernen, einen Lösungsweg zu planen (a.a.O., S. 332):

" - Wir überlegen, was wir ausrechnen müssen (Planen des Rechenweges mit Hilfe von Zwischenfragen).
- Wir überlegen, wie wir rechnen müssen (Planen der Rechenart mit Hilfe der Beziehung zwischen den Angaben)."

Mit dem Aufstellen und Begründenkönnen des Lösungsplanes einer Sachaufgabe ist ein wesentliches Ziel des Mathematikunterrichts der Grundschule erreicht.

7.2.3. Zum Lösen von Sachaufgaben ab Klasse 5

Dieser Abschnitt nimmt Bezug auf Untersuchungen von STEINHÖFEL/REICHOLD/FRENZEL (1975/1).

Beispielaufgabe: "Auf einem Sportplatz wird eine Sprunggrube ausgegraben. Sie soll 6 m lang und 2 m breit sein. Wieviel Kubikmeter Sand werden benötigt, wenn die Grube 30 cm tief ist?" (a.a.O., S. 26).

Eine Orientierung zur unterrichtlichen Behandlung von Sachaufgaben gibt folgendes Schema (a.a.O., S. 21):

- **Orientierung auf das Problem**
  - Motivierung
  - Problemstellung (Aufgabe stellen)
  - Aufgabe aufnehmen (Aufgabe und Frage mit eigenen Worten wiedergeben)
- **Analyse des Problems**
  - Problempräzisierung: gegebene und gesuchte Größen; gegebene Bedingungen (Erfassen der Bedingungen, die im Text gegeben sind; mit Hilfe von Symbolen - Hilfsgrößen); Problembereich (geometrischer Aufgabentyp; ...);
  - Veranschaulichung des Sachverhalts (Skizzen; tabellarisches Erfassen)
  - Besinnen auf Methoden (Vorgehen bei Aufgaben des entsprechenden Problembereichs; z.B. Lösen mit Hilfe von Formeln; Aufstellen von Gleichungen unter Zuhilfenahme der Grundrechenoperationen; Proportionen; Strategien wie Rückwärtsarbeiten; Vorwärtsarbeiten; von Hilfsgrößen ausgehen)
- **Lösung des Problems**
  - Anwenden der ausgewählten Methoden → mathematischer Ansatz (Überlegung des Lösungsablaufs: Formulierung geeigneter Rechenaufgaben, unter Umständen mit Hilfe von Hilfsgrößen; Rechenaufgaben zur Bestimmung der Hilfsgrößen; Reihenfolge der auszuführenden Schritte)
  - Lösung bestimmen (Überschlag; Rechenverfahren wählen; mathematisches Resultat, Sachergebnis)
- **Auswertung der Lösung und des Lösungsweges**
  - Lösungsüberprüfung: Probe am Text; Vergleich mit Überschlag, Vergleich mit Erfahrung
  - Auf welche ähnlichen Fälle kann der Lösungsweg vermutlich übertragen werden?

Ähnlich wie STAHL (1972[2]) empfehlen STEINHÖFEL/REICHOLD/FRENZEL im Anschluß an GALPERIN und LOMPSCHER, mit einer "Handlungsanweisung" als Orientierungsgrundlage zu arbeiten (a.a.O., S. 24):

SCHEMA 21: Handlungsanweisung zum Lösen von Sachaufgaben

I. Erfasse und analysiere die Aufgabe!

1. Du mußt die Aufgabe verstehen
   - Lies die Aufgabe gründlich durch!
   - Gib den Inhalt der Aufgabe mit eigenen Worten wieder!
   - Gib die Frage mit eigenen Worten wieder!

2. Erfasse die gegebenen und gesuchten Größen!
   - Schreibe die gegebenen Größen auf!
   - Schreibe auf, was gesucht wird!

3. Du mußt die Beziehung der Aufgabenstellung erfassen!
   - Lege Bezeichnungen für die gesuchte(n) Größe(n) und für Hilfsgrößen fest!
   - Fertige, wenn möglich, eine Skizze an, die wichtige Beziehungen zwischen gegebenen und gesuchten Größen sowie Hilfsgrößen verdeutlicht!
   - Stelle einander entsprechende Größen (wie Warenmenge - Preis, Weg - Zeit, ...) in einer Tabelle dar!

4. Schätze das Ergebnis!

II. Ermittle den mathematischen Ansatz!

1. Ist zur Berechnung der gesuchten Größe eine Formel anwendbar, dann gehe zu 2.! Sonst gehe zu 3. !

2. Stelle die Formel auf!
   - Überlege dabei, was die Symbole der Formel bedeuten und ob sie mit den Bezeichnungen übereinstimmen, die bei I. festgelegt wurden! Gehe zu 4.!

3. Bestimme (eine) Gleichung(en), durch die die gesuchte(n) Größe(n) ermittelt werden kann (können)!
   - Orientiere dich bei der Auswahl der Rechenoperationen am Text der Aufgabe bzw. an einer aufgestellten Tabelle oder an einer Skizze!
   - Verwende für die Formulierung der Gleichung(en) die Bezeichnungen für gesuchte Größen bzw. Hilfsgrößen! (Führe unter Umständen weitere Hilfsgrößen ein!)

4. Stelle nun einen Ansatz für die Berechnung der Hilfsgrößen auf! Beginne dabei wieder bei II.1.! Gehe dann zu III.!

III. Löse die mathematischen Aufgaben!

1. Überschlage!

2. Rechne unter Umständen die Maßeinheiten um!

3. Berechne die Hilfsgrößen!

4. Berechne die gesuchte(n) Größe(n)!

IV. Werte das (die) Ergebnis(se) aus!

1. Vergleiche den Überschlag (auch das geschätzte Ergebnis) mit dem erhaltenen Resultat!

2. Überprüfe das Ergebnis am Text der Aufgabe!

3. Formuliere den Antwortsatz!

Durch die Unterstreichungen versuchten die Verfasser, eine mögliche Kurzfassung der Handlungsanweisung anzudeuten.

Für den Einsatz im Unterricht empfehlen sie ein etappenweises Vorgehen, wie in Abschnitt 7.2.2 beschrieben.

Im übrigen plädieren sie für einen flexiblen Umgang mit der Handlungsanweisung: Insbesondere braucht sie nicht gleich in vollständiger Form den Schülern übergeben zu werden. Man sollte nicht zu schematisch vorgehen und sich den jeweiligen Bedürfnissen anpassen. Vor allem geben die Verfasser zu bedenken: Auch Handlungsanweisungen wollen motiviert werden; die Schüler müssen einsehen, daß sie sinnvoll sind.

Es besteht zudem die Möglichkeit, daß der Lehrer die Handlungsanweisung als Liste möglicher inhaltlich orientierter strategischer Hilfen für ein Problemlösen in Kleingruppen benutzt.

7.3. Zur problemlösenden Behandlung von mathematischen Sätzen und ihren Beweisen (in der Sekundarstufe I)

Dieser Abschnitt nimmt Bezug auf Arbeiten von STEINHÖFEL/REICHOLD (1971; 1972/10; 1973/3).

Beispielaufgabe: Satz des Thales.
"Wenn γ ein Peripheriewinkel über einem Durchmesser eines Kreises ist, dann ist dieser Winkel ein rechter Winkel!" (vgl. 1973/3, S. 172).

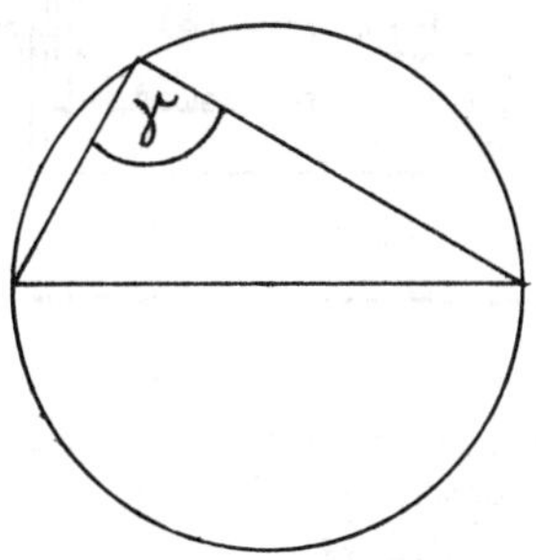

Bei der vorliegenden Problematik geht es um zwei Aneignungsprozesse (vgl. 1971/11, S. 702):

a. Aneignung des zu vermittelnden Satzes,
b. Aneignung seines Beweises.

Die Verfasser befürworten eine häufigere problemlösende Behandlung dieser beiden Aneignungsprozesse, da bei der üblichen expositorischen Behandlung der Lehrer zu schnell den Anwendungen zustrebt und die Eigentätigkeit der Schüler (das Verstehen) zu kurz kommt.

STEINHÖFEL/REICHOLD (1971/11, S. 704) sehen den Gesamtprozeß des problemlösenden Beweisens etwa so:

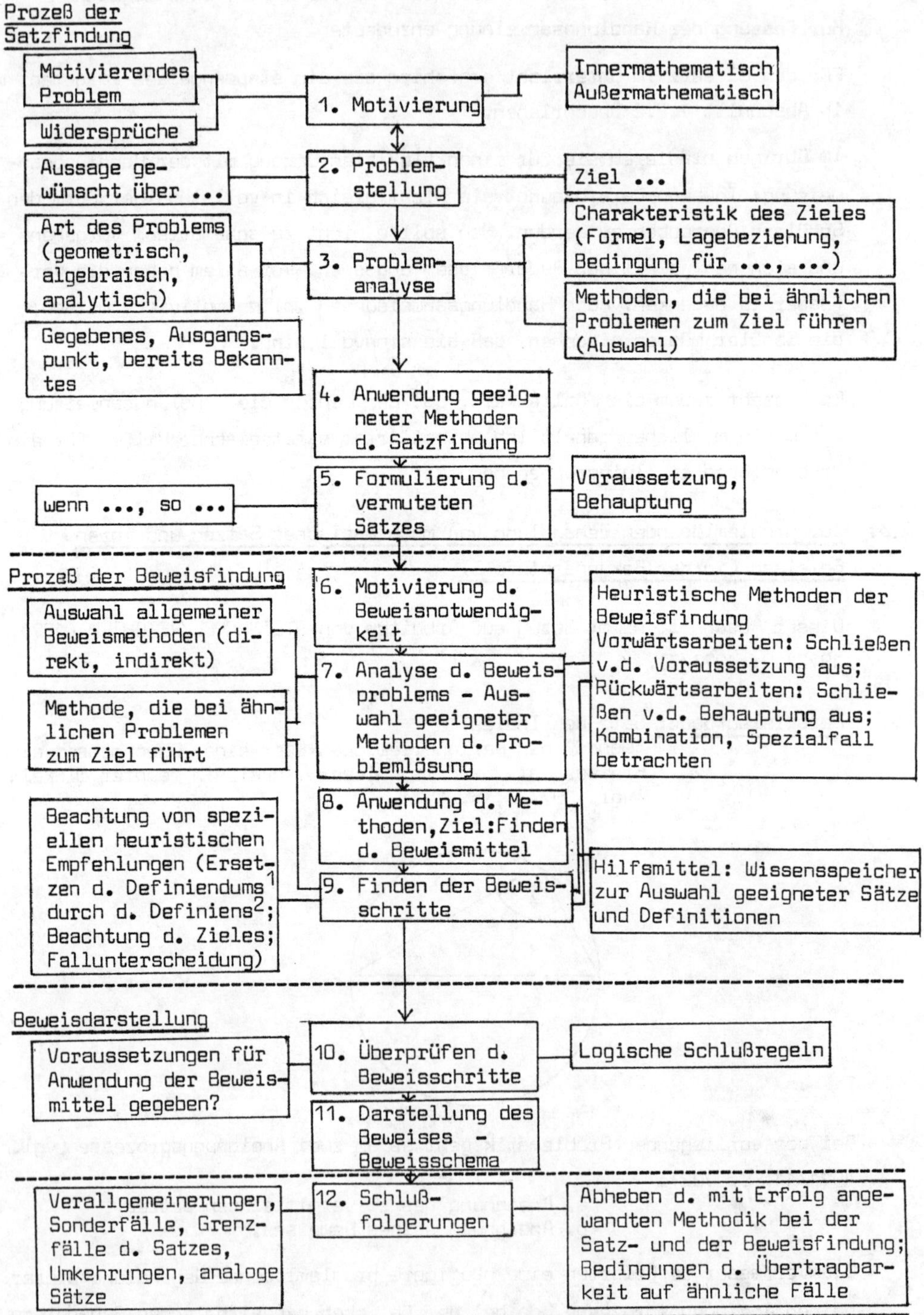

Bemerkung: Hervorzuheben ist das methodische Hilfsmittel "Wissensspeicher", ein Arbeitsblatt mit einer kurzen Zusammenstellung bereits behandelter Sätze und Definitionen.

1 Definiendum (lat.): das zu Definierende (der Begriffsname)
2 Definiens (lat.): das Definierende (die Erklärung des Begriffs)

Die Verfasser möchten diese Prozeßdarstellung nicht als starres Schema verstanden wissen, sondern als eine Anregung, die in Abhängigkeit der gegebenen Bedingungen viele Möglichkeiten der Umsetzung im Unterricht offen läßt.

Die Untersuchungen der Verfasser haben gezeigt, daß eine Orientierung des Unterrichts an diesem Schema zu besseren Unterrichtsergebnissen führt (vgl. 1972/10, S. 223, 226):

> "Durch die Orientierung der Lehrer der Versuchsklassen auf die Prozesse der Satz- und Beweisfindung und damit verbundenen Teilprozesse des Unterrichtsverlaufs (siehe Schema ...) unter Beachtung größerer Selbständigkeit der Schüler bei der Behandlung mathematischer Sätze werden von den Schülern
>
> a. die behandelten Sätze besser angeeignet;
> b. die behandelten Beweise besser angeeignet;
> c. mit besserem Erfolg ihnen noch unbekannte Sätze gefunden und
> d. mit besserem Erfolg deren Beweise gefunden
>
> als in den Vergleichsklassen, in denen die Lehrer in traditioneller Weise unterrichten. Dabei wurde abgesichert, daß Stoffumfang und zur Verfügung stehende Zeit in Versuchs- und Vergleichsklassen gleich waren."

Die systematische etappenweise Behandlung auf der Grundlage einer Handlungsanweisung für die Schüler brachte noch bessere Ergebnisse (vgl. 1973/3, S. 169 - 173).

Es sei hier die Handlungsanweisung für das Beweisen geometrischer Sätze wiedergegeben, zumindest als strategische Anregung für den Lehrer (a.a.O., S. 170 - 171):

SCHEMA 22:
Handlungsanweisung zum Beweisen geometrischer Sätze

1. Schreibe den vermuteten Satz in der Wenn ..., dann ... - Form nieder!
2. Unterstreiche die Voraussetzung grün!
   Unterstreiche die Behauptung rot!
3. Fertige eine Skizze an!
   3.1. Bezeichne alle wichtigen Teile (Punkte, Strecken, Winkel)!
   3.2. Zeichne, wenn möglich, die in der Voraussetzung genannten Stücke grün ein!
   Zeichne, wenn möglich, die in der Behauptung genannten Stücke rot ein!
   3.3. Kennzeichne gleich große Strecken und Winkel durch gleiche Farben oder gleiche Symbole!
4. Schreibe die Voraussetzungen auf!
   Schreibe die Behauptung auf!
   Benutze dabei die in der Skizze benutzten Bezeichnungen!
5. Suche nach Beweismitteln!
   5.1. Schreibe alle Sätze auf, die die gleiche Behauptung haben! Verwende den Wissensspeicher!
   5.2. Schreibe alle Sätze auf, die die gleiche Voraussetzung haben und die sonst noch günstig erscheinen!
6. Beweisidee
   6.1. Kannst du bereits einen der unter 5.1 ausgewählten Sätze auf die Skizze anwenden, dann arbeite gleich bei 7. weiter!
   6.2. Wähle einen geeigneten Satz unter 5.1 aus!
   Kannst du die Voraussetzung dieses Satzes herstellen, so gehe zu 7.! Zeichne, falls notwendig, Hilfslinien ein!
   6.3. Bist du zu keinem Ergebnis gelangt, dann versuche mit neugewählten Hilfslinien weiterzukommen. Kommst du trotzdem zu keinem Ergebnis, dann gehe zu 9.!
7. Ergänze, wenn nötig, die Beweisfigur entsprechend dem ausgewählten Satz (Bezeichnungen)!
8. Beweisüberlegung
   8.1. Kannst du bereits einen lückenlosen Weg zwischen Behauptung und Voraussetzung herstellen, dann arbeite weiter bei 10.!
   8.2. Versuche, neue Zusammenhänge herzustellen, so daß du den Weg zur Voraussetzung weiterführen kannst!
   Beachte dabei die unter 5.2 aufgeschriebenen Sätze und eventuell neu entstandene Teilfiguren!
   8.3. Ergänze die Beweisfigur gegebenenfalls entsprechend dem nun ausgewählten Zusammenhang (Satz)!
   8.4. Hast du den Weg geschlossen, dann gehe zu 10.!
   Im anderen Fall gehe nochmals zu 8.2 oder zu 9.!
9. Du bist zu keinem Ergebnis gelangt
   Wähle einen neuen Satz als Beweismittel aus!
   Beginne noch einmal bei 6.!
10. Beweisdarstellung
   Stelle deine Beweisüberlegungen im Beweisschema dar!
   Überprüfe die gefundenen Beweisschritte!

7.4. Zur problemlösenden Behandlung von Konstruktionsaufgaben (etwa ab Klasse 6)

Diesem Abschnitt liegt ein Aufsatz von STEINHÖFEL/REICHOLD/FRENZEL (1975/2) zugrunde.

Beispielaufgabe (a.a.O., S. 82): "Konstruiere ein Dreieck aus zwei Seiten (z.B. $\overline{AB}$, $\overline{AC}$) und der Höhe (z.B. h_c) auf eine der gegebenen Seiten (vgl. Fig.).

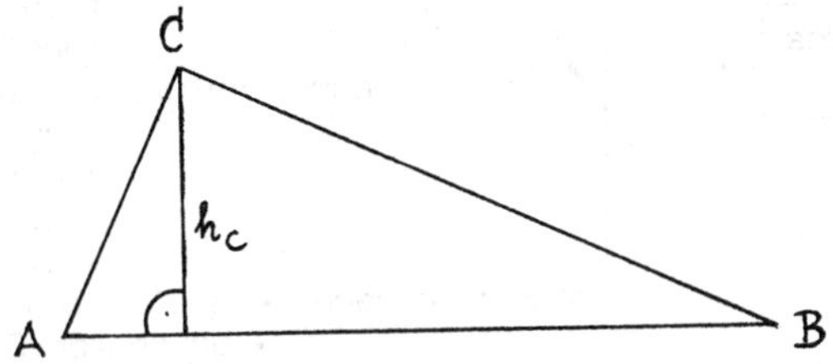

Hauptziele bei der Behandlung von Konstruktionsaufgaben sollten nach Auffassung der Verfasser sein (a.a.O., S. 80):

- Die Schüler müssen befähigt werden, Konstruktionsaufgaben logisch zu analysieren.
- Sie müssen sich Fähigkeiten im Anwenden von mathematischen Sätzen und Definitionen zum Finden, Begründen und Determinieren von Konstruktionen aneignen.
- Sie müssen Konstruktionswege unter Verwendung richtiger Fachtermini beschreiben können.
- Sie müssen Fertigkeiten im rationellen und sauberen Ausführen von Konstruktionen erwerben.

Ähnlich wie bei der Behandlung von Sachaufgaben und dem Beweis von Sätzen geben die Verfasser eine schematische Übersicht über die wichtigsten Teilprozesse, die bei der Behandlung von Konstruktionsaufgaben zu durchlaufen sind (a.a.O.):

Orientierung auf das Problem
- → Motivierung
- → Problemstellung und Zielorientierung
- → Aufgaben aufnehmen (Aufgabe mit eigenen Worten wiedergeben)

Analyse des Problems
- → Problempräzisierung: gegebene und gesuchte Größen; Skizze (Planfigur); Feststellen des Problembereichs (Bewegung, Drehung, ...; Grundkonstruktion; Dreieckskonstruktion; ...) Besinnen auf ähnliche Konstruktionsaufgaben
- → Grundlegendes Prinzip: Zurückführen auf die Konstruktion von Punkten - Für jeden Punkt sind zwei Bedingungen notwendig (etwa: Schnitt von Kreisen und Geraden; ...)
- → Suchen nach:
  - geeigneten Hilfslinien und Hilfsgrößen;
  - bekannten Sätzen und Definitionen; um weitere Bedingungen für die zu konstruierenden Punkte zu erhalten

Lösung des Problems
- → Plan der Konstruktion (evtl. vorweggenommene Konstruktionsbeschreibung)
- → Vorüberlegungen zur Konstruktion (Blatteinteilung)
- → Ausführung des Konstruktionsplanes (möglichst nach der Konstruktionsbeschreibung)

Auswertung des Ergebnisses und des Lösungsweges
- → Determination: Richtigkeit und Eindeutigkeit des Ergebnisses; besondere Fälle
- → Auf welche ähnlichen Fälle kann der Lösungsweg vermutlich übertragen werden?

Auch für das Lösen von Konstruktionsaufgaben können sinnvolle Handlungsanweisungen eingesetzt werden, die auch für den Problemlösungsunterricht in Kleingruppen im Sinne des Abschnitts 5 (oder auch für Regellernen im Sinne von Schriba 8) zumindest sinnvolle Orientierungen für Lehrerhilfen sind.

Die Verfasser haben Handlungsanweisungen für Dreieckskonstruktionen, Viereckskonstruktionen und Grundkonstruktionen entwickelt.

Hier sei nur die Handlungsanweisung für Dreieckskonstruktionen wiedergegeben (a.a.O., S. 81 - 82):

SCHEMA 23:
Handlungsanweisung für Dreieckskonstruktionen

1. Mach dir die Aufgabenstellung klar!
   1.1. Lies die Aufgabe genau durch und gib das Wesentliche mit eigenen Worten wieder!
   1.2. Zeichne eine Planfigur (Skizze)!
   1.3. Kennzeichne die gegebenen und gesuchten Stücke verschiedenfarbig!
2. Suche nach der Konstruktionsmöglichkeit
   2.1. Überlege, ob du das gesuchte Dreieck unmittelbar (Anwendung von sss, sws, wsw, ssw[1]) oder mit Hilfe von Teildreiecken konstruieren kannst!
   2.2. Überlege, mit welcher der gegebenen Seiten zweckmäßigerweise zu beginnen ist (unter Umständen zunächst nur bez. eines Teildreiecks)!
   2.3. Überlege, wie du den dritten Punkt des (Teil-)Dreiecks erhalten kannst, indem du (unter Benutzung der noch gegebenen Stücke) die Schnittpunkte zweier Punktmengen suchst! Das können sein:
      - freie Schenkel von Winkeln
      - Kreise (gegebene Seiten)
      - Parallelen (gegebene Höhe)
   2.4. Überlege, wie du nach Konstruktion eines Teildreiecks den dritten Punkt des gesuchten Dreiecks erhältst (benutze dazu wieder 2.3!)
   2.5. Beschreibe den Konstruktionsweg!
3. Führe die Konstruktion durch!
4. Überlege, ob die Konstruktion eindeutig ist!

   (Lassen sich aus den gegebenen Stücken noch andere, diesem Dreieck nicht kongruente Dreiecke konstruieren?)

---

1 Ein Dreieck ist (hinsichtlich Kongruenz) bestimmt durch drei Seiten ("sss"); zwei Seiten und deren eingeschlossenem Winkel ("sws"); usw.

8. Förderung problemlösenden Lernens

Anliegen der Unterrichtsversuche dieses Kurses ist es u.a., problemlösendes Lernen zu fördern. Dies kann im Rahmen eines Praktikums natürlich nur sehr punktuell geschehen.

Es scheint wünschenswert, in diesem Abschnitt einige generelle Möglichkeiten zur Förderung problemlösenden Lernens noch einmal kurz zusammenzutragen und durch weitere Hinweise zu ergänzen.

Zunächst sind einige alters- und entwicklungsbedingte Faktoren zu diskutieren, die einerseits besondere Förderungsnotwendigkeiten und -möglichkeiten, andererseits auch bestimmte Förderungsgrenzen deutlich machen.

8.1. Altersbedingte Tendenzen beim Problemlösen

Es ist an dieser Stelle zu erinnern an die Theorien der Denkentwicklung (Schriba 3), in denen die altersbedingten Tendenzen für Denken überhaupt dargestellt und insbesondere in Schriba 7, Abschnitt 4, in ihrer Bedeutung für das Begriffslernen angesprochen wurden.

Entsprechendes gilt für das Problemlösen:

In der konkret-operationalen Phase der Grundschule sind die Schüler in ihrem Denken noch sehr abhängig von konkret-empirischen Stützen. Entsprechend sind die Denkergebnisse noch weitgehend "intuitiv" und "halbabstrakt" (AUSUBEL 1974, S. 606). Das Arbeiten mit abgeleiteten Begriffen ist noch sehr begrenzt und damit zugleich das Denkniveau.

Erst in der Phase formal-logischer Operationen, wenn Beziehungen zwischen abgeleiteten Begriffen und ohne dauernde Bezugnahme auf besondere Fälle hergestellt werden können, wird der Denkprozeß wirklich "abstrakt".

Erst die Schüler dieser Entwicklungsphase sind in der Lage, komplexere Probleme unter Herstellung hypothetischer Beziehungen zu lösen.

"Eigentliche" Beweise gehören daher beispielsweise noch nicht in die Grundschule.

Bezeichnend ist auch, daß jüngere Kinder weniger von Fingerzeigen profitieren und aus Fehlern lernen als ältere, weil sie noch weniger fähig sind, über einen bestimmten Kontext hinaus zu verallgemeinern und zu übertragen

(AUSUBEL 1974, S. 607 - 608). (Auch) hieraus ergibt sich, daß die Hilfen des Lehrers beim Problemlösen in der Grundschule von vornherein etwas stärker anzusetzen sind als in späteren Jahren.

Charakteristisch ist weiterhin, daß mit zunehmendem Alter die Tendenz, beim Problemlösen nach Versuch und Irrtum vorzugehen, abnimmt. Ältere Schüler "überlegen" mehr und gehen systematischer vor.

Sie sind auch eher in der Lage, den Blick "schweifen" zu lassen und haben eine größere Frustrationstoleranz (AUSUBEL 1974, S. 608).

Eine Folgerung hieraus für Unterrichtsversuche:

Man sollte in der Grundschule kleinere Probleme stellen, die den Schülern relativ rasch Erfolgserlebnisse vermitteln. Man sollte weiterhin beachten, daß es jüngeren Schülern schwer fällt, mehrere Schritte vorauszudenken. U.a. deshalb bieten sich z.B. schwierigere Konstruktionsaufgaben erst für Schüler der Sekundarstufe an.

8.2. Entwicklung von Problemlösefähigkeit

Die Problemlösefähigkeit muß offensichtlich durch langzeitige Erfahrung mit dem Lösen von Problemen erworben werden. Schon deshalb sollte ein Teil dieser Erfahrung selbst entdeckend gemacht werden (AUSUBEL 1974, S. 611).

AUSUBEL, sonst Verfechter eines vorwiegend rezeptiven Lernens (vgl. Schriba 5), sieht die legitimen Ansprüche der Entdeckungsmethode (1974, S. 524) folgendermaßen:

"In den ersten einfachen Lernstadien jedes abstrakten Stoffes, besonders vor der Adoleszens[1], ist die Entdeckungsmethode extrem hilfreich. Sie ist außerdem unentbehrlich für die Überprüfung der Bedeutungshaltigkeit des Wissens und für das Lehren wissenschaftlicher Methoden und effektiver Problemlösungsfertigkeiten."

Nun lernen die Schüler Problemlösungsfertigkeiten offenbar nicht nur durch "Zusehen" und offenbar auch nicht einfach dadurch, daß man sie mit den Problemen alleine läßt, sondern dadurch, daß man ihnen zunächst eine geeignete Anleitung gibt, die sie dann mehr oder weniger selbständig erproben.

Die Dialektik[2] zwischen Anleitung und Selbständigkeit arbeitet LOMPSCHER an mehreren Stellen deutlich heraus (vgl. z.B. 1972, S. 96, 123).

1 Adoleszens (lat.): Heranwachsendenalter (ab ca. 17 J.)
2 Dialektik (gr.-lat.): Aufweis und Überwindung von Widersprüchen

Einen wesentlichen Stellenwert haben dabei für LOMPSCHER die Handlungsanweisungen im Anschluß an GALPERIN (vgl. auch die mehrfach zitierten DDR-Autoren GULLASCH, PIPPIG, STAHL, STEINHÖFEL, REICHOLD, FRENZEL).

Wegen der grundsätzlichen Bedeutung seiner Gedanken sei LOMPSCHER hier ausführlicher zitiert:

> "Die Vermittlung von Handlungsanweisungen ist keinesfalls mit der Entwicklung des Schöpferischen unvereinbar, sondern seine notwendige Grundlage und Voraussetzung. Ohne Beherrschung von Verfahren und Lerntechniken ist weder die rationelle Aneignung von Wissen und Können (als Voraussetzung schöpferischer Leistungen) noch die vielfältige Anwendung dieses Wissens und Könnens möglich. Natürlich reduziert sich schöpferisches Denken nicht auf die Beherrschung von Verfahren der geistigen Tätigkeit. Nicht für jede Teilklasse von Aufgaben dürfen detaillierte Handlungsanweisungen gegeben werden, weil sonst relativ leicht - gerade bei jüngeren Kindern - die Tendenz entsteht, nur dann Bereitschaft zur geistigen Tätigkeit zu entwickeln, wenn es sich um Aufgaben handelt, für die Lösungsverfahren bekannt sind. Deshalb ist es notwendig (und wir haben uns darum bemüht), vor allem "Schlüsselstellungen", für die besonders wichtigen, grundlegenden und häufigen Aufgabenklassen allgemeiner und fachspezifischer Art Verfahren zu entwickeln.
>
> Die Gefahr des schablonenhaften, schematischen Anwendens der Verfahren kann wesentlich eingeschränkt werden, wenn die Kinder dort, wo es möglich ist, angeregt werden, selbst Regeln zu entwickeln und zu formulieren, aus der eigenen Erfahrung abzuleiten und zu begründen sowie eigene und fremde geistige Leistungen, speziell auch Fehler, unter dem Aspekt der Regeln zu analysieren. Zweifellos ist es auch sinnvoll, Aufgaben zu stellen, für die die Kinder keine Verfahren kennen - natürlich innerhalb des von ihnen erreichten Entwicklungsniveaus ..."

Gerade durch die letzten Passagen könnten einige Vorurteile und Vorbehalte westlicher Didaktiker gegenüber östlichen "Handlungsanweisungen" beseitigt werden. Trotz mehrfach nachgewiesener Erfolge ist ein solches Vorgehen bei bundesrepublikanischen Didaktikern bisher kaum in der Diskussion!

STEINHÖFEL/REICHOLD/FRENZEL (1975, S. 86) weisen unlängst wieder darauf hin, daß Handlungsanweisungen durchaus nicht das einzige Mittel zur besseren Steuerung des Lernens sind und ihre Gestaltung wie ihr Einsatz an bestimmte Voraussetzungen gebunden sind.

Eine gangbare Strategie für die Verwendung von Handlungsanweisungen ist m.E. bei LOMPSCHER u.a. durchaus angedeutet:

- allmählicher Aufbau einer Orientierungsgrundlage, gemeinsam mit den Schülern (bei durchaus stärkerer Führung durch den Lehrer);
- bewußter Einsatz einer (spezielleren) Orientierungsgrundlage bei Aufgaben einer größeren Aufgabenklasse;

- Diskussion von Lösungen anhand der Orientierungsgrundlage;
- möglichst baldiges Beiseitelegen der Orientierungsgrundlage;
- Mischung von Aufgaben mit unterschiedlicher Orientierungsgrundlage (vgl. z.B. Abschnitt 7);
- Aufgaben mit allgemeiner Orientierungsgrundlage (vgl. z.B. POLYAs Regeln in Abschnitt 3.2);
- gelegentliches "Überlernen" von Aufgaben anhand einer Orientierungsgrundlage;
- Aufgaben ohne jede (schriftliche) Orientierungsgrundlage.

Solch ein Vorgehen wäre m.E. eine längerfristige Untersuchung wert.

Im Rahmen kurzfristiger, in der Anzahl sehr begrenzter Unterrichtsversuche kann man leider nur relativ geringen direkten Gebrauch von diesen Anregungen machen:

Der Praktikant (Lehrer) könnte aber innerhalb von Unterrichtsversuchen z.B. eine Stunde halten, in der er anhand einer "typischen" Aufgabe eine (eventuell relativ allgemeine) Orientierungsgrundlage erarbeitet im Sinne eines "heuristischen Regellernens" und eine folgende Stunde, in der die Schüler bei einer neuen Aufgabe möglichst selbständig von dieser Orientierungsgrundlage Gebrauch machen. Das Vorgehen in der zweiten Stunde könnte sich dann sinnvoll mit dem "Prinzip der minimalen Hilfe" und auch mit Kleingruppenarbeit verbinden.

Ein weiterer wichtiger Hinweis von LOMPSCHER zur Entwicklung der Problemlösungsfähigkeit betrifft die Analyse von Fehlern, die auf das Nichtbeachten wichtiger heuristischer Regeln zurückzuführen sind - nicht zuletzt unter dem Gesichtspunkt, den Schülern zu verdeutlichen, wie wichtig es ist, solche Regeln zu beachten (vgl. LOMPSCHER 1972, S. 124).

Von allgemeiner Bedeutung scheint auch das Kommentieren und Begründen sowohl falscher wie richtiger Lösungsschritte zu sein. (Worin besteht der Fehler, wodurch kam er zustande? Warum hältst du das für richtig? ...; vgl. LOMPSCHER 1972, S. 131)

Von verschiedenen Seiten (z.B. POLYA, BRUNER) wird immer wieder betont (vgl. auch Abschnitt 6.5), wie wichtig es zur Entwicklung der Problemlösungsfähigkeit ist, den eigenen Lösungsweg reflektieren zu lernen. (Wie waren wir vorgegangen? Worauf kam es an? Was haben wir zu beachten?) Man sollte dies bei Unterrichtsversuchen besonders im Auge behalten.

Von ähnlich grundsätzlicher Bedeutung für die Entwicklung der Problemlösefähigkeit scheint die Anleitung zu sein, Wissen auszunutzen und die Ähnlichkeit zwischen verschiedenen Situationen zu reflektieren (vgl. MONTADA 1970, S. 187):
(Wo hatten wir schon einmal etwas Ähnliches? - Was könnten wir denn da gebrauchen?)

Hervorgehoben zu werden verdienen schließlich auch einige Maßnahmen zur Entwicklung der Abstraktionsfähigkeit (vgl. PIPPIG 1971, S. 183) als einer wichtigen Teilqualifikation der Problemlösefähigkeit:

- die Gewöhnung, bei einer Aufgabe die Frage genau zu analysieren;
- die ständige Forderung und die Übungen, gegebene Bedingungen genau zu beachten, den Sachverhalt und besonders die verwendeten Formulierungen bewußt zu analysieren;
- die Übungen am gleichen Gegenstand auf den verschiedenen Ebenen der Erkenntnistätigkeit;
- die Gewöhnung, eine Aufgabe selbständig ohne vorherige Erläuterung durch den Lehrer in Angriff zu nehmen.

(Letzteres ist nicht in Widerspruch, sondern als Alternative zu Abschnitt 6.3 zu sehen!)

Besondere Bedeutung mißt PIPPIG (a.a.O., S. 187) den Maßnahmen zur Entwicklung der Fähigkeit bei, Gedankengänge umzukehren (ein gegenüber PIAGET-AEBLI verallgemeinertes "Reversibilitätsprinzip"; vgl. Schriba 3):

- den Typ von Aufgaben bestimmen oder Aufgaben nach vorgegebenem Typ bilden;
- aus den Sachaufgaben die formale herausschälen und zu formalen Aufgaben Sachaufgaben zu finden;
- Rechenproben durchführen, die häufig die Umkehroperation verlangen.

Wenn man die bis dahin vorgeschlagenen Maßnahmen zur Entwicklung der Problemlösefähigkeit insgesamt überblickt, so sieht man, daß sie im wesentlichen darauf hinauslaufen, durch geeignete Unterrichtsmaßnahmen hilfreiche Denkstrategien zu motivieren, zu propagieren und bewußt zu machen.

Dies ist in der banalen Grunderkenntnis zusammenzufassen, daß Problemlösefähigkeiten besser zu entwickeln sind, "wenn wir dafür besondere unterrichtliche Maßnahmen einleiten und diese Entwicklung nicht der Spontaneität überlassen" (PIPPIG 1971, S. 208).

8.3. Förderung kreativen Verhaltens

Vorweg: "Kreativität ist einer der vagesten, doppeldeutigsten und verwirrensten Begriffe der heutigen Psychologie und Pädagogik" (AUSUBEL 1974, S. 616).

Es soll hier eine große Begriffserörterung vermieden und unter "Kreativität" ganz schlicht die Fähigkeit und Bereitschaft einer Person verstanden werden, etwas (für sie) Neues zu schaffen (vgl. verschiedene Definitionsversuche bei SCHIFFLER 1973, S. 10 - 11).

Es wird hier also bewußt über die im letzten Abschnitt diskutierte kognitive Seite mathematischen Problemlösens hinausgegangen zu einem allgemein menschlichen Verhalten mit einer kognitiven und einer affektiven Dimension.

"Förderung kreativen Verhaltens" kann verstanden werden als der gezielte Versuch, bestimmte Fähigkeiten und Bereitschaften des Menschen zu fördern, mit (seinen) Problemen besser fertig zu werden.

Insofern ist die mathematische Problemlösefähigkeit ein Teil kreativen Verhaltens. Umgekehrt kann man erwarten, daß eine allgemeine Förderung kreativen Verhaltens auf mathematische Problemlösefähigkeit zurückwirkt, indem sie zumindest bessere affektive Bedingungen für dieses Problemlösen schafft.

Auf einige affektive Grundbedingungen für kreatives Verhalten (wie z.B. Vermeidung von Druck und Drängen jeglicher Art) wurde bereits in Abschnitt 2 hingewiesen.

Daß man Kreativität in bestimmtem Umfange lernen kann, wird kaum noch bestritten. Gestützt auf einschlägige Forschungen gibt HALLMAN (1970, S. 177 - 180) einige praktikable Anregungen für "kreative Lehrer". Diese Ratschläge weisen zum Teil weit über den Rahmen eines Praktikums und das Fach Mathematik hinaus, ergänzen aber sehr gut die früheren Ausführungen:

"1. Der kreative Lehrer sorgt auf seiten der Schüler für selbstinitiierendes Lernen ...

Die Eigenaktivität ermutigt Schüler, sich zu exponieren, sich aufs Experimentieren einzulassen, Hypothesen zu bilden.

2. Der kreative Lehrer richtet nicht-autoritäre Lernumgebungen ein. Freiheitliche Bedingungen erleichtern das schöpferische Tun ...

3. Der kreative Lehrer ermutigt die Schüler zu überlernen (overlearn), sich mit Informationen, Eindrücken und Bedeutungen zu sättigen ... Überlernen wirkt dadurch kreativ, daß es dem Schüler gestattet, sich von Materialien zu lösen, so daß sie plastisch und Gegenstand eines neuen Aufbaus werden können.

4. Der kreative Lehrer fördert kreative Denkprozesse. Er regt die Schüler dazu an, neue Verknüpfungen zwischen Daten zu suchen, zu assoziieren, zu phantasieren ...

5. Der kreative Lehrer schiebt das Urteil auf. Er blockiert die forschenden Bemühungen nicht dadurch, daß er die Ergebnisse ankündigt oder die Lösungen liefert ...

Der kreative Lehrer verringert die Bedeutung von Fehlern. Er macht klar, daß Fehler erwartet wie auch notwendig sind.

6. Der kreative Lehrer fördert die intellektuelle Flexibilität bei Schülern. Er ermutigt die Schüler, ihre Beobachtungsposition zu verändern ... und zu vermeiden, sich auf eine einzige Linie festzulegen, wenn sie eine Aufgabe anpacken.

7. Der kreative Lehrer ermutigt die Selbstbewertung von individuellem Fortschritt und Leistung ...

Möchte man lernen, schöpferisch eigenständig und selbstverantwortlich zu werden, ist ständige Übung in der Selbstbewertung erforderlich ...

8. Der kreative Lehrer hilft dem Schüler, ein feinfühliger Mensch zu werden - sensitiver gegenüber ... sozialen und personalen ebenso wie schulischen Problemen ...

9. Der kreative Lehrer weiß, wie er die Frage benutzen kann. Jeder kreative Akt beginnt mit Fragen, aber die Fragen müssen operational und offen und für Schüler sinnvoll sein, keine vorbestimmten Antworten haben und besonders nicht durch das Aufsagen von Tatsachen beantwortet werden können.

10. Der kreative Lehrer verschafft den Schülern Gelegenheit, mit Materialien, Ideen, Begriffen, Werkzeugen und Strukturen umzugehen ...

Das aktive Umgehen mit Dingen fördert das Schöpferische, denn es hilft dem Schüler, die vor sich gehenden Prozesse zu verstehen ...

11. Der kreative Lehrer unterstützt den Schüler bei der Überwindung von Frustrationen und Fehlschlägen ...

12. Schließlich drängt der kreative Lehrer die Schüler dazu, die Probleme als ganze zu betrachten, eher Gesamtstrukturen als je einzelne additive Elemente zu betonen.

Die Konstruktion als integratives Ganzes liefert richtungsgebende Hinweise für den aktuellen kreativen Prozeß ..."

(Die Pünktchen ... bezeichnen jeweils Auslassungen.)

Anregungen ähnlicher Art, aber wieder etwas stärker auf den Mathematikunterricht zurückbezogen, faßt WITTMANN (1974, S . 83/84) unter der Überschrift "Bedingungen für die Förderung kognitiver Strategien" zusammen:

1. Erwerb von Wissen durch entdeckendes Lernen.
2. Die Schüler zum divergenten Denken ermutigen.
3. Automatisierte Gedankenabläufe stören und scheinbare Paradoxien.
4. Offene und herausfordernde Probleme stellen.
5. Schüler selbst Probleme stellen und weiterführen lassen.
6. Überblickbarkeit der Probleme für die Schüler.
7. Intuitives Argumentieren und Vermuten anregen.
8. Heuristische Strategien lehren.
9. Ein konstruktives Verhältnis zu Fehlern aufbauen.
10. Diskussion, Reflexion und Argumentation anregen.

9. Zum Kleingruppenunterricht (Anhang)

Es wurde in früheren Abschnitten (vgl. insbesondere die Abschnitte 5 und 6) das Problemlösen in Kleingruppen propagiert. In diesem Anhang sollen eine Begründung für einen solchen Kleingruppenunterricht nachgeliefert und einige praktische Hinweise dazu gegeben werden.

9.1. Begründung des Kleingruppenunterrichts

Hier soll die in Abschnitt 5.1 gestellte Frage (Warum Problemlösen in Kleingruppen?) genauer beantwortet und in einen größeren Zusammenhang (Warum überhaupt Kleingruppenunterricht?) gestellt werden.

Es ist plausibel, daß eine Gruppe im Sinne der "Addition der Kräfte" durch Zusammenwerfen ihrer Ideen eher ein Problem löst als der Einzelne - zumindest in dem Sinne, daß sich die Möglichkeit verbessert, daß wenigstens einer der Gruppe die richtige Lösung findet.

Die Gruppenleistung ist der individuellen Leistung überlegen, weil bzw. wenn bei einem Mindestmaß von Koordination der Gruppenmitglieder die Lösung durch Erzeugung von Alternativhypothesen (divergentes Denken) erleichtert wird (AUSUBEL 1974, S. 466).

"Aber Gruppenleistung ist individueller Leistung nicht schon deswegen überlegen, weil sie Gruppenleistung ist - und zwar überlegen weder im Sinne des reinen Arbeitsertrages (outputs) noch im Sinne des sozialen Lernens ..." (SCHREINER 1973, S. 416). Die Überlegenheit der Gruppe ist nur gesichert, wenn:

"1. die Gruppenteilnehmer hinsichtlich ihrer Leistungen in ständiger Kommunikation stehen;
2. die Gruppe richtige Teillösungen akzeptiert, also nicht in Vorurteilen über die Leistungsfähigkeit und Informiertheit eines ihrer Mitglieder befangen ist;
3. die Mitglieder unabhängig voneinander arbeiten, d.h. daß die Mitglieder nicht einfach nachmachen, was andere vormachen" (a.a.O., S.416)

Die genannten Voraussetzungen sind in einer Gruppe nicht von Natur aus gegeben, sondern echte soziale Lernziele. Es wurde bereits früher darauf eingegangen, welche Möglichkeiten der Mathematikunterricht bietet, eventuell gerade hier einen Beitrag zu leisten (vgl. Schriba 2, Abschnitt 2.4.3).

Diese Möglichkeiten können jedoch nur genutzt werden, wenn Kleingruppenunterricht (im Mathematikunterricht) wirklich praktiziert wird: Obwohl Kleingruppenunterricht - nicht zuletzt wegen seiner "sozialen Werte" immer wieder gefordert wird, findet man ihn immer noch selten in der Unterrichtswirklichkeit (vgl. etwa KÖSEL 1973, S. 18 und eigene Erfahrungen). Es erscheint deshalb sinnvoll, wenn angehende Lehrer solch einen Unterricht in besonders geeigneten Situationen (und dazu zählt das mathematische Problemlösen) gezielt und bewußt "durchspielen".

(Wegen der besonderen Anforderungen dieses Unterrichts -vgl. nächsten Abschnitt - geht der praktizierende Lehrer der Kleingruppenarbeit sonst u.U. gern aus dem Wege!)

Vor der Erörterung, was der Lehrer bei der Kleingruppenarbeit zu beachten hat, seien "Vorteile" dieses Unterrichts benannt, die seine Verfechter gegenüber dem sonst meist üblichen Frontalunterricht hervorheben (vgl. FITTKAU 1973, S. 428):

a. Förderung der Kooperationsfähigkeit.
b. Förderung der Fähigkeit zu verbalisieren.
c. Lehrer braucht weniger korrigierend einzugreifen; Schüler lernen Selbstregulierung.
d. Wegfall der typischen Plenums-Frustrationen (nur die "Besseren" und Lebhafteren kommen zu Wort; viele trauen sich in einer großen Gruppe nichts zu sagen).
e. Schüler erleben, daß man auch ohne Lehrer sinnvoll arbeiten kann; daraus ergibt sich mehr Selbständigkeit und Selbstbewußtsein, Abbau von Autoritätsfixierung und Abhängigkeitswünschen.
f. Lehrer kann sich um einzelne Schüler kümmern.
g. Ausgleich von Leistungsunterschieden zwischen den Schülern.

Es ist m.E. keine Frage, daß ein häufigerer Kleingruppenunterricht (zumal bei größeren Klassen) mit solchen Begründungen legitimiert werden kann. Es sei hinzugefügt, daß selbst bei den episodischen Unterrichtsversuchen innerhalb dieses Projekts in höheren Hauptschulklassen durch Kleingruppenunterricht ungeahnte Aktivitäten erweckt wurden.

9.2. Praktische Hinweise zum Kleingruppenunterricht

9.2.1. Zur optimalen Gruppengröße

Eine Arbeitsgruppe sollte so klein sein, daß jeder gut mit jedem kommunizieren kann, aber so groß, daß genügend viele Anregungen zusammenkommen.

Aus diesem Grunde empfiehlt sich, 4 - 6 Schüler in einer Gruppe zusammenzufassen (vgl. SJØLUND 1973, S. 17/25). Für den Mathematikunterricht scheint nach Erfahrungen innerhalb dieses Projekts eher die untere Grenze günstig.

9.2.2. Zur Gruppenbildung

Es gibt grundsätzlich vielfältige Möglichkeiten zur Gruppenbildung (vgl. ŠVAJČER 1973, S. 42 - 46): z.B. durch freie Wahl der Schüler (nach Sympathie oder Interesse), nach Zufall, nach Soziogramm (vgl. Schriba 1, Abschnitt 2.1), nach Leistung (homogen oder inhomogen).

Nach dem "Prinzip der Passung" (vgl. Schriba 4, Abschnitt 2.4.2) empfiehlt sich für das Problemlösen eine Einteilung in homogene Gruppen von jeweils etwa gleicher Leistungsfähigkeit, womöglich unter Zuweisung von Aufgaben unterschiedlicher Schwierigkeit. Dieses "Ideal" wird jedoch praktisch aus mehreren Gründen durchkreuzt:

- Oft sind die Gruppen innerhalb der Klasse durch Sitzordnung nach anderen Gesichtspunkten weitgehend festgelegt.
- Man kann die Wünsche der Schüler nicht ganz unberücksichtigt lassen; die Gruppenmitglieder müssen ihre Zusammenstellungsgrundlage akzeptieren (SJØLUND 1973, S. 31).
- Der Schwierigkeitsgrad der Aufgabe (vgl. die Variablen in Abschnitt 7.1) läßt sich oft nicht so genau dosieren, daß eine Differenzierung sinnvoll erscheint.
- Verschiedenartige Aufgaben stehen oft zweckmäßigen gemeinsamen Besprechungen mit der Klasse entgegen.

Es empfiehlt sich aus den genannten Gründen für das Problemlösen in Kleingruppen sehr oft, eine etwas komplexere Aufgabe mit einer gewissen "Bandbreite" der Teilschwierigkeiten auszuwählen, die allen Schülern angemessene Aktivitäten ermöglichen. Im übrigen kann man durch die Art der Hilfen differenzieren (vgl. Taxonomie in Abschnitt 4).

Ausgesprochene Arbeitsteilung zwischen den Gruppen oder innerhalb der Gruppen empfiehlt sich im problemlösenden Mathematikunterricht meist weniger.

9.2.3. Zur Vermeidung von Nachteilen der Gruppenarbeit

Der Lehrer sollte regulierend eingreifen, wenn sich die Neigung einer Gruppe zu angenehmer "Konversation" hin verlagert, indem er auf das Ziel (die Lösung der Aufgabe) aufmerksam macht und die Aufgabe gegebenenfalls neu motiviert.

Er hat auch darüber zu wachen, daß sich nicht einige Schüler "abseilen" und sich auf die anderen der Gruppe verlassen, sondern einen eigenen Beitrag leisten.

Die Gefahr beschreibt AUSUBEL (1974, S. 766) sehr deutlich: "Obwohl Gruppenunterstützung zweifellos Angst reduziert und Vertrauen in Problemlösungssituationen erhöht, reduziert sie auch im selben Maße individuelle Verantwortung und Initiative."

9.2.4. Zur Förderung von Vorteilen der Gruppenarbeit

Umgekehrt sollte der Lehrer versuchen, die Vorteile der Gruppenarbeit zum Tragen zu bringen:

- Er sollte zu Kommunikation und Kooperation der Gruppenmitglieder untereinander anregen (im Widerspruch zu anderen Klassensituationen, insbesondere der "Klassenarbeit").
- Er sollte den Glauben der Gruppe an ihre Leistungsfähigkeit und damit das "Gruppenbewußtsein" stärken.
- Er sollte selbst möglichst unauffällig agieren, um die "Dezentralisierung" zu fördern.

(Es hat sich bei Unterrichtsversuchen innerhalb dieses Projekts z.B. als zweckmäßig erwiesen, wenn sich der Lehrer bei seinen "Rundgängen" - wenn auch kurzzeitig - mit der jeweiligen Gruppe integriert, indem er sich zu ihr an den Tisch setzt.)

9.2.5. Zur Sitzordnung

Es erscheint selbstverständlich, daß der Lehrer die Sitzordnung so organisiert, daß jede Gruppe gesondert an einem Tisch sitzt, sich gegenseitig nicht stört und nach Möglichkeit (für Besprechungen und Diskussionen mit der ganzen Klasse) einen freien Blick zur Tafel bzw. zum Lehrer hat.

9.2.6. Vorformen der Gruppenarbeit

Oft ist es so, daß man Klassen vorfindet, die relativ wenig an Gruppenarbeit gewöhnt sind.

Eine gute Vorbereitung für Gruppenarbeit ist die "Partnerarbeit", bei der jeweils zwei Schüler für kurze Zeit zu einer Arbeitsgemeinschaft verbunden sind (vgl. hierzu KÖSEL 1973, S. 10 - 14).

Partnerarbeit ist vielseitig einsetzbar, z.B. in der Motivationsphase (Arbeitsauftrag!), bei Übungen (Helfersystem!), für Hausaufgaben (Gemeinschaftsarbeit!).

Hier können schon recht gut die sozialen Zielsetzungen verfolgt werden, die auch für den Gruppenunterricht maßgebend sind.

9.2.7. Funktion des Lehrers im Zusammenhang mit der problemlösenden Gruppenarbeit

Die Hinweise zur Gruppenarbeit seien kurz in den Funktionen des Lehrers zusammengefaßt, die er dabei zu erfüllen hat:

- Eine Vorsorgefunktion, indem er notwendige Voraussetzungen der Gruppenarbeit sichert;
- eine organisierende Funktion, indem er die Gruppe zusammenstellt und für eine geeignete Sitzordnung sorgt;
- eine initiierende Funktion, indem er eine geeignete Aufgabe stellt;
- eine regulierende Funktion während der Gruppenarbeit, indem er für das "Funktionieren" der Gruppen sorgt.

(Vgl. hierzu MEYER 1973, S. 72 - 73 in etwas anderer Ausrichtung.)

Erinnert man sich noch an die Funktionen des Lehrers für das problemlösende Lernen, so hat man ein einigermaßen umfassendes Bild von den Aufgaben des Lehrers im Zusammenhang mit dem Problemlösungsunterricht in Kleingruppen: der Lehrer hat dabei

- eine stimulierende Funktion zur generellen Förderung des Problemlöseverhaltens (vgl. Abschnitt 8),
- eine motivierende Funktion,
- eine heuristische Funktion,
- eine informierende Funktion

während des Problemlösungsprozesses (vgl. Lernhilfen beim Problemlösen in Abschnitt 4).

Damit ist ein nicht geringer Anspruch gesetzt, dem man in einem Praktikum nur teilweise gerecht werden kann und der deshalb eine bleibende Aufgabe für die Unterrichtspraxis darstellt.

Der für praktische Zwecke wesentliche Inhalt des Schribas 9 sei abschließend (wieder mit geeigneten Rückverweisen) knapp zusammengefaßt:

SCHEMA 24:
Eine Übersicht über günstige Bedingungen für Problemlösen im Mathematikunterricht

1. Grundbedingungen problemlösenden Lernens:
   - Erwerb vorgeordneter Begriffe und Regeln } Problemlösefähigkeit
   - Erwerb einiger heuristischer Regeln } Problemlösefähigkeit
   - Problemlösebereitschaft der Schüler
   - Fernhalten störender Einflüsse und entspannte Atmosphäre (insbesondere Vermeiden von zeitlichem Druck und Drängen)

2. Strategische Lernhilfen beim Problemlösen
   a. Grundprinzipien:
      - Versuche Deine Einfälle zu begründen
      - Halte Dich an das Gegebene, aber klebe nicht daran
      - Stecke nicht gleich auf!

   b. Katalog heuristischer Regeln nach POLYA (vgl. SCHEMA 20)

3. Beachte das Prinzip der minimalen Hilfe unter Berücksichtigung folgender Taxonomie möglicher Lernhilfen:
   1) Motivationshilfen
   2) Rückmeldungshilfen
   3) allgemein-strategische Hilfen
   4) inhaltsorientierte strategische Hilfen
   5) inhaltliche Hilfen

   (zu 1)–5): Erläuterung 287 - 289)

   Unterscheide dabei jeweils direktere und indirektere Hilfen! (Beachte die Bemerkungen zur praktischen Anwendung der Taxonomie - 289/290 - !)

4. Zielsetzungen des problemlösenden Lernens und entsprechende Lernkontrollen beachten (292/293)

5. Lernphasen des problemlösenden Lernens und unterrichtspraktische Hinweise beachten (vgl. S. 294 - 300)

6. Probleme "mittlerer Schwierigkeit" formulieren:
   Aufgabenstruktur der Aufgabe nach folgenden Kriterien abschätzen:
   - Ebene der Erkenntnistätigkeit (Darstellungsebene)
   - Abstraktionsgrad (unwesentliche Angaben?)
   - Verallgemeinerungsgrad (Operationen schwer zu erkennen?)
   - Reversibilitätsgrad (Umkehroperationen erforderlich?)

7. Zur problemlösenden Behandlung von Sachaufgaben: suche relevante Informationen auf S. 303 - 308 und vgl. SCHEMA 21

8. Zur problemlösenden Behandlung von mathematischen Sätzen und ihren Beweisen (in der Sekundarstufe I): S. 309 - 312; SCHEMA 22

9. Zur problemlösenden Behandlung von Konstruktionsaufgaben (ab etwa Klasse 6): S. 313 - 315; SCHEMA 23

10. Förderung problemlösenden Lernens:
   - Entwicklungsstand der Schüler beachten (vgl. "altersbedingte Tendenzen": S. 316):
   - **durch Problemlösen!**
   - **Dialektik zwischen Anleitung und Selbständigkeit beachten!**
   - Verwendung von Handlungsanweisungen (vgl. 318 - 320)
   - Analysen von Fehlern, die auf das Nichtbeachten wesentlicher heuristischer Regeln zurückzuführen sind
   - Kommentieren richtiger und falscher Lösungsschritte
   - Lösungsweg reflektieren
   - Aufforderung, von Wissen Gebrauch zu machen, auf Ähnlichkeiten zu reflektieren
   - Entwicklung der Abstraktionsfähigkeit (Frage und Bedingungen aus Text herausfinden, Problem auf andere Erkenntnisebene bringen lassen)
   - Beachtung des "Reversibilitätsprinzips" (320)

11. Förderung kreativen Verhaltens: Katalog S. 322

12. Kleingruppenunterricht: S. 324 - 328

Aufgaben und Diskussionsanregungen zu Schriba 9

0. Orientieren bzw. prüfen Sie sich bezüglich der Zielsetzungen dieses Schribas anhand des Zielkatalogs in Schriba 10.

! x 1. Stellen Sie einige nach Stärke geordnete direkte und indirekte allgemein-strategische bzw. inhaltsorientiert-strategische bzw. inhaltliche Hilfen zum Winkelsummenproblem in Abschnitt 1 zusammen. (Beachten Sie dabei insbesondere den Katalog heuristischer Regeln in Abschnitt 3.2 und die Taxonomie der Hilfen in Abschnitt 4.)

! 2. Führen Sie die in Abschnitt 3.3 vorgeschlagene Übung zur heuristischen Fragetechnik (eventuell praktisch mit einem Schüler) durch. (Falls Sie das im Text dargestellte mögliche Ergebnis schon gelesen haben, versuchen Sie die Übung noch einmal selbständig!)

o 3. Benutzen Sie die Hubschrauber-Aufgabe aus Abschnitt 4.5 (oder eine andere Aufgabe) zur Simulation eines entdeckenlassenden Unterrichts, indem Sie Bekannte bitten, unter ihrer Hilfestellung (Prinzip der minimalen Hilfe!) die Aufgabe zu lösen. Setzen Sie dabei eine Tabelle in der Art des Abschnitts 4.5 ein.
Wie würden Sie das Problem motivieren?

! x 4. Überlegen Sie mögliche Verständniskontrollen durch "abgewandelte" Aufgaben im Sinne von WERTHEIMER (vgl. Abschnitt 6.5) für das Winkelsummenproblem in Abschnitt 1.

o 5. a. Diskutieren Sie den Schwierigkeitsgrad der Hubschrauber-Aufgabe nach den Kriterien des Abschnitts 7.1.
b. Analysieren Sie den Schwierigkeitsgrad der Beispielaufgaben der Abschnitte 7.2.1, 7.2.2, 7.2.3 nach den in 7.2.1 angegebenen Kriterien.

x 6. a. Führen Sie die Lösung der Beispielaufgaben in den Abschnitten 7.2, 7.3 und 7.4 anhand der jeweiligen "Handlungsanweisungen" durch.

! o b. Diskutieren Sie die etappenweise Behandlung von Problemlösungsaufgaben anhand einer Orientierungsgrundlage (Handlungsanweisung) im Sinne von GALPERIN-LOMPSCHER (am besten aufgrund Ihrer eigenen Erfahrungen aus Aufgabe 6 a und der Erörterung in Abschnitt 8.2).

o 7. Diskutieren Sie die in Abschnitt 8 angegebenen Möglichkeiten zur Förderung problemlösenden Lernens im einzelnen.

o 8. Diskutieren Sie die Möglichkeiten (Vor- und Nachteile) des problemlösenden Mathematikunterrichts in Kleingruppen (auch anhand eigener Erfahrungen!)

o 9. Diskutieren Sie die in Abschnitt 9.2 gegebenen praktischen Hinweise und versuchen Sie, diese "kreativ" zu ergänzen.

Vorschläge für die Beobachtung und Besprechung von Unterrichtsversuchen zur Erarbeitung heuristischer Regeln und zum Lösen mathematischer Probleme in Kleingruppen

I. Zur Erarbeitung heuristischer Regeln (vor, während oder nach einer Problemlösungsstunde)

1) Wie wird der Nutzen heuristischer Regeln verdeutlicht?

2) Schwierigkeiten und Hilfen bei der Erarbeitung heuristischer Regeln

3) Was wird zur Verdeutlichung bzw. Bewußtmachung von heuristischen Regeln getan (z.B. wäre zu notieren, wie Lösungsschritte kommentiert, reflektiert und fixiert werden)

II. Zur Beobachtung von Lehrerhilfen in Problemlösungsstunden

1) Notieren Sie alle auf das Problem bezogenen Lehrerhilfen (Motivationshilfen, Rückmeldungshilfen, allgemein-strategische Hilfen, inhaltlich orientierte strategische Hilfen, inhaltliche Hilfen)

2) Kennzeichnen Sie nach der Stunde die notierten Hilfen je nach Art durch M bzw. R bzw. AS bzw. IS bzw. I

3) Diskutieren Sie die Angemessenheit der Hilfen nach dem "Prinzip der minimalen Hilfe"

III. Zur Beobachtung der Kleingruppenarbeit

(Hier ist die Konzentration eines Beobachters auf eine Gruppe erforderlich)

1) Wie funktioniert die Gruppeneinteilung?

2) Wie funktioniert die Gruppenarbeit?
(Wie kommt sie in Gang? Sind alle Schüler beteiligt? Welche Schwierigkeiten ergeben sich bezüglich der Gruppenarbeit? Welches soziale Verhalten zeigen die Schüler?)

3) Was erarbeitet die Gruppe?
(Welche Lösungsansätze werden vorgeschlagen? Welche Lösungswege werden verfolgt? Welche Fehler werden gemacht? Welche (Teil-)Ergebnisse werden erzielt?)

Besondere Auffälligkeiten (z.B. bezüglich Motivation der Schüler und Zurückhaltung des Lehrers).

Literaturhinweise zu Schriba 9

AEBLI, H.: Psychologische Didaktik. Klett Verlag, Stuttgart 1963.

AEBLI, H.: Grundformen des Lehrens. Klett Verlag, Stuttgart 1968[5].

\+ AUSUBEL, D.P.: Psychologie des Unterrichts. Beltz Verlag, Weinheim und Basel 1974.

BRUNER, J.S.: Der Prozeß der Erziehung. Schwann Verlag, Düsseldorf 1970

COPEI, F.: Der fruchtbare Moment im Bildungsprozeß. Verlag Quelle und Meier, Heidelberg 1963[7].

DUNCKER, K.: Zur Psychologie des produktiven Denkens. Springer Verlag, Berlin - Göttingen - Heidelberg 1963 (erster Neudruck); 1. Aufl. 1935.

EIGLER, G./JUDITH, H./KÜNZEL, M./SCHÖNWÄLDER, A.: Grundkurs Lehren und Lernen. Beltz Verlag, Weinheim und Basel 1973.

FITTKAU, B./SCHULZ von THUN, F.: Über Alternativen zum autoritären Unterricht. In: Westermanns Päd. Beiträge 1973/8 (S. 422 - 430).

\+ FORSBERG, B./MEYER, E.: Einführung in die Praxis der schulischen Gruppenarbeit. Verlag Quelle und Meier, Heidelberg 1973.

\+ FRIES, E./ROSENBERGER, R.: Forschender Unterricht. Diesterweg Verlag, Frankfurt/M. 1970[2].

GAGNÉ, R.M.: Die Bedingungen des menschlichen Lernens. Schroedel Verlag, Hannover 1969.

GULLASCH, R.: Denkpsychologische Analyse mathematischer Fähigkeiten. Verlag Volk und Wissen, Berlin 1973.

HALLMAN, R.J.: Techniken des kreativen Lehrens. In: MÜHLE, G./SCHELL, Ch. (Hrsg.): Kreativität und Schule. Piper Verlag, München 1970.

\+ HOLE, V.: Erfolgreicher Mathematikunterricht. Herder Verlag, Freiburg 1973.

KLIX, F.: Information und Verhalten. Dt. Verlag der Wissenschaften, Berlin 1971.

\+ KÖSEL, E.: Sozialformen des Unterrichts. Maier Verlag, Ravensburg 1973.

LOMPSCHER, J.: Theoretische und experimentelle Untersuchungen zur Entwicklung geistiger Fähigkeiten. Verlag Volk und Wissen, Berlin 1972.

METZGER, W.: Kann man schöpferisches Denken üben? In: FLITNER, A./SCHEUERL, H. (Hrsg.): Einführung in pädagogisches Sehen und Denken. Piper Verlag, München 1967.

MEYER, E.: Das Modell der Gruppendidaktik. In: FORSBERG/MEYER (s.o.).

MONTADA, L.: Die Lernpsychologie Jean Piagets. Klett Verlag, Stuttgart 1970.

van PARREREN, C.F.: Lernen in der Schule. Beltz Verlag, Weinheim und Basel 1972[4].

\+ **PIPPIG, G.:** **Zur Entwicklung mathematischer Fähigkeiten.** Verlag Volk und Wissen, Berlin 1971.

POLYA, G.: Die Heuristik. Versuch einer vernünftigen Zielsetzung. In: Der Mathematikunterricht, 1964/1 (S. 5 - 15).

POLYA, G.: Schule des Denkens. Francke Verlag, Bern 1967[2] (1. Aufl. 1949).

\+ POLYA, G.: Vom Lösen mathematischer Aufgaben. Birkhäuser Verlag, Basel 1966.

\+ RIEDEL, K.: Lehrhilfen zum entdeckenden Lernen. Schroedel Verlag, Hannover 1973.

ROTH, H.: Pädagogische Psychologie des Lehrens und Lernens. Schroedel Verlag, Hannover 1965[8].

SCHIFFLER, H.: Fragen zur Kreativität. Maier Verlag, Ravensburg 1973.

SCHREINER, G.: Soziales Lernen in der Schule: Zur Frage der Zielsetzung. In: Westermanns Päd. Beiträge 1973/8 (S. 416 - 421).

SJØLUND, A.: Der Kommunikationsprozeß im Unterricht. In: FORSBERG/MEYER (s.o.).

ŠVAJČER, V.: Strategie der Gruppenbildung. In: FORSBERG/MEYER (s.o.).

\+ STAHL, R.: Das Lernen im Mathematikunterricht. In: LOMPSCHER, J. (Hrsg.): Psychologie des Lernens in der Unterstufe. Verlag Volk und Wissen, Berlin 1972[2].

\+ STEINHÖFEL, W./REICHOLD, K.: Zur Behandlung mathematischer Sätze und ihrer Beweise im Mathematikunterricht. In: Mathematik in der Schule 1971/11, S. 700-707 (Teil 1)
1972/10, S. 217-226 (Teil 2).

+ STEINHÖFEL, W./REICHOLD, K.: Zur Verwendung von Handlungsanweisungen beim Beweisen mathematischer Sätze im Unterricht. In: Mathematik in der Schule 1973/3, S. 168 - 175.

+ STEINHÖFEL, W./REICHOLD, K./FRENZEL, L.: Einige Probleme bei der Behandlung von Sach- und Anwendungsaufgaben in den Klassen 5 und 6. In: Mathematik in der Schule 1975/1, S. 20 - 28.

+ STEINHÖFEL, W./REICHOLD, K./FRENZEL, L.: Einige Probleme bei der Behandlung von Konstruktionsaufgaben in Klasse 6. In: Mathematik in der Schule 1975/2, S. 79 - 86.

STRUNZ, K.: Der neue Mathematikunterricht in pädagogisch-psychologischer Sicht. Verlag Quelle und Meier, Heidelberg 1968.

+ WALSCH, W./WEBER, K. u.a.: Methodik Mathematikunterricht. Verlag Volk und Wissen, Berlin 1975.

+ WERTHEIMER, M.: Produktives Denken. Verlag W. Kramer, Frankfurt/M. 1964[2].

+ WITTMANN, E.: Grundfragen des Mathematikunterrichts. Vieweg Verlag, Braunschweig 1974.

Literaturkommentar:

Als allgemeine Orientierung zu "Problemlösen und Kreativität" kann AUSUBEL (Kap. 4) dienen.

Zum Abschnitt "Strategische Lernhilfen" sei POLYA (1967[2]) ganz besonders empfohlen, zum Thema "Lernhilfen beim Problemlösen"allgemein sei RIEDEL genannt. Gute praktische Anregungen zu den Unterrichtsphasen problemlösenden Unterrichts gibt FRIES/ROSENBERGER. Für "typische Problemlösungssituationen im Mathematikunterricht" sei noch einmal auf die im Text schon hervorgehobenen DDR-Autoren STAHL, STEINHÖFEL, REICHOLD, FRENZEL hingewiesen. Einen guten Hintergrund für diese Autoren mit vielen Aufgabenanregungen gibt PIPPIG. Eine knappe Zusammenfassung gibt WALSCH/WEBER u.a. (vgl. Abschnitt 3.3.3).

Das "klassische" Buch von WERTHEIMER gibt schöne Beispiele und Versuche zum Lösen mathematischer Probleme.

HOLE gibt eine ganze Reihe von Beispielen kleinerer Problemlösungsaufgaben für spezielle Strategien (vgl. S. 119 - 143).

WITTMANN gibt einige Anregungen zur "Förderung kognitiver Strategien" (vgl. S. 81 - 85).

Zum Kleingruppenunterricht sei besonders auf FORSBERG/MEYER, für eine Übersicht über Sozialformen des Unterrichts allgemein auf KÖSEL hingewiesen.

SCHRIBA 10

Zielsetzungen des Kurses

0. Vororientierung zu Schriba 10

Dieses abschließende Schriba dient vor allem der Verdeutlichung der Zielsetzungen des Kurses, wie sie bereits in Schriba 0 angedeutet wurden.

Der Zielkatalog zu den Schribas 0 - 9 wird besonders zur laufenden Orientierung und Überprüfung während der Schriba-Lektüre empfohlen (vgl. Aufgabe 0 zu den einzelnen Schribas). Er kann aber auch als Grundlage für eine Gesamtwiederholung verwendet werden.

Die Hinweise zur weiteren Bearbeitung des Materials beziehen sich auf sinnvolle Aktivitäten nach der ersten Lektüre und die praktische Verwendung des Materials bei Unterrichtsversuchen.

Die Lernzielkontrolle zum schriftlichen Basismaterial soll eine Verbindung herstellen zu den Aufgaben des Praktikums.

Die "Zielsetzungen des Praktikums" beziehen sich auf ein Praktikum auf der Grundlage des schriftlichen Basismaterials.

1. Zielsetzungen des schriftlichen Basismaterials

Wie in Schriba 0 schon erwähnt und exemplarisch dargestellt, verfolgt dieser Kurs Ziele auf mehreren Ebenen. In der Vorbereitungsphase geht es hauptsächlich um kognitive Ziele und damit verbundene grundsätzliche Einstellungen. Kompetenzen bezüglich der Unterrichtsvorbereitung, -beobachtung und -beurteilung sind dabei zunächst nur in relativ isolierten Teilfähigkeiten angesprochen; sie müssen im Praktikum integriert und vertieft werden.

Auf den folgenden Seiten sollen die durch das schriftliche Basismaterial angestrebten Ziele[1] (und der damit verbundenen Einzel- und Gruppenarbeit) zusammenfassend wiedergegeben werden. Dieser Zielkatalog kann zusammen mit den Aufgaben der einzelnen Schribas als Grundorientierung für eine Lernzielkontrolle zu den Schribas dienen, die sinnvoll vor Beginn des Praktikums durchzuführen wäre. Er möchte zu einem intensiven "Überlernen" und einer ersten integrativen Gesamtschau des Basismaterials vor dem Unterrichten anregen.

Um die Zielformulierungen nicht unnötig kompliziert werden zu lassen, wird auf eine übertriebene Operationalisierung verzichtet. Es mag genügen, die Qualität (den schwerpunktmäßigen Charakter) der Ziele zu verdeutlichen. Eine weitere Klärung ergibt sich aus dem Kontext des jeweils angegebenen Abschnitts innerhalb eines bestimmten Schribas und der Zuordnung einschlägiger Aufgaben aus dem jeweiligen Schriba.

Im nachfolgenden Zielkatalog werden abkürzende Bezeichnungen für die einzelnen Zielkategorien (mit einigen Anklängen an die BLOOMsche Taxonomie; vgl. Schriba 2) verwendet.

Es soll bedeuten:

- I : Hintergrundinformation ("zur Kenntnis und Denkanregung gegeben", bei Bedarf nachzuschlagen, aber nicht als abfragbares Wissen gedacht).
- V : Verstehen (erläutern können, Beispiele angeben können, usw.).
- D : Definieren (einen Begriff oder Sachverhalt genauer abgrenzen können).
- W : Wissen, Kennen (im Gegensatz zu BLOOM: verstehen und auswendig parat haben).
- Aw : Anwenden (auf einen ähnlichen Fall übertragen können).

1 Die Ziele werden sich durch ein Vorbereitungsseminar alleine wohl kaum voll erreichen lassen und auch durch ein nachfolgendes Praktikum nur annähernd (vgl. Kap. 9 der Diss.)

Al : Analyse (einen Sachverhalt genauer "auseinandernehmen" können).

Sy : Synthese (Kenntnisse in neuem Zusammenhang verwenden können).

B : Bewerten (kritisch diskutieren können, mit eigener Stellungnahme).

E : Einstellung (zu einer affektiven Verhaltensgewohnheit machen).

Einschlägige Aufgaben und Schemata sind durch Klammerzusätze mit vorgestelltem A bzw. S gekennzeichnet.

Besonders wichtige Zielsetzungen sind durch + gekennzeichnet.

Schriba 0 (Zielsetzung und Verlaufsplanung)

(1) I über Stellenwert der Veranstaltung.

\+ (2) I über Realisation des Theorie-Praxis-Bezugs innerhalb des Kurses.

\+ (3) W der Grundkategorien des lehr-lerntheoretischen Modells (S0).

\+ (4) V der verschiedenen Ebenen der Kursziele.

(5) I über die tragenden Teile des Kurses.

(6) I über erwünschte Voraussetzungen.

(7) I über die Verlaufsplanung.

\+ (8) E:Bereitschaft zum kritischen Lesen des Materials.

Schriba 1 (Hintergründe und Rahmenbedingungen)

(1.1) I, was in den Schribas unter "lehren", "lernen", "Unterricht" verstanden wird; - welche Lehrerrolle dahintersteht.

(1.2.1) I über Ansprüche des Modells.

(1.2.2) I über leitende Gesichtspunkte zur Auswahl der Modellkategorien.

(1.2.3) I über Auswahl der Autoren.

\+ (2.1) V, was anthropogene und soziokulturelle Bedingungen sind (A4, A5).

W, welche für den Mathematikunterricht (MU) besonders wichtig sind (A1, A2, A3).

++ E:nie vergessen, nach den Rahmenbedingungen des MU zu fragen (S 1).

(2.2) B der Charakteristika des "guten Lehrers" (A6; S1).

\+ E:sich Rechenschaft ablegen über eigene Lehrereigenschaften.

Schriba 2 (Ziele)

(1.1) I über Einbettung der Ziele des MU in allgemeine Zielsetzungen der Schule (A1, A2).

(1.2) I über Klassifizierung der Ziele des MU.

\+ V,Aw des nachfolgenden Zielkatalogs (A3).

\+ Al vorgelegter Stoffe hinsichtlich möglicher Zielsetzungen (A4).

(1.3) I über Inhalte und Verfahren des (neuen) MU.

\+ (1.4) Al von Stoffen nach Auswahlkriterien für Lernziele (S2).

(2.1) I über Ziele des MU nach den Richtlinien.

\+ (2.2) W der Lernzielbereiche nach BLOOM (S4).

(2.3) W der Kategorien der BLOOMschen Taxonomie kognitiver Ziele.

\+ W der didaktischen Taxonomie kognitiver mathematischer Ziele (A5, A6, A7; S4).

(2.4.1) I über Taxonomie affektiver Ziele nach KRATWOHL - BLOOM - MASIA.

\+ V des Zusammenhangs kognitiver und affektiver Ziele (S3);

(2.4.2) - Konkretisierung dieses Zusammenhangs für den MU (A5).

(2.4.3) I, welchen Beitrag der MU zum "sozialen Lernen" und zur

(2.4.4) rationalen Argumentation leisten könnte.

\+ (2.4.5) I über affektiv-positive bzw. -negative Bedingungen des Unterrichts.

\+ (2.5) W von psychomotorischen Lernzielen des MU (S4).

\+ B möglicher Vor- und Nachteile der Lernzieltaxonomien (A11).

\+ (2.6) I über Verwendung der Taxonomien und Lernzielfindung.

(3.1) W der MAGERschen Operationalisierungskriterien (S4).

\+ Aw: mathematische Lernziele operationalisieren können (A9; S4).

(3.2) I über einige grundsätzliche Formen der Lernzielkontrolle (A10).

++ E: sich stets Rechenschaft ablegen über allgemeine und spezielle Ziele des eigenen MU (S2, S4)!

Schriba 3 (Denkentwicklung und operative Prinzipien)

\+ (1.1) V, D, W, Aw der PIAGETschen Entwicklungsstadien (A1; S5).

\+ (1.2) V, D, W, Aw der operativen Methoden AEBLIs (A4, A5, A6).

(1.2.1) D des Unterschieds PIAGET - AEBLI (A2, A3).

\+ (1.2.3) V von "Verinnerlichung", "operativer Durcharbeitung" (A6).

(1.3.1) W mathematischer Denkoperationen.

(1.3.2) Aw: operative Behandlung des Einmaleins (A4).

(1.3.3) Aw: operative Behandlung der Flächenmessung.

(1.3.4) D des Zusammenhangs operative Methode - Operatormethode (A5).

\+ (1.4.1) V, D, W, Aw der BRUNERschen Darstellungsebenen (A8; S6).
V der Abschirmmethode (A7).

\+ (1.4.2) V, D, W, Aw des Wechsels zwischen den Darstellungsebenen (A8).

(1.4.3) V der Nützlichkeit des Ikonosierens.

\+ (1.5) V, D, W, Aw der Ebenen der Erkenntnistätigkeit nach GALPERIN- LOMPSCHER (A9; S7).

\+ (2.1) V, D, W, Aw der didaktischen Prinzipien nach PIAGET, AEBLI, BRUNER, DIENES ...

\+ (2.2) W und Aw von Gesichtspunkten für operative Übungen (A4, A5, A8).
Al: - Entwicklungsstadien von didaktischen Verinnerlichungsstufen unterscheiden können (A2).
- Gemeinsamkeiten und Unterschiede zwischen den Theorien der Denkentwicklung angeben können (A2, A3, A6).

++ E : Denkentwicklung und operative Prinzipien im MU jederzeit zu berücksichtigen (S8).

<u>Schriba 4</u> (Lernphasen)

\+ (1) V, D, W, Aw der Lernphasen (A2; S9).
B: mögliche Mißverständnisse hinsichtlich "Lernphasen" ausräumen können.
Al: Lernphasen nach verschiedenen Autoren vergleichen können (A1).

++ E: stets alle Lernphasen eines Lernprozesses zu durchlaufen.

(2.1) D von Motiven und Motivationen.
W von Hauptmotiven.

\+ (2.2) V Wie schafft man eine positive Wertschätzung für Mathematik?

\+ V, D, W, Aw des Inkongruenzprinzips HECKHAUSENs und seiner Auswirkungen auf den MU.

++ E: Über Art und Einsatz von Motivationen (sich) stets Rechenschaft ablegen (A3). Motivation der Schüler im MU stets im Auge behalten (S10)!

(2.3) D des Terminus "Leistungsmotivation".

\+ (2.4.1) W von Möglichkeiten der Zielorientierung.

\+ (2.4.2) W des Prinzips der Passung.

(2.4.3) - (2.4.5) W weiterer Möglichkeiten der Leistungsmotivation im MU.

\+ (2.5) W sozialer Motivationen im MU.

\+ (2.7) W: eine Übersicht über mögliche Motivationen im MU besitzen.

(3.1) D von Transferarten.

+ (3.2) - (3.3) W: eine Übersicht über günstige Transferbedingungen für mathematische Unterrichtsstoffe besitzen (A6; S11).

(3.4) W des "Prinzips vom tiefen Ende".

(3.5) W von Möglichkeiten und Vermeidung negativen Transfers (A7).

B didaktischer Konzepte (z.B. "exemplarische Methode") nach Transfergesichtspunkten (A8).

++ E: MU stets transferorientiert gestalten (S11)!

Schriba 5 (Lerntypen)

(1.1) I über Möglichkeiten der Einteilung von Lernarten.

(1.2) D, W der Lerntypen nach GAGNÉ (A2, A3).

(2.1) V der hierarchischen Struktur der GAGNÉschen Lerntypen.

+ V, D, W. Aw: "Lernstrukturen" mathematischer Begriffe und Regeln erstellen können (A4, A5).

V eines sinnvollen Umgangs mit Lernstrukturen.

(2.2) Al der GAGNÉschen Lerntypen bezüglich "Vollständigkeit".

(2.3) D: "mechanisches" gegenüber "sinnvollem" Lernen.

(2.4) D: "rezeptives" gegenüber "entdeckenlassendem" Lernen (A7).

(2.5) V der Verschränkung der Lerntypen (A8).

+ (3) W der wichtigsten Lerntypen des MU (A9).

(3.3) D verschiedener Begriffsarten.

+ (4) W, Aw grundlegender Lernbedingungen der einzelnen Lerntypen (A10; S12).

++ E: Bewußte Entscheidungen für bestimmte Unterrichtsmaßnahmen bei bestimmten Lerntypen treffen (S12).

Schriba 6 (Leitlinien zur Vorbereitung ...)

(1.1) I über Komplexität und Interdependenzen der Unterrichtsvorbereitung.

(1.2) D kurzfristigerer und langfristigerer Unterrichtsvorbereitung.

+ (1.3) W von Hauptpunkten, V aller Unterpunkte zur (schriftlichen) Vorbereitung einer größeren Unterrichtseinheit.

++ E: Bereitschaft, größere Unterrichtseinheiten im Sinne der vorgeschlagenen Gesichtspunkte vorzubereiten.

+ (1.4) W der Hauptpunkte, V aller Unterpunkte zur (schriftlichen) Vorbereitung einer Unterrichtsstunde (S13).

++ E: Bereitschaft, Unterrichtsstunden im Sinne der vorgeschlagenen Gesichtspunkte vorzubereiten.

+ (1.5) E: Bereitschaft, die technischen Hinweise zur Unterrichtsvorbereitung zu beachten (S13).

(2.1) I über wissenschaftliche Anforderungen der Unterrichtsbeobachtung.

+ (2.2) I über Konzeption zur Unterrichtsbeobachtung während des Praktikums (und E, sie zu akzeptieren bzw. zu modifizieren).

+ E: Bereitschaft zu "objektiver" Beobachtung.

(2.3) I über Ziele der Unterrichtsbeobachtung.

+ (2.4) I Anregungen für Beobachtungsschemata zur Beobachtung von operativen Übungen und Motivationen (S14, S15).

+ (2.5) E: Bereitschaft, die praktischen Hinweise zur Unterrichtsbeobachtung in der realen Situation zu beachten.

(3.1) I über Komplexität der Unterrichtssituation.

(3.2) I über Microteaching-Konzepte.

+ (3.3) I über das Unterrichtskonzept während des Praktikums. (und E, es kritisch zu diskutieren und eventuell zu modifizieren).

+ (3.4) E: die Bereitschaft, die praktischen Hinweise zum Unterrichten in der realen Situation zu beachten.

(4) E, Gesichtspunkte der Stundenbesprechung zu diskutieren und entsprechende Strukturierungen in der realen Situation zu erproben (S16).

<u>Schriba 7</u> (Begriffslernen)

(1) D von Konventional- und Realdefinition (A1).

+ (2) W der logischen gegenüber der psychologischen Seite der Begriffsbildung.

+ (3) V der psychologischen Phasen der Begriffsbildung (A2).

(4.1) D operativer Begriffe und genetischer Definitionen (A3).

+ (4.2) V der Begriffsbildung in Abhängigkeit vom Alter.

+ (5.1) V, D, W, Aw: Unter- und Übergeneralisierung von Begriffen begegnen können.

+ (5.2) W, Aw: was bei der Auswahl von Beispielen zu beachten ist (A5).

+ (5.3) W, Aw: was bei der Auswahl von Gegenbeispielen zu beachten ist (A5).

I über "Kontrastprinzip".

(5.4) W, Aw: was bei den Abfolgen von Beispielen und Gegenbeispielen zu beachten ist.

(6) W der Funktionen der Sprache beim Begriffslernen.

\+ D der wichtigsten Verlaufsformen des Begriffslernens. (Konzeptbildung und Konzeptassimilation).

\+ (7) W der Zielsetzungen und möglichen Lernkontrollen für das Begriffslernen.

D kurzfristiger und langfristiger Ziele des Begriffslernens.

\+ (8) W, Aw: was bei der Vorbereitung des Begriffslernens besonders zu beachten ist (A4).

W, Aw: was bei den einzelnen Phasen des Begriffslernens besonders zu beachten ist (A6, A7).

++ (9) Sy, E: Fähigkeit und Bereitschaft, Planung für Begriffslernen unter Beachtung entsprechender Gesichtspunkte an neuen Beispielen durchzuführen (S17).

(10.1) V operativer Zugänge für das Begriffslernen.

\+ (10.2) V, D, W, Aw der Etappen der Begriffsbildung nach GALPERIN.

E: Bereitschaft, ein solches Begriffslehren auszuprobieren (A8).

<u>Schriba 8</u> (Regellernen)

\+ (2.1) W: Grundgedanken der AUSUBELschen Theorie zum Aufbau der "kognitiven Struktur" kennen (A2; S18)

\+ (2.2) W, Aw: Das Prinzip der vorstrukturierenden Lernhilfen kennen und anwenden (A2, A3).

(3.1) W: Grundformen des Regelunterrichts kennen.

\+ (3.2) V: Strategien der didaktischen Gesprächsführung erläutern können.

\+ (3.3) B des didaktischen Sinns von Frage, Denkanstoß, Impuls (A4).

\+ (3.4) Aw: Fragen verengen können (A6).

\+ (3.5) E: Bereitschaft, wichtige Fragen schriftlich zu formulieren.

\+ W einiger Faustregeln der Fragetechnik.

(4) W der Funktionen der Sprache beim Regellernen (A8).

\+ (5) W von Zielsetzungen und Lernkontrollen des Regellernens (A9).

\+ (6) W, was man bei der Vorbereitung von Regellernen besonders zu beachten hat.

W, was bei den einzelnen Phasen des Regellernens zu beachten ist.

\+ (7) Sy, E: Fähigkeit und Bereitschaft, entsprechende Gesichtspunkte bei der Planung von Regellernen an neuen Beispielen zu berücksichtigen (S19).

Schriba 9 (Problemlösen)

(1) W, was man unter Problemlösen allgemein versteht.

W, was man unter problemlösendem Lernen in der Schule versteht.

\+ W, was der letzte Sinn problemlösenden Lernens ist.

\+ (2) W kognitiver und affektiver Grundbedingungen problemlösenden Lernens.

(3.1) I über Grundprinzipien der Heuristik.

\+ (3.2) W heuristischer Regeln für jede Problemlösungsphase (S20).

\+ (3.3) Aw: heuristische Fragen stellen können (A2).

\+ (4.1) - (4.2) V, D, W, Aw der Kategorien der Lernhilfentaxonomie (A1).

\+ (4.3) V, Aw: Direktere und indirektere Fragen zu einer vorgegebenen Frage formulieren können (A1).

\+ (4.4) W, wie man praktisch mit der Lernhilfentaxonomie umgeht.

\+ (4.5) Aw: Mögliche Hilfen nach der Taxonomie für ein bestimmtes Problem vorformulieren können (A1).

\+ (5.1) W des Sinns von Problemlösen in Kleingruppen.

\+ (5.2) W (kognitiver) Zielsetzungen des problemlösenden Lernens.

\+ (5.3) W möglicher Lernkontrollen problemlösenden Lernens.

(6.1) V Problemlösungsprozeß in seinen Phasen psychologisch-phänomenologisch beschreiben können.

\+ (6.2) W, was man bei der Vorbereitung eines Problemlösungsunterrichts besonders zu beachten hat.

\+ (6.3) - (6.5) W, was man bei den einzelnen Phasen des Problemlösungsunterrichts zu beachten hat (A4).

++ Sy, E: Fähigkeit und Bereitschaft, die Planung eines Problemlösungsunterrichts nach entsprechenden Gesichtspunkten durchzuführen (A3; S24).

\+ (7.1) W der Variablen, die für den Schwierigkeitsgrad einer Aufgabe maßgebend sind.

Al des Schwierigkeitsgrads einer Aufgabe nach entsprechenden Gesichtspunkten durchführen können (A5).

Sy:eine Aufgabe auf verschiedenen Denkebenen stellen können.

(7.2.1) Al des Schwierigkeitsgrads einer Aufgabe nach den angegebenen Merkmalen (A5).

(7.2.2) I über Möglichkeiten der Behandlung von Sachaufgaben in der Grundschule.

\+ W: die etappenweise Gestaltung des problemlösenden Unterrichts nach einer Orientierungsgrundlage kennen.

(7.2.3) I über Möglichkeiten der Behandlung von Sachaufgaben ab Klasse 5 (S21).

(7.3) I über Möglichkeiten der Behandlung von Sätzen und ihren Beweisen in der Sekundarstufe I (S22).

(7.4) I über Möglichkeiten der Behandlung von Konstruktionsaufgaben (S23).

\+ (8.1) W altersbedingter Möglichkeiten des Problemlösens.

(8.2) V der Dialektik zwischen Anleitung und Selbständigkeit.

B der Möglichkeiten eines problemlösenden Unterrichts nach Handlungsanweisungen (A6).

\+ E: Bereitschaft, einen entsprechenden Unterricht auszuprobieren.

I über Möglichkeiten, Problemlösefähigkeiten zu fördern (A7).

(8.3) I über Möglichkeiten der Förderung kreativen Verhaltens.

(9.1) B von Kleingruppenunterricht (für math. Problemlösen): (A8).

\+ (9.2) W, was man bei Kleingruppenunterricht zu beachten hat (A9).

(9.2.7) V, sich über die vielfältigen Funktionen des Lehrers beim problemlösenden Mathematikunterricht im klaren sein.

++ E: Bereitschaft, einen solchen Unterricht (trotzdem) durchzuführen und die genannten Funktionen gewissenhaft wahrzunehmen.

2. Hinweise zur weiteren Bearbeitung des Materials

1. Man sollte bei einer zweiten Bearbeitung des Materials eventuell von den bis dahin noch nicht bearbeiteten Aufgaben und Diskussionsanregungen zu den einzelnen Schribas ausgehen und früher ausgelassene Abschnitte nachlesen.

2. Man sollte sich die Zielsetzungen zu den einzelnen Schribas aufgrund der taxonometrischen Angaben (I, V, D, W, ...) weiter operationalisieren und sich darüber Rechenschaft ablegen, wie weit man diesen Zielsetzungen gerecht wird. Es ist zweckmäßig, mit anderen darüber Gedanken auszutauschen. Die Schwerpunkte der Auseinandersetzung lassen sich nach den Gewichtungen der Ziele (+) setzen.

3. Ein weiterer Ansatzpunkt zum Überlernen des Materials sind die zusammenfassenden Schemata zu den einzelnen Schribas. Sie stellen wichtige "Wissensspeicher" dar und eignen sich dazu, wesentliche Inhalte bewußt zu machen. Sie können als Orientierungsrahmen und Checklisten benutzt werden, vor allem für Vorbereitungen und Beobachtungen während der Zeit praktischer Unterrichtsversuche.

4. Eine Möglichkeit zu einer intensiveren Auseinandersetzung soll schließlich die nachfolgende Lernzielkontrolle zum schriftlichen Basismaterial bieten. Sie versucht, wichtige Zielsetzungen des Materials zu erfassen.

   Die Lernzielkontrolle ist inhaltlich an der Teilbarkeitslehre bzw. an der Schlußrechnung orientiert.

   Die Inhalte können gegen andere (eventuell bereits für das Praktikum verabredete) ausgetauscht werden.

   Bevor man sich mit dieser Lernzielkontrolle auseinandersetzt, sollte man sich jedoch etwas genauer mit den Inhalten beschäftigen. Für die hier angesprochenen Inhalte eignen sich die Lehrbücher von GRIESEL (Bd. 1 und 2) und Schulbücher der entsprechenden Schuljahre. Es sei allgemein auf die in Schriba 6, S. 186, 191 angegebene Vorbereitungsliteratur hingewiesen. Zu der Lernzielkontrolle sollte nach Möglichkeit vor Beginn des Praktikums eine Rückmeldung gegeben werden. Diese Rückmeldung zur Lernzielkontrolle kann (je nach Inhalt) eventuell auch in die Planungsphase vor den Unterrichtsversuchen (vgl. Schriba 0) integriert werden.

3. Lernzielkontrolle zum schriftlichen Basismaterial

("Lehr-lerntheoretische Orientierungen für den Mathematikunterricht")

Die Aufgaben sollten z.T. ohne Hilfsmittel (o.H.),
können z.T. mit den angegebenen Hilfsmitteln (m.H.),
z.T. in Kleingruppen (i.G.) zu Hause gelöst
werden. Die Aufgaben, die zweckmäßig allein zu lösen sind, werden mit X gekennzeichnet.

Die Bearbeitungszeit für die Alleinarbeit und die Kleingruppenarbeit beträgt ca. je 2 1/2 Stdn.

X (o.H.) 1. Geben Sie jeweils drei vorwiegend anthropogene und drei vorwiegend soziokulturelle Bedingungen an, die für den Mathematikunterricht (z.B. Behandlung der Teilbarkeitslehre oder Schlußrechnung) besonders relevant sind und begründen Sie nötigenfalls warum.

(i.G.) 2. Analysieren Sie die Teilbarkeitslehre (bzw. Schlußrechnung) nach den in Schriba 2 in einer Checkliste zusammengestellten Auswahlkriterien für Lernziele (SCHEMA 2) und begründen Sie Ihre Aussagen.

(Für die Teilbarkeitslehre werde etwa ein normales 4. Schuljahr, für die Schlußrechnung ein 7. Schuljahr angenommen.)

(i.G.) (m.H.) 3.a. Formulieren Sie kognitive Ziele für die Teilbarkeitslehre (bzw. Schlußrechnung)[1] nach den einzelnen Kategorien der didaktischen Taxonomie in Schriba 2, Abschnitt 2.3.

b. Formulieren Sie affektive und soziale Ziele, die Sie mit den genannten Stoffgebieten verbinden wollen.

(Suchen Sie sich Anregungen bei Schriba 2, SCHEMA 3.)

c. Formulieren Sie - soweit sinnvoll - psychomotorische Ziele für die genannten Gebiete.

d. Operationalisieren Sie eines der kognitiven Grobziele durch Zerlegung in mehrere Teilziele - soweit es Ihnen für eine Unterrichtsvorbereitung zweckmäßig erscheint.

1 Entscheiden Sie sich am besten jeweils für einen bestimmten inhaltlichen Bereich.

X (m.H.) 4. Welche grundsätzlichen Folgerungen ziehen Sie aus den operativen Prinzipien in Schriba 3, Abschnitt 2.1 für die Behandlung der Teilbarkeitslehre in der 4. Klasse (bzw. der Schlußrechnung in der 7. Klasse)?

X (m.H.) 5. Stellen Sie eine kleine operative Übung zur Teilbarkeitslehre (bzw. zur Schlußrechnung) nach mehreren operativen Prinzipien zusammen.

X (o.H.) 6. Konkretisieren Sie andeutungsweise die Lernphasen für den Begriff "ist Teiler von" (bzw. "proportional").

X (m.H.) 7. Konkretisieren Sie mehrere verschiedenartige Motivationsmöglichkeiten und mögliche Transferanregungen während der Behandlung der Teilbarkeitslehre (bzw. Schlußrechnung). Hilfsmittel: Schriba 4, SCHEMA 10 und 11.

X (o.H.) 8. Erstellen Sie eine hypothetische Lernstruktur für die Teilbarkeitsregel bezüglich der Teilbarkeit durch 4 (bzw. für den Satz, daß der Graph einer Proportionalität im Kartesischen Koordinatensystem eine Gerade ist).

X (o.H.) 9. Nennen Sie geeignete Beispiele und Gegenbeispiele für den Begriff "ist Teiler von" (bzw. "proportional").

X (o.H.) 10. Geben Sie mögliche Lernkontrollen für den Begriff "ist Teiler von" (bzw. "proportional") an.

X (o.H.) 11. Erläutern Sie die Etappen der Begriffsbildung nach GALPERIN möglichst konkret am Beispiel "ist Teiler von" (bzw. "proportional").

X (o.H.) 12. Geben Sie eine vorstrukturierende Orientierung (im Sinne von AUSUBEL) für die Teilbarkeitslehre (bzw. für die Schlußrechnung).

X (o.H.) 13. Erläutern Sie möglichst konkret einige Gesichtspunkte, die man bei der Behandlung von Regeln in der Teilbarkeitslehre bzw. Schlußrechnung (vgl. u.a. Aufgabe 8) zu berücksichtigen hat.

(i.G.) (m.H.) 14. Erläutern Sie die Taxonomie der Hilfen (Schriba 9, Abschnitt 4) an einem ausgewählten Problem aus der Teilbarkeitslehre bzw. Schlußrechnung. Hilfsmittel: Schulbuch.

(i.G.) (m.H.) 15. Analysieren Sie den Schwierigkeitsgrad der Aufgabe aus Nr. 14 nach relevanten Gesichtspunkten. Hilfsmittel: Schriba 9, Abschnitt 7.

4. Zielsetzungen des Praktikums

Das schriftliche Basismaterial ist als Grundlage für ein Fachpraktikum Mathematik konzipiert. Es erscheint deshalb sinnvoll, nunmehr die in Schriba 0, Seite 19, angedeuteten Ziele, soweit sie das Praktikum selbst betreffen, etwas stärker auszuformulieren.

Die Ziele des Praktikums bewegen sich hauptsächlich auf den Ebenen des Beobachtens (BZ), des Planens (PZ), des unterrichtlichen Handelns (HZ) und des Evaluierens von Unterricht EZ).

Bezüglich der Ziele auf der kognitiven Ebene des Verstehens, Wissens, Anwendens usw. und der zugeordneten affektiven Ebene der Bereitschaften (vgl. Zielkatalog in Abschnitt 1) soll das Praktikum vertiefend wirken.

4.1. Hauptziele des Praktikums

I. Planungs- und Hospitationsphase

Die "Hauptziele" seien nach den Phasen des Praktikums (vgl. Schriba 0) gegliedert:

0. (BZ) Freie Beobachtung der Klasse zum "Kennenlernen"; Hospitation beim Mentor.

1. (PZ) Vorbereitung einer größeren mathematischen Unterrichtseinheit nach den Gesichtspunkten des Schribas 6, Abschnitt 1.3 durch die Praktikumsgruppen (unter Hilfestellung von Tutor und Mentor);
   a. Klärung von Rahmenbedingungen
   b. Klärung von Inhalten und Zielen
   c. Aufbau einer Stundenfolge (arbeitsteilige schriftliche Formulierung).

2. (PZ) Verdeutlichung der schriftlichen Vorbereitung einer Unterrichtsstunde nach Schriba 6, Abschnitt 1.4 (am Beispiel einer Tutorstunde):
   1. Rahmenbedingungen
   2. Inhaltsanalyse
   3. Ziele der Stunde
   4. Methodische Analyse
   5. Geplanter Unterrichtsverlauf.

3. (EZ) Vergleich der Unterrichtsplanung mit der Realisation nach den Gesichtspunkten 1 - 5.

4. (BZ) Beobachtung von Motivationen im Mathematikunterricht (nach den Vorschlägen des Schribas 6, Abschnitt 2.4.2); Hospitation beim Mentor.

5. (BZ) Beobachtung von operativen Gesichtspunkten im Mathematikunterricht (nach den Vorschlägen des Schribas 6, Abschnitt 2.4.1); Hospitation beim Tutor.

II. Unterrichtsphase

1. (PZ, HZ, BZ, EZ) Vorbereitung, Durchführung, Beobachtung einer Stunde zur Einführung eines mathematischen Begriffs.
(Die Vorbereitung und Durchführung der Stunde erfolgen nach den Gesichtspunkten der Schribas 6 und 7. Die Vorbereitung erfolgt durch zwei Praktikanten unter Mithilfe der übrigen Praktikumsteilnehmer; die Stunde wird von einem Praktikanten durchgeführt. Beobachtung und Besprechung erfolgen nach den Beobachtungsaufgaben zu Schriba 7.)

2. (PZ, HZ, BZ, EZ) Vorbereitung, Durchführung, Beobachtung und Besprechung einer Stunde zur operativen Übung eines mathematischen Begriffs.
(Die Vorbereitung und Durchführung der Stunde erfolgen nach den Gesichtspunkten der Schribas 6 und 3, Beobachtung und Besprechung erfolgen nach Vorschlägen der Beobachtungsaufgaben zu Schriba 7).

3. (PZ, HZ, BZ, EZ) Vorbereitung, Durchführung, Beobachtung und Besprechung einer Stunde zur Einführung einer mathematischen Regel.
(Die Vorbereitung und Durchführung der Stunden erfolgen nach den Gesichtspunkten der Schribas 6 und 8. Beobachtung und Besprechung erfolgen nach den Beobachtungsaufgaben zu Schriba 8.)

4. (PZ, HZ, BZ, EZ) Vorbereitung, Durchführung, Beobachtung und Besprechung einer Stunde zur Vertiefung einer mathematischen Regel.
(Bedingungen wie bei 3.)

5. (PZ, HZ, BZ, EZ) Vorbereitung, Durchführung, Beobachtung und Besprechung einer Stunde zur Erarbeitung von heuristischen Regeln zur Lösung mathematischer Aufgaben.
(Die Vorbereitung und Durchführung der Stunde erfolgen

nach den Gesichtspunkten der Schribas 5, 6 und 9. Beobachtung und Besprechung erfolgen nach den Beobachtungsaufgaben zu Schriba 9.)

6. (PZ, HZ, BZ, EZ) Vorbereitung, Durchführung, Beobachtung und Besprechung einer Stunde zum Lösen mathematischer Probleme in Kleingruppen.
(Die Vorbereitung und Durchführung der Stunde erfolgen nach Gesichtspunkten der Schribas 6 und 9. Beobachtung und Besprechung erfolgen nach den Beobachtungsaufgaben zu Schriba 9.)

III. Auswertungsphase

1. (PZ, EZ) Vorbereitung und Auswertung einer Klassenarbeit als Lernzielkontrolle zu den im Praktikum verfolgten Zielen nach Gesichtspunkten des Schribas 2 und WENDELER (vgl. Literaturverzeichnis zu Schriba 2).
2. Rekonstruktion und Evaluation des Praktikums (Fragebogen, Auswertung und Diskussion).

4.2. Nebenziele des Praktikums

Neben den vorgenannten "Hauptzielen" des Praktikums werden im Praktikum charakteristische "Nebenziele" verfolgt, die auch von großer Bedeutung sind.

Dazu gehören affektive Ziele (AZ), soziale Ziele (SZ), Unterrichtsverhaltensziele (VZ), unterrichtspraktische Ziele (PZ) und technische Ziele (TZ).

Diese Ziele werden oft nach Lage der Dinge variieren. Es seien typische Zielsetzungen dieser Art genannt:

1. (AZ) Die Praktikanten sollen die Bereitschaft entwickeln, sorgfältige Unterrichtsplanungen im Sinne des schriftlichen Basismaterials durchzuführen.
2. (SZ) Die Praktikanten sollen lernen, bei der Vorbereitung von Unterricht mit anderen zusammenzuarbeiten (Verhinderung von Isolationstendenzen im Schulunterricht, Offenhaltung für "team-teaching").

3. (VZ) Die Praktikanten sollen angeleitet werden, "sozial-integrativ" (TAUSCH/TAUSCH)[1], aber bestimmt aufzutreten und mit sogenannten "Disziplinproblemen" fertig zu werden.

4. (PZ) Die Praktikanten sollen angeleitet werden, den Unterricht klar zu artikulieren, klare Arbeitsanweisungen zu geben, ein übersichtliches Tafelbild zu entwickeln, bunte Kreide sinnvoll einzusetzen (vgl. Schriba 6, Abschnitt 3.4).

5. (TZ) Die Praktikanten sollen angeleitet werden, mit Videogeräten umzugehen (weil sie dann später auch eher von diesem sinnvollen Gerät Gebrauch machen, - sei es zur Selbstevaluation, sei es zur Schaffung von Anschauungsmaterial, sei es zur Ausbildung zukünftiger Lehrer).

6. (AZ) Die Praktikanten sollen die Fähigkeit entwickeln, Unterricht möglichst unvoreingenommen nach bestimmten Kriterien zu beobachten und zu diskutieren (vgl. Schriba 6, Abschnitt 2.3).

7. (SZ) Die Praktikanten sollen angeleitet werden, konstruktive Kritik aneinander zu üben.

8. (VZ) Die Praktikanten sollen (insbesondere anhand von Videoaufnahmen) ihre Fähigkeit zur Selbstkritik verbessern.

9. (PZ, TZ) Die Praktikanten sollen ermuntert werden, moderne Medien sinnvoll einzusetzen (Tonband, Tageslichtprojektor, Klettentafel, ...) usw. usf.

Je nach Situation wird man die einzelnen Ziele akzentuieren. Es scheint nicht sinnvoll, sich hier ein allzu starres Programm vorzunehmen.

Gerade ein Praktikum ist Anlaß für mancherlei Diskussionen, die vorher kaum einplanbar sind:

Da ist z.B. ein Praktikant, der nach einigen Unterrichtsstunden am Sinn des Mathematikunterrichts zweifelt. Dies kann Anlaß sein, über die Durchführung des Praktikums erneut zu diskutieren.

Dies kann Anlaß sein, über den Sinn der Mathematik als Wissenschaft zu diskutieren.

Dies kann auch Anlaß sein, über die "Berufung" des Praktikanten zum Mathematiklehrer zu diskutieren. -

---

[1] Vgl. TAUSCH, R./TAUSCH, A.: Erziehungspsychologie. Hogrefe Verlag, Göttingen 1970[5].

Es dürfte jedoch wichtig sein, sich in einem Praktikum nicht einfach von diesem zu jenem treiben zu lassen, sondern eine klare Grundkonzeption für gezielte Unterrichtsversuche zu haben, die natürlich selbst auch veränderbar ist.

Hierzu sollte der vorliegende Kurs einige Anregungen geben. Sie werden im Anhang anhand eines detaillierten Planungskonzepts noch stärker verdeutlicht.

Anhang
Ein Planungskonzept für einen Kurs „Mathematikunterricht nach lehr-lerntheoretischer Orientierung"

Im folgenden wird ein detaillierteres Planungskonzept für einen zweisemestrigen Kurs (Vorbereitungsseminar mit anschließendem Fachpraktikum) auf der Grundlage des hier vorgelegten schriftlichen Basismaterials vorgeschlagen.

Dieser Planungsvorschlag will nur als eine mögliche Realisierungsform eines Theorie und Praxis verbindenden Kurses auf der Grundlage dieses Materials verstanden sein und läßt viele denkbare Modifikationen offen.

Insbesondere ist es gut denkbar und sogar wünschenswert, das Vorbereitungsseminar nicht (wie hier angenommen) als zweistündige, sondern als drei- oder vierstündige Semesterveranstaltung durchzuführen. Von vornherein wurde offengelassen, ob das Praktikum als semesterbegleitendes oder als (etwa einmonatiges) Blockpraktikum durchgeführt wird. Auch an dieser Stelle wäre natürlich eine weitere Ausdehnung wünschenswert.

Es schien indessen zweckmäßig, hier einen Minimalplan vorzulegen, der unter den gegebenen Rahmenbedingungen an den Hochschulen noch am ehesten realisierbar erscheint.

Wer ernsthaft an die Realisierung eines solchen Kurses denkt, sollte für genauere Einzelheiten (z.B. bezüglich der Durchführung des Praktikums in semesterbegleitender Form bzw. als Blockpraktikum, bezüglich möglicher Inhalte der Unterrichtsversuche und bezüglich bereits gewonnener Erfahrungen bei der Durchführung) auf den Hauptteil der Dissertation, insbesondere Kap. 9, zurückgreifen.

Die angegebenen Zeiten können nur als ganz grobe Anhaltspunkte verstanden werden (vgl. dazu auch Schriba 0, Abschnitt 8).

Eine Gesamtübersicht über das in einen "Verbund" gebrachte Methoden-Mediensystem zu diesem Kurs vermittelt abschließend das SCHEMA 25.

PLANUNGSKONZEPT EINES KURSES "MATHEMATIKUNTERRICHT NACH LEHR-LERNTHEORETISCHER ORIENTIERUNG"

Nr.	Tätigkeit	Zeit	Ausführende bzw. Betroffene	Benötigte Ressourcen	Erwartete Wirkungen	Bemerkungen
I	Vorbereitendes Literaturstudium	1-2 Wochen	alle Kursteilnehmer	Bücher Nr. 1 - 6 (vgl. S. 23)	Kenntnis wichtiger Quellen und Ergänzungen des Schribamaterials	Hinweis durch Anschlag o.ä.
II	Theoriephase (Vorbereitungsseminar)	1 Sem. (26 Stdn. = 13 x 2 Stdn.)	alle Kursteilnehmer (u.U. außer Mentor) unter Leitung des Tutors	Schriftliches Basismaterial; Videobänder; Tafel	Kenntnis der theoretischen Grundlagen des Praktikums	Falls Mentor teilnehmen will/soll, Veranstaltung auf Nachmittag legen!
1.1	Lektüre des Schribas 0	45 Min.	alle	Schriba 0	Orientierung über Kursziele und -verlauf	
1.2	Diskussion über Kursziele und -verlauf;	30 Min.				
1.3	Einteilung von Arbeitsgruppen und Arbeitsauftrag (Lektüre von Schriba 1)	15 Min.	Tutor alle	Teilnehmerliste Schriba 1	Lektüre und Vordiskussion des Schribas 1	häusliche Einzel- u. Kleingruppenarbeit
2.1	Sammlung von Diskussionswünschen zu Schriba 1	10 Min.	Tutor	Tafel; Schriba 1	Klärung offener Fragen und Aufgaben zu Schriba 1 (Rahmenbedingungen des MU)	Evtl. Fragebogen und Vorbereitung m. Teilnehmern
2.2	Diskussion	75 Min.	alle	SCHEMA 1		
2.3	Arbeitsauftrag: Schriba 2, Abschn. 1; Aufgaben 0 - 4	5 Min.		Schriba 2, 1. Teil	Lektüre und Vordiskussion des Schribas 2	häusl. Einzel- u. Kleingruppenarbeit

Nr.	Tätigkeit	Zeit	Ausführende bzw. Betroffene	Benötigte Ressourcen	Erwartete Wirkungen	Bemerkungen
3.1	Sammlung von Diskussionswünschen zu Schriba 2, Abschn. 1	10 Min.	Tutor	Tafel Schriba 2	Klärung offener Fragen und Aufgaben zu Schriba 2, Abschn. 1 (Ziele des MU)	Evtl. auch Vorbereitung durch eine der Kleingruppen
3.2	Diskussion	75 Min.	alle	SCHEMA 2		
3.3	Arbeitsauftrag: Schriba 2, Abschn. 2 u. 3; Aufg. 0, 5 – 12	5 Min.	Tutor	Schriba 2, 2. Teil	Lektüre und Vordiskussion des Schribas 2	häusl. Einzel- u. Kleingruppenarbeit
4.1	Besprechung der Aufgaben 5 – 12 aus Schriba 2	60 Min.	alle	Aufgabenblatt zu Schriba 2	tieferes Verständnis für Taxonomie und Operationalisierung mathematischer Lernziele;	s.o.
4.2	Diskussion über affektive Ziele des MU	25 Min.	alle	Zusammenfassung in Abschnitt 2.4.6	stärkeres Aufmerksamwerden auf die affektiven Ziele des MU	
4.3	Arbeitsauftrag: Schriba 3, Abschn. 1.1, 1.2, 1.4, 1.5; Aufgaben 0, 1, 2, 3, 6, 7, 9	5 Min.	Tutor	Schriba 3, 1. Teil	Lektüre und Vordiskussion des Schribas 3	häusl. Einzel- u. Kleingruppenarbeit
5.1	Besprechung der Aufgaben aus Schriba 3	45 Min.	alle	Aufgabenblatt zu Schriba 3	tieferes Verständnis der für den MU wichtigen kognitiven Theorien	s.o.
5.2	Diskussion über praktische Folgerungen aus den kognitiven Theorien für den MU	40 Min.	alle	SCHEMA 5 SCHEMA 6 SCHEMA 7		
5.3	Arbeitsauftrag: Schriba 3, Abschn. 1.3 und 2; Aufgaben 4, 5, 8	5 Min.	Tutor	Schriba 3, 2. Teil	Lektüre und Vordiskussion des Schribas 3	häusl. Einzel- u. Kleingruppenarbeit

Nr.	Tätigkeit	Zeit	Ausführende bzw. Betroffene	Benötigte Ressourcen	Erwartete Wirkungen	Bemerkungen
6.1	Diskussion des Schribas 3, 2. Teil; Begriffsklärung: - operative Methode - Operation (math/psych) - Operatormethode - Operationalisierung	30 Min.	alle	Tafel für die Termini	tieferes Verständnis der operativen Methode	Differenzierung und Integration!
6.2	Besprechung der Aufgaben	30 Min.	alle	Aufgabenblatt zu Schriba 3	praktische Übung der operativen Methode	
6.3	Vorführung und Diskussion eines Videobandes	30 Min.	Tutor alle	Videoband; SCHEMA 15	Veranschaulichung operativer Gesichtspunkte	
6.4	Arbeitsauftrag: Schriba 4	5 Min.	Tutor	Schriba 4	Lektüre und Vordiskussion des Schribas 4	häusl. Einzel- u. Kleingruppenarbeit
7.1	Klärung von Fragen zu den Lernphasen allgemein	15 Min.	alle	SCHEMA 9	tieferes Verständnis für Lernphasen und Motivationsmöglichkeiten im MU	
7.2	Diskussion von Motivationsmöglichkeiten im MU	30 Min.	alle	SCHEMA 10		
7.3	Vorführung und Diskussion eines Videobandes	45 Min.	Tutor, alle	Videoband; SCHEMA 14	Veranschaulichung von Motivationsmöglichkeiten	
7.4	Arbeitsauftrag: Schriba 5	5 Min.	Tutor	Schriba 5	Lektüre und Vordiskussion des Schribas 5	häusl. Einzel- u. Kleingruppenarbeit
8.1	Begriffsklärung: - struktureller Transfer - strukturelle Motivation	5 Min.	alle	Schriba 4	tieferes Verständnis des Transferphänomens	
	Diskussion: - Prinzip v. tiefen Ende - Vermeidung negativen Transfers	25 Min.	alle	Aufgabe 7		

Nr.	Tätigkeit	Zeit	Ausführende bzw. Betroffene	Benötigte Ressourcen	Erwartete Wirkungen	Bemerkungen
8.2	Aufgabe 5: Lernstruktur Hierarchische Struktur der Mathematik/Lernprozesse	15 Min. 15 Min.	Tutor	Schriba 5	tieferes Verständnis für die hierarchische Struktur von Lernprozessen	
8.3	Klärung weiterer Fragen	30 Min.	alle			
8.4	Arbeitsauftrag: Schriba 6	5 Min.	Tutor	Schriba 6	Lektüre und Vordiskussion des Schribas 6	häusl. Einzel- u. Kleingruppenarbeit
9.1	Diskussion des SCHEMAS 13 an einem konkreten Beispiel	60 Min.	alle	SCHEMA 13	Verdeutlichung der Gesichtspunkte zur Stundenvorbereitung	
9.2	Seminarkritik	30 Min.		evtl. Fragebogen	Evaluation der Veranstaltung	
9.3	Arbeitsauftrag: Schriba 7	5 Min.	Tutor	Schriba 7	Lektüre und Vordiskussion des Schribas 7	häusl. Einzel- u. Kleingruppenarbeit
10.1	Beobachtung und Besprechung eines Modellbandes zu Schriba 7	45 Min.	Tutor alle	Videoband, Beobachtungsaufgaben zu Schriba 7	Verdeutlichung der Hauptgesichtspunkte des Begriffslernens	Beobachtungsaufgaben unter den Teilnehmern aufteilen!
10.2	Aufgabe 7	30 Min.		Aufgabenblatt zu Schriba 7	Anwendung: Operative Übung eines Begriffs	
10.3	Klärung von Einzelfragen			evtl. Fragebogen		
10.4	Arbeitsauftrag: Schriba 8	5 Min.	Tutor	Schriba 8	Lektüre und Vordiskussion des Schribas 8	häusl.Einzel- u. Kleingruppenarbeit

Nr.	Tätigkeit	Zeit	Ausführende bzw. Betroffene	Benötigte Ressourcen	Erwartete Wirkungen	Bemerkungen
11.1	Beobachtung und Besprechung eines Modellbandes zu Schriba 8	45 Min.	Tutor alle	Videoband, Beobachtungsaufgaben zu Schriba 8	Verdeutlichung der Hauptgesichtspunkte des Regellernens	s. 10.1 !
11.2	Konkretisierung des SCHEMAs 18	30 Min.		SCHEMA 18	Vertiefung der AUSUBELschen Theorie	
11.3	Klärung von Fragen	10 Min.		evtl. Fragebogen		
11.4	Arbeitsauftrag: Schriba 9, Abschn. 1 - 6, Aufgaben 1 - 4	5 Min.	Tutor	Schriba 9, 1. Teil	Lektüre und Vordiskussion des Schribas 9	häusl. Einzel- u. Kleingruppenarbeit
12.1	Beobachtung und Besprechung eines Modellbandes zu Schriba 9	60 Min.	Tutor alle	Videoband, Beobachtungsaufgaben zu Schriba 9	Verdeutlichung von Hauptgesichtspunkten des problemlösenden Unterrichts (Hilfen)	
12.2	Aufgabe 1	15 Min.		Aufgabenblatt zu Schriba 9	Vertiefung der Taxonomie der Hilfen	
12.3	Klärung von Fragen	10 Min.				
12.4	Arbeitsauftrag: Schriba 9, Abschn. 7 - 9 Aufgaben 5 - 9	5 Min.	Tutor	Schriba 9, 2. Teil	Lektüre und Vordiskussion des Schribas 9	häusl. Einzel- u. Kleingruppenarbeit
13.1	Beobachtung und Besprechung eines Modellbandes zu Schriba 9	45 Min.	Tutor alle	Videoband, Beobachtungsaufgaben zu Schriba 9	Verdeutlichung von Hauptgesichtspunkten des problemlösenden Unterrichts (Kleingruppenarbeit)	
13.2	Aufgabe 6 a	15 Min.		Aufgabenblatt zu Schriba 9	Vertiefung des Ansatzes von GALPERIN	
13.3	Seminarkritik			evtl. Fragebogen	Evaluation der Veranstaltung	(Einteilung der Praktikumsgruppen)
III	Inhaltliche Vorbereitung des Praktikums	Semesterferien	Praktikumsgruppen (6-9 Praktikanten)	vgl. Schriba 6	Verbesserung der Sachkompetenz	

Nr.	Tätigkeit	Zeit	Ausführende bzw. Betroffene	Benötigte Ressourcen	Erwartete Wirkungen	Bemerkungen
III	Lernzielkontrolle zum schriftlichen Basismaterial	5 Stdn.	Kleinstgruppen (2-3 Praktikanten)	vgl. Schriba 10	Überlernen und Konkretisieren des Basismaterials	
IV	<u>Praktikum</u>	ein Semester halbtags bzw. 1 Monat Block	Tutor, Mentor, Praktikumsgruppe	schriftliches Basismaterial; Beobachtungsbögen; Videoset	Anregung zur Planung, Durchführung und Beobachtung von MU auf der Grundlage des schriftlichen Basismaterials	Erwünschte Ressourcen vgl. Diss., Kap. 10,
IV A	<u>Planungs- und Hospitationsphase</u>		Mentor und Tutor als Lehrer	Schribas, Beobachtungsbogen, Videoset		
A 1	Besprechung der Semesterplanung	2 Stdn.	Praktikumsgruppe	Rahmenplan von Tutor u. Mentor	Festlegung eines groben Praktikumsverlaufs	
A 2	Klärung von Rahmenbedingungen, Inhalten und Zielen	3 Stdn.	Praktikumsgruppe	Schriba 6, Schriba 1	schriftliche Vorbereitung einer größeren Unterrichtseinheit	arbeitsteilige Fertigstellung
A 3	Hospitation beim Mentor (mit Vor- und Nachbesprechung)	4 Stdn.	Mentor	schriftliche Unterrichtsvorbereitung, SCHEMA 15 und Schülerfragebogen (Schriba 6)	Kennenlernen von Klasse u. Fachlehrer; Förderung der Beobachtungsfähigkeit für Motivationen	
A 4	Hospitation beim Tutor (mit Vor- und Nachbesprechung)	4 Stdn.	Tutor	schriftliche Unterrichtsvorbereitung, SCHEMA 14; Videoset (erstmals)	Konkretisierung einer ausführlichen schriftlichen Stundenplanung; Förderung der Beobachtungsfähigkeit für operative Gesichtspunkte	Gerätschaften rechtzeitig ausprobieren; Aufgaben für die einzelnen Praktikanten verteilen

Nr.	Tätigkeit	Zeit	Ausführende bzw. Betroffene	Benötigte Ressourcen	Erwartete Wirkungen	Bemerkungen
IV B	Unterrichtsphase		jeweils zwei Praktikanten als Lehrer, andere als Beobachter	Videoset; Schribas, Beobachtungsbogen		
1	Unterrichtsversuche zur Einführung eines mathematischen Begriffs				Verbesserte Kompetenz zur Einführung eines mathematischen Begriffs	"Kompetenz" schließt hier u. im folgenden Fähigkeiten des Planens, Realisierens u. Beobachtens ein
1 a	Vorbesprechung der ersten Praktikantenstunde	2 Stdn.	Praktikumsgruppe	Schriba 7, SCHEMA 17	Anregungen für die Planung	
1 b	Weitere Planung		2 x 2 Praktikanten	Schriba 6		
1 c	Unterrichtsversuche	1 Std.	2 Praktikanten, Beobachter	Beobachtungsbogen nach Schriba 7, schriftlicher Unterrichtsentwurf	Selbsterfahrung, Sensibilisierung für Bedingungen des Begriffslernens;	
1 d	Nachbesprechung	2 Stdn.	1 Diskussionsleiter	Videoband der Stunde	Rückmeldung, Entwicklung von Alternativen;	Vgl. Strategie zur Unterrichtsbesprechung in Schriba 6; SCHEMA 16
1 e	Vorbesprechung der nächsten Stunde	1/2 Std.	Praktikumsgruppe		Vororientierung für alle	
2	Unterrichtsversuche zur operativen Übung eines mathematischen Begriffs			Schriba 3, Schriba 6, Schriba 7, SCHEMA 14	Verbesserte Kompetenz zur operativen Übung eines mathematischen Begriffs	
2 a	Planung der Stunden		2 x 2 Praktikanten		Grobentwurf der Stundenplanung	
2 b	Besprechung der Planungsentwürfe		Praktikumsgruppe	Grobentwurf der Stundenplanung	Korrektur des Planungsentwurfs	

Nr.	Tätigkeit	Zeit	Ausführende bzw. Betroffene	Benötigte Resourcen	Erwartete Wirkungen	Bemerkungen
2 c 2 d 2 e	Unterrichtsversuche Nachbesprechung Vorbesprechung der nächsten Stunde	1 Std 2 Stdn. 1/2 Std	2 Praktikanten, Beobachter 1 Diskussionsleiter Praktikumsgruppe	schriftliche Planung; Beobachtungsbogen nach Schriba 7	Selbsterfahrung; Sensibilisierung für operative Gesichtspunkte; Rückmeldung, Entwicklung von Alternativen; Vororientierung	
3, 4	Unterrichtsversuche zur Einführung und Vertiefung einer mathematischen Regel			Schriba 6, Schriba 8, SCHEMA 19, Beobachtungsbogen nach Schriba 8	Verbesserte Kompetenz zur Einführung und Vertiefung einer mathematischen Regel	Alle Unterrichtsversuche verlaufen nach demselben Muster wie die zum Begriffslernen
5	Unterrichtsversuche zur Erarbeitung heuristischer Regeln			Schriba 6, Schriba 5, Schriba 9, Beobachtungsbogen nach Schriba 9	Verbesserte Kompetenz zur Erarbeitung heuristischer Regeln	
6	Unterrichtsversuche zur Lösung von mathematischen Problemen in Kleingruppen			Schriba 6, Schriba 9, Beobachtungsbogen nach Schriba 9	Verbesserte Kompetenz für problemlösenden Unterricht	Hier wird zusätzlich evtl. ein Tonmischpult mit mehreren Mikrophonen benötigt

Nr.	Tätigkeit	Zeit	Ausführende bzw. Betroffene	Benötigte Ressourcen	Erwartete Wirkungen	Bemerkungen
V	Auswertungsphase					
1	Erstellung, Durchführung und Auswertung einer Lernzielkontrolle für die Schüler	7 Stdn.	Praktikumsgruppe (während der gesamten Auswertungsphase)	Schriba 2, Lernziele der Unterrichtsentwürfe	Rückmeldung über Lernfolg der Schüler	Vgl. auch WENDELER (Literaturverzeichnis zu Schriba 2)
2	Beantwortung und Auswertung eines Fragebogens	2 Stdn.		Fragebogen (vgl. Diss., Anhang)	Evaluation des Praktikums	
3	Rekonstruktion des Praktikumsverlaufs	1 Std.		Planung des Praktikums	Vergleich Planung/ Realisation; Zusammenfassung wichtiger Erkenntnisse	
4	Schlußdiskussion	2 Stdn.		Auswertung der Fragebögen	Einsicht in Wirkungen des Praktikums; Kritik und Vorschläge zur Verbesserung des Praktikums und Gesamtkurses	

SCHEMA 25:
Übersicht über das Methoden-Mediensystem des Kurses „Mathematikunterricht nach lehr-lerntheoretischer Orientierung"

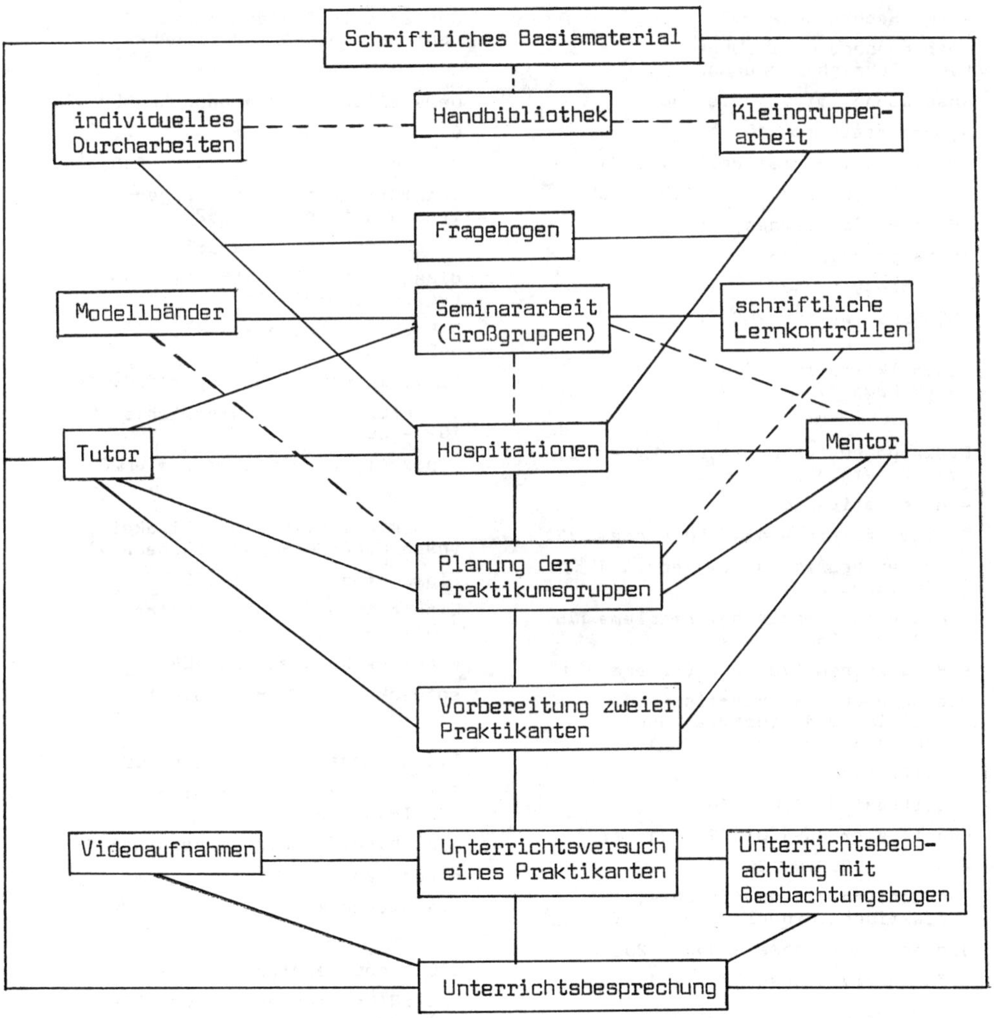

Register